A CAMINHO DA EUCARISTIA

2ª etapa – Catequista

Dados Internacionais de Catalogação na Publicação (CIP)
(Câmara Brasileira do Livro, SP, Brasil)

Pincinato, Maria de Lurdes Mezzalira
   A caminho da Eucaristia : 2ª etapa, catequista / Maria de Lurdes Mezzalira Pincinato. – 3. ed. Petrópolis, RJ : Vozes, 2012.

   ISBN 978-85-326-3442-9
   Bibliografia.

   1. Catequese – Igreja Católica 2. Catequistas 3. Ensino religioso – Igreja Católica 4. Eucaristia 5. Primeira Comunhão – Estudo e ensino I. Título.

06-9360   CDD-268.82

Índices para catálogo sistemático:
1. Catequese : Igreja Católica   268.82

Maria de Lurdes Mezzalira Pincinato

A CAMINHO DA EUCARISTIA

2ª etapa – Catequista

1ª Reimpressão
Agosto/2016

EDITORA
VOZES

Petrópolis

© 2007, Editora Vozes Ltda.
Rua Frei Luís, 100
25689-900 Petrópolis, RJ
www.vozes.com.br
Brasil

Todos os direitos reservados. Nenhuma parte desta obra poderá ser reproduzida ou transmitida por qualquer forma e/ou quaisquer meios (eletrônico ou mecânico, incluindo fotocópia e gravação) ou arquivada em qualquer sistema ou banco de dados sem permissão escrita da editora.

Coordenação editorial: Marilac Loraine R. Oleniki
Editoração e org. literária: Fernando Sergio Olivetti da Rocha
Diagramação: AG. SR Desenv. Gráfico
Capa: André Esch

ISBN 978-85-326-3442-9

Editado conforme o novo acordo ortográfico.

Este livro foi composto e impresso pela Editora Vozes Ltda.

SUMÁRIO

Apresentação, 7

Carta da autora, 9

Orientações metodológicas, 11

CATEQUESES CELEBRATIVAS, 23

1ª – Eu creio em Deus Pai todo-poderoso, criador do céu e da terra, 25

2ª – Eu creio em Jesus Cristo, seu único Filho, nosso Senhor, 32

3ª – Eu creio que Jesus morreu e ressuscitou, 39

4ª – Jesus está no céu e vai voltar, 46

5ª – Eu creio no Espírito Santo, 53

6ª – Somos o povo santo de Deus, 60

7ª – Jesus, Sacramento de salvação na Igreja, 69

8ª – Na Igreja, eu recebi o Batismo, 76

9ª – Eu aceito o meu Batismo, 84

10ª – Viver a fé – Os sacramentos na vida do cristão: Confirmação, Matrimônio, Ordem, 91

11ª – Pelo pecado me afasto de Deus, 98

12ª – Jesus veio cumprir e aperfeiçoar a Aliança, 108

13ª – Jesus deu um novo mandamento, 115

14ª – Para amar, preciso me amar, 123

15ª – Deus, que é misericórdia e perdão, me chama à conversão, 132

16ª – Na Igreja eu me reconcilio com Deus, com o próximo, comigo mesmo e com a natureza, 141

17ª – Um povo celebra a Páscoa, 151

18ª – Jesus celebra a Páscoa, 162

19ª – Jesus é o Pão da Vida, 171

20ª – A Eucaristia é um sacrifício, 179

21ª – A Eucaristia é uma ressurreição, 187

22ª – "A Eucaristia é uma festa" – Como receber a Eucaristia, 196

CATEQUESES LITÚRGICAS, 205

1ª – Jesus nos ensina a servir, 207

2ª – Páscoa: vida nova para todos, 215

3ª – Pentecostes: o sopro do Espírito Santo, 222

4ª – Maria prefigurada no AT nos ensina a viver, 231

5ª – "Solenidade do Santíssimo Corpo e Sangue de Cristo": dom de amor, 242

6ª – Vocação, escolha e chamado de Deus, 250

7ª – Missão: projeto de ação permanente de Jesus e da Igreja, 259

8ª – Família, Igreja doméstica, 267

Referências, 290

Apresentação

Na missão de evangelizar, obra precípua da Igreja, a catequese ocupa lugar privilegiado. É indispensável introduzir na fé as crianças, aprofundar no conhecimento e na vivência os jovens e adultos. Na verdade, nenhuma pessoa está plenamente integrada na fé enquanto caminha neste mundo. Estamos sempre em crescimento. Somos sempre discípulos, isto é, aprendizes das Palavras do Senhor.

Para integrar as pessoas na fé, um método adequado e atualizado é instrumento indispensável. Ele funciona como balizas no trânsito, como sinais nas estradas. Sem eles o caminho existe, mas acertar a direção e evitar os enganos e perigos se torna quase impossível.

O método que aqui apresento já é realidade na Diocese de Jundiaí há vários anos, tendo sido iniciado seus primeiros passos em 1995, mas foi se desenvolvendo e crescendo em todos os aspectos, cada vez correspondendo mais às aspirações das comunidades e de seus pastores, os padres e diáconos permanentes, que o têm aplicado com muito fruto nas paróquias. Tendo assumido a Diocese de Jundiaí como seu bispo diocesano há dois anos, tomando conhecimento do método e percebendo sua eficácia e excelência, apoiei e incentivei sua autora, a catequista Maria de Lurdes Mezzalira Pincinato, a publicá-lo, a fim de que outras comunidades deste vasto Brasil pudessem usufruir deste primoroso trabalho.

O método é celebrativo e não expositivo, porque não se pode conhecer a Deus apenas pela razão, mas além dela deve-se envolver todos os demais elementos do ser humano. Não se faz catequese para saber conceitos apenas, mas muito mais para vivenciar com consciência o mistério de Jesus Cristo, Deus e Homem verdadeiro, Verbo encarnado para a salvação da pessoa humana.

Em minha experiência de pároco e de professor por mais de 20 anos, antes de minha nomeação episcopal, sempre percebi as lacunas de certos métodos que muitas vezes caíam num racionalismo pouco eficaz, transformando as catequeses em aulas puramente. Sempre me preocupei em orientar meus catequistas e minhas catequistas no sentido de que a finalidade da catequese não deve ser somente fazer o catequizando conhecer as verdades de fé com o seu intelecto, mas possibilitá-los verdadeiramente a um encontro pessoal e amoroso com Cristo, de forma tal que nunca mais o esqueçam. Somente assim se tornariam verdadeiros cristãos e posteriormente missionários conscientes de Cristo no meio social. Vejo neste presente método que privilegia o aspecto celebrativo uma excelente oportunidade para que isto aconteça.

Parabenizo a autora e todos mais catequetas e catequistas da Diocese de Jundiaí, especialmente a todos os que militam no Centro Catequético Diocesano Dom Gabriel.

Louvo a Deus e faço votos que este método que agora se publica sirva imensamente à formação catequética em muitos lugares da Igreja no Brasil e alhures.

Invoco de Deus, pelas mãos de Maria, a Catequista por excelência que trouxe Cristo à humanidade e aos corações, bênçãos para todos quantos utilizarem deste trabalho em favor do Reino de Deus.

Dom Gil Antônio Moreira
Bispo Diocesano de Jundiaí

Carta da Autora

"A finalidade definitiva da catequese é a de fazer com que alguém se ponha, não apenas em contato, mas em comunhão, em intimidade com Jesus Cristo" (DGC 80). Aos romanos, São Paulo escreve: "Mas como invocarão aquele em quem não creram? E como crerão sem terem ouvido falar? E como ouvirão falar, se não houver quem anuncie? E como anunciarão, se ninguém for enviado? Como são bem-vindos os que anunciam o bem" (10,14s.). É necessário um anúncio explícito: "O anúncio, de fato, não adquire toda a sua dimensão, senão quando ele for ouvido, acolhido, assimilado e quando ele tiver feito brotar, naquele que o tiver recebido, uma adesão do coração. Uma tal adesão que não pode permanecer abstrata e desencarnada, manifesta-se concretamente por uma entrada visível numa comunidade de fiéis" (EN 23).

Os apóstolos, os primeiros cristãos e muitos outros, no decorrer dos séculos até hoje, fizeram essa experiência da "adesão do coração" e como São Paulo exclamaram: "Ai de mim se não evangelizar!" (1Cor 9,16). No início deste milênio, nós somos catequistas.

Ser catequista é chamado, é vocação, é missão, é ser enviado pela Igreja. Ser catequista é "alimentar-se da Palavra para 'ser servos da Palavra' no trabalho da evangelização", dizia João Paulo II. Ser catequista é aprender com Jesus a rezar, é estar em comunhão com a Igreja, é deixar-se formar pela Igreja para que em seu nome possamos transmitir as verdades da nossa fé aos nossos catequizandos.

No livro de preparação de crianças para a Eucaristia, destinado ao catequista, algumas questões me inquietavam, como: em que profundidade o conteúdo doutrinário deve ser abordado? Como especificar alguns itens? Convém propor apenas pistas para possível aprofundamento posterior? Todos os catequistas terão condições iguais de procurar esse aprofundamento? Seria oportuno promover já um aprofundamento do conteúdo deste livro?

Foi refletindo sobre essas questões com alguns catequistas que já estão utilizando *A caminho da Eucaristia – 1ª etapa: catequista* que descobri, com alegria, que muitos catequistas se sentem mais seguros para preparar a **sua** catequese e ministrar o **seu** encontro, pois a proposta do estudo do roteiro apresentado para cada catequese contribuiu para que pudessem aprofundar seu conhecimento. Isso me ajudou a dar continuidade na proposta para a 2ª etapa, compreendendo que o livro do catequista é um subsídio que o auxilia a explorar o conteúdo apresentado no livro do catequizando.

O livro do catequizando, por sua vez, possui linguagem e apresentação própria para a idade. Seu conteúdo está proposto de forma que os catequizandos possam vivenciar a sua fé na Igreja. Para que isso ocorra, respeitando-se a realidade dos catequizandos, o livro do catequista torna-se um referencial complementar, no qual o catequista encontra apoio para adequar o conteúdo de acordo com as necessidades dos catequizandos, pois muitas vezes transmitimos uma visão parcial da realidade para as crianças pensando que elas não estejam preparadas para ouvi-las, mas sabemos que algumas delas assistem filmes e programas "adultos" na TV e mesmo usam a internet.

Diante disso, como catequistas, temos a missão de ajudar o catequizando a conhecer, a celebrar, a viver e a contemplar o mistério de Cristo e de integrá-lo na comunidade para que participe ativamente desde o momento em que inicie a sua Vida Eucarística (DGC 80, 85, 86).

Como catequistas somos apenas um "eco" que faz ressoar a Palavra de Deus, portanto "A preocupação constante de todo catequista, seja qual for o nível das suas responsabilidades na Igreja, deve ser a de fazer passar, através do seu ensino e do seu modo de comportar-se, a doutrina e a vida de Jesus Cristo. Assim ele há de procurar que não se detenha em si mesmo, nas suas opiniões e atitudes pessoais, a atenção e a adesão da inteligência e do coração daqueles que ele catequiza; e, sobretudo, ele não há de procurar inculcar as suas opiniões e as suas opções pessoais, como se elas exprimissem a doutrina e as lições de vida de Jesus Cristo. Todos os catequistas deveriam poder aplicar a si próprios a misteriosa palavra de Jesus: 'A minha doutrina não é tão minha como daquele que me enviou'. É isso que faz São Paulo ao tratar de um assunto de grande importância: 'Eu aprendi do Senhor isto, que por minha vez vos transmiti'. Que frequente e assíduo contato com a Palavra de Deus transmitida pelo Magistério da Igreja, que familiaridade profunda com Cristo e com o Pai, que espírito de oração e que desprendimento de si mesmo deve ter um catequista, para poder dizer: 'A minha doutrina não é minha!'" (*Catechesi Tradendae* 6).

Maria de Lurdes Mezzalira Pincinato

Orientações Metodológicas

São João em sua primeira carta (1,1-4) inspirou toda a metodologia deste livro. São João diz: "O que **ouvimos**, o que **vimos** com nossos olhos, o que contemplamos, o que nossas mãos **apalparam** a respeito da Palavra da Vida. Porque a vida se manifestou e nós vimos, testemunhamos e vos anunciamos. O que vimos e ouvimos nós também vos anunciamos a fim de que vivais em comunhão conosco". São João fez a experiência de Jesus. São João caminhava com Jesus, alimentava-se com Jesus, descansava com Jesus, por certo tinham também momentos de descontração e lazer. São João foi um companheiro de Jesus. São João participava da vida de Jesus, por isso ele afirma: "O que **ouvimos**, o que **vimos** com nossos olhos, o que contemplamos, o que nossas mãos **apalparam** a respeito da Palavra da Vida. Porque a vida se manifestou e nós vimos, testemunhamos e vos anunciamos. O que vimos e ouvimos nós também vos anunciamos a fim de que vivais em comunhão conosco". Esta é a missão do catequista, segundo São João. São João é exemplo do "ser catequista": primeiro ver, ouvir, apalpar e experimentar a "Palavra da Vida" que é Jesus, depois o catequista vai testemunhar e anunciar Jesus para os seus catequizandos e familiares.

O catequista é convidado a fazer esta experiência de São João. Fazer a experiência é deixar-se impregnar através da visão: ver profundamente a forma, a aparência, a textura, a beleza, as cores; fazer a experiência é deixar-se impregnar através da audição, ouvindo profundamente a voz, o som, o timbre, a ressonância, o sussurro, o grito, o silêncio; fazer a experiência é deixar-se impregnar através do toque que é apalpar, que é tocar com as mãos para sentir a textura, a temperatura, que é colocar na boca para sentir o sabor, que é aspirar com o nariz para sentir o cheiro. Assim o catequista precisa deixar-se impregnar pela Palavra da Vida, precisa deixar que Jesus assuma totalmente a sua vida: todos os seus sentidos, e dizer como São Paulo: "Já não sou eu que vivo, mas é Cristo que vive em mim" (Gl 2,20).

Ser catequista é um chamado. É uma vocação que, quando acolhida e assumida, leva o catequista a ser catequista "24 horas por dia". Quando o catequista se dispõe a catequizar, é muito importante fazer uma preparação remota, fazer um planejamento dos temas conforme os dias disponíveis para a catequese, conhecer a realidade dos catequizandos. Com antecedência fazer uma preparação mais próxima do tema específico da catequese que se vai transmitir. Durante o dia, em casa, no trabalho ou indo e vindo, o tema da catequese ficará "presente" na mente, e no "ir e vir" pode-se descobrir novos materiais, novos exemplos que serão utilizados para tornar a catequese mais dinâmica e envolvente.

O catequista é catequista 24 horas. Quer andando, quer se alimentando, quer descansando ou no lazer. Chorando ou rindo, cansado ou descansado, com saúde ou doente. O catequista é catequista sempre. Ele está atento ouvindo, vendo e apalpando a Palavra da Vida:

PALAVRA DA VIDA pronunciada por Deus através de Jesus e sua Igreja.

PALAVRA DA VIDA pronunciada pelos que estão próximos ou distantes; amigos ou inimigos, sãos ou doentes, fartos ou necessitados.

O catequista precisa "ser Igreja". É necessário deixar-se penetrar pela Igreja. Deixar-se impregnar pela Igreja: A Igreja chama; a Igreja convoca; a Igreja confirma na missão; a Igreja instrui, educa, orienta (DGC 230, 231, 254). Estar em íntima comunhão com o pároco, com os demais catequistas e irmãos da comunidade e da paróquia. Deixar-se formar pela Igreja para anunciar e testemunhar a Palavra da Vida que é a Palavra de Jesus na Igreja.

Então o catequista vai:

VER: indo onde o catequizando vai, para ver e saber que ele faz, ler os livros, revistas, jornais, filmes que ele vê.

OUVIR: as músicas, as conversas, os anseios, as necessidades, as revoltas, os sofrimentos dos catequizandos (eles sofrem tanto quanto o adulto).

APALPAR: participando da vida do catequizando, não como se tivesse a mesma idade, mas com maturidade – muita gente pensa que é vestir-se igual, falar igual. Não é isso – o catequizando não quer isso, ele quer ser compreendido e acolhido.

Então o catequista vai: **ver – ouvir – apalpar** a sua catequese, fazendo um bom planejamento anual, levando em conta o planejamento geral de sua comunidade, da sua paróquia, da sua diocese e consultando os acontecimentos do calendário civil. O bom planejamento vai indicar **quando** a atividade deve ser feita; **onde** a atividade vai ser realizada; **quem** participará, **quais as funções** de cada um dos participantes e **como** a atividade será desenvolvida. A avaliação final de cada atividade, no final de um projeto ou de um curso deve ser realizada para que as falhas possam ser corrigidas e os acertos possam ser aperfeiçoados.

A partir dos ensinamentos e da experiência de São João definimos que o **objetivo** principal das catequeses é levar o catequizando a **ouvir**, **ver** e **apalpar** a Vida de Deus, manifestada em Jesus Cristo que está vivo e presente no meio de nós (cf. 1Jo 1,1-4):

OUVIR abrindo seus ouvidos para escutar com atenção a Palavra de Deus que vai ser proclamada em cada catequese.

VER os acontecimentos da sua vida, de sua família e da sua comunidade iluminados pela Palavra que foi proclamada.

APALPAR fazendo a experiência de ser iluminado pela Palavra de Deus e em comunidade poder juntos transformar situações de morte, de sofrimento, de abandono, de preconceito em situações de vida e ressurreição.

O aspecto celebrativo das catequeses impede que a preparação para a Primeira Comunhão, que marca o início de um processo de educação permanente na fé, seja comparada com mais uma aula dada nas escolas.

O que pode ser anunciado, percebido e experimentado em uma celebração é um pouco do muito que Deus nos oferece: "a vida em abundância" (Jo 10,10). O catequizando deve ser levado a experimentar Jesus na Palavra para que possa "saborear" Jesus na Eucaristia. É preciso ter consciência desse objetivo para que seja suscitado nas crianças o desejo de "querer mais", que leve à perseverança. É preciso inculcar em nossas crianças a prática das virtudes manifestadas pelos gestos concretos de acolhimento, partilha, doação, bondade, perdão, solidariedade, honestidade, mansidão, autodomínio, misericórdia, gratidão...

A terceira parte do Diretório Geral para a Catequese aborda o tema "A pedagogia da fé". Convém que os catequistas façam uma leitura mais profunda desta parte, pois poderá servir de modelo no desenvolvimento da missão evangelizadora, junto dos catequizandos. Sugerimos também a leitura de outros documentos e livros disponíveis nas referências.

Participação da família na catequese

Vivemos em uma época em que a família passa por momentos difíceis. Os pais e responsáveis pelos catequizandos sentem e têm necessidade de trabalhar fora. E, ainda, tendo em vista a competitividade no emprego, é imprescindível o estudo contínuo para a atualização, o que faz com que os pais fiquem mais tempo distante dos filhos. Além destes, poderíamos citar inúmeros contratempos que geram para a família empecilhos para o bom relacionamento, a comunicação, a harmonia da vida familiar.

A família, Igreja doméstica, onde os pais passam a fé para seus filhos, está desaparecendo. É preciso resgatar esta realidade tão cara para a nossa Igreja: Os documentos da Igreja são unânimes em afirmar que a família, como Igreja doméstica, é o lugar privilegiado onde os filhos recebem dos pais a primeira evangelização. É no colo dos pais que balbuciam suas primeiras orações. É vendo, ouvindo e experimentando o amor e a partilha na família que aprenderão a exercer a solidariedade e o amor para com o próximo; por isso sugerimos que os catequistas proponham, orientem e ofereçam recursos para que os pais ou responsáveis possam organizar, em casa com os seus filhos, um momento de oração ou uma celebração, pelo menos uma vez por mês, refletindo as temáticas da catequese.

Preparação da **catequese**, do material e da sala

O catequista inicia a sua missão de evangelizar no momento em que ele começa a preparar a catequese que vai transmitir aos catequizandos. Esta preparação é importantíssima e deve ser realizada com muito carinho e atenção.

O catequista deve procurar se aprofundar no tema proposto, para que no momento da catequese propriamente dita, junto de seus catequizandos, não necessite ler os "subsídios para catequese", mas apenas consultar, se preciso for, um breve esquema, feito por ele, como "lembrete" em um caderno à parte.

Este material propõe que a catequese seja realizada numa celebração. O catequista deve, a partir do "perfil" de seus catequizandos, preparar cada encontro de catequese para que este momento precioso seja sempre um "anúncio" do amor de Deus, pessoal e único, para cada um dos catequizandos; que seja uma catequese que ilumine e transforme a vida dos catequizandos para que eles passem a ser em suas comunidades "luz, sal e fermento".

Passos da **celebração**

Na preparação bem próxima, depois de estudar o conteúdo da catequese e ter em mãos o material para dinamizar o tema, o catequista determinará o tempo que usará para cada atividade na catequese. Dessa forma evitará alongar-se em um "momento" e ficar "sem tempo" para realizar o que preparou com tanto carinho e cuidado. Para facilitar deixamos um espaço (indique o tempo _____) para cada atividade da catequese, onde o catequista colocará quanto tempo quer usar para uma determinada atividade. Para cada catequese propomos um texto da Palavra de Deus que vai iluminar e conduzir o encontro. Não podemos fazer uma "leitura fundamentalista" dos textos bíblicos. Por isso, sempre indicamos um **contexto** e um **texto**. O contexto tem a finalidade de ambientar os catequizandos no texto que será proclamado; através do contexto o catequista irá motivar e preparar seus catequizandos para a escuta atenta do **texto**. O tempo de atenção das crianças é limitado. Criança se distrai com facilidade e qualquer ruído ou movimento dispersa a atenção delas. Por isso o texto que será proclamado é curto.

Em toda catequese incluímos um **símbolo litúrgico**, um **gesto litúrgico**. Nossa vida está repleta de sinais e de gestos. O ser humano necessita dos ritos e dos símbolos. Deus nos deu os cinco sentidos que "estão sempre atentos" (ou deveriam estar) para o mundo que nos rodeia. Em nossas celebrações usamos símbolos e gestos. A nossa proposta é despertar o catequizando para esta realidade ajudando-o a entender o sentido do símbolo e do gesto litúrgico, levando-o a participar, com mais consciência e mais profundamente, das nossas celebrações. O símbolo fala por si mesmo. O gesto litúrgico expressa o nosso sentimento diante do sagrado celebrado, não pode ser mecânico ou de forma impensada (cf. *Sacrosanctum Concilium* 9-14).

A Celebração da Palavra de Deus nos leva a ter uma atitude concreta diante da vida que levamos. "Tal como a chuva e a neve caem do céu e para lá não voltam sem ter regado a terra, sem a ter fecundado e feito germinar as plantas, sem dar o pão a comer, assim acontece à palavra que minha boca profere: não volta sem ter produzido seu efeito, sem ter executado minha vontade e cumprido sua missão" (Is 55,10-11). Sugerimos, em toda catequese, um **gesto concreto** a partir dos **objetivos** propostos. A catequese tem como objetivo principal formar o catequizando, para que ele viva a fé na comunidade, através dos gestos concretos, da prática de boas atitudes e das virtudes. Antes de cada catequese é salutar conversar sobre os gestos concretos que foram realizados durante a semana, introduzindo a nova catequese.

Nossos catequizandos estão começando um tempo que inicia um processo que deve durar a sua vida toda. Este tempo de preparação não termina. A Primeira Comunhão é um momento precioso que introduz o catequizando na **vida eucarística**.

Com certeza eles já participam da Missa e de outras celebrações ou iniciarão esta participação. Por isso, em cada catequese, apresentamos um texto **vivenciando a liturgia**. Se houver Missa com crianças, no momento oportuno o catequista poderá lembrar o que foi falado durante a catequese. Senão, na catequese seguinte, poderá perguntar se eles prestaram atenção na Missa e se perceberam a parte que foi mencionada na catequese anterior.

Lembramos que as explicações dadas sobre o símbolo e gestos litúrgicos sobre a parte da Missa, sobre o gesto concreto e o conteúdo da catequese são apenas subsídios para que o catequista elabore o seu encontro. Todo catequista tem criatividade. A partir destes subsídios é muito importante que cada catequista, conhecendo a própria realidade e a de seus catequizandos, prepare o seu encontro; que neste encontro use a linguagem própria do lugar com exemplos conhecidos da sua comunidade. O catequista pode usar um caderno ou um fichário para fazer as suas anotações, de forma que o ajudem durante o momento do encontro com os seus catequizandos.

Depois de cada encontro é importante fazer uma avaliação. Questionar se o material usado foi adequado, se o desenvolvimento do encontro foi motivador, se os catequizandos participaram; determinar os pontos positivos e os que precisam ser melhorados.

Temas que serão celebrados durante a preparação para a Primeira Comunhão Eucarística

O tempo de preparação para a Primeira Comunhão Eucarística é um tempo importantíssimo. Esse é o primeiro e talvez seja o único contato que muitas crianças terão para conhecer a Palavra de Deus e a doutrina da Igreja Católica. Normalmente essa preparação é realizada num período de dois anos (exceto os meses de férias), com um encontro semanal (com uma ou duas horas de duração).

O documento *Catequese Renovada* (Doc. CNBB 26) em sua terceira parte nos apresenta de um modo geral os temas para a catequese. A partir desse texto e através de um estudo sobre a realidade e a necessidade das crianças de 8 a 11 anos, fizemos com os catequistas da catedral Nossa Senhora do Desterro, de Jundiaí, um roteiro dos temas que poderíamos abordar durante esses dois anos. Para isso o dividimos em duas partes, a saber:

Catequeses celebrativas

Para a 1ª etapa, lembrando que o primeiro rito realizado no Batismo é a acolhida e o sinal da cruz, fizemos dele o tema de nossa primeira catequese. "A Bíblia é o livro de catequese por excelência" (CR 154), e introduzimos duas catequeses com este tema para que o catequizando possa aprender como manusear a Bíblia em todos os encontros catequéticos. Toda criança, em alguma ocasião, já rezou o Pai-nosso. Então, elaboramos as catequeses sobre o Pai-nosso (4 catequeses). Uma pergunta que acompanha o ser humano é: *de onde eu vim?* Com a certeza da presença do Pai-nosso que nos dá o pão, que nos perdoa e que nos conduz para o bem podemos vivenciar a História da nossa Salvação: "[...] no princípio Deus criou o céu e a terra. E Deus viu que tudo quanto havia feito era muito bom" (Gn 1,1.31). No tempo oportuno chamou Abraão, Isaac e Jacó; escolheu José e deu a Moisés a missão de libertador de seu povo. Conduziu pelo deserto, "com mão forte e poderosa", Israel, seu povo, e "deu-lhe uma terra em que corria leite e mel". Enviou juízes e profetas para orientar e ensinar o seu povo e ungiu seus reis (12 catequeses). Na plenitude dos tempos enviou seu Filho Jesus que foi batizado por João, o último dos profetas. Jesus tem uma mãe que é nossa mãe. Jesus chama seus discípulos e ensina através dos milagres e parábolas (5 catequeses).

Para a 2ª etapa da Eucaristia celebramos a Profissão de Fé, que contém a doutrina da Igreja Católica (6 catequeses) e apresentamos Jesus como o Sacramento de Salvação na Igreja, na qual somos introduzidos pelo Batismo e confirmados pela Crisma (4 catequeses). Pelo pecado nos afastamos de Deus que nos dá um "caminho de amor" para que vivamos plenamente a sua vida: os mandamentos (6 catequeses). Deus que fez Páscoa com seu povo no Antigo Testamento, hoje, em Jesus Cristo, realiza a Nova e Eterna Aliança permanecendo conosco na Eucaristia (6 catequeses).

Catequeses litúrgicas

Não podemos celebrar alheios à vida litúrgica de nossa comunidade. Nossa Igreja é o Corpo de Cristo que celebra e vive a Páscoa em cada dia do ano. Então, iluminados pela Páscoa, caminhamos pelo Ano Litúrgico, que não se repete, mas se renova, porque a cada dia vivemos e crescemos e amadurecemos até a "plena estatura de

Cristo". Esta caminhada é celebrada na catequese e para cada momento precioso do Ano Litúrgico há uma catequese tanto para a 1ª como para a 2ª etapa.

O catequista, em seu **planejamento**, vai alternar as catequeses celebrativas com as litúrgicas. Ele poderá programar passeios, visitas a asilos, creches, seminário diocesano; preparar celebrações para o mês de maio, coroação de Nossa Senhora, terços nas casas, participação na festa do padroeiro; visita de um ícone de Nossa Senhora na casa dos catequizandos, peregrinações e romarias. Nossa proposta é para ser ampliada, experienciada e adequada pelos catequistas às suas realidades.

Esquema das catequeses celebrativas e litúrgicas

O nosso roteiro propõe-se a ser celebrativo. Desta forma nos referimos aos encontros como momentos de celebração pela forte experiência de Deus e comunidade que desejamos inculcar nos catequizandos.

1) Início da celebração: A invocação do Espírito Santo pode ser variada com orações ou cânticos apropriados conforme o costume da comunidade.

2) Evangelho: A proclamação do Evangelho deve ser precedida de um breve comentário e se possível de um cântico de aclamação que convide a ouvir a Palavra de Deus.

3) Catequese: Não deve ser muito longa – 10 a 15 minutos –, com ideias claras e com princípio, meio e fim. Não é preciso e nem será possível esgotar o assunto. É importantíssimo que o catequista se prepare para a catequese com antecedência.

Basear-se especialmente na **Bíblia** e no **Catecismo da Igreja Católica (CaIC).**

O que apresentamos é apenas um **subsídio** para a catequese. O catequista, a partir do que foi proposto, deverá preparar a sua catequese, tendo em vista o perfil de seus catequizandos, sua realidade e necessidades. Apresentamos sugestões de dinâmicas simples e práticas para a apresentação da catequese. A dinâmica é uma forma concreta de visualizar o conteúdo proposto. Quando bem preparada, dispensa explicações, porque o sinal simbólico fala por si mesmo.

Para cada tema proposto serão apresentados: o símbolo, o gesto litúrgico e concreto e o item vivenciando a liturgia. Cada item deve ser abordado de maneira simples e prática como parte integrante da catequese. Explicações sobre a Missa serão citadas quer no momento da catequese, quer nas atividades. Assim o catequizando irá compreendendo os vários momentos e sentidos da Celebração Eucarística.

4) Gesto concreto: A Palavra de Deus celebrada sempre ilumina a vida daquele que a ouviu com atenção. Quando a Palavra ressoa no coração de alguém a sua vida é transformada. A pessoa, transformada pela Palavra de Deus que agiu em seu coração, passa a ser "luz, sal e fermento" em sua comunidade. O gesto concreto é uma consequência lógica de "ouvir a Palavra de Deus":

"Assim todo aquele que ouve estas minhas palavras e as põe em prática será comparado a um homem sensato que construiu a sua casa sobre a rocha. Caiu a chuva, vieram as enxurradas, sopraram os ventos e deram contra a casa, mas ela não caiu porque estava alicerçada na rocha" (Mt 7,24-25).

5) Oração: "Ouvir a Palavra de Deus" pede uma resposta concreta: o agir na comunidade. Ouvir a Palavra de Deus leva à oração, leva a interiorizar o que se ouviu e se compreendeu através de um diálogo íntimo com Deus, louvando-o pelas suas obras e pedindo que Ele realize em cada pessoa e no mundo o que foi ouvido e celebrado.

Podem ser feitas orações em silêncio, espontâneas em voz alta, contemplativas onde o catequizando aprenda a orar interiormente. No mundo agitado de hoje não há lugar para a meditação, poucos se recolhem em oração, no silêncio de seu interior. Pode-se usar fórmulas ou ladainha. Em cada catequese fazemos algumas sugestões.

Em seguida convidar a rezar a oração que Jesus nos ensinou e dar-se o abraço da paz.

6) Cantos: Santo Agostinho escreveu: "Quem canta reza duas vezes". Durante os encontros, que são momentos de celebração catequética, o catequista tem a oportunidade de cantar com seus catequizandos. Criança frequentemente é irrequieta. Então a introdução de um canto apropriado durante essa celebração catequética, que é o encontro, favorece a sua participação e desperta a sua atenção. Para cada catequese fazemos algumas sugestões temáticas para os cantos.

7) Atividades: As atividades sugeridas em cada encontro têm a finalidade de completar e fixar o conteúdo da catequese.

O catequista poderá desenvolver cada item da atividade junto com os catequizandos.

Durante o momento do desenvolvimento das atividades é importante que as dúvidas sejam respondidas e as experiências sejam compartilhadas.

No início de cada atividade no livro do catequizando é pedido que se coloque a data (Hoje é dia____ /____ /____) e o tempo litúrgico que estamos celebrando: (Estamos na _____ semana do tempo _____). O tempo é Advento, Natal, Epifania, Quaresma, Páscoa ou Comum. A semana é 1ª, 2ª etc. Deve-se completar conforme o domingo celebrado anteriormente. Folhinhas católicas, o pároco, diácono ou ministros podem auxiliar para indicar corretamente como preencher este item. Dessa forma o Ano Litúrgico que vivenciamos se tornará presente na catequese. Sugere-se consultar também a Catequese Litúrgica n. 1, da 1ª etapa, sobre o Tempo Litúrgico, que poderá ajudar.

8) Dinâmicas: Para que as catequeses se tornem mais participativas sugerimos algumas dinâmicas. O catequista poderá adaptá-las para a sua turma e mesmo criar outras.

São João quando inicia sua primeira carta escreve: "O que era desde o princípio, o que ouvimos, o que vimos com os nossos olhos, o que contemplamos, e nossas mãos apalparam da Palavra da Vida" (1Jo 1,1). Neste texto de São João está resumida toda a metodologia e conteúdo de nossa catequese. Um ditado popular diz que "criança vê com as mãos". Fazemos nossos catequizandos ver, ouvir e apalpar a Palavra da Vida através dos sinais e gestos litúrgicos transformados em vida através da oração e dos gestos concretos. As dinâmicas são uma forma concreta do "apalpar" de São João. Quando usarmos, em nossa catequese, uma dinâmica é importante levar em conta o objetivo específico dela; é preciso preparar bem a dinâmica, para que ela não se transforme em uma brincadeira ou simplesmente em mais uma atividade diferente.

O tempo da catequese: os ritos e outras celebrações

O Magistério da Igreja exorta através de seus documentos que a catequese é um processo contínuo de amadurecimento na fé. A catequese é uma ação gradual e deve ser realizada em etapas (cf. DGC 88ss., 171, 176; CR 87, 91, 129, 131-141).

Os cristãos dos primeiros séculos desenvolveram a sua catequese de forma gradual e a passagem de uma etapa para outra era realizada através de celebrações com "ritos" próprios.

Conforme forem sendo celebradas as orações: Pai-nosso, Ave-Maria, o Credo e os Mandamentos pode-se fazer a entrega solene de cada oração em uma celebração especial ou durante a celebração da Missa na comunidade com a presença dos pais e dos padrinhos conforme orientação dos documentos da Igreja (DGC 154, 155; CT 28, 55, 59; CR 129, 131-141). Esta é uma forma de envolver a família na preparação dos catequizandos uma vez que "os pais devem ser para seus filhos os primeiros mestres da fé" (CR 121; DGC 255).

Em momentos oportunos é salutar fazer retiros com as crianças da catequese. Os jovens da perseverança podem ajudar a organizar estes encontros, por exemplo: por ocasião do início das celebrações do Credo (8ª catequese). Realizar o encontro no campo. A parte da manhã seria formativa com dramatizações e estudos em grupos e a parte da tarde esportiva com competições e finalizando com uma busca ao tesouro encerrando com um grande louvor a Deus Criador, junto da natureza, se possível.

No final da preparação pode-se realizar um retiro usando a dinâmica LABOR-COMPARTILHAMENTO. Os catequizandos irão, de sala em sala, realizar diversas atividades, como:

1) Debate sobre "Ser cristão no mundo de hoje".
2) Dramatização sobre o "Ser Corpo de Cristo".

3) Estudo em grupo a partir da parábola do semeador (Mt 13,1-9). "Como está o meu coração".

4) Confecção de cartazes: "Como viviam os primeiros cristãos e nós, hoje, como vivemos?"

5) Celebração sobre o Livro da Vida, onde os catequizandos escrevem o seu nome na Bíblia da Catequese. É um sinal para eles, indicando que não importa as profissões que escolherem e as opções que realizarem no futuro, na Igreja sempre encontrarão um lugar e, voltando para sua comunidade, poderão encontrar o seu nome na Bíblia da Catequese e um catequista para acolhê-los. Durante esse dia podem ser feitos ensaios, momentos de partilha, lanche comunitário. Alguns pais podem ser convidados a ajudar na organização do lanche. O retiro pode ser encerrado com a " Leitura orante", com a participação de pais, padrinhos e familiares do catequizando (cf. modelo no final do livro do catequista, 2ª etapa).

Renovação das promessas do Batismo

Os catequizandos para participar da Eucaristia, "comungando do Corpo e do Sangue de Cristo", devem assumir o seu Batismo, RENOVANDO AS PROMESSAS BATISMAIS (cf. DGC 66, 82, 89-91, 99, 106).

Sugerimos que o tempo de preparação para a Primeira Eucaristia, início da Vivência Eucarística, seja conduzido pelos "Ritos do Sacramento do Batismo":

• Ao iniciar as catequeses, realizar uma celebração onde os pais e padrinhos apresentem o catequizando ao pároco e à comunidade com o "Rito da acolhida e do sinal da cruz".

• É oportuno fazer uma Celebração especial para a "entrega da Bíblia" e que seja realizado o "Rito do Éfeta".

• Na turma que se prepara para "Primeira Comunhão Eucarística" pode haver crianças que ainda não foram batizadas. Este é um momento oportuno para batizá-las e fazer a Renovação das Promessas do Batismo dos outros catequizandos. Nessa ocasião faz-se a Profissão de Fé e o Rito da entrega da vela. Quando as crianças foram batizadas, os pais receberam a vela, como sinal de que deveriam passar a fé para seus filhos. Os catequistas durante esse tempo de preparação ajudaram os pais nesta missão, portanto, como sinal desta realidade, os catequistas recebem do pároco uma vela acesa e com ela acendem as velas que devem estar com os pais e estes, juntamente com o padrinho (se possível), entregam a vela para seus filhos.

• Em muitos lugares são confeccionadas túnicas brancas iguais para todos os catequizandos simbolizando a Veste Branca recebida no Batismo. Pode-se fazer uma celebração própria para a entrega da Veste Branca que será usada no dia da Primeira Comunhão Eucarística, caso isto ocorra em sua comunidade.

• Após a Celebração da Primeira Comunhão Eucarística, no domingo seguinte, que todas as crianças voltem e celebrem a Eucaristia com a comunidade. Após a celebração pode ser feito o Rito do Sal com a passagem, destes catequizandos, para a Perseverança.

A Primeira Comunhão

A Celebração da Eucaristia no dia da Primeira Comunhão dos catequizandos deve ser uma solenidade em que se ressalte o Sacramento da Eucaristia, como Sacramento da Iniciação cristã. Nesse momento as crianças iniciam uma nova etapa em suas vidas. O Sacramento do **Batismo** nos introduz na Igreja, Corpo Místico de Cristo. A **Eucaristia**, o Corpo de Cristo, é o alimento que dá força e coragem para vivenciar a vida cristã. **Confirmados na fé**, pelo Espírito Santo, nos tornamos testemunhas para o mundo do dom do Amor de Deus, manifestado em Jesus. Esta celebração "abre mais uma porta" para a nossa vida de fé. A preparação para os Sacramentos da Iniciação cristã deve ser realizada, como um momento único, realizado em etapas contínuas, que não podem sofrer rupturas.

Os catequizandos que "experimentaram" Jesus na Palavra, durante o tempo da preparação, certamente irão "saborear" Jesus na Eucaristia e serão perseverantes: "A quem iremos, Senhor, só Tu tens Palavras de vida eterna" (Jo 6,68).

Que as fotos e filmagens não atrapalhem esse grande momento.

Para finalizar

Vamos meditar as palavras de João Paulo II, na exortação apostólica *Catechesi Tradendae* (A catequese hoje), n. 73.

> **Maria, mãe e modelo do discípulo**
> E que a Virgem Santíssima do Pentecostes nos alcance, pela sua intercessão, tudo isto! Por uma vocação singular ela viu o seu Filho Jesus crescer "em sabedoria, idade e graça". Sobre os seus joelhos e em seguida ao ouvi-lo, durante a vida oculta em Nazaré, esse Filho, que era o Unigênito do Pai "pleno de graça e verdade", foi formado por ela no conhecimento humano das Escrituras e da história do desígnio de Deus sobre o seu Povo, assim como na adoração do Pai. Por outro lado, ela foi a primeira dos seus discípulos: primeira quanto ao tempo, porque, ao encontrá-lo no Templo, ela recebe do seu Filho adolescente lições que conserva no seu coração; e a primeira, sobretudo, porque ninguém foi assim "ensinado por Deus", num tal grau de profundidade. "Mãe e ao mesmo tempo discípula", dizia Santo Agostinho, acrescentando com ousadia que ser discípula para ela foi mais importante do que ser Mãe. Não foi sem razão, pois, que na Sala Sinodal se disse de Maria que ela é "um catecismo vivo", "mãe e modelo dos catequistas".
> Que a presença do Espírito Santo, pois, pela intercessão de Maria, possa alcançar para a Igreja um impulso sem precedentes na atividade catequética que para ela é essencial! E então a mesma Igreja desempenhar-se-á de modo eficaz, neste tempo de graça, da missão inalienável e universal recebida do seu Senhor: "Ide e ensinai a todas as gentes".

Maria de Lurdes Mezzalira Pincinato

Catequeses

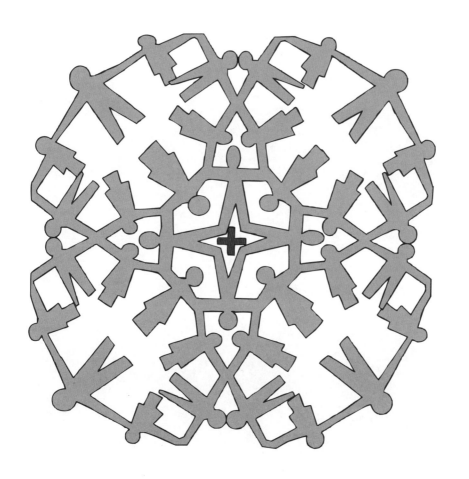

celebrativas

1ª Catequese

Eu creio em Deus Pai todo-poderoso, criador do céu e da terra

Objetivos	Conteúdo
1) Identificar no universo criado por Deus o grande amor que Ele tem pelo ser humano. 2) Fazer a experiência de Deus, através das maravilhas criadas. 3) Preservar os dons de Deus manifestados na natureza.	1) O SÍMBOLO DA NOSSA FÉ • O que é. • O que contém. • É UMA PROFISSÃO DE FÉ: "EU CREIO". 2) Artigo 1º: • Deus é um – é o único Deus. • Deus é Pai – Ele tem um Filho e o ama. • Deus é criador do céu e da terra – Ele é o princípio e o fim de tudo o que Ele criou tanto no céu como na terra.

Preparando o encontro

Ao preparar este encontro é preciso lembrar que o catequizando terá a vida inteira para compreender os ensinamentos contidos no Símbolo Apostólico. Por isso, é necessário compreender que trata-se aqui de iniciá-lo nas verdades de nossa fé. Desta forma, convém ensinar, portanto, breves noções, com o objetivo de levá-lo a ter a experiência de Deus, que o leve a dizer, no dia em que irá renovar as Promessas do seu Batismo: "Eu creio", e que o faça desejar conhecer, em seu dia a dia, cada vez melhor as verdades de nossa fé.

Apresentamos para o "contexto" da leitura algumas citações que têm como objetivo aproximar os catequistas do texto a ser proclamado, facilitando o seu entendimento e o preparo da catequese. Lembramos que as diversas explicações que apresentamos em cada encontro são para aprofundamento do catequista e têm por meta ajudá-lo na preparação, com antecedência, do encontro em vistas de que lhe seja possível transmitir de forma adequada, compreensível e prática as verdades de nossa fé, aos catequizandos.

I. Oração inicial (Indique o tempo_____)

- Fazer o sinal da cruz e uma oração espontânea (todos em pé).
- Invocação do Espírito Santo (cantada ou rezada).

II. Proclamação da Palavra de Deus (Indique o tempo_____)

Contexto: Mt 6,25-34 (cf. Lc 12,22-31; Sl 127[126]; Tg 4,13-14)

Texto: Mt 6,30-33 (Confiar na Providência)

Comentário: Jesus, enquanto estava ensinando seus discípulos, percebeu que as pessoas estavam muito preocupadas em guardar muito dinheiro e muitas coisas para si mesmo. Jesus, olhando as aves do campo e as flores tão bonitas, ensinou para os seus discípulos (e hoje ensina para nós) que Deus é muito bom e cuida das criaturas que Ele criou, com muito amor.

Aclamação à Palavra de Deus (todos em pé)

Canto: (Aleluia ou outro, conforme escolha do catequista, de acordo com o tempo litúrgico).

Antífona: "Sim, Tu amas todos os seres, e nada detestas do que fizeste" (Sb 11,24a).

Proclamação do Evangelho: Mt 6,30-33

III. Catequese (Indique o tempo_____)

Preparando esta catequese, que vai introduzir os catequizandos nas principais verdades da nossa fé, é necessário que tomemos consciência de que o "Creio" "é a coletânea das principais verdades da fé. Daí o fato de ele servir como ponto de referência primeiro e fundamental da catequese" (CaIC 188). Para os nossos catequizandos vamos dar breves noções que os motivem a procurar, no decorrer de suas vidas, o aprofundamento da fé em que estão sendo introduzidos. Sugere-se, portanto, procurar entender um pouco as verdades que queremos transmitir de forma simples e compreensível. Para que isto ocorra propomos procurar na Sagrada Escritura e no Catecismo da Igreja Católica os textos indicados para o aprofundamento. Sugere-se reler a 4ª e a 8ª catequese da 1ª etapa, quando celebramos "Deus que é "Pai-nosso" e a "criação do mundo". Nesta catequese vamos celebrar "Deus Criador".

Dinâmica para motivação

- Fazer um cartaz com uma flor. A flor deve ser do tamanho da cartolina ou do papel que vai ser usado (para os demais cartazes, usar o mesmo tamanho e formato do papel do primeiro desenho e também todo o espaço da cartolina).

- Fazer outro cartaz, colocando a mesma flor em um vaso.
- No cartaz seguinte, colocar a mesma flor, no mesmo vaso, em uma janela.
- Agora colocar a mesma flor, no mesmo vaso, em uma janela, que está em uma casa.
- Desenhar ou fazer a montagem da mesma flor, no mesmo vaso, na mesma janela, que pertence a uma casa, que está em uma cidade.
- Colocar a cidade, a mesma flor, no mesmo vaso, na janela, na casa que está na cidade dentro do estado. Perceber que, na medida em que acrescentamos uma nova dimensão, cada objeto anterior vai diminuindo de tamanho.
- Colocar a mesma flor, no mesmo vaso, em uma janela que pertence a uma casa que está na cidade dentro do estado, em um país.
- Colocar a mesma flor, no mesmo vaso, em uma janela que pertence a uma casa que está na cidade dentro do estado, em um país, dentro do mundo.
- Colocar a mesma flor, no mesmo vaso, em uma janela que pertence a uma casa que está na cidade dentro do estado, em um país, no mundo, dentro do universo.

1) O catequista vai mostrar um cartaz de cada vez colocando-os em um local visível, pedindo que os catequizandos observem silenciosamente.

2) A seguir, vai explorar com os catequizandos a sucessão de cartazes:

   a) O que aconteceu com a flor?

   b) O que significa essa diminuição da flor diante de todo o universo?

   c) Qual o valor de cada ser criado, diante do universo criado por Deus?

   d) Um ser criado pode ser valorizado mais que o outro?

   e) Quem é mais: a criatura ou o criador?

Respondendo com os catequizandos a estas perguntas, introduzir o "conteúdo" proposto para esta catequese. O catequista procurará fazer com que os catequizandos, após cada celebração, memorizem o "artigo" que foi celebrado.

Símbolo litúrgico: o planeta Terra

Quando Deus criou o mundo e tudo o que existe, deu vida às plantas e aos animais. Deus criou o ser humano e disse-lhe: "Crescei e multiplicai-vos e dominai a terra". E quando terminou sua obra, Deus "viu que tudo era muito bom". Ter vida é um dom precioso que Deus tem nos dado. Jesus disse: "Eu vim para que tenham vida e vida em abundância" (Jo 10,10).

Deus criou o universo todo. Os cientistas estão a cada momento descobrindo novos "espaços" no universo. Deus preparou para o ser humano o planeta Terra. Como é o planeta Terra?

Gesto litúrgico: erguer os olhos e erguer as mãos para o alto dando graças

Jesus, em várias ocasiões, "levantou os olhos para o céu e deu graças ao Pai" (Jo 17,1 – cf. Jo 11,41; Mt 14,19; Lc 6,20; Jo 6,5). Jesus levantou as mãos para abençoar e curar (Lc 24,50). Levantar os olhos para os céus é buscar a Deus, levantar as mãos para o alto é louvar a Deus, pedir a sua bênção. Assim fez Jesus, assim podemos fazer quando estamos rezando.

Para relembrar podemos consultar as catequeses celebrativas: 6, 10, 12, 13, 14, 18, 21 e 22 e a catequese litúrgica 6, do livro da 1ª etapa, onde no gesto litúrgico pode-se encontrar comentários sobre a bênção e as diversas maneiras de se usar as mãos.

Vivenciando a liturgia: Fomos criados por Deus para que, em Cristo, façamos boas obras (cf. Ef 2,10; 4,17-32)

Quando Deus criou o mundo, diz a Sagrada Escritura, "viu que tudo era muito bom" (Gn 1,31). Como Pai, Deus preparou para o ser humano uma vida nova em Jesus Cristo. Para viver esta vida nova é preciso tirar do coração da pessoa todos os sentimentos que levam à injustiça, à maldade, à ira, ao preconceito etc. Com o coração renovado pelas boas obras da justiça, da paz, do amor, da partilha, da mansidão, da doação, do acolhimento, da verdade, do perdão, podemos dizer: "Eu creio em Deus Pai todo-poderoso, criador do céu e da terra".

Para dizer "eu creio em Deus" com o coração e com a inteligência mais do que só falar, é preciso demonstrar nos gestos concretos do dia a dia.

Gesto concreto: preservar a natureza

Alguns questionamentos para refletir: Como temos vivido a VIDA que Deus nos tem dado no planeta Terra? Temos respeitado a vida que Deus deu aos animais e às plantas? Como preservar o dom que Deus nos deu?

Pedir que os catequizandos façam propostas concretas sobre a preservação da natureza na comunidade em que vivem (praças, córregos, ruas, economizar água e luz, lixo reciclável...).

Sugere-se organizar-se com os catequizandos para que levem na celebração eucarística do próximo domingo: produtos da natureza (peças do vestuário, brinquedos ou mantimentos não perecíveis), que mais admiram e de que mais gostam, para que sejam apresentados na procissão do ofertório e doados posteriormente aos mais necessitados.

IV. Oração

• Silenciosa – de agradecimento.

Convidar os catequizandos para que fechem os olhos e se lembrem das coisas bonitas que existem na natureza. Comentar que podemos ver Deus em cada uma delas. Convidá-los a agradecer a Deus por todas essas coisas boas que existem. Olhando para o céu e com as mãos erguidas cada catequizando poderá dizer o nome de um ser criado por Deus e que ele acredite ser o mais bonito ou que dele mais goste. Os catequizandos agradecem. Exemplo: um catequizando diz: **a água da fonte!** Os demais catequizandos respondem **Obrigado, Deus Pai todo-poderoso por ter criado a água da fonte** (ou outra resposta a ser combinada pelo grupo).

- Pai-nosso.
- Abraço da paz.
- Canto final: Pode-se cantar o Hino de louvor à criação, Dn 3,58-90, usando uma melodia conhecida ou, ainda, o Salmo 138: *Tu me conheces*; *Oração de São Francisco*.

V. Conversa com os catequizandos

Como preservar as obras criadas por Deus.

Preparando o material

• Documentários sobre o planeta Terra (viagens a lugares de turismo, passeio pela cidade, campos, matas, mares, céu etc.); sobre viagens espaciais.

• Figuras dos planetas e das novas fotos que os telescópios espaciais estão tirando do universo.

• Levar para esta celebração frutas, flores, animais, terra, figuras das coisas criadas por Deus.

• Painel para montar, após cada celebração, os artigos do Símbolo de nossa fé. Colocar o primeiro: *"Creio em Deus Pai todo-poderoso, criador do céu e da terra"*.

• Se realizar a dinâmica proposta, preparar os cartazes, conforme a explicação: serão 9 cartazes do mesmo tamanho.

Preparação da sala

É importantíssima a arrumação da sala para essa celebração. O catequista deverá planejar bem como será usado o material que está levando, colocá-lo de forma que facilite a sua catequese e que, ao mesmo tempo, não disperse os catequizandos.

Atividades

Prever um momento para responder as perguntas em grupo.

Subsídios para catequese
O Símbolo da nossa fé

Professamos a nossa fé quando dizemos por palavras e manifestamos através de gestos concretos a nossa resposta a Deus que se revela a nós através de Jesus na Igreja. No Antigo Testamento Deus foi se revelando pouco a pouco aos patriarcas Abraão, Isaac, Jacó e José. Libertou seu povo escravo no Egito. Conduziu esse povo com mão forte e poderosa através do deserto, alimentando-o com o maná e com as codornizes, saciou a sua sede com a água que saiu da rocha. Levou esse povo escolhido para a Terra Prometida, onde corria leite e mel. Enviou a eles profetas que manifestavam a sua vontade. Deu-lhe juízes e reis; e "na plenitude dos tempos, enviou seu Filho, nascido de uma mulher" (Gl 4,4).

O Símbolo Apostólico é um tesouro que contém um resumo das principais Verdades da nossa fé. Nos primeiros séculos da Igreja, os que desejavam "ser batizados" recebiam o Credo depois de muito tempo, aprendendo, nas catequeses, a seguir Jesus na Igreja. Só os batizados podiam tomar conhecimento desse Símbolo (Profissão de Fé), que lhes era entregue solenemente no dia do seu Batismo, e deviam provar com o testemunho de sua vida que realmente acreditavam no que estavam professando. Muitos morreram, e ainda hoje morrem, defendendo as verdades contidas nesse Símbolo: são os mártires da fé. O "Creio", como é também chamado "o Símbolo da nossa Fé", é rezado na Missa depois da homilia. O "Creio" contém doze artigos que são os ensinamentos resumidos da nossa fé. O cristão é convidado a viver em sua vida e com a sua vida as verdades contidas na Profissão de Fé.

1º artigo da Profissão de Fé

Hoje estamos celebrando o primeiro artigo do *Creio*: "Creio em Deus Pai todo-poderoso, criador do céu e da terra".

Deus é um. Deus é Pai

Somos convidados a crer em um só Deus. Escolher um só Deus. Crer e escolher um Deus que é Pai, porque tem um Filho. O Filho de Deus é Jesus. Deus o ama com amor eterno. Deus é todo-poderoso: "Deus criou o mundo sozinho, por sua livre vontade, sem nenhum constrangimento exterior e sem obrigação interior. Podia criar ou não criar, podia criar este mundo ou outro. O mundo foi criado por Deus no tempo, portanto não é eterno: tem um início no tempo. O mundo criado por Deus é constantemente mantido pelo Criador em existência. Este "manter" é, em certo sentido, um contínuo criar" (João Paulo II. Alocução em 02/02/1986).

Quando nos lembramos de Deus sabemos que Ele é o primeiro e o último, o começo e o fim de tudo (cf. Is 44,6). Deus, para nós, parece ser alguém muito distante e com poderes imensos. Sim, Deus é todo-poderoso, mas lembremo-nos do que Jesus nos disse quando nos ensinou a rezar: "PAI-NOSSO, QUE ESTAIS NOS CÉUS". E aqui no "Creio" dizemos "creio em Deus Pai, todo-poderoso". Sim, Deus é todo-poderoso, mas é Pai. Deus é o todo-poderoso e criou todas as coisas que existem por seu poder, mas principalmente porque Ele ama. Deus é essencialmente AMOR. Deus é Pai, Ele tem um Filho que é Jesus; é um Pai todo-poderoso que ama a cada um, a todos os seres humanos e ama, também, todas as criaturas conforme está escrito no livro da Sabedoria: "Vós amais tudo o que existe, e não aborreceis nada do que fizestes" (Sb 11,24).

Deus é Criador

Tudo o que existe tem origem em Deus. E a maior prova do amor de Deus para os seres humanos foi ter criado o homem e a mulher à sua imagem e semelhança. Deus criou a pessoa livre, isto é, a pessoa pode escolher a Deus ou rejeitar a Deus. Somos livres para acolher a Deus, aceitar a sua Palavra e realizar em nossa vida a sua Vontade, que é a de sermos felizes. Deus se revela e faz aliança com o seu povo. Deus cuida com bondosa solicitude de sua obra, tem projetos de amor, por isso Jesus ensina a confiar na Providência Divina (cf. Sl 115,3; Pr 19,21; Mt 6,31-33). Colaboramos com Deus na criação, quando buscamos a justiça e o direito, quando preservamos a sua obra: as plantas e os animais e "tudo o que os céus e a terra contêm" (Gn 1,26-28; Cl 1,24; 1Cor 3,9; 1Ts 3,2; Fl 2,13; 1Cor 12,6).

Para o aprofundamento do catequista

• *Ler na Bíblia:* Gn 1–3.

• *Catecismo da Igreja Católica*: 26-42; 154ss.; 161; 166; 177; 153; 155; 179ss.; 184; 190-201; 212; 216; 222-227; 269; 274; 279; 287; 290; 310; 325s; 338; 341; 365; 412; 461; 1024ss.; 1064; 1266; 1676; 1934; 1955s.; 2794ss.; 2794s.; 2802; 2088.

• *Dimensões da fé*. Anselm Grün. Petrópolis: Vozes, 2005.

• *A quem iremos, Senhor?* – Explicação do Credo para adultos. Pe. Luiz Cechinato. Petrópolis: Vozes, 1992.

2ª Catequese

Eu creio em Jesus Cristo, seu único Filho, nosso Senhor

OBJETIVOS	CONTEÚDO
1) Avaliar a proposta do projeto de Jesus. 2) Refletir a possibilidade de aceitar o projeto amoroso de Jesus. 3) Descobrir como manifestar o amor de Deus por nós, concretamente, na família e na comunidade.	1) Jesus é Filho de Deus. Jesus veio para salvar todas as pessoas, sem exceção: • Jesus deu a sua vida por todos os seres humanos. • Deus nos ama e nos revelou o seu amor por nós. • Deus quer que participemos da sua vida divina. 2) Jesus nasceu como homem • Jesus é o VERBO DE DEUS, a PALAVRA DE DEUS. • Existia desde o princípio junto de Deus. • Se fez homem, nascendo da Virgem Maria, por obra do Espírito Santo.

Preparando o encontro

Estamos celebrando os artigos de nossa "Profissão de Fé". É importante dar continuidade ao conteúdo da catequese anterior. Lembramos que as leituras bíblicas do contexto proposto servirão para esclarecer e situar o catequista no texto-base da catequese, evitando uma leitura fundamentalista da Bíblia.

I. Oração inicial (Indique o tempo_____)

• Fazer o sinal da cruz e uma oração espontânea (todos em pé).
• Invocação do Espírito Santo (cantada ou rezada).

II. Proclamação da Palavra de Deus (Indique o tempo_____)

Contexto: Mt 16,13-20 (cf. Mt 3,17; 14,33; 17,5; 21,37; 22,42-46; 26,63; Mc 15,39; Lc 23,47; Jo 20,17)

Texto: Mt 16,13-16 (Profissão de fé de Pedro)

Comentário: Nesse artigo do "Creio" vamos celebrar Jesus como o "Filho único de Deus e como Nosso Senhor". **Só Jesus é o Filho de Deus.** Nós somos filhos por adoção (explicar o que é ser adotivo). Em Jesus nos tornamos filhos adotivos de Deus quando recebemos o Batismo. Por isso podemos rezar "Pai-nosso". O nome de **Jesus** significa "Deus que salva". O nome **Cristo** significa "o ungido", o "Messias". Jesus é o "Cristo" (o ungido), pois "Deus o ungiu com o Espírito Santo e com poder" (At 10,38). Lembrar a 18ª catequese (a unção dos reis) e a 6ª catequese litúrgica (a imposição das mãos-unção) da 1ª etapa. São Pedro, um dos amigos de Jesus, um apóstolo, é quem dá testemunho de Jesus como "o Cristo, o Filho de Deus".

Aclamação à Palavra de Deus (todos em pé)

• *Canto:* (Aleluia ou outro, conforme escolha do catequista, de acordo com o tempo litúrgico).

• *Antífona:* "E o Verbo se fez carne, e habitou entre nós; nós vimos a sua glória, a glória de Filho Unigênito do Pai, cheio de graça e verdade" (Jo 1,14).

Proclamação do Evangelho: Mt 16,13-16

III. Catequese (Indique o tempo_____)

Para preparar essa catequese vamos reler as catequeses da 1ª etapa (da 4ª à 7ª, da 20ª à 24ª e as catequeses litúrgicas) que falam sobre Jesus. Nessa catequese vamos aprofundar a doutrina da Igreja sobre Jesus. Ele, sendo Deus, humilhou-se e aceitou a condição humana. Como Verbo (Palavra) de Deus manifesta o projeto de amor que Deus tinha para o ser humano desde toda a eternidade. Jesus, Filho de Deus, nascendo de Maria assume a condição humana. Vamos procurar preparar com muito amor essa catequese, para que nossos catequizandos tenham seus corações abrasados de amor por Jesus, como os discípulos de Emaús.

Símbolo litúrgico: o rebento de Jessé (Is 11,1)

Quando os primeiros brotos verdes começam a aparecer estão anunciando o início da primavera. A erva do campo hoje tem vida, amanhã murcha e seca. O mato, o capim e a erva do campo são passageiros. A Sagrada Escritura usa a imagem da relva do campo para mostrar a transitoriedade, a precariedade de tudo o que foi criado (cf. Jó 14,1-2; Sl 37,2; 90[89],3-6; 103[102],15s; Is 28,1-4; 40,6-8; Sb 5,14; Mt 6,28s.; 24,35; Tg 1,10-11; 1Pd 1,2-25). Usa a imagem da erva que floresce para manifestar o crescimento espiritual que a pessoa deve buscar junto de Deus (cf. Sl 72[71],6-7; Nm 17,17-23; Sl 1,3; Eclo 14,9-18; 39,13s.; Sb 5,1; Jr 17,8; Ez 47,12; Lc 21,36).

Os Santos Padres da Igreja, lendo Isaías 11,1, reconhecem no pequenino broto que germinará da "raiz de Jessé", Jesus, o Redentor da humanidade. Ele virá pequeno, manso e humilde. Acolherá os pobres e os doentes. Entre os malfeitores será contado. E para quem quiser segui-lo Ele aponta o caminho da humildade e do serviço (cf. Mt 15,29ss.; 16,24-28; 18,1-4; 20,24-28; Mc 2,15-17; Lc 2,11.29; 17,7-19).

Gesto litúrgico: ajoelhar-se

Na Bíblia, em diversas passagens, lemos que pessoas se prostram diante de Deus e de seus mensageiros: Abraão (cf. Gn 18,2), os reis magos diante de Jesus (cf. Mt 2,11), Jesus no Horto das Oliveiras, antes de morrer (cf. Mt 26,39). Quando o anjo anunciou a Maria que ela seria a mãe de Jesus, ela disse: "Eis a serva do Senhor", possivelmente ela deve ter-se prostrado (cf. Lc 1,38). **O ajoelhar-se significa submissão.** Jesus foi o primeiro que se humilhou, verdadeiramente, diante de Deus. Como São Paulo escreve aos filipenses, "Ele que era Deus humilhou-se até a morte e morte de cruz" (2,6ss.). Pertencemos a Deus. Diante de Deus, somos criaturas, e por natureza deveríamos ser submissos a Deus. Só diante dele devemos nos ajoelhar. Muitos cristãos morreram, porque não quiseram ajoelhar-se diante dos ídolos pagãos. Nas celebrações, ajoelhamos quando recebemos a bênção do Santíssimo, e, nas celebrações penitenciais, quando confessamos os nossos pecados e recebemos a absolvição. Na Eucaristia nos ajoelhamos no momento da Consagração. Quando entramos na Igreja ou quando estamos em casa, nos ajoelhamos para rezar, numa atitude de reconhecimento de que somos criaturas diante de Deus Criador.

Vivenciando a liturgia: A humildade: tornar-se pequeno

Ser humilde é ter capacidade de ter consciência de quem somos realmente, conhecer nossas qualidades e defeitos. Ser humilde é reconhecer os dons que Deus deu aos outros e saber acolher o irmão como ele é, sem julgar. Ser humilde é fazer o que é preciso, sem exigir gratidão, é saber partilhar o que somos e o que temos.

No AT Moisés é chamado "o mais humilde dos homens" (cf. Nm 12,3). Jesus, o Cristo, o Ungido do Senhor, o Messias, foi anunciado no Antigo Testamento pelos profetas como aquele que deveria vir montado em um jumentinho (cf. Is 53,4-10; 57,15; 66,2; Zc 9,9).

Jesus é o Senhor que se fez servo para curar o coração orgulhoso dos seres humanos. Jesus é o mestre manso e humilde de coração que se humilha lavando os pés de seus discípulos. Embora igual a Deus, se "aniquila até a morte de cruz". Podemos participar do projeto de Jesus, porque ele é bom, não porque merecemos. Maria se coloca como "serva do Senhor". E o projeto de Deus pode ser realizado em Maria para toda a humanidade. Na Eucaristia Jesus se torna pequeno e escondido na Hóstia consagrada e se entrega para cada um dos que o recebem na comunhão. Esse é o projeto de Deus para todas as pessoas. Na humildade, em comunhão vamos procurar viver a nossa missão (cf. 2Sm 22,28; Pr 29,23; Os 11,4.28s.; Mt 5,4; Mt 8,10; 11,25-29; 18,1-5; 19,13s.; 20,28; 21,5; 23,12; Mc 10,15; Lc 17,10; Lc 1,43.52s.; 11,5; 15,3-7. 11-32; Jo 1,27; 3,28ss.; 13,12-16; Rm 8,17; Fl 2; Cl 2; 1Cor 8,2; 2Cor 8,9; Ef 4,1-2; 1Cor 1,26-3; Tg 4,6; 1Pd 5,6-10; Ap 4,8-11; 5,11-14).

Gesto concreto: Como dizer SIM ao amor de Deus

Deus é concreto e palpável na medida em que amamos os irmãos, saindo de nós mesmos e nos colocando a serviço. Precisamos descobrir formas de manifestar esse amor concretamente na comunidade. Podem ser feitas visitas a asilos e creches ou campanhas para ajudar entidades assistenciais da comunidade.

Perguntar aos catequizandos o que podem fazer, concretamente, para demonstrar que querem receber a Vida que Jesus quer lhes dar. Como responder "sim" ao "amor de Deus"? Ele é bom e nos ama, e nos deu seu único Filho que nos dá o exemplo de como podemos nos colocar a serviço dos irmãos.

IV. Oração

• Preces de joelhos

Vamos nos colocar diante de Deus, que está no meio de nós, pois estamos reunidos em seu nome. Com os olhos fechados, vamos refletir sobre as atitudes que nos têm afastado do amor de Deus e como vamos responder "SIM" a Deus (tempo de silêncio). Deus está em nosso coração, vamos rezar como Maria: **Eis aqui o(a) servo(a) do Senhor, faça-se em mim segundo a vossa Vontade.** Cada catequizando repete em voz alta esta oração.

Ensinar a Oração do *Angelus*

P. O Anjo do Senhor anunciou a Maria. **R.** E ela concebeu do Espírito Santo.
Ave-Maria...
P. Eis aqui a serva do Senhor. **R.** Faça-se em mim, segundo a vossa palavra.
Ave-Maria....
P. E o Verbo se fez carne. **R.** E habitou entre nós.
Ave-Maria....
Oremos. Infundi, Senhor, em nossos corações a vossa graça, a fim de que, conhecendo pela anunciação do Anjo a Encarnação do vosso Filho Jesus, alcancemos, pelos merecimentos de sua Paixão e morte na cruz, a glória da sua Ressurreição. Por Cristo nosso Senhor. Amém.

- Pai-nosso.
- Abraço da paz.
- Canto final: sugere-se um sobre Jesus, como: *A ti, meu Deus; Seu nome é Jesus Cristo; Da cepa brotou a rama.*

V. Conversa com os catequizandos

A missão de Jesus e a nossa missão.

Preparando o material

- Filme: Anunciação e nascimento de Jesus, a profissão de Pedro.
- Figuras que ilustrem estas passagens do Evangelho. Um quadro ou imagem de Maria, um presépio.
- Material da dinâmica realizada na 14ª catequese (opcional).
- Cartaz: **Jesus** significa *"Deus que salva"* O nome **Cristo** significa "o ungido", o "Messias".

Preparação da sala

Preparar a sala com enfeites de Natal e de Páscoa. Montar o presépio, colocar a cruz e o cartaz: Jesus esteve no presépio para ir à cruz e chegar à Ressurreição. É uma única festa: a festa do imenso amor de Deus por todas as pessoas.

Atividade

Está previsto que os catequizandos procurem na Bíblia dois textos diferentes. O catequista poderá separar a sua turma em dois grupos: um procura **Lc 3,22**, e o outro procura **Mt 17, 5**.

Subsídios para catequese

Jesus é Filho de Deus. Jesus veio para salvar todas as pessoas

Jesus é verdadeiro Deus e verdadeiro homem. São Paulo, em sua carta aos filipenses 2,5-8, nos explica bem este **grande mistério da nossa fé**. Mistério é uma verdade tão grande que a nossa inteligência não consegue compreender (rever a história de Santo Agostinho e o menino na praia – 7ª catequese litúrgica – 1ª etapa).

Toda a vida de Jesus revela o Pai. Quando Jesus realiza os milagres, quando anda, fala, toma refeição, descansa; quando ensina e sofre, tem um único projeto: revelar o Pai. Jesus disse: "Quem me vê, vê o Pai" (Jo 14,9). O Pai, no Batismo e na transfiguração de Jesus, testemunha: "Este é meu Filho amado, ouvi-o!" (Lc 3,22; 9,35).

Jesus deu a sua vida por todos os seres humanos

Por que Jesus veio ao mundo? Qual a missão de Jesus?

Deus é Todo Amor (Todo-Poderoso-Sábio-Belo-Infinito). Criou o ser humano por amor e para o amor. A criatura não quis o amor de Deus. Pecou! As pessoas se afastaram do projeto amoroso de Deus. O ser humano pecou contra Deus, contra esse Deus Todo Amor e "é preciso um amor rudemente poderoso para perdoar, perdoar realmente. É preciso o poder de amar!" ("Crer para viver" – François Varillon: Introdução – O essencial da fé, Deus é Todo amor). Para que a culpa do homem fosse reparada era preciso que alguém, como Deus, pedisse perdão em nosso nome: por isso Jesus foi enviado (*Deus Caritas est* 10).

Deus nos ama e nos revelou o seu amor por nós

O Filho único de Deus, querendo reparar totalmente a nossa falta, tomou a natureza humana, porque essa era a única maneira pela qual lhe seria possível sofrer. Jesus, através de sua morte na cruz, expiou (pagou) a nossa dívida para com Deus. Jesus carregou todos os pecados consigo e foi pregado na cruz com todos os pecados de todos os seres humanos. Jesus, assim, salvou toda a humanidade. Por sua vida, morte e ressurreição, Jesus revela e oferece a todas as pessoas a participação no projeto de salvação de Deus.

Deus quer que participemos da sua vida divina

Jesus espera que cada pessoa aceite em seu coração o sacrifício que Ele fez por todos. Deus espera que cada um receba em seu coração o amor que Ele quer nos dar. Jesus disse: "Eu vim para que tenham a vida e a vida em abundância" (Jo 10,10). Os que aceitarem o projeto de Deus poderão participar da sua vida divina. Deus se inclina para os humildes. "Os mansos e humildes de coração verão a Deus" (Sl 138[137],6; 113,5ss.; Is 57,13; Lc 1,51s.); pois eles reconhecem a própria fraqueza e incapacidade e se abrem para receber a graça de Deus que perdoa seus pecados e pode produzir neles frutos de vida eterna (cf. Lc 18,14; 1Cor 15,10; 2Cor 12,9).

Jesus nasceu como homem

Todos gostam de festejar o Natal. No Natal celebramos o quê? São João inicia o seu Evangelho contando o Natal de uma maneira diferente, ele escreve: "No princípio, era o Verbo e o Verbo estava com Deus e o Verbo era Deus. No princípio, Ele estava com Deus. Tudo foi feito por meio dele e sem Ele nada foi feito de tudo o que existe. E o Verbo se fez carne e habitou entre nós" (Jo 1,1-3.14).

VERBO é uma palavra que significa uma ação: correr, pular, andar... Jesus é o Verbo de Deus. Jesus é a Palavra de Deus que faz, que produz uma ação. Quando Deus criou o mundo, Jesus estava com Deus. Jesus é a Palavra de Deus (cf. Gn

1,1-5). Jesus se fez carne tomando um corpo semelhante ao nosso, nascendo de Maria por obra do Espírito Santo. Jesus tem um Pai, que é Deus. São José é chamado de "pai adotivo de Jesus". São José foi aquele que proporcionou para Jesus, enquanto pequeno, família, casa e segurança (cf. Mt 1–2; Lc 1–3).

Para o aprofundamento do catequista

- *Catecismo da Igreja Católica*: 422-570; 206; 210ss.; 272; 472; 520; 537; 1505; 1521s.; 1532; 1708s.; 1715; 1741; 1816; 1992; 2020; 2038; 2074; 2305; 2443-2546; 2559; 2631; 2600; 2666; 2713; 2748; 2832; 2752.
- *O Redentor do homem* (*Redemptor Hominis*). Carta encíclica de João Paulo II. São Paulo: Paulinas.
- *No início do Novo Milênio* (*Novo Millennio Ineunte*). Carta Apostólica de João Paulo II. São Paulo: Paulinas, 1984.
- *A fé explicada aos jovens e adultos – Vol. 1: A fé*. Rey-Mermet. São Paulo: Paulinas, 1998.

3ª Catequese

Eu creio que Jesus morreu e ressuscitou

OBJETIVOS	CONTEÚDO
1) Descobrir que existem momentos na vida em que apenas a morte aparece.	1) Jesus morreu e ressuscitou.
2) Perceber que sempre existe a possibilidade de escolher a vida.	2) Jesus, como novo Adão, morreu por nossos pecados.
3) Descobrir atitudes que podem transformar situações de morte em situações de vida.	3) Jesus trouxe a salvação a todos os seres humanos.
	4) Jesus venceu a morte e nos convida a segui-lo.
	5) Creio que Jesus ressuscitou.

Preparando o encontro

Na continuidade às catequeses anteriores sobre a "Profissão de Fé", vamos celebrar o artigo que proclama a nossa fé em Jesus que morreu e ressuscitou para a nossa salvação. Já celebramos, na 1ª etapa, a 3ª e 4ª catequeses litúrgicas sobre a quaresma e o sentido da cruz e da ressurreição na vida de Jesus e na nossa vida. O fato histórico da morte e ressurreição de Jesus apresenta para a nossa fé muitas verdades que devem ser assimiladas e celebradas em nossa vida.

Nossos catequizandos estão começando a "ser catequizados", por isso é preciso dosar a doutrina que vamos transmitir. O essencial, nesse tempo de preparação, é despertar em seus corações a vontade e a necessidade de descobrir cada vez mais "a profundidade da riqueza, sabedoria e ciência de Deus" (Rm 11,33 – cf. Ef 3,18).

I. Oração inicial (Indique o tempo_____)

• Fazer o sinal da cruz e uma oração espontânea (todos em pé).
• Invocação do Espírito Santo (cantada ou rezada).

II. Proclamação da Palavra de Deus (Indique o tempo_____)

Contexto: Mc 16,1-8 – cf. Is 42,1-9; 49,1-9; 52,7-53,12; Mt 28,1-8; Lc 24,1-10; Jo 20,1-10

Texto: Mc 16,4-6 (Ressurreição de Jesus)

Comentário: Jesus nasceu da Virgem Maria, tomou um corpo igual ao nosso para realizar a sua missão entre os homens. Qual era a missão de Jesus? Como Jesus cumpriu a sua missão? Deus entregou seu único Filho à morte, para que, por sua morte, todas as pessoas fossem salvas. A Igreja, refletindo sobre Abraão e o sacrifício de Isaac, vê, nesse fato, uma figura do sacrifício de Jesus. Deus poupa Isaac (11ª catequese da 1ª etapa), mas não poupa Jesus. Ele morreu e, ao terceiro dia, ressuscitou.

Aclamação à Palavra de Deus (todos em pé)

• *Canto*: (Aleluia ou outro, conforme escolha do catequista, de acordo com o tempo litúrgico).

• *Antífona*: "Cristo sofreu por vós, e vos deixou um exemplo, para que sigais os seus passos" (1Pd 2,21b).

Proclamação do Evangelho: Mc 16,4-6

III. Catequese (Indique o tempo_____)

Vamos preparar com carinho e devoção a nossa catequese sobre o artigo da "Profissão de Fé" que nos leva a crer no Mistério Pascal da morte e ressurreição de Cristo. Ele está no centro da Boa-Nova que os apóstolos e a Igreja anunciam ao mundo. Este é o projeto salvador de Deus realizado por Jesus "uma vez por todas" (Hb 9,26). Os objetivos e o conteúdo propostos devem nos ajudar a limitar o "tamanho" de nossa catequese. Essa é uma catequese fundamental e importantíssima, porque através dela os catequizandos irão receber o *Kerigma* – o anúncio do grande amor de Deus para com todas as suas criaturas (cf. Rm 8,22s.). A morte e a ressurreição de Jesus, segundo São Paulo, é o fundamento de nossa fé (1Cor 15,1-14 – cf. CaIC 638).

Símbolo litúrgico: morte e vida

A cruz, que antes era um instrumento de maldição (Dt 21,21s.), hoje, para nós, é o símbolo da salvação. Jesus, com sua morte, a transformou na ÁRVORE DA VIDA (cf. Sb 14,7; Gl 3,13; Ap 2,7; 22,14; Liturgia da Sexta-feira Santa). Na cruz, Jesus morreu por nossos pecados (cf. Lc 24,25ss.; Rm 8,3; Cl 2,14s.; 1Cor 15,3). Na cruz, Jesus nos alcançou a VIDA. Por isso, a cruz é para nós sinal da **morte** e da **vida** (cf. Rm 6,6; 1Cor 2; Gl 2,19; 6,14; Fl 2,1-8; Hb 6,6; 1Pd 2,21-24). Por isso, a nossa cruz pode transformar o sinal de morte em sinal de vida. Quando aceitamos o sofrimento com Jesus, nós alcançamos a vida com Jesus.

Todos temos a nossa cruz. Qual é a minha cruz?

O sofrimento, hoje, tem um sentido novo: a nossa cruz é gloriosa porque Jesus já sofreu por nós, e o nosso sofrimento, hoje, tem o sentido de ressurreição. Por isso, podemos viver com sofrimentos, dificuldades e termos a paz e a alegria de Jesus. Vamos carregar nossa cruz com Jesus, que disse: "Eu sou o caminho, a verdade e a vida" (Jo 14,6).

Gesto litúrgico: sono (dormir)

Podemos entender um pouco a morte e ressurreição comparando com o que acontece quando dormimos e depois acordamos. Enquanto dormimos nos ausentamos de participar de algumas coisas, de conviver com as pessoas. Estamos afastados dos fatos e acontecimentos. No entanto outras pessoas estão acordadas e interagindo. Assim, quando acordamos voltamos às nossas atividades, despertamos para dar continuidade a elas e para iniciar coisas novas. Portanto, antes de dormir é um momento propício para nos colocarmos diante de Deus e refletir sobre como passamos o dia; louvar e bendizer a Deus pelos dons concedidos, por nossas boas ações e pedir perdão pelas faltas cometidas e principalmente perdoar os que nos ofenderam.

Vivenciando a liturgia: a Eucaristia é vida e ressurreição

Jesus disse: "Quem procurar salvar a sua vida vai perdê-la, e quem a perder há de conservá-la" (Lc 17,33 – cf. Mt 10,30; 16,25; Mc 8,35; Lc 9,24; Jo 12,25). "Assim descreve Jesus o seu caminho pessoal, que o conduz, através da cruz, à ressurreição: o caminho do grão de trigo que cai na terra e morre e, desse modo, dá fruto. Partindo do centro do seu sacrifício pessoal do amor que aí alcança a sua plenitude, Ele com tais palavras descreve, também, a essência do amor e da existência humana em geral" (*Deus Caritas est* 6). Jesus, na Quinta-feira Santa, institui a Eucaristia, dando-se como alimento, na forma do pão e do vinho. Jesus faz a sua entrega pessoal: "Tomai e comei, isto é o meu corpo, que será entregue por vós". Jesus antecipa a entrega de sua vida, na cruz, entregando-se livremente, como alimento. Jesus anuncia a sua morte e proclama a sua ressurreição: "Fazei isto em memória de mim" (Mt 26,26-29; Lc 22,14-20; Mc 14,22-25; Jo 6,51-58; 1Cor 10,6; 11,23-25; CaIC 766).

Gesto concreto: fazer projetos conforme o projeto de Deus

Deus, por amor, nos deu seu único Filho para a nossa Redenção. Em nossa família e em comunidade podemos transformar situações de morte em situações de vida e de ressurreição. São situações criadas por nossas decisões, gestos ou atitudes que causaram o sofrimento aos outros e a nós mesmos. Não permanecer na morte, mas morrer com e como Jesus, para depois ressuscitar, deve ser o nosso compromisso diante da cruz de Jesus. É preciso ter coragem para pedir perdão e para perdoar; é preciso ter a força que Jesus pode nos dar para reconhecer o nosso erro que causou sofrimento ao nosso próximo. Pensar juntos: o que podemos melhorar na nossa comunidade?

IV. Oração

• Meditação

A Igreja nos ensina a rezar de uma forma diferente: **a meditação**. Meditar é passar um tempo pensando nas coisas de Deus, pensando na Palavra de Deus que ouvimos ou lemos. Durante este tempo, nos esquecemos do que se passa ao nosso redor.

Convidar os catequizandos a fazer uma breve MEDITAÇÃO incentivando-os a procurar visualizar Jesus na cruz, sepultado e ressuscitando glorioso, agradecer o que Jesus fez por nós, pedir que Ele nos ajude a vencer o nosso sofrimento, pedir por nossos familiares e amigos e pelos que sofrem no mundo. Motivar a citar os sofrimentos do mundo que conhecem (deixar uns três minutos).

Juntos podem rezar a Oração de São Francisco.

• Pai-nosso.

• Abraço da paz.

• Canto final: sobre a morte e ressurreição de Jesus, como: *Hino à cruz* (Bendita e louvada seja) ou *Vitória, Tu reinarás*.

V. Conversa com os catequizandos

As nossas mortes e também os momentos de ressurreição.

Preparando o material

• Selecionar um filme sobre a Paixão, morte e ressurreição de Jesus.

• Colocar a cruz em lugar de destaque.

• Figura de Jesus ressuscitado.

• Selecionar figuras de pessoas: dormindo, sofrendo, rindo, chorando, desenvolvendo as mais diversas atividades (mostrando situações de morte e de vida).

• Recortes de jornal que poderão servir para fundamentar a nossa catequese e para a pesquisa que é pedida na atividade: Testemunho que convence.

Preparação da sala

Arrumar a sala com bandeiras ou flores brancas, colocar a cruz em destaque. Colocar uma veste branca ao lado da cruz. Deixar os cartazes arrumados de forma que possam ser utilizados sem dificuldades

Subsídios para catequese

Jesus morreu e ressuscitou

No Tempo da Quaresma, celebramos a paixão, morte e ressurreição de Jesus. Hoje, celebramos: Creio em Jesus Cristo que padeceu sob Pôncio Pilatos, foi crucificado, morto e sepultado. Desceu à mansão dos mortos. Ressuscitou ao terceiro dia.

Jesus é verdadeiramente homem. Jesus, como homem, filho de Maria, viveu na Judeia. Jesus chamou discípulos e ensinou-lhes a sua doutrina, fez milagres: curou cegos, surdos, mudos, paralíticos, ressuscitou mortos (Lázaro, a filha de Jairo, o filho da viúva de Naim). Jesus multiplicou os pães, andou sobre as águas e acalmou a tempestade. Sua vida e a sua morte foram testemunhadas pelos apóstolos e pelos discípulos. A contagem dos anos aceita universalmente está dividida em ANTES DE CRISTO – aC e DEPOIS DE CRISTO – dC.

As Sagradas Escrituras anunciaram Jesus no Antigo Testamento. O Profeta Isaías fala do "Servo Sofredor", narrando todo o sofrimento de Jesus (cf. Is 42,1-9; 49,1-9; 52,7–53,12). Os evangelistas descrevem a paixão, morte e ressurreição de Jesus (cf. Mt 28,1-8; Mc 16,1-8; Lc 24,1-10; Jo 20,1-10).

Jesus, como novo Adão, morreu por nossos pecados

O ser humano se afastou de Deus pelo pecado e não aceitou o projeto de amor de Deus. Jesus, por sua morte na cruz, aceita o projeto de Deus, aceita o sofrimento como homem até o fim. No seu sofrimento manifesta seu amor por nós todos, e, com esse amor, salva todas as criaturas (cf. Rm 8,19-30). Todos fomos salvos pela morte de Jesus, e a sua ressurreição é a vitória sobre a morte. Cristo morreu uma só vez pelos nossos pecados. O justo pelo injusto. Jesus, ao ser pregado na cruz, pregou, com Ele, na cruz, os nossos pecados. Esta é a grande notícia que os homens esperavam: um Deus que dá a vida por nós, pobres pecadores. Deus nos ama. Jesus que morre por todas as pessoas; é essa a grande prova desse amor de Deus (cf. Rm 15).

Jesus trouxe a salvação a todos os seres humanos, venceu a morte e nos convida a segui-lo

Jesus não permaneceu na morte, Jesus "desceu às profundezas da morte" a fim de que "os mortos ouçam a voz do Filho do homem e os que a ouvirem vivam" (Jo 5,25). Jesus, por sua morte, destruiu a morte. São Paulo escreve: "Ó morte, onde está a tua vitória?" (1Cor 15). Em uma antiga homilia para o Sábado Santo do século IV podemos ler a descrição do encontro de Jesus com os antigos patriarcas, começando por Adão (cf. CaIC 635): "O que aconteceu hoje? Um grande silêncio reina sobre a terra. Um grande silêncio e uma grande solidão. Um grande silêncio, porque o Rei está dormindo; a terra estremeceu e ficou silenciosa, porque o Deus feito homem adormeceu e acordou os que dormiam há séculos. Deus morreu na carne e despertou a mansão dos mortos. Ele vai antes de tudo à procura de Adão, nosso primeiro pai, a ovelha perdida. Faz questão de visitar os que estão mergulhados nas trevas e na sombra da morte. Deus e seu Filho vão ao encontro de Adão e Eva cativos, agora libertos dos sofrimentos. O Senhor entrou onde estavam, levando em suas mãos a arma da cruz vitoriosa. Quando Adão, nosso primeiro pai, o viu, exclamou para todos os demais, batendo no peito e cheio de admiração: "O meu Senhor está no meio de nós". E Cristo respondeu a Adão: "E com o teu espírito". E tomando-o pela mão, disse: "acorda, tu que dormes, levanta-te dentre os mortos, e Cristo te iluminará!" (*Liturgia das Horas*, Sábado Santo).

Creio que Jesus ressuscitou

Jesus ressuscitou ao terceiro dia, quer dizer: Ele venceu a morte saindo vivo da sepultura, com um corpo glorioso. O corpo transfigurado de Jesus é um corpo santo, marcado com as chagas gloriosas da cruz.

Depois da ressurreição Jesus passou um tempo com os seus discípulos para confirmá-los na fé. A ressurreição de Cristo é o princípio e fonte de nossa ressurreição futura. Jesus vencedor da morte nos convida a seguir o caminho que leva à verdadeira vida e nos convida a realizar o projeto de Deus que é um projeto de amor. Nosso papa, Bento XVI, em sua Carta Encíclica *Deus Caritas est* (18), escreveu: "Revela-se, assim, como possível, o amor ao próximo no sentido enunciado por Jesus na Bíblia. Consiste, precisamente, no fato de que eu amo, em Deus e com Deus, a pessoa que não me agrada ou que nem conheço sequer. Isso só é possível realizar-se a partir do encontro íntimo com Deus, um encontro que se tornou comunhão de vontade, chegando mesmo a tocar o sentimento. Então aprendo a ver aquela pessoa já não somente com os meus olhos e sentimentos, mas segundo a perspectiva de Jesus Cristo. [...] Eu vejo com os olhos de Cristo e posso dar ao outro muito mais do que as coisas externamente necessárias: posso dar-lhe o olhar de amor de que ele precisa. [...] O amor é divino, porque vem de Deus e nos une a Deus, e, através deste processo unificador, transforma-nos em um nós, que supera as nossas divisões e nos faz ser um nós, até que, no fim, Deus seja 'tudo em todos'" (1Cor 15,28).

Para o aprofundamento do catequista

- *Ler na Bíblia*: Mt 26–28; Mc 14–16; Lc 22–24; Jo 18–21; At 2,22-36; 3,11-26; Rm 4,25; 8,11; 10,9; 1Cor 15,4; 1Ts 1,10; Gl 1,1; 1Pd 1,21; 2,21-25; 1Jo 2,2.
- *Catecismo da Igreja Católica*: 571-667; 790; 992-996; 1003; 1005-1014; 1019; 1074-1163; 1166s.; 1322; 1337; 1357s.; 1362-1372; 1382; 1391; 1398; 1521s.; 1532; 1687.
- Documentos da Igreja:
  - *A misericórdia divina* (*Dives in Misericordia*). Carta encíclica de João Paulo II. Cap. V: O Mistério Pascal. São Paulo: Paulinas.
  - *Sobre a Eucaristia na sua relação com a Igreja* (*Ecclesia de Eucharistia*). Carta encíclica de João Paulo II. Introdução (1-5); Cap. I: Mistério da fé. São Paulo: Paulinas.
  - *Sobre o amor cristão* (*Deus Caritas est*). Carta encíclica de Bento XVI, n. 12 a 18. São Paulo: Paulinas.

4ª Catequese

Jesus está no céu e vai voltar

OBJETIVOS	CONTEÚDO
1) Enfatizar a necessidade básica do ser humano – um ser social – de conviver com outras pessoas.	1) Jesus cumpriu a sua missão: A salvação de todas as pessoas.
2) Descobrir que, na Igreja, podem conviver, como irmãos, homens, mulheres, crianças, jovens e adultos.	2) Jesus subiu aos céus • Está sentado à direita do Pai. • Com seu corpo glorioso. • Recebeu todo o poder. • Irá voltar para julgar os vivos e os mortos.
3) Valorizar a ação conjunta, buscando a partilha e o crescimento de cada um e da comunidade.	3) A Igreja clama sem cessar esperando a volta de Cristo: "Vem, Senhor Jesus" – MARANATHA.

Preparando o encontro

Estamos continuando as celebrações sobre os artigos da nossa "Profissão de Fé". Rezar com os catequizandos os artigos já celebrados e recordar brevemente o que cada um contém é uma forma de fixar em suas mentes as principais "Verdades" da nossa fé, que os primeiros cristãos defenderam com a própria vida. A semente que depositamos hoje no coração dessas crianças a nós confiadas, mesmo que momentaneamente esquecida, um dia haverá de ressurgir em algum momento de suas vidas adultas, trazendo-as de volta à Igreja, caso dela tenham se afastado por algum motivo.

I. Oração inicial (Indique o tempo_____)

• Fazer o sinal da cruz e uma oração espontânea (todos em pé).
• Invocação do Espírito Santo (cantada ou rezada).

II. Proclamação da Palavra de Deus (Indique o tempo_____)

Contexto: Mt 25,31-46 (cf. Jo 3,17s.; 5,22.26; 12,48; At 1,3; Ef 1,20-22; 1Cor 3,12-15; Ap 22,20)

Texto: Mt 25,44-45 (Julgamento final)

Comentário: Jesus ficou quarenta dias (um tempo) com os apóstolos depois de sua ressurreição, para confirmá-los na fé (cf. At 1,3; 10,37-43). Terminada a sua missão de salvar todos os seres humanos Jesus retornou ao Pai, subindo aos céus. O ato de Jesus subir ao céu tem o nome de "ascensão" (cf. Mc 16,19). Os Atos dos Apóstolos e as Cartas Apostólicas relatam estes acontecimentos da vida de Jesus e ensinam que Ele foi obediente ao Pai até a morte de cruz, por isso Deus lhe dá todo o poder. Jesus é o Senhor que irá julgar os vivos e os mortos (cf. Fl 2,8). Durante as suas pregações Jesus, através de parábolas, descreveu como seria o julgamento das pessoas (cf. Mt 25,31-46).

Aclamação à Palavra de Deus (todos em pé)

• *Canto*: (Aleluia ou outro, conforme escolha do catequista, de acordo com o tempo litúrgico).

• *Antífona*: "Ainda não subi para o Pai. Mas vai aos meus irmãos e dize-lhes: Eu subo para o meu Pai e vosso Pai, para o meu Deus e vosso Deus" (Jo 20,17).

Proclamação do Evangelho: Mt 25,44-45

III. Catequese (Indique o tempo_____)

Para preparar esta catequese vamos procurar despertar em nossos catequizandos a alegria da ressurreição de Jesus e a esperança de uma vida futura com Ele, junto de Deus. Esta esperança é manifestada por atitudes concretas. É importante nos lembrarmos que o símbolo, o gesto litúrgico e o gesto concreto propostos nos ajudarão a desenvolver esse encontro de forma que seja interessante e que produza frutos. Para isso convidamos o catequista a não apenas ler as propostas desse encontro, mas a preparar o seu encontro, planejando os materiais e as dinâmicas que serão usados com os catequizandos, com a certeza de que Deus, através da Igreja, confiou a você essa missão de orientar os seus catequizandos, com esta temática.

Dinâmica para ilustrar o Evangelho

Jesus conta como será o julgamento final. Usar cartazes com figuras de cada uma das situações apresentadas por Jesus, ou apenas cartazes com o nome das situações.

No evangelho que lemos, o que Jesus disse? Junto com os catequizandos montar um painel: no meio colocar as palavras ou as figuras representando as situações: fome, sede, forasteiro, doente, preso. No meio, colar uma cruz com Jesus ressuscitado. Do seu lado direito, colocar o SIM e as ovelhas, e, do seu lado esquerdo, colocar NÃO e os cabritos.

Dinâmica para ilustrar as consequências da Ascensão de Jesus

Jesus é Deus e Jesus é homem. Jesus subiu ao céu com seu corpo ressuscitado e glorificado e, com Ele, toda a humanidade pode estar junto de Deus novamente (CaIC 654-664).

Convidar os catequizandos para levantar bem alto a mão direita (fazer os catequizandos levantarem a mão) – esta representa a divindade de Jesus. Deixar a mão esquerda abaixo da cintura – esta representa a humanidade (os catequizandos deixam a mão esquerda abaixo da cintura). Jesus assumiu a nossa humanidade – "O Verbo se fez carne e habitou entre nós" –, descer a mão direita até a esquerda, entrelaçar bem os dedos, segurar bem firme. Jesus morreu, ressuscitou e subiu aos céus. Levantar aos poucos a mão direita sem soltar a esquerda, mas puxá-la para cima. Assim acontece: Jesus levou a humanidade (todas as pessoas) para o céu (lembrar a dinâmica do suco na água da 22ª catequese da 1ª etapa). Por Jesus, todos os seres humanos podem, agora, participar de sua divindade como filhos adotivos do Pai (Lembrar o que foi explicado sobre "ser adotivo", na 2ª catequese dessa etapa).

Símbolo litúrgico: a assembleia

Quando Jesus começou a sua pregação, convocou pessoas que começaram a se reunir para ouvi-lo (cf. Mt 4,18-22). Na última ceia, Jesus convocou seus apóstolos e deu-lhes o Novo Mandamento, celebrou com eles a Páscoa e pediu que se reunissem sempre, para celebrar a sua memória (cf. Mt 26,26-29; Jo 13,34s.). Jesus disse: "Onde dois ou três estiverem reunidos em meu nome estarei no meio deles" (Mt 18,20).

Temos nos reunido, semana após semana, para celebrar a Palavra de Deus. Nos reunimos em ASSEMBLEIA. Somos o povo de Deus que caminha – somos a Igreja – reunidos em nome do Senhor Jesus, ouvindo a sua Palavra, porque queremos viver segundo a vontade de Deus. Estamos manifestando que escolhemos Deus por nosso Pai e o fazemos por meio de gestos concretos, por atitudes, para expressar que acreditamos em Deus e queremos na nossa vida: "amar a Deus sobre todas as coisas e ao próximo como a nós mesmos" (Mc 10,21). Estamos nos preparando para a grande ASSEMBLEIA do fim dos tempos, quando Jesus "virá julgar os vivos e os mortos" (At 10,42 – cf. 1Pd 4,5; Rm 2,16; 1Cor 4,5).

Gesto litúrgico: dar a paz

Os primeiros cristãos se saudavam dando o ósculo da paz. Era para eles uma das formas de concretizar a oração em comum e a fraternidade (partilha) de ter tudo em comum entre eles (At 2,42-47 – cf. Rm 16,16; 1Cor 16,20; 2Cor 13,12; 1Ts 5,26;

1Pd 5,14). Hoje, beijo no rosto é dado entre parentes ou pessoas amigas mais íntimas. Em alguns grupos da Igreja o costume dos primeiros cristãos foi recuperado. A celebração da Eucaristia e em especial o momento em que rezamos o Pai-nosso, juntos, nos lembra que Deus é o nosso Pai. Jesus une todas as pessoas. "Por Cristo, com Cristo e em Cristo", todos os seres humanos se reconciliam, se congregam, como irmãos no amor. Para manifestar concretamente esta unidade no amor, após o Pai-nosso e antes da Comunhão, os cristãos que "com-celebram" a Eucaristia dão-se o abraço da paz. O presidente da celebração diz: "A PAZ DO SENHOR ESTEJA SEMPRE CONVOSCO", e a assembleia responde: "O AMOR DE CRISTO NOS UNIU". Realmente só o amor de Cristo pode nos unir em um só Corpo.

Vivenciando a liturgia: Respostas depois da Consagração

Jesus está onde está o seu povo reunido. Quando celebramos a Eucaristia rezamos, cantamos e ouvimos a Palavra de Deus. Jesus nos deixou como alimento seu Corpo e Sangue. Depois da Consagração do pão e do vinho, o sacerdote olhando para a assembleia anuncia: EIS O MISTÉRIO DA FÉ. Impulsionados pelo Espírito Santo, a uma só voz, com fé respondemos:

• "Anunciamos, Senhor, a vossa morte e proclamamos a vossa ressurreição. Vinde, Senhor Jesus!" ou:

• "Todas as vezes que comemos deste pão e bebemos deste cálice, anunciamos, Senhor, a vossa morte enquanto esperamos a vossa vinda!" ou:

• "Salvador do mundo, salvai-nos, vós que nos libertastes pela cruz e ressurreição".

Cada resposta contém o resumo da nossa fé. O *Kerigma* (Boa-Nova) anunciado pelos apóstolos desde o primeiro dia de pregação em Pentecostes: "Este, depois de ter sido entregue [...], vós o crucificastes e o matastes por mãos dos ímpios. Mas Deus o ressuscitou" (At 2,22-24). Por isso, quando participamos da Missa, vamos responder com alegria e força para testemunhar também a nossa fé.

Gesto concreto: somos todos irmãos em Jesus

Como irmãos, vamos estar juntos na oração, na partilha, no perdão. Como membros da Assembleia de Jesus Cristo, vamos procurar viver como os primeiros cristãos: na oração, na partilha e na fração do pão.

Como testemunhar, hoje, a nossa fé? Que gestos concretos podem anunciar que eu acredito que "Deus amou tanto o mundo, que entregou o Filho unigênito para que todo aquele que crer nele não pereça, mas tenha a vida eterna"? (Jo 3,16).

Jesus olhava as pessoas "com compaixão" (Mt 14,14; 15,32; Mc 6,34) e as curava de seus males. Hoje, são muitos os coxos, os cegos, os pequeninos, os desprezados que não têm voz e nem vez. Muitos são os excluídos que vivem à margem da vida, não têm o que comer, o que vestir, onde morar, o que aprender, sem o direito de viver com dignidade, sem o direito de ter fé. Quem de nós não se desvia do caminho ao avistar ao longe o pobre, o deficiente, o doente, o beberrão? De quem nós nos aproximamos? Aquele que está limpo e saudável, que se veste bem, que tem cultura, poder, uma boa profissão é bem recebido e procurado, recebe todas as atenções. Diante de Deus todos são iguais. Todos irão morrer. Todos se tornarão pó, no túmulo. Todos se apresentarão diante de Deus e diante de Deus serão julgados. Para Deus não há diferença, não há excluído. Deus ama todas as pessoas. Cada pessoa é convidada a acreditar e a viver o amor de Deus. Cada um escolhe livremente o seu caminho. Qual o caminho a escolher?

IV. Oração

• Silenciosa: Pedir, com o coração, que o Senhor Jesus nos ajude A NÃO JULGAR PELA APARÊNCIA. Que possamos nos ver como irmãos, e viver conforme o mandamento do amor que Jesus ensinou.

• Pai-nosso.

• Abraço da paz.

• Canto final: sobre o Amor a Deus e ao próximo. Sugere-se: *Eu vim para que todos tenham vida* e *Cristo ressuscitou*.

V. Conversa com os catequizandos

Como viver os ensinamentos de Jesus, amando a Deus e ao próximo como a si mesmo.

Preparando o material

• Filme sobre a aparição de Jesus a Madalena e aos apóstolos até à sua ascensão ao céu.

• Filme ou cartazes sobre pessoas fazendo o bem ou o mal a outras pessoas, animais e plantas.

• Figuras de carneiros e de cabritos.

• Figuras de pessoas se abraçando, se cumprimentando, de pessoas reunidas em assembleias, celebrando.

• Cartazes com as palavras ou com as situações de: fome, sede, forasteiro, nu, doente, preso. Um cartaz com a palavra *SIM* e outro com a palavra *NÃO*.

• Cartaz com as três respostas que podemos dar na Missa quando o sacerdote diz: "Eis o Mistério da fé".

Preparação da sala

• Preparar a mesa para a celebração com uma toalha branca, flor e velas.

• Colocar uma cruz bem no meio da mesa. Do lado direito colocar os carneiros e do esquerdo, os cabritos.

• Colocar no painel o artigo celebrado: *Subiu ao céu, está sentado à direita de Deus Pai todo-poderoso, de onde há de vir a julgar os vivos e os mortos.*

Subsídios para catequese

Jesus cumpriu a sua missão: A salvação de todas as pessoas

"Subiu ao céu, está sentado à direita de Deus Pai todo-poderoso, de onde há de vir a julgar os vivos e os mortos."

"Ainda não subi para o Pai. Mas vai aos meus irmãos e dize-lhes: Eu subo para o meu Pai e vosso Pai, para o meu Deus e vosso Deus" (Jo 20,17). Assim Jesus fala a Madalena, no dia de sua ressurreição, quando esta foi até sua sepultura, para chorar sua morte. Jesus pede que ela não o toque, ainda. Os Santos Padres veem em Madalena a figura da Igreja, uma nova realidade que tem início a partir da Ressurreição de Jesus. Jesus saiu do Pai, quando se encarnou (cf. Jo 1,1), e volta ao Pai, depois da sua ressurreição. Seu corpo, agora, é glorioso. É diferente do nosso. Jesus aparece aos apóstolos sem ter necessidade de abrir as portas. É o corpo transfigurado. A Igreja tem a missão de anunciar Jesus aos irmãos (cf. Lc 24).

Jesus subiu aos céus, está sentado à direita do Pai

Jesus está agora "à direita de Deus Pai todo-poderoso". Isto significa que, agora, Jesus tem todo poder, toda a honra e toda a glória. Agora, Jesus é o SENHOR. Agora todos os povos, nações e línguas irão servi-lo. Seu reino é um reino que não terá fim, é eterno e jamais será destruído. Jesus, subindo aos céus, levou consigo a nossa humanidade. Jesus disse aos apóstolos que voltaria. No livro do Apocalipse escrito por São João é anunciada esta segunda vinda de Cristo, no fim dos tempos. Jesus disse aos discípulos que nem o Filho do Homem sabia quando o fim dos tempos aconteceria, mas somente o Pai que está nos céus. A Igreja, na sua caminhada nesta terra, procura despertar nos cristãos a esperança no Senhor que há de vir. João termina o livro do Apocalipse com um grande grito de esperança – *MARANATHA* – que quer dizer: "VEM, SENHOR JESUS!" Essa é a última palavra do Livro Sagrado. Esse deve ser o nosso grito, a nossa oração. Na Missa, depois da Consagração, sempre fazemos uma oração lembrando a vinda de Jesus, que acontecerá no fim dos tempos, quando o presbítero diz: EIS O MISTÉRIO DA FÉ e a assembleia responde: *Anunciamos, Senhor, a vossa morte e proclamamos a vossa ressurreição. VEM, SENHOR JESUS!* Ou: *Todas as vezes que comemos deste pão e bebemos deste cálice, anunciamos, Senhor, a vossa morte enquanto esperamos a vossa vinda!* Ou: *Salvador do mundo, salvai-nos, vós que nos libertastes pela cruz e ressurreição.*

Jesus irá voltar para julgar os vivos e os mortos

Deus deu a Jesus o poder de julgar as pessoas, suas obras e seu coração. Ele adquiriu este direito pela cruz. Jesus disse: "Eu não vim para julgar, mas para salvar e para dar a vida que está nele" (Jo 3,17; Jo 5,26). Portanto, cada pessoa vai se julgar a si mesma: aquele ou aquela que aceita a graça e faz a vontade de Deus, está salvo(a); aquele ou aquela que recusa a graça, que recusa a salvação que Jesus lhe oferece, este(a) já se condena a si mesmo (cf. CaIC 679). A Igreja clama sem cessar, esperando a volta de Cristo: "Vem, Senhor Jesus" – MARANATHA.

Para o aprofundamento do catequista

- *Catecismo da Igreja Católica*: 668-682; 230; 361; 381; 501; 736; 788; 946; 1006; 1092; 1112; 1141; 1167; 1174; 1329; 1348; 1372; 1383; 1424; 1468; 1566; 1716; 1829; 1832; 1909; 1931; 2012; 2117; 2178; 2188; 2233; 2305; 2442; 2448; 2760; 2777.
- *Sobre o amor cristão (Deus Caritas est)*. Carta encíclica de Bento XVI, n. 32 a 42. São Paulo: Paulinas.
- *Catequeses pré-batismais* – São Cirilo de Jerusalém. Petrópolis: Vozes, 1974.

5ª Catequese

Eu creio no Espírito Santo

OBJETIVOS	CONTEÚDO
1) Destacar a necessidade de existir uma "força do alto" para que homens, mulheres e crianças convivam como irmãos na Igreja. 2) Ressaltar a ação do Espírito Santo na comunidade. 3) Promover na comunidade eventos que busquem a valorização humana, social e cristã dos mais necessitados.	1) O Espírito Santo na Santíssima Trindade. 2) A missão conjunta do Filho e do Espírito Santo. • Jesus envia o Espírito Santo. • O Espírito Santo é um Dom. • Os frutos do Espírito Santo. 3) O Espírito Santo e a Igreja.

Preparando o encontro

O conteúdo deste encontro amplia a compreensão do que foi aprendido sobre Pentecostes oferecendo a oportunidade para continuar a celebrar as "Verdades da nossa fé". Lembramos que as leituras bíblicas colocadas entre parênteses no contexto servirão para uma melhor compreensão do texto-base dessa celebração.

I. Oração inicial (Indique o tempo_____)

• Fazer o sinal da cruz e uma oração espontânea (todos em pé).
• Invocação do Espírito Santo (cantada ou rezada).

II. Proclamação da Palavra de Deus (Indique o tempo_____)

Contexto: Jo 16,4-15 (cf. Is 42,1; Ez 37,7-14; Mt 3,11; Lc 1,35; 4,16-21; Mc 1,9-11; Lc 9,35; 23,35; 12,11; Jo 1,32-34; 3,3-8; 14,13-17; 19,30; 20,22ss.; At 2,1-21)

Texto: Jo 16,13-15 (Jesus promete o Espírito Santo)

Comentário: Quando Jesus iniciou sua vida de pregação foi até a Sinagoga de Nazaré, e, como era costume, tomou o rolo das Escrituras e leu uma parte do livro de Isaías e, depois de ter lido, disse aos presentes que o trecho estava se cumprindo naquele momento. Jesus recebeu o Espírito Santo publicamente no dia em que foi batizado por João Batista no Jordão (cf. Mt 3,13-17; Mc 1,9-11; Lc 3,21s.). Sugere-se contar o fato ou exibir o filme proposto para essa catequese. Jesus promete aos seus discípulos que enviaria o Espírito Santo sobre eles. Este Espírito Santo iria guiá-los e ensinar-lhes toda a verdade.

Aclamação à Palavra de Deus (todos em pé)

• *Canto*: (Aleluia ou outro, conforme escolha do catequista, de acordo com o tempo litúrgico).

• *Antífona*: "Ninguém pode dizer: Jesus é o Senhor, a não ser no Espírito Santo" (1Cor 12,3).

Proclamação do Evangelho: Jo 16,13-15

III. Catequese: (Indique o tempo_____)

Essa catequese tem por objetivo ressaltar a ação do Espírito Santo na comunidade eclesial e na vida de cada pessoa. Diferente das catequeses litúrgicas sobre Pentecostes o conteúdo dessa catequese é doutrinária. Propõe-se abordar alguns pontos essenciais de forma simples para que os catequizandos possam assimilar, destacando a missão do Espírito Santo na Santíssima Trindade e como enviado de Jesus à sua Igreja, santificando-a e conduzindo-a neste tempo até a eternidade. Vamos preparar a nossa catequese incluindo nela o símbolo litúrgico que nos leva à vivência da liturgia através dos gestos litúrgicos e concretos.

Símbolo litúrgico: o fogo

O fogo tem a propriedade de queimar, purificar, aquecer e iluminar, por isso ele é símbolo do Espírito Santo (cf. 6ª catequese litúrgica – 1ª etapa – símbolos do Espírito Santo).

No Antigo Testamento o fogo aparece em algumas manifestações de Deus: na sarça ardente, a Moisés (Ex 3,2s.); no Monte Sinai (Ex 19,18); do meio do fogo Deus falou e deu as tábuas da Lei (Dt 4,12; 5,4s.23-26); Deus é um fogo devorador (Dt 4,22-24; Is 33,14; Sf 1,18); os sacrifícios antigos oferecidos a Deus eram realizados pelo fogo (cf. Gn 15,17; 22,7.13; Jz 6,21; 1Cr 21,26; 2Cr 7,1ss.; 1Rs 18,38); Moisés esteve na montanha frente a frente com Deus, e o seu rosto ficou resplandecente com o fogo divino (Ex 34,29); o fogo que destrói pode também purificar (cf. Is 6,6; Jr 6,27-30; Zc 13,9); Ele ilumina a ignorância (Sb 9).

Jesus deu início a um novo tempo. "Eu vim pôr fogo a terra, e como gostaria que já estivesse aceso" (Lc 12,49). Em forma de línguas de fogo o Espírito Santo é enviado aos apóstolos reunidos no Cenáculo (cf. At 2,3-4). Na liturgia da Missa da Vigília Pascal é aceso o Círio Pascal com o fogo novo (cf. 4ª catequese litúrgica – 1ª etapa: Vivenciando a liturgia). Em Jesus, todo cristão é batizado. No Batismo, recebemos o fogo do Espírito Santo, que dá vida nova, que faz desabrochar o amor de Deus capaz de transformar todas as pessoas. O cristão repleto do Espírito Santo pode transformar a sociedade, pode transformar o meio em que vive, não importa se é criança, jovem ou adulto. O cristão deve ser agente da esperança e do fogo abrasador do amor de Deus no meio da pobreza, da dor e sofrimento, porque ele tem dentro de si a força do fogo divino, que brota do "toque de Jesus" (Mc 5,27.31).

Gesto litúrgico: a força

Ter força, na Bíblia, não é o mesmo que ter força para o mundo. Deus libertou o seu povo com "braço forte e poderoso" (Ex 6,6; Dt 6,21) e dá a "sua força" aos fracos e humildes. As batalhas, que o povo de Deus enfrentou contra seus inimigos, testemunham que a vitória vinha não da valentia dos soldados, mas da proteção de Deus (cf. Js 1,5s.; Sl 18,48). Deus fortalece os fracos, cantam os salmos (Sl 18; Sl 62,3; Sl 21,9). Jesus tinha a "força de Deus", através dela curava os doentes (cf. Lc 8,40-48), tinha poder sobre os espíritos impuros, perdoava os pecados, ressuscitava os mortos. Maria proclama que "Deus depôs os poderosos de seus tronos e eleva os humildes" (Lc 2,52). São Paulo escreve que Deus se manifesta na fraqueza: "Basta-te a minha graça: pois minha força se desdobra na fraqueza" (2Cor 12,9). Deus escolheu o que é fraco no mundo para confundir o que é forte (cf. 1Cor 1,27); por isso, para agirmos com a "força de Deus" na nossa vida, vamos nos colocar diante de Deus e pedir que o seu Espírito, que recebemos no Batismo, nos ajude a agir como Jesus, Maria e os santos e santas.

Vivenciando a liturgia: a Oração Eucarística pedindo que o Espírito Santo santifique as oferendas. No final das Orações, a Igreja diz: "...na unidade do Espírito Santo. Amém".

A Igreja reunida em assembleia, impulsionada pela ação do **Espírito Santo** que santifica e congrega os filhos de Deus, suplica, pela voz do sacerdote, durante a Oração Eucarística, e pede que "o mesmo **Espírito** santifique as ofertas a fim de que se tornem o corpo e o sangue de Jesus Cristo". A Igreja inicia todas as orações "Em nome do Pai e do Filho e do Espírito Santo. Ela encerra as suas orações e súplicas ao Pai, dizendo: Por nosso Senhor Jesus Cristo, vosso Filho, na **unidade do Espírito Santo**".

Gesto concreto: agir

Agir é anunciar e testemunhar o amor de Deus na comunidade, a exemplo de Jesus (cf. Lc 4,16-22). Com força e coragem vamos procurar realizar ações que visem à promoção humana, social e cristã dos mais necessitados.

Sabemos que muitas vezes fazemos coisas que não queremos fazer. São Paulo percebeu esta realidade: "Não faço o bem que quero e sim o mal que não quero" (Rm 7,19). Recebemos, no Batismo, o mesmo Espírito de Jesus, que age em nós e por nós. Vamos rogar incessantemente que este mesmo Espírito esteja sempre presente em nossa vida. Vamos pedir que ele nos ajude a realizar as mesmas obras de Jesus: anunciar para os nossos familiares, parentes e amigos o amor de Jesus. Mais do que com palavras, é importante testemunhar com nossas ações. Vamos descobrir com os nossos catequizandos o que podemos fazer para melhorar a nossa comunidade.

IV. Oração

• Vamos rezar um hino da Igreja, que pede a vinda do Espírito Santo.

Oh! Vinde, Espírito Criador, as nossas almas visitai e enchei os nossos corações com os vossos dons celestiais.	A nossa mente iluminai, os corações enchei de amor, nossa fraqueza encorajai, qual força eterna e protetor.
Vós sois chamado o Intercessor, do Deus excelso o dom sem par, a fonte viva, o fogo, o amor, a unção divina e salutar.	Nosso inimigo repeli, e concedei-nos vossa paz; se pela graça nos guiais, o mal deixamos para trás.
Sois doador dos sete dons, e sois poder na mão do Pai, por Ele prometido a nós, por nós seus feitos proclamais.	Ao Pai e ao Filho Salvador por vós possamos conhecer. Que procedeis do seu amor fazei-nos sempre crer. Amém.

• Pai-nosso.

• Abraço da paz.

• Canto final: sugere-se optar por um sobre o Espírito Santo como *Estaremos aqui reunidos* ou *Cantar a beleza da vida*.

V. Conversa com os catequizandos

A ação do Espírito Santo em nossa vida, hoje.

Preparando o material
• Filme: *Descida do Espírito Santo sobre os apóstolos* ou *Batismo de Jesus*.

• Cartazes com figuras da criação do mundo, Anunciação do anjo a Maria, Batismo de Jesus, Pentecostes.

• Confeccionar os cartazes necessários para ilustrar o tema proposto, bem como para o símbolo litúrgico e gesto litúrgico e concreto, de acordo com a catequese preparada pelo catequista.

• Preparar um cartaz para mostrar o momento em que se faz a invocação do Espírito Santo na Oração Eucarística e um com o hino ao Espírito Santo, que vai ser rezado ou cantado, no momento da oração.

Preparação da sala
Preparar a sala deixando os materiais que serão usados na catequese de forma que facilite o catequista. É muito importante que haja uma preparação remota por parte do catequista. O material providenciado, as leituras da Bíblia marcadas, e a catequese estudada fará com que esse tempo com os catequizandos seja mais dinâmico e proveitoso.

Subsídios para catequese

O Espírito Santo na Santíssima Trindade

O Espírito Santo é Deus e está presente junto do Pai e do Filho desde o princípio. No primeiro capítulo do Gênesis, que é o primeiro livro da Bíblia, no versículo dois, está escrito que "O **Espírito de Deus** pairava sobre as águas". O Espírito Santo é este **sopro**, é um **vento** que traz a chuva que fertiliza o solo, que possibilita a vida. É o vento impetuoso de Pentecostes (At 2,2). Muitos trechos do Antigo Testamento, principalmente os salmos, fazem alusão a este Espírito, este Sopro de Deus, este vento impetuoso que transforma, que dá vida, que purifica, que conduz o povo de Deus ou aquele que foi escolhido por Deus para uma missão.

O Espírito Santo é uma das Pessoas da Santíssima Trindade. Acreditamos em um só Deus, mas são três as Pessoas: o Pai, o Filho e o Espírito Santo. No projeto de nossa salvação o Espírito Santo está em ação com o Pai e o Filho. Ao Pai, ao Filho e ao Espírito Santo, devemos toda adoração, toda honra e toda glória (cf. CaIC 685s.).

A missão conjunta do Filho e do Espírito Santo

São Lucas, em seu evangelho, proclama que Jesus foi "concebido pelo poder do Espírito Santo" (Lc 1,35). Nos evangelhos vemos que Jesus vivia sempre no Espírito de Deus, no Espírito Santo: Jesus foi batizado no Espírito Santo (a pomba como símbolo – Lc 3,22); quando Jesus vai para o deserto, conta São Mateus, para ser tentado, é conduzido pelo Espírito (Mt 4,1-11). O Espírito Santo é apresentado no Novo Testamento com diversas denominações. Jesus disse aos apóstolos: "eu vos enviarei o **Paráclito** (Jo 14,16), que quer dizer advogado. "Quando vier o **Espírito da verdade**", ele vos conduzirá à verdade plena" (Jo 16,13). Nos Atos dos Apóstolos e nas Cartas o Espírito Santo é invocado como: Espírito da promessa, Espírito da adoção, Espírito de Cristo, Espírito do Senhor, Espírito de Deus, Espírito de glória, Espírito Santificador (cf. CaIC 693).

Jesus promete enviar o Espírito Santo aos apóstolos (cf. Jo 14–17)

Jesus, depois da sua ressurreição, dizia aos apóstolos: "Permanecei em Jerusalém, [...] sereis batizados com o Espírito Santo, dentro de alguns dias". E foi o que aconteceu em Pentecostes (cf. At 2,1-13). Os apóstolos, quando receberam o Espírito Santo, foram transformados. Tinham coragem, falavam aquilo que Jesus lhes tinha ensinado, curavam os doentes.

O Espírito Santo é um dom

"Deus é Amor" (1Jo 4,8.16), e o Amor é o primeiro dom. Ele contém todos os demais. Esse Amor, "Deus o derramou em nossos corações pelo Espírito que nos foi dado" (Rm 5,5). Recebemos esse dom no dia do nosso Batismo. Os dons do Espírito Santo são: **sabedoria, inteligência, conselho, fortaleza, ciência, piedade e temor do Senhor**.

Os que recebem o Espírito Santo recebem os seus dons e produzem frutos. A união, o perdão, a misericórdia, a força, a bondade, a paciência, caridade, alegria, paz, longanimidade, benignidade, mansidão, fidelidade, modéstia são alguns dos frutos do Espírito Santo (cf. Gl 5,22s.; CaIC 1832).

O Espírito Santo e a Igreja

"A missão de Cristo e do Espírito Santo realiza-se na Igreja, Corpo de Cristo e Templo do Espírito Santo" (CaIC 737). O Espírito Santo santifica e conduz, hoje, a Igreja. Como cristãos, batizados, pertencemos à Igreja, fazemos parte do Corpo de Cristo, estamos caminhando para onde Jesus nos espera "sentado à direita de Deus Pai todo-poderoso". Pelos sacramentos, a Igreja dá aos seus membros o Espírito Santo, que vai transformar, configurar, santificar, alimentar, curar, conduzir, ensinar todas as verdades. O Espírito Santo nos ensina a orar e ora por nós e conosco. Nossa vida na fé só pode existir com e no Espírito Santo.

Na Celebração Eucarística a Igreja reunida em ASSEMBLEIA pede constantemente a presença do Espírito Santo, que Ele esteja presente e santifique as oferendas (antes da consagração) e termina todas as orações dizendo: "na unidade do Espírito Santo", ou "com o Espírito Santo".

A Igreja, templo do Espírito Santo, recebe de Cristo a missão de anunciar a todos o Mistério do Senhor ressuscitado: sua Morte e Ressurreição; o mistério de Cristo na Eucaristia, que nos reconcilia e nos coloca em comunhão com Deus. Por ser o Espírito Santo a unção de Cristo, é Cristo, a Cabeça do Corpo, que anima, santifica e envia a anunciar e testemunhar pelo mundo a sua mensagem de amor, de partilha, de comunhão, de perdão (cf. CaIC 737-741).

Para o aprofundamento do catequista

- *Catecismo da Igreja Católica*: 683-747; 767s.; 1087; 1099; 1104-1107s.; 1215; 1704; 1824; 1832; 1287; 1695; 1697; 1742; 1769; 2217; 2519; 2634; 2640; 2690; 2766; 2848.
- *Símbolos litúrgicos*. Frei Alberto Beckhäuser, OFM. Petrópolis: Vozes, 1999.

6ª Catequese
Somos o povo santo de Deus

OBJETIVOS	CONTEÚDO
1) Despertar o catequizando para a vida comunitária na Igreja paroquial. 2) Incentivar a participação em uma atividade da comunidade paroquial. 3) Inspirar gestos concretos de oração, de partilha e de comunhão fraterna.	1) A Igreja é: • Povo de Deus reunido (Assembleia); • Corpo de Cristo (comunhão dos santos); 2) A missão da Igreja: • anunciar o Evangelho a toda criatura; • batizar os que creem, testemunhar Jesus; • viver em comunhão. 3) Na Igreja, o cristão acredita: • na remissão (perdão) dos pecados; • na ressurreição da carne; • na vida eterna; • Amém.

Preparando o encontro

Essa é uma catequese fundamental. Com ela encerramos as celebrações do "Creio". O catequizando deverá ter memorizado os "artigos" do Símbolo Apostólico já celebrados. Pedir a graça de acreditar nas verdades da nossa fé contidas na "Profissão de Fé" é um fator importante para que os catequizandos prossigam em sua "caminhada à iniciação da vida eucarística", que está próxima.

I. Oração inicial (Indique o tempo_____)

- Fazer o sinal da cruz e uma oração espontânea (todos em pé).
- Invocação do Espírito Santo (cantada ou rezada).

II. Proclamação da Palavra de Deus (Indique o tempo_____)

Contexto: Jo 15,1-17 (cf. Mc 1,16-20; 3,6-19; Lc 10,1-2; Jo 3,3-5; 10,1-21; 1Cor 12; Ef 4,11-16; 1Pd 2,9)

Texto: Jo 15,1-5 (A videira e os ramos)

Comentário: Jesus ensinava os seus apóstolos e o povo que o acompanhava não somente com palavras, mas aproveitava todos os momentos e todos os acontecimentos para lhes transmitir os "Mistérios do Reino" (Mt 13,43; 25,31-46). Embora tenha nascido como homem, Ele é o Filho de Deus em quem encontramos a certeza de que "Deus amou tanto o mundo, que entregou o Filho unigênito para que todo aquele que crer nele não pereça, mas tenha a vida eterna" (Jo 3,16).

A videira (planta que produz a uva) era comum em Israel. Por isso, para explicar como deveriam viver os seus discípulos, Jesus contou uma parábola, fazendo esta comparação: eu sou o tronco, vocês são os ramos.

Aclamação à Palavra de Deus (todos em pé)

- *Canto*: (Aleluia ou outro, conforme escolha do catequista, de acordo com o tempo litúrgico).
- *Antífona*: "Tu és Pedro, e sobre esta pedra construirei a minha Igreja, e as portas do inferno nunca levarão vantagem sobre ela" (Mt 16,18).

Proclamação do Evangelho: Jo 15,1-5

III. Catequese (Indique o tempo_____)

Preparando esta catequese vamos procurar entender que o conteúdo proposto é uma doutrina profunda e está diretamente ligada a todos nós que "somos povo de Deus". O nosso objetivo é conscientizar nossos catequizandos da necessidade de "agir como Jesus", em comunhão. Porque somos um povo, o povo de Deus. Trata-se de um encontro que irá complementar algumas das abordagens que já realizamos em encontros anteriores, por esse motivo é preciso organizar um esquema do que se deseja transmitir de acordo com a realidade dos catequizandos.

Jesus se formou no seio de Maria. Onde está Jesus hoje? Vamos nos lembrar como são as igrejas. A arquitetura da igreja, por dentro, geralmente, é arredondada, nos lembra a forma do seio e do colo da mãe que gesta e carrega seu filho. A Igreja "gesta" o cristão para que ele cresça na fé, como os catequizandos que se preparam para uma vida eucarística.

Quando fomos batizados o Pai, o Filho e o Espírito Santo vieram habitar em nossos corações. Pelo Batismo nos tornamos templos de Deus. Igreja não é a construção de pedras que vemos. O que há dentro da igreja? Há os altares, o sacrário, Jesus na Eucaristia, as pessoas. O que vale mais: as pedras que formam o prédio da igreja ou o que está dentro dela? Nós somos a Igreja de Jesus. Somos os templos de Deus (para esta explicação, mostrar fotos de igrejas, por dentro e por fora).

Gesto litúrgico: a videira e os ramos – a unidade: Estar junto das pessoas a serviço

Jesus usou a imagem da videira, quando quis ensinar como deveriam viver os seus discípulos. Jesus disse: "Eu sou o tronco e vós sois os ramos". O que acontece quando tiramos um ramo de uma planta? Um ramo fora do tronco morre. Um ramo que não dá frutos é cortado; mesmo o ramo que produz fruto é podado para dar mais fruto. O que significa estar fora do tronco? Ser ramo que não dá frutos e ser cortado? Ser ramo que dá frutos e que deve ser podado para dar mais frutos? (refletir com os catequizandos – usar desenhos, figuras ou uma planta.)

Dinâmica do tronco e dos ramos

Material: Preparar um tronco com ramos em um vaso. Uma cruz, papéis recortados em forma de "folhas"; figuras de santos e santas e de pessoas já falecidas ou não, que serão apresentadas como testemunhas de Jesus por suas boas obras (fita, grampo ou prendedor para fixar as folhas e as figuras nos ramos).

1º momento: Dar a explicação sugerida acima, usando a linguagem própria do catequista e do lugar, mostrando o que é podar, o que é um ramo que dá frutos e o que não dá frutos.

2º momento: Explicar o que Jesus ensinou quando disse: "Eu sou o tronco da videira e vós sois os ramos". Mostrar o tronco preparado, colocar a cruz no tronco. Agora nós vamos colocar o nosso nome e o de nossos familiares nos ramos. Distribuir as folhas recortadas e pedir que escrevam o próprio nome e o de seus familiares. Cada catequizando colocará as folhas, com seu nome e com o de seus familiares em um ramo da árvore.

3º momento: Explicar que seguir Jesus na Igreja é muito mais do que simplesmente dizer: eu quero. É muito mais do que ir à missa todos os dias ou aos domingos. É muito mais do que ir a batizados, casamentos, procissões ou romarias. Ser cristão é ser igual a Cristo, é ter o mesmo comportamento de Cristo, é fazer o que Jesus fez. O cristão é aquele que reflete Jesus na sua vida. Quem vê um cristão deve enxergar Jesus. O cristão é um com Jesus e com os irmãos, porque vive a mesma fé, o mesmo batismo e dá testemunho do amor de Deus em sua vida (cf. Rm 6,3-6; 1Cor 6,19; 10,16; 1Cor 12; Cl 3,10; Ef 5,20s.). O cristão não impede que outro receba a seiva de Jesus. Como eu posso impedir que outro deixe de receber a seiva de Jesus?

O cristão está a serviço dos irmãos. O cristão vê, sente e sofre com as necessidades de seu irmão e procura agir para ajudar. O cristão não fica parado, ele faz como Jesus.

Observação: Se não houver possibilidade de arrumar o tronco, esta dinâmica pode ser feita na lousa, em cartolina ou papel.

Vivenciando a liturgia: Templo vivo, do Deus vivo: a Profissão de fé – "Eu creio"

Nós somos o povo de Deus. Somos templos vivos do Deus vivo. A Igreja é mais do que uma simples construção de pedras, de tijolos ou de madeira. Quando nos reunimos para uma celebração temos certeza de que Jesus está em nosso meio e reza por nós e conosco. Na celebração da Eucaristia, depois de termos partilhado a Palavra de Deus, rezando ou cantando nosso Símbolo Apostólico, a nossa fé manifesta-se de modo pleno, é uma comunidade eclesial autêntica que revive o grande e único Mistério salvífico de Jesus, porque realmente se sente salva por Jesus. Embora esta Profissão de Fé seja feita em comunidade, cada membro faz a sua profissão individualmente: Eu creio!

Gesto concreto: Como membros da Igreja, vamos viver como os primeiros cristãos: na oração, na partilha e na comunhão fraterna

"Vede como se amam. [...] Não havia pobres entre eles; tinham tudo em comum" (At 2,42-47). A Igreja dos primeiros cristãos nascia timidamente, mas havia uma força que a sustentava: os pobres. Os primeiros cristãos, a exemplo do Mestre, sabiam que estar com os pobres os aproximava mais e mais do Senhor Jesus.

Nós, como Igreja, seguindo os passos do cântico de Maria (Lc 1,46-55), devemos procurar sempre ter como principal preocupação os pobres. As pastorais, os movimentos, as associações devem voltar-se para o acolhimento dos pobres. Pobres são aqueles que necessitam de uma atenção, uma palavra, um gesto, um carinho ou de bens materiais e espirituais. Se a Igreja se esquecer dos pobres, ter-se-ia esquecido de Jesus. O amor ao pobre é a forma concreta de anunciar e testemunhar Jesus; é a forma autêntica de viver o Evangelho.

O que temos feito? Somos realmente cristãos? O que precisamos fazer para viver como os primeiros cristãos? Vamos descobrir quais são as pastorais que atuam em nossa comunidade. Vamos descobrir o que cada uma faz e o que podemos fazer para ajudar.

IV. Oração

- Meditação – refletir sobre as minhas atitudes que impedem a seiva de Cristo circular pelo seu Corpo a Igreja. Pedir perdão e suplicar que Jesus nos ajude a ser verdadeiramente um ramo unido a Ele (rever – meditação da 3ª catequese).
- Rezar o "Creio".

Rezar o "Creio", o "Símbolo Apostólico" ou a "Profissão de Fé", na Igreja primitiva era o mesmo que testemunhar com a vida cada palavra, cada verdade contida nele. Antes de poder rezar o "Creio" com a comunidade cristã, o fiel deveria viver na sua vida, cada um desses artigos e deveria professar a sua fé diante de toda a sua comunidade. Somente depois de terem professado a fé eles eram batizados e podiam participar da Eucaristia. Vamos fazer, neste momento, a nossa "Profissão de Fé", com todo o nosso coração (rezar o "Creio" em pé).

- Pai-nosso.
- Abraço da paz.
- Canto final: propõem-se que seja sobre a Igreja, Corpo de Cristo, povo de Deus. Sugere-se *Em águas mais profundas* [assembleia dos chamados] ou *Eu sou a videira* (Jo 15,1-5).

V. Conversa com os catequizandos

Ser santo, hoje. Ser Igreja, hoje.

Sugestão: fazer a entrega solene da PROFISSÃO DE FÉ (escrita num cartão) na celebração da Eucaristia, no próximo domingo, após a homilia, e depois, com toda a comunidade, rezar ou cantar o "Creio". Pode-se fazer uma celebração especial. É muito bom convidar os pais e padrinhos, para que eles participem juntos com seus filhos e afilhados lembrando o dia em que receberam o Batismo. A presença de toda a comunidade paroquial, nesse evento, fortalece a vivência da fé cristã em comunidade, como testemunho e adesão a Jesus Cristo.

Preparando o material

- Filme sobre Jesus escolhendo Pedro, como "pedra" da Igreja.
- Filme ou figuras da Igreja de Roma, do papa e de outras Igrejas.
- Filme ou figura sobre a cura do paralítico, a ressurreição de Lázaro, da filha de Jairo ou do filho da viúva de Naim.
- Figuras de santos e santas, de cemitérios, pessoas tristes, doentes, chorando, brigando, de lugares tristes, secos, arenosos, com árvores secas etc.
- Figuras de pessoas alegres, trabalhando, rindo, se divertindo, passeando, lugares bonitos, com flores, sol, frutos, flores. Figuras do povo de Deus reunido: procissões, celebrações, dentro ou fora da igreja.
- Galho de árvore em um vaso (ou folha de papel ou cartolina grande para se desenhar a videira e os ramos).
- Figuras de pessoas conhecidas na comunidade, já falecidas.
- Uma cruz (ou figura da cruz).
- Etiquetas ou "folhas" de papel, já recortadas, para se escrever os nomes e colar nos ramos.
- Cartaz com a citação Jo 3,16 e outras, conforme a catequese preparada pelo catequista.

Preparação da sala

Se for possível fazer essa celebração em uma igreja. Ou após a catequese fazer uma visita à igreja ou capela da comunidade, realizando nela a dinâmica da videira e dos ramos, concluindo a celebração com a oração e abraço da paz. Arrumar a sala com o material a ser usado, deixando-o disponível, de acordo com o desenvolvimento da catequese.

Subsídios para catequese

A Igreja é o Povo de Deus reunido em assembleia

"A palavra 'Igreja' significa 'convocação'. Designa a assembleia daqueles que a Palavra de Deus convoca para formarem o Povo de Deus e que, alimentados pelo Corpo de Cristo, tornam-se Corpo de Cristo" (CaIC 777).

Há Igreja "quando dois ou mais estiverem reunidos em nome de Jesus" (Mt 18,20). Não importa o lugar onde esse povo se reúne, pode ser grande ou pequena a sala, pode ser ao ar livre, em tendas ou num grande edifício. O que faz desse povo uma Igreja é estar reunido em "nome de Jesus", para celebrar Deus, para ouvir a Palavra de Deus, para testemunhar com a vida o amor de Deus e principalmente para partilhar os dons que Deus deu a cada um, em favor dos mais pobres, dos mais fracos, dos doentes, dos encarcerados, dos mais abandonados e miseráveis (cf. At 2,42-47; 4,33-35; 5,12-16).

Todos podem pertencer à Igreja. Uma pessoa se torna membro da Igreja pela fé em Jesus e pelo Batismo (CaIC 1267). Como Jesus escolheu seus apóstolos, cada um de nós foi escolhido para participar da Igreja de Jesus (cf. Mt 10,16; 12,49; 26,31; Lc 12,32; Jo 10,1-21). São Pedro escreveu em sua carta: "Nós somos o povo de Deus. Deus mesmo nos escolheu, nos tirou das trevas da ignorância, do erro, do ódio, e nos levou para a luz maravilhosa do seu amor, do amor ao próximo, da escuta da sua Palavra. Antes, não pertencíamos a nenhum povo, agora somos povo de Deus, escolhidos por Deus, que cuida de nós com amor, paciência, com misericórdia" (cf. 1Pd 2,9s.). Deus deu a cada pessoa um grande dom, o dom da liberdade. A pessoa pode escolher o que quer fazer de sua vida. A Igreja tem suas portas sempre abertas para os que dela querem participar, cada um deve fazer a sua *opção* por pertencer à Igreja de Jesus.

Na Igreja vivemos a comunhão dos santos

Como povo de Deus, formamos um Corpo com Jesus. Ele é a Cabeça desse Corpo. Jesus fala da videira e dos ramos. Os ramos estão unidos ao tronco e dão frutos, passam a seiva uns aos outros. Como Corpo de Jesus, somos membros uns dos outros. Não somos membros iguais, mas diversificados: cada um tem um dom e um carisma que deve ser colocado a serviço dos irmãos. Uns são chamados a ensinar, outros a curar, outros a servir, evangelizar (cf. 1Cor 12–13). Na Igreja, escreve São Paulo, "não há judeu nem grego, não há escravo nem livre, não há homem nem mulher, pois todos vós sois um só em Cristo Jesus" (Gl 3,27-28).

Jesus instituiu a Igreja. Chamou Pedro e disse: "Tu és Pedro e sobre esta Pedra edificarei a minha Igreja [...]. Eu te darei as chaves do Reino dos Céus. Tudo o que ligares na terra será ligado nos céus e tudo o que desligares na terra será desligado nos céus"

(Mt 16,18-19). "Ide por todo o mundo e anunciai o evangelho a todas as nações e batizai-as em nome do Pai, do Filho e do Espírito Santo. Ensinai-as a observar tudo o que vos prescrevi. Eu estarei convosco todos os dias até o fim do mundo" (Mt 28,19-20).

"A Igreja é a assembleia de todos os santos. A comunhão dos santos é precisamente a Igreja" (CaIC 946s.). As primeiras comunidades de cristãos viveram a comunhão na fé, dos sacramentos, dos carismas e da caridade (cf. At 2,42-47; 1Cor 12–13). Nossos irmãos falecidos, que descansam na paz do Senhor, intercedem por nós ao Pai "apresentando os méritos que alcançaram na terra pelo único mediador de Deus e dos homens, Cristo Jesus" (CaIC 956). A Igreja reconhece a comunhão de todo o Corpo místico de Cristo, por isso com grande piedade incentiva a oração pelas pessoas falecidas (cf. 2Mc 12,46; CaIC 958).

A missão da Igreja

A Igreja tem a missão de anunciar Jesus a todas as pessoas. Nós somos a Igreja. Como Igreja precisamos viver e testemunhar Jesus às pessoas, como os primeiros cristãos. Eles anunciavam pelo testemunho de vida. Os que viviam perto deles diziam: "Vede como se amam". Entre eles não havia necessitados. Todos tinham o suficiente. Eles rezavam e louvavam a Deus com alegria, todos os dias no templo, e partiam o pão, nas casas (At 2,42-47). Hoje, o que diriam de nós, cristãos?

"A missão de Cristo e do Espírito Santo realiza-se na Igreja, Corpo de Cristo e Templo do Espírito Santo" (CaIC 737). O Espírito Santo santifica e conduz, hoje, a Igreja. Como cristãos, batizados, pertencemos à Igreja, fazemos parte do Corpo de Cristo, estamos caminhando para onde Jesus nos espera "sentado à direita de Deus Pai Todo-poderoso". Pelos sacramentos, a Igreja dá aos seus membros o Espírito Santo que vai santificar, alimentar, curar, conduzir, ensinar todas as verdades, ensinar a orar e orar por nós e conosco. Nossa vida na fé só pode existir com o Espírito Santo e no Espírito Santo.

Na Igreja, o cristão acredita no perdão dos pecados, na ressurreição da carne e na vida eterna

Deus criou a pessoa humana para ser feliz. O ser humano rejeitou com o pecado essa vida feliz e foi expulso do paraíso. Com o pecado, a morte, a violência, o egoísmo, a doença e outros males entraram no mundo, e a vida das pessoas se tornou amarga e infeliz. Vendo o ser humano, criado à sua imagem e semelhança, decaído e infeliz, sofrendo, na morte, Deus ama essa pessoa que, pelo pecado, tornou-se seu inimigo, e toma a iniciativa da reconciliação. Disse Jesus: "Deus amou tanto o mundo que entregou o Filho unigênito para que todo aquele que crer nele não pereça, mas tenha a vida eterna" (Jo 3,16). Jesus disse ao paralítico: "Teus pecados estão perdoados", naquele momento, Jesus restabeleceu a inocência que existia no projeto de Deus, antes do pecado, a esse ser doente. As pessoas que estavam lá viram apenas um homem paralítico, doente; Jesus, porém, foi além: Jesus quis "perdoar". Jesus é o Senhor da vida terrena e da alma das pessoas. Jesus tem o poder de curar o corpo e a alma e Jesus usou este poder. Jesus usa este poder para nos curar, hoje. Antes de subir ao céu, Jesus deu este poder à sua Igreja (cf. Mt 9,1-7). A Igreja, através dos seus ministros ordenados, pode perdoar os pecados. Quando celebramos a Eucaristia, o ato penitencial é um momento em que a Igreja pede perdão a Deus. O Sacramento da Penitência nos reconcilia com Deus, nos introduz novamente no projeto de Deus, restaura em nós a identidade de Cristo recebida no Batismo.

O ser humano nasce, cresce e tem um fim: a morte. A morte nos assusta, nos faz chorar. Jesus chorou quando morreu seu amigo Lázaro (Jo 11,1-44). Jesus teve misericórdia da viúva de Naim e de Jairo, ressuscitando seus filhos (cf. Lc 7,11-17; Mc 5,21-43). A Igreja nos ensina que, quando morrermos, nos encontraremos diante de Deus (lembrar a 4ª catequese "Jesus está no céu e vai voltar"). Nesse momento não haverá mais mentiras, nos veremos como somos, sem máscaras. Diante da morte não há diferenças de sexo, raça, cor, rico ou pobre, todos são iguais diante de Deus. Uma certeza nós temos: Jesus com a sua ressurreição anuncia a nossa ressurreição. "Eu sou a ressurreição e a vida. Quem crer em mim, ainda que esteja morto, viverá; e quem vive e crê em mim, jamais morrerá" (Jo 11,25-26). Foi o que Paulo viveu, testemunhando que "a vida é Cristo e a morte, lucro" (Fl 1,21); por isso ele escreve: "A morte foi tragada pela vitória! Morte, onde está a tua vitória?" (1Cor 15,54-55)."E, se o Espírito daquele que ressuscitou Jesus dos mortos habita em vós, quem ressuscitou Jesus Cristo dos mortos também dará vida a vossos corpos mortais por virtude do Espírito que habita em vós" (Rm 8,11).

É difícil entender a morte. Mas a nossa vida não termina com a nossa morte, ela é transformada. A morte é a porta que nos conduz à posse da plena intimidade com Deus. É através da morte que o nosso tempo é engolido pela eternidade. Viver para sempre é o maior desejo do homem. Jesus venceu a morte com a sua morte, e pela sua ressurreição matou a morte, dando vida aos que estavam na morte; por isso nós morremos para viver.

Estar neste mundo significa estar limitado, é viver situações dolorosas que nos fazem sofrer, mesmo com a certeza de estarmos salvos por Jesus. Jesus mesmo passou pelo sofrimento enquanto vivia nesta terra, mas Ele disse: "As minhas ovelhas ouvem a minha voz, e eu as conheço e elas me seguem. Eu lhes dou a vida eterna e elas não perecerão para sempre e ninguém as arrebatará da minha mão" (Jo 10,27-28).

Amém

Encerramos a nossa Profissão de Fé com a palavra AMÉM. Quando falamos amém, queremos dizer: certamente, verdadeiramente, seguramente, porém o Amém que aclamamos nessa oração é muito mais. Ele confirma tudo o que acabamos de proclamar. Ele é um comprometimento diante de Deus, de todos os que estão ouvindo. É um compromisso pessoal com o qual se aceita a missão de cumprir e de anunciar o que está contido nesse Símbolo Apostólico, nessa Profissão de Fé (Dt 27,15-26; Ne 5,12s.; 8,6; Jr 11,5; Rm 1,25; 1Cor 14,16; Gl 1,5; 1Pd 3,18; Hb 13,21; Ap 5,14; 19,4).

Para o aprofundamento do catequista

• *Catecismo da Igreja Católica*: 476s.; 978-154; 185; 188; 395; 500; 541; 669; 764; 768; 795; 947; 949; 948; 960; 989s.; 994s.; 997s.; 1016; 1020; 1026; 1036; 1038; 1050; 1055; 1060; 1065; 1076; 1092; 1102; 1180; 1185s.; 1209; 1331; 1344; 1366; 1682; 1817; 2002; 2226; 2632; 2635; 2684; 2691; 2696.

• Documentos da Igreja:

- Constituição dogmática *Lumen Gentium* (Luz dos povos). *Compêndio do Vaticano II*. 29. ed. Petrópolis: Vozes, 2003.

- Constituição pastoral *Gaudium et Spes* (A Igreja no mundo de hoje). *Compêndio do Vaticano II*. 29. ed. Petrópolis: Vozes, 2003.

- *Missão e ministérios dos cristãos leigos e leigas*. São Paulo: Paulinas, 1999.

7ª Catequese

Jesus, Sacramento de salvação na Igreja

OBJETIVOS	CONTEÚDO
1) Identificar o "simbolismo" que existe nas pessoas, nos objetos e nos acontecimentos que nos rodeiam, e justificar a sua importância.	1) Jesus: • "Sacramento" de salvação de Deus. • Os gestos e sinais de Jesus quando fez os milagres.
2) Comprometer-se a manifestar, através de um gesto ou palavra, o amor de Jesus que celebrou na catequese, junto de seus amigos e familiares, na escola ou na comunidade em que vive.	2) A Igreja: • "Sacramento" do encontro com Cristo e da ação de Cristo. 3) Os Sacramentos: • vêm de Jesus. • conduzem para Jesus.

Preparando o encontro

Esse encontro inicia as catequeses sobre os sacramentos. Vamos nos lembrar que nossos catequizandos estão iniciando um caminho de amadurecimento na fé. Os documentos da Igreja nos ensinam que a educação da fé deve ser permanente, por isso a nossa missão é introduzir essas crianças em um "Caminho" para a Eucaristia, rumo à sua Primeira Comunhão, que deve ser o início de sua vida eucarística. Elas precisam ficar motivadas a prosseguir, com ânimo, para a "perseverança" e para o Sacramento da Confirmação (cf. *Catechesi Tradendae* 15; 45).

Para esse encontro propõem-se a dramatização de alguns textos do evangelho antes do início da catequese celebrativa. Para isso sugere-se dividir a turma em quatro grupos; cada grupo vai receber uma citação bíblica correspondente a um milagre realizado por Jesus. Depois de ler o texto e responder às perguntas do livro de atividades, sugere-se que os catequizandos preparem uma dramatização para apresentá-la aos colegas. As atividades serão divididas em duas partes: uma antes e após a apresentação. Sugerimos fazer a celebração depois das atividades.

I. Oração inicial (Indique o tempo_____)

- Fazer o sinal da cruz e uma oração espontânea (todos em pé).
- Invocação do Espírito Santo (cantada ou rezada).

II. Proclamação da Palavra de Deus (Indique o tempo_____)

Contexto: Mc 5,21-43 (Jo 9,1-7; Mc 7,31-35; Mt 20,29-34; Lc 5,12-15)

Texto: Mc 5,30-34 (Jesus tem o poder sobre a doença e a morte)

Comentário: Jesus veio ao mundo com uma missão: anunciar o amor e a misericórdia de Deus. Ele percebia e sentia o sofrimento das pessoas que o procuravam. Em certa ocasião Jesus estava rodeado de pessoas. Todos se acotovelando, se empurrando e em geral no meio da multidão perdemos a noção do que está acontecendo, ou seja, torna-se difícil perceber todos os gestos. No entanto, Jesus atento ao que está acontecendo percebe que foi tocado de uma forma diferente: percebeu que uma força havia saído dele e imediatamente perguntou quem o tocou. Diante deste fato podemos identificar que, conforme os evangelhos, Jesus sentia e percebia a necessidade das pessoas, por isso Ele as curava e consolava. Jesus realizou muitos milagres e curou muitos doentes para manifestar às pessoas uma nova realidade.

Aclamação à Palavra de Deus (todos em pé)

- *Canto*: (Aleluia ou outro, conforme escolha do catequista, de acordo com o tempo litúrgico).
- *Antífona*: "Quando eu for levantado, atrairei todos a mim" (Jo 12,27-32).

Proclamação do Evangelho: Mc 5,30-34

III. Catequese (Indique o tempo_____)

Vamos preparar essa catequese, tendo em vista os objetivos e o conteúdo propostos. O importante é observar os gestos, os sinais e as palavras que Jesus usou em cada milagre que realizou. Cada coisa ou produto que existe deve realizar aquilo que se espera dele. Por exemplo: a borracha que usamos na escola deve apagar o que eu escrevi com o lápis. A caneta deve escrever. O cloro deve branquear. O açúcar, adoçar. O sal, salgar. E o cristão? O cristão é convidado a ser discípulo de Jesus, refletindo em seu rosto o rosto de Jesus; em seus gestos os mesmos gestos de Jesus; amando os amigos e os inimigos com o coração de Jesus.

Símbolo litúrgico: Corpo de Cristo

Podemos entender melhor participando da DINÂMICA DO CORPO DE CRISTO, conforme 1Pd 2,5: "Do mesmo modo vós, como pedras vivas, constituí-vos em um edifício espiritual".

Material: pequenas caixas de diversos tamanhos e formatos, cobertas ou pintadas de forma diferente como pedras ou tijolos.

Desenvolvimento da dinâmica

1º momento: Colocar a cruz de Jesus sustentando a "edificação" (pode-se explicar, neste momento, o gesto litúrgico). Colocar na base uma "pedra" com o nome de Pedro, que ficará como base principal, depois ir colocando as pedras que representarão os outros apóstolos (cf. Mc 3,17-19). Escrever nas pedras os nomes de Paulo, Silas, Tito, Barnabé e Estêvão (os primeiros anunciadores do Evangelho de Jesus). Lembrar de Matias, que ficou no lugar de Judas Iscariotes.

2º momento: Deixar à parte algumas "pedras" e colocar o nome e a missão de santos e santas, de pessoas já falecidas ou vivas, conhecidos do mundo e da comunidade citados pelos catequizandos (rever a 6ª catequese). Contar o exemplo de Santa Teresinha do Menino Jesus que um dia, lendo 1Cor 12–13, sentiu-se muito triste, pois não se achava apta para os dons que São Paulo descrevia no texto, e, ao mesmo tempo, Teresinha queria ter todos aqueles dons. Lendo mais atentamente e rezando para que Deus a ajudasse, ela descobriu sua missão, e alegremente exclamou: "Na Igreja eu serei o coração, eu serei o amor". Ela dedicou-se com muito fervor a esta missão através de muitas orações e sacrifícios. Sem sair do convento, fez tanto pela Igreja que foi proclamada "Padroeira das missões e dos missionários". Participando de um mesmo corpo temos responsabilidades, temos deveres e recebemos uma missão.

3º momento: Cada catequizando receberá uma "pedra" e deverá colocar nela o seu nome e a missão que acredita ter recebido quando foi batizado.

Gesto litúrgico: os gestos de Jesus

Jesus na cruz é o símbolo por excelência. Jesus disse: "Quando eu for levantado, atrairei todos a mim" (Jo 12,27-32). JESUS ERGUIDO NA CRUZ é a plenitude da manifestação de Deus. Na cruz, Ele manifesta o imenso amor de Deus a todas as pessoas, sem exceção. Jesus manifestava em plenitude o amor de Deus em todas as ações que fazia, enquanto permaneceu na terra. Quando fazia algum milagre, beneficiando este ou aquele, as palavras e os gestos de Jesus tinham um sentido amplo, como por exemplo o cego de nascença (cf. Jo 9,1-3) e a ressurreição de Lázaro (cf. Jo 1,41s.). Na cruz, Jesus carrega e salva toda a humanidade. Depois que Jesus morreu, o soldado com uma lança abriu o lado dele e saiu sangue e água. Os Santos Padres afirmam que a Igreja nasceu do lado aberto de Jesus (CaIC 766). Quando celebramos os sacramentos, realizamos os mesmos gestos de Jesus. "Somos tocados por Jesus" e dele recebemos "a força de seu Espírito" (5,30-34). Na cruz de Jesus encontramos o sentido para a nossa vida: para os momentos de dor e sofrimentos e para os momentos de alegria e realizações.

Vivenciando a liturgia: olhar para Jesus no momento da consagração

Tudo o que existe tem uma razão de ser. Muitas vezes nós olhamos, mas não vemos. Sentimos cheiros, mas não sabemos identificar a sua origem. Engolimos os alimentos, sem saboreá-los. Tocamos as coisas sem perceber o que tocamos. Estamos com as pessoas, mas não sabemos nada delas: o que pensam, o que sentem, seus anseios e decepções. Por vezes, ignoramos a nós mesmos; não nos entendemos; não sabemos o que queremos; ficamos cansados de nós mesmos. Por quê? Não sabemos como usar bem os cinco sentidos que Deus nos deu.

Não temos tempo. Temos muitas atividades. A vida social, de trabalho, de estudo, de lazer nos leva, atropelando tudo e todos. É preciso parar e verificar o que é essencial para nós.

No momento da consagração, quando o presbítero ergue a hóstia e o cálice com o vinho já consagrados contemplamos o memorial de Jesus na cruz, e realiza-se o que Jesus havia dito: "Quando eu for levantado, atrairei todos a mim" (Jo 12,27-32). Vamos procurar na celebração da Eucaristia, olhar para a hóstia e para o cálice com o vinho, e adorar Jesus presente atraindo cada um de nós e, conosco, toda a humanidade. Vamos, nesse momento, apresentar Jesus ao Pai e pedir que, por Jesus, Deus olhe para nós com compaixão e misericórdia e nos ajude a ver, ouvir, apalpar, sentir e saborear a vida que Ele nos dá.

Gesto concreto: ser "sacramento" de Jesus no meio em que se vive

Jesus é o sacramento de Deus. Agora nós conhecemos Deus e conhecemos Jesus. Santa Teresinha, no Corpo de Cristo, que é a Igreja, quis ser o amor. Amor que se dá aos irmãos, aos amigos e aos inimigos. Somos Corpo de Cristo. Pode um membro se alegrar ou sofrer, estar enfermo ou são, crescer ou morrer na fé, sem que o corpo todo sinta? É a nossa vez de sermos "sacramento" (sinal) de Jesus para os nossos amigos, conhecidos e familiares. Como posso ser "sacramento" de Jesus? O que posso fazer para transmitir a SEIVA DE CRISTO em minha família, na escola e na comunidade?

IV. Oração

• Silenciosa e de petição

Em silêncio, procurar perceber as atitudes que nos têm impedido de ser "sacramento" de salvação para os que convivem conosco e as atitudes que têm nos transformado em "sacramento" de salvação para os que convivem conosco. Pedir a Jesus crucificado que esteja conosco neste tempo de preparação para receber pela primeira vez Jesus na Eucaristia. Cada catequizando dirá um gesto concreto, uma atitude que irá fazer para ser sinal – sacramento de Jesus: Todos responderão: *Jesus, ajuda-nos, por sua cruz e Ressurreição!*

- Pai-nosso.
- Abraço da paz.
- Canto final: sobre Jesus que nos mostra o Pai e como testemunhar Jesus. Sugere-se o Sl 22: *Pelos prados e campinas* ou *Minha vida tem sentido*.

V. Conversa com os catequizandos

Como ser sinal de Jesus no dia a dia.

Preparando o material

- Preparar os cartões, cada um com uma das seguintes citações: Jo 9,1-7; Mc 7,31-35; Mt 20,29-34; Lc 5,12-15, que deverão ser distribuídos para os grupos que irão preparar as dramatizações.
- Preparar borracha, lápis, caneta, cloro, açúcar, sal, placas de sinalização e outros materiais para demonstrar que cada coisa deve realizar a função para a qual foi destinada.
- Uma cruz, as caixas embrulhadas ou tijolos, cada um com o nome dos apóstolos, das pessoas da comunidade, conforme indicado na dinâmica do símbolo litúrgico.
- Figura de Santa Teresinha e material usado na 6ª catequese: a videira e os ramos.

Preparação da sala

Deixar a sala arrumada para facilitar as dramatizações, se o catequista for usar a dinâmica proposta. A catequese celebrativa será realizada após as dramatizações; após a qual se colocará na mesa a toalha, flores, vela e a Bíblia.

Subsídios para catequese

Jesus: "Sacramento" de salvação de Deus

São Paulo escreve aos gálatas: "Quando, porém, chegou a plenitude do tempo, Deus enviou a seu Filho, nascido de uma mulher" (Gl 4,4). Isto significa que, no momento oportuno de Deus, **a plenitude**, Jesus tomou a forma humana e tudo o que era figura, sinal, profecia (promessa) se tornou realidade plena (rever 16ª, 19ª e 21ª catequeses da 1ª etapa e 2ª e 3ª catequeses da 2ª etapa). Ser "sacramento" é ser sinal. Para ser sinal é preciso que a pessoa ou o objeto realizem aquilo que se espera deles (pessoa ou objeto). Quando vemos um lápis lembramos da escrita ou de um livro; o lápis realmente escreve. Quando vemos uma borracha lembramos "apagar algo que foi escrito errado", a borracha deve realmente apagar. O cloro nos lembra limpeza, e ele realmente, quando usado, deve limpar, caso contrário dizemos que este produto está falsificado. Nós queremos que aconteça o que nos é proposto, por exemplo: que o cloro tire a mancha, que a tinta pinte, que o lápis, conduzido pela nossa mão, escreva, que a borracha apague etc.

Os gestos e sinais de Jesus quando fez os milagres

O ser humano, desde a sua criação, busca Deus. Mas é Deus quem toma a iniciativa de se revelar à pessoa. O indivíduo sozinho não consegue chegar a Deus, por isso Ele enviou seu Filho Único para ser um sinal visível, palpável entre os seres humanos. Os discípulos que viveram com Jesus ouviram a sua voz, tocaram suas mãos, suas vestes, comeram com Ele, sentiram o seu cheiro, dormiram ao relento, em tendas ou nas casas com Ele.

Meditando sobre os milagres que Jesus realizou percebemos que manifestava em cada um a bondade e a misericórdia de Deus para com o ser humano. Jesus usava palavras, gestos e sinais para realizar os milagres. Por isso os gestos de Jesus (tocar, assoprar, falar) e os sinais que Ele usava (saliva, água, sopro) adquiriam um sentido especial através do milagre realizado. Jesus ensinava a multidão. Para o paralítico Ele disse: "Levanta-te e anda" (Mc 2,1-12); para o cego fez lama e mandou que se lavasse na piscina de Siloé (cf. Jo 9); Jesus se comoveu ao ver uma viúva enterrando o seu filho e disse: "Jovem, eu te ordeno, levanta-te!" e o entregou a sua mãe (Lc 7,11-17). Jesus alimentou a multidão faminta através da multiplicação dos pães (cf. Mc 6,31-44); acalmou a fúria do mar e caminhou sobre as águas (cf. Mc 4,35-41; Mt 14,22-23). Sugere-se rever a 24ª catequese da 1ª etapa.

Jesus: Sacramento de Deus no mundo

Vendo Jesus, as pessoas podem ver o Pai. "Quem me viu, viu o Pai" (Jo 14,9). Os gestos de Jesus são os gestos do Pai: que chama, que ouve, que acolhe, que cura, que salva, que alimenta, que dá a vida, que perdoa, que consola, que toca, que anuncia, que denuncia, que diz a verdade, que ensina, que repreende, que ama, que ressuscita. Os gestos de Jesus são gestos que salvam. O poder da ação de Jesus antecipava o poder do Mistério Pascal; as ações de Jesus anunciavam e preparavam o poder que daria à sua Igreja. "Os sacramentos são "forças que saem" do corpo de Cristo, sempre vivo e vivificante; são ações do Espírito Santo operante no corpo de Cristo, que é a Igreja: "são as obras-primas de Deus" na Nova e Eterna Aliança" (CaIC 1114-1116).

A Igreja: "sacramento" do encontro com Cristo e da ação de Cristo

Jesus disse a Pedro: "Tu és Pedro, e sobre esta pedra edificarei a minha Igreja [...] apascenta as minhas ovelhas". Quando Jesus estava para subir aos céus, disse: "Ide, ensinai e batizai todos os povos" (Mt 28,19). A Igreja, fundada por Jesus, é hoje o SACRAMENTO VISÍVEL de Deus aos seres humanos. É na Igreja que podemos encontrar Deus Pai, Filho e Espírito Santo. A Igreja é o novo Povo de Deus, em marcha rumo à Nova Terra Prometida. A Igreja "reza" e "faz" em "nome do Pai e do Filho e do Espírito Santo e celebrando os sacramentos se torna sinal, e manifesta a fé que recebeu dos apóstolos. Desta forma, a Igreja proporciona ao fiel o encontro com Cristo. Os sacramentos ministrados na e pela Igreja vêm de Jesus e conduzem aqueles que os recebem a Ele. Assim, compreendemos que Jesus age através da Igreja (cf. CaIC 1127-1129). "Cristo está sempre presente em sua Igreja, sobretudo nas ações litúrgicas" (1088 – cf. 669; 776; 792).

Para o aprofundamento do catequista

• Ler nos evangelhos os milagres de Jesus.
• *Catecismo da Igreja Católica*: 787-795; 1076-1209; 1113-1134.
• *Vida pascal cristã e seus símbolos*. Frei Alberto Beckhäuser, OFM. Petrópolis: Vozes, 2006.

8ª Catequese

Na Igreja, eu recebi o Batismo

OBJETIVOS	CONTEÚDO
1) Reconhecer a bondade de Deus que nos chama para ser seus filhos através do Batismo. 2) Fundamentar a necessidade de corresponder ao amor de Deus. 3) Inspirar testemunhos de fé: práticos, simples, concretos e efetivos, em Jesus, vividos na Igreja, em comunidade.	1) O Batismo cristão na Igreja: • conversão em Jesus para a vida nova; • é Jesus que batiza no Espírito Santo por sua Morte e Ressurreição; • se faz pela Palavra; • agrega ao Povo Novo; • pede o testemunho: dar a vida; • produz um sinal indelével – "selo".

Preparando o encontro

Na Igreja primitiva aqueles que desejavam participar dela passavam por uma preparação intensa que os levava a uma mudança de vida. Tratava-se de um "Caminho Catecumenal", em que eram preparados para receber os Sacramentos da Iniciação Cristã: Batismo, Eucaristia e Confirmação. Esses sacramentos eram recebidos na noite da Páscoa. Nesse encontro e no próximo vamos celebrar o Sacramento do Batismo, iluminados pelo Sacramento da Eucaristia e Crisma. É conveniente que estejamos atentos aos objetivos e ao conteúdo dessas catequeses para que uma complemente a outra.

I. Oração inicial (Indique o tempo_____)

• Fazer o sinal da cruz e uma oração espontânea (todos em pé).
• Invocação do Espírito Santo (cantada ou rezada).

II. Proclamação da Palavra de Deus (Indique o tempo_____)

Contexto: Jo 3,1-8; At 16,25-40 (cf. Mt 3,7-17; Lc 12,50; At 1,5; 11,16; Tt 3,5ss.; Gl 4,6; Rm 6,3-11; Cl 2,12; 1Cor 1,13)

Texto: Jo 3,5-8 (nascer da água e do Espírito)

Comentário: Nicodemos era um bom homem e procurava Jesus às escondidas, pois tinha medo de seus amigos. Jesus explicou-lhe a necessidade de um novo nascimento. No entanto, para Nicodemos é difícil entender como nascer de novo, sendo ele velho.

Aclamação à Palavra de Deus (todos em pé)

• *Canto*: (Aleluia ou outro, conforme escolha do catequista, de acordo com o tempo litúrgico).

• *Antífona*: "Quem não nascer da água e do Espírito não pode entrar no Reino dos Céus" (Jo 3,5).

Proclamação dos Atos dos Apóstolos: Jo 3,5-8

III. Catequese (Indique o tempo_____)

Preparando essa catequese vamos transmitir aos nossos catequizandos o grande dom de Deus aos homens: "o dom de sermos filhos de Deus" pelo Batismo. A cada catequese esperamos que o coraçãozinho de nossas crianças se encha de esperança e de amor diante das maravilhas que Deus preparou para todas as pessoas, sem exceção. Essa catequese, com certeza, vai deixar nossos corações abrasados de amor, como Jesus deixou os corações dos discípulos de Emaús, que o reconheceram "no partir o pão". Vamos anunciar: SOMOS FILHOS DE DEUS – SOU FILHO(A) DE DEUS. Vamos, com muito empenho, mesmo na limitação da nossa realidade, a partir das propostas dessa catequese, preparar o que vamos transmitir aos nossos catequizandos; lembramos que o conteúdo é profundo, porém vamos procurar transmitir como que "gotas" desse "mais belo e mais magnífico dom de Deus", para que eles sintam vontade de "saborear" essas verdades, com mais intensidade em outros momentos (cf. CaIC 1216).

Símbolo litúrgico: selo-sinal indelével

O Batismo imprime, no coração dos que foram batizados, um caráter indelével (2Cor 1,22; Ef 1,13; 4,30). Essa marca é como um selo. O Batismo insere o batizando na vida da Santíssima Trindade, torna-o membro do Corpo de Cristo e o introduz na Igreja. Este sinal está em nós, podemos esquecê-lo ou renegá-lo, mas não podemos apagá-lo jamais. Um sinal indelével é uma marca que não pode mais ser apagada, é como o sinete do anel, colocado em documentos e cartas. O papa tem um anel com o seu sinal. Para marcar os documentos e cartas, coloca-se um pouco de cera quente e aperta-se o "sinete"; o desenho do sinete fica marcado na cera. Esse anel papal é quebrado quando o papa morre. Os reis, condes, barões antigos tinham um selo.

Os bispos têm brasões com sinais que representam o seu pensamento e metas. Todas as dioceses têm símbolos próprios. Existem ainda os símbolos das indústrias, as marcas dos produtos, as tatuagens, marcas no gado etc. Há ainda os selos que são colados nas cartas.

Gesto litúrgico: dar testemunho – o martírio

A fé é um dom de Deus. Nós recebemos a fé no nosso Batismo. A fé leva o cristão a testemunhar a sua crença, dando a própria vida. Paulo era um romano-judeu que havia se tornado cristão e apóstolo. Antes de se converter ele perseguia os cristãos e participou da morte, por apedrejamento, de Estêvão, um diácono (At 7,55-60; 8,1-3; 9,1-25). Paulo e Silas estavam presos por pregarem a Boa-Nova de Jesus Cristo. Milagrosamente eles foram libertados, porém não fugiram de sua missão e deram testemunho de sua fé ao carcereiro da prisão, que se converteu.

Muitos morreram martirizados, porque acreditaram, como por exemplo a mãe e os filhos em 2Mc 7. Na Igreja primitiva os cristãos eram perseguidos, e, para não renegarem a sua fé e o seu Batismo, davam a sua vida. São os mártires dos primeiros séculos do cristianismo (Santa Inês, Santa Cecília, São Tarcísio, São Judas Tadeu etc.). Hoje, em muitos países, missionários, catequistas e cristãos são mortos porque acreditam em Deus e em seu Filho Jesus, são mártires da atualidade: D. Romero em El Salvador, 1985; Pe. Maximiliano Kolbe (morto na câmara de gás, em Auschwitz, 1945); Beata Irmã Teresa Benedita da Cruz – Edith Stein – carmelita morta na câmara de gás, em Auschwitz, 1942); Beatos (mexicanos) Anacleto Gonzáles Flores e oito companheiros, José Trinidad Rangel Montaño, André Solá Molist, Leonardo Pérez Larios e Dario Acosta Zurita. Sua festa é celebrada no dia 20 de novembro; e muitos outros.

Os mártires, no livro do Apocalipse, apresentam-se com vestes brancas e palmas na mão (Ap 7,9). É por isso que a Igreja representa os mártires com palmas na mão. A palma é um sinal da vitória sobre o pecado e a morte. É sinal do testemunho de fé dado para outras pessoas. Esse testemunho pode ser com a vida, derramando o próprio sangue, o que é somente para alguns. O testemunho mais difícil, porém, é aquele que deve ser dado diariamente, constantemente, no silêncio escondido do dia a dia; esses milhares que carregam a sua cruz testemunhando "no pouco" e no anonimato são também mártires. Esses, com a sua vida de fé e oração, de trabalho e esperança, conduzidos pelo Espírito Santo, transmitem ao Corpo de Cristo muita vitalidade, graças e dons que favorecem toda a humanidade. A todos Deus promete dar na "Vida Eterna" a "Palma da Vitória" (Ap 19,1-10) (rever a 19ª catequese da 1ª etapa).

Vivenciando a liturgia: Oração antes da comunhão: "Não olheis os nossos pecados, mas a fé da vossa Igreja"

A fé é um dom de Deus. Nós recebemos a fé, no nosso Batismo. A fé leva o cristão a testemunhar a sua crença, na comunhão dando a própria vida. "Quem nos separará do amor de Cristo? A tribulação, a angústia, a perseguição, a fome, a nudez, o perigo, a espada?" (Rm 8,35). Nada e ninguém poderá separar Jesus daquele que acredita nele, daquele que é alimentado por Ele na Eucaristia. A fé é acreditar sem condições ou reservas, como Abraão, Isaac, Jacó, Moisés e outros santos e santas que viveram na certeza de que Deus salva e dá vida. São Paulo explica que Jesus deu exemplo perfeito de fé quando se fez homem e obedeceu até à morte e morte de cruz (cf. Fl 2,7ss.). Jesus, no Horto das Oliveiras, pediu ao Pai que afastasse dele o cálice, mas que fizesse a sua vontade e não a dele (cf. Lc 22,42).

Depois de Pentecostes os apóstolos, ungidos pelo Espírito Santo, transformam-se em "testemunhas de tudo o que Jesus disse e fez" (At 10,39). Tem início a fé da Igreja. Na Eucaristia, antes do Pai-nosso, o sacerdote reza em nosso nome: "Senhor Jesus Cristo, dissestes aos vossos apóstolos: Eu vos deixo a paz, eu vos dou a minha paz. **Não olheis para os nossos pecados, mas para a fé que anima vossa Igreja**; dai-lhe, segundo o vosso desejo, a paz e a unidade". Somos convidados a prestar atenção nesse momento e com o sacerdote, também, rezar em silêncio, pedindo-lhe o dom da fé.

Gesto concreto: testemunhar a fé na comunidade

Conferindo o que fizeram Madre Teresa de Calcutá, Ir. Dulce, Santa Teresinha e para os exemplos de outras pessoas da comunidade, vamos refletir como testemunhar, hoje, a nossa fé? Que gestos concretos podem anunciar que eu acredito que "Deus amou tanto o mundo que entregou o Filho unigênito para que todo aquele que crer nele não pereça, mas tenha a vida eterna?" (Jo 3,16). Jesus olhou o aleijado com os olhos da fé. Hoje são muitos os aleijados, os pequeninos, os desprezados, que não têm voz e nem vez. Muitos são os excluídos que vivem à margem da vida, não têm o que comer, o que vestir, onde morar, o que aprender, sem o direito de viver com dignidade, sem o direito de ter fé.

Quem de nós não se desvia do caminho ao avistar ao longe o pobre, o deficiente, o doente, o beberrão? De quem nós nos aproximamos? Aquele que está limpo, saudável, que se veste bem, que tem cultura, poder, uma boa profissão é bem recebido e procurado, recebe todas as atenções. Diante de Deus todos são iguais. Todos irão morrer. Todos se tornarão pó, no túmulo. Todos se apresentarão diante de Deus e serão julgados igualmente. Para Deus não há diferença, não há excluído. Deus ama todas as mulheres, todos os homens, adultos, jovens e crianças. Cada um de nós é convidado a acreditar e a viver o amor de Deus. A pessoa escolhe livremente o seu caminho. Qual o caminho que vou escolher?

IV. Oração silenciosa

• Meditação

Em silêncio, refletir: Como tenho participado da vida da Igreja como membro do Corpo de Cristo? Eu sabia que era membro do Corpo de Cristo? Como tem sido as minhas atitudes com as pessoas que estão perto de mim? Tenho deixado passar a seiva de Cristo ou tenho sido um "entupimento", um empecilho para essa seiva chegar a meus irmãos? Rezar pedindo a ajuda de Deus: Jesus tem piedade de mim!

• Oração de São Francisco.

• Pai-nosso.

• Abraço da paz.

• Canto final: sobre o Batismo, ser testemunha de Jesus. Sugere-se: *Eis me aqui, Senhor* ou *Sabes, Senhor*.

V. Conversa com os catequizandos

Qual a minha missão na Igreja? Testemunhos de fé.

Preparando o material

• Filme: *Pentecostes, conversão de Paulo, de um batizado*.

• Figura de Santa Teresinha, de Madre Teresa de Calcutá e de outros santos e santas ou pessoas da atualidade e da comunidade que procuram viver a sua missão na Igreja como corpo de Cristo.

• Selos e, se possível, um pouco de cera, um fogareiro para esquentar a cera e um anel com uma figura em relevo, como por exemplo: anel com sinete.

• Figuras de brasões de reis, bispos e de diocese.

• Figuras de marcas de produtos diversos.

Preparação da sala

Preparar a sala para a catequese e deixar pronto o material que vai ser usado na dinâmica. Quando preparamos o material a ser usado, corretamente e com antecedência, a catequese transcorre mais tranquila e com mais eficácia. Os catequizandos percebem a insegurança do catequista quando este não se prepara bem.

Resposta da atividade

Sugerimos que o catequista faça com os catequizandos esta atividade, dando o tempo necessário para que todos a realizem.

Antes desta questão o catequista poderá falar um pouco sobre Madre Teresa de Calcutá, mostrando figuras da religiosa e de sua obra. O catequista fará a pergunta, explicará o significado de alguma palavra mais difícil e pedirá que os catequizandos meditem sobre a pergunta e escrevam o que pensaram. Depois de cada pergunta, se houver tempo, cada um falará em voz alta a sua resposta, e, no final, o catequista dirá o que respondeu Madre Teresa, uma mulher que possuía uma fé profunda em Deus, comentando cada resposta, fruto desta fé. Os catequizandos escreverão a sua resposta na segunda coluna da tabela e depois a resposta da Madre Teresa na terceira coluna da tabela, conforme indicado.

Os santos: Madre Teresa de Calcutá

Madre Teresa viveu entre os pobres mais pobres da Índia. Era conhecida como a "mãe dos pobres". Percorria as ruas e as estradas à procura dos que não tinham mais esperança de viver. Levava a esses sofredores o amor de Jesus. Ela dizia de si mesma: "Sou albanesa de nascimento. Agora sou uma cidadã da Índia. Sou também freira católica. Em meu trabalho, pertenço ao mundo inteiro. Mas em meu coração pertenço a Cristo". Morreu vítima de problemas cardíacos, em setembro de 1977; foi beatificada no dia 19 de outubro de 2003 pelo Papa João Paulo II.

Vamos meditar o poema de Madre Teresa de Calcutá

Perguntas	*Minha resposta*	*Madre Teresa de Calcutá*
O dia mais belo?		Hoje
A coisa mais fácil?		Errar
O maior obstáculo?		O medo
A raiz de todos os males?		O egoísmo
A distração mais bela?		O trabalho
O que mais te faz feliz?		Ser útil aos demais
O pior defeito?		O mau humor
A pessoa mais perigosa?		A mentirosa
O presente mais belo?		O perdão
A mais bela de todas as coisas?		O amor

(Texto da Madre Teresa de Calcutá, tirado parcialmente do livro *Novena à bem-aventurada Madre Teresa de Calcutá. Meditando o poema de Madre Teresa de Calcutá.* Aparecida: Santuário, 2004.)

Subsídios para catequese

O Sacramento do Batismo

Quando Jesus iniciou a sua vida pública foi batizado por João. Depois Jesus recebeu um outro Batismo na cruz (cf. Lc 12,50). Um Batismo de sangue, de morte e ressurreição. Jesus morto teve seu lado aberto por uma lança, desta ferida saiu sangue e água (cf. Jo 19,34).

Os apóstolos, depois de Pentecostes, anunciaram Jesus morto e ressuscitado, e batizaram os que creram em sua pregação. Os apóstolos receberam de Jesus a ordem de anunciar e batizar e assim o fizeram. A Igreja continua a exercer a missão de anunciar e batizar todos aqueles que creem em Jesus (rever a 20ª e a 23ª catequeses da 1ª etapa).

A fé e o Batismo

Quando lemos At 16,25-40 podemos perceber que o Batismo supõe a fé. Sem fé não se pode receber o Batismo. O que nos dá o Batismo? Como as crianças recebem o Batismo, se elas não têm fé? Que diferença existe entre uma pessoa batizada e a não batizada?

A criança recebe o dom da fé no momento de seu Batismo. Os pais e padrinhos se comprometem a educar a criança na fé. Quando as crianças se preparam para a vivência eucarística, que se inicia com a primeira comunhão, podem compreender "um pouco" as "verdades da fé" e assumir o Batismo que receberam. Por isso farão a RENOVAÇÃO SOLENE DAS PROMESSAS DO BATISMO. Seus pais e padrinhos estarão juntos se puderem. É um momento importantíssimo na vida dos catequizandos porque publicamente farão a sua profissão de fé e aceitarão o Batismo que receberam, quando crianças.

O Batismo cristão

O Batismo cristão não é feito apenas com água, como o de João, mas com o Espírito Santo (Mt 3,11; Jo 1,33; At 1,5; 11,16). Uma atitude concreta do Batismo instituído por Jesus, que por sua Paixão, Morte e Ressurreição nos resgatou e nos salvou do pecado e da morte, é a conversão – a "metanoia" = uma mudança total de vida. O Batismo nos faz viver uma vida nova em Cristo, nos tornamos "novas criaturas" (Mt 4,17; 18,3; Mc 1,15; Lc 5,32; 2Cor 5,17).

O Batismo nos incorpora à Igreja (1Cor 12,12-13; 10,1-2); o batizado é revestido de Cristo (Gl 3,27); é sepultado com ele (Rm 6,1-11; Cl 2,11-13); obtém o perdão dos pecados, é justificado e santificado, recebe o dom do Espírito e a participação na Ressurreição de Cristo (At 2,38; Cl 2,2; Rm 6,3-11; 1Pd 3,21).

Pelo Batismo nos tornamos filhos de Deus

O Batismo no Espírito Santo nos faz participantes da nova realidade que Jesus nos deixou: nos tornamos filhos de Deus. Passamos a pertencer à família de Deus:

"Todos os que são conduzidos pelo Espírito de Deus são filhos de Deus. Pois não recebestes um espírito de escravos para recair no medo, mas recebestes um espírito de filhos adotivos com o qual clamamos: Abbá, Pai" (Rm 8,14-15). Pelo Batismo recebemos a vida divina de Deus. Pertencemos ao Corpo de Cristo. Somos membros da Igreja, cuja Cabeça é Cristo.

O Batismo cristão não é somente um rito recebido quando criança, mas deve ser uma experiência permanente de Deus, deve ser vida de filiação divina. Ser batizado no Espírito Santo é viver plenamente, é receber gratuitamente a "vida em abundância" que Jesus veio trazer aos que nele crerem.

Pelo Batismo nos tornamos membros do Corpo de Cristo

Pelo Batismo somos imersos nas águas da fonte da vida que saiu do lado de Cristo e somos inseridos na vida divina do Pai, do Filho e do Espírito Santo, a Santíssima Trindade. O Batismo nos faz membros do Corpo Místico de Cristo e participantes da vida da Igreja. Pelo Batismo nos tornamos irmãos uns dos outros, participamos, como ramos, de uma videira cujo tronco é Cristo; somos as "pedras vivas" do "edifício espiritual" (1Pd 2,5), construído sobre Pedro, a "pedra", cuja "pedra angular" é o próprio Cristo; participamos das alegrias e sofrimentos, das angústias, das necessidades, do crescimento na fé, dos anseios; enfim, de todos os acontecimentos vivenciados pelos que receberam o Batismo. Podemos ser empecilhos para a passagem da seiva. Podemos deixar vazio o lugar da "nossa pedra", ou podemos colaborar com o crescimento do Reino de Deus.

Pelo Batismo recebemos uma missão no plano de salvação de Deus para o mundo e para a sociedade. Recebemos um sinal, uma marca, um selo, que nos dá o caráter divino e que nos faz responsáveis pela história dos irmãos. A missão que cada pessoa recebeu no Batismo somente ela poderá realizar.

Para o aprofundamento do catequista

• *Catecismo da Igreja Católica*: 1212-1284; 2150; 226; 642; 688; 852; 932s.; 957; 1173; 1235; 1253; 1255; 1910s.; 1922; 1045; 1258; 2113; 2166; 2473s.; 2506; 2632; 2691; 2696.

• Documentos da CNBB:

  - *Pastoral dos sacramentos da Iniciação Cristã*. São Paulo: Paulus, 1974.

  - *Batismo de crianças*. São Paulo: Paulus, 2001.

• *Catequeses batismais*. São Cirilo de Jerusalém. Petrópolis: Vozes.

• *Os sacramentos e os mistérios* – Santo Ambrósio: iniciação cristã nos primórdios. Petrópolis: Vozes, 1972.

• *Os sacramentos trocados em miúdo*. José Ribólla, CSSR. Aparecida: Santuário, 1990.

9ª Catequese
Eu aceito o meu Batismo

OBJETIVOS	CONTEÚDO
1) Reconhecer a importância do Sacramento do Batismo recebido ou que se vai receber. 2) Inculcar o desejo de viver o Batismo de forma mais consciente, renovando as "Promessas Batismais"	1) O Batismo, sacramento da iniciação cristã, nos torna: • Filhos de Deus; • Templos do Espírito Santo; • Participantes do Corpo de Cristo: a Igreja. 2) Rito do Batismo.

Preparando o encontro

Continuamos, nesse encontro, o tema sobre os sacramentos. Propõe-se para esta catequese organizar uma celebração do Batismo como sacramento da iniciação cristã e o Rito do Batismo. É válido lembrar que os catequizandos que não foram batizados poderão receber o Batismo depois dessa celebração. Para isso, é bom combinar antecipadamente para que a equipe paroquial do Batismo possa preparar os pais e padrinhos. É importante planejar a celebração do Batismo e da Renovação das Promessas Batismais. No entanto, para isso lembramos que a nossa proposta de preparação para a vivência eucarística constitui-se um tempo catecumenal e por isso os ritos do Batismo estão sendo renovados em etapas (cf. Carta metodológica).

I. Oração inicial (Indique o tempo_____)

• Fazer o sinal da cruz e uma oração espontânea (todos em pé).
• Invocação do Espírito Santo (cantada ou rezada).

II. Proclamação da Palavra de Deus (Indique o tempo_____)

Contexto: Jo 4,1-42 (cf. Is 45,2-4; Ez 36,25-28; Mt 3,5-11; Jo 3,22; 4,2; 19,33-34; At 1,4s.; 2,11,16; 14s.41-47; Rm 5,15; 8,15; 11,33-36; 1Cor 12,13; 15,45; 2Cor 2,17; Ef 5,25-32; Gl 4,6; 2Pd 1,4; Tt 3,5ss.; 1Jo 5,6-8)

Texto: Jo 4,6-7.9-15 (Missão dos apóstolos: anunciar Jesus e batizar)

Comentário: Quando uma pessoa ouve a Palavra de Deus, dá sempre uma resposta. A pessoa acredita ou não acredita. Se ela não acredita, ela esquece e nada acontece, porém se a pessoa acredita, a Palavra de Deus frutifica e transforma a pessoa. O Espírito Santo age nessa pessoa e ela passa a ser testemunha da Palavra de Deus. Isto aconteceu com a samaritana, que, ouvindo, Jesus mudou sua vida e ela o anunciou às pessoas de sua cidade. Os samaritanos quiseram ouvir Jesus e diziam: "Já não cremos apenas por causa de tua conversa. Nós mesmos ouvimos e reconhecemos que este é realmente o Salvador do mundo" (Jo 4,42).

Aclamação à Palavra de Deus (todos em pé)

• *Canto*: (Aleluia ou outro, conforme escolha do catequista, de acordo com o tempo litúrgico).

• *Antífona*: "Já não cremos apenas por causa de tua conversa. Nós mesmos ouvimos e reconhecemos que este é realmente o Salvador do mundo" (Jo 4,42).

Proclamação do Evangelho: Jo 4,6-7.9-15

III. Catequese (Indique o tempo_____)

Ao preparar essa catequese procurar ler os textos da Sagrada Escritura propostos como base, o Catecismo da Igreja Católica e outros subsídios, da doutrina da Igreja sobre o Batismo. Procurar, também, conhecer o Ritual do Batismo. Sugere-se conversar com a equipe do Batismo sobre o conteúdo dessa catequese. Os catequistas, em primeiro lugar, precisam ter certeza e crer na doutrina que transmitem. Lembramos que é importante anotar o que pretendemos e como pretendemos transmitir, aos nossos catequizandos, o que é proposto para essa catequese, preparando um esquema à parte.

Símbolo litúrgico: a água

O que é a água? Ela é vida; é linda, correndo maravilhosa na natureza pelos rios e nascentes, nas cachoeiras e nas ondas do mar. Ela é saborosa quando corre da torneira para o copo e do copo para a nossa boca. E dizem que ela não tem cheiro nem sabor! Ai de nós seres vivos se faltar a água! (Rever 20ª catequese – 1ª etapa). Vamos recordar algumas passagens bíblicas que manifestam a água como fonte de vida ou de morte: O dilúvio (cf. Gn 6,17; 7,11 – cf 1Pd 3,18ss.); a passagem do Mar Vermelho (cf. Ex 14,15ss. – cf. Is 51,10); o milagre da fonte de Moisés (Nm 20,11); alguns preceitos antigos sobre o uso da água (cf. Nm 19; Ez 36,25); as bodas de Caná (Jo 2,6s.); a samaritana no poço (Jo 4,10ss.); as águas do Batismo (cf. Rm 6,3-11; Jo 3,3-7; 13,1ss.). As águas do Batismo concretizam as profecias que anunciavam a possibilidade do fiel cumprimento da Lei através da conversão e purificação (cf. Is

35,6s.; 41,17-20; 49,10; Jr 31,9; Ez 36,24-27; Jl 4,18; Zc 13,1; 14,8). No Batismo, somos mergulhados nas águas da vida, morremos com Jesus, deixando nossa maldade, nosso pecado nas profundezas (Jesus foi sepultado, e, com Ele, os nossos pecados) e somos ressuscitados com Jesus, renascemos para uma vida nova (cf. Solene anúncio Pascal – (Pregão Pascal); Bênção da água batismal, na noite da Páscoa).

Gesto litúrgico: lavar-se, purificar-se
Dinâmica: ficar limpo.
Material: um pano, barro, bacia, jarro com água e cloro, sabão.
1º momento: Mostrar a roupa limpa e passar o barro na roupa.
2º momento: Colocar água na bacia e colocar a roupa suja, esfregar, mostrar como ficou ainda manchada.
3º momento: Jogar fora a água suja, colocar água limpa na bacia, acrescentar o cloro, mexer bem e colocar a roupa na água com cloro, mexer e deixar de molho.
4º momento: Comentar e explicar os três momentos anteriores.
5º momento: Lavar a roupa com sabão e enxaguar.
6º momento: Conversar com os catequizandos sobre os dois extremos: o limpo e o sujo. O que é estar sujo e o que é estar limpo. Na transfiguração, as vestes de Jesus "eram mais brancas que o sol"; nenhuma lavadeira conseguiu jamais um branco tão branco. O que Jesus quis nos mostrar? As vestes de que estamos falando é aquilo que temos dentro do "coração". Coração nesse momento é o nosso interior, que só nós conhecemos: são os desejos, os pensamentos, os planos que não contamos para ninguém; só nós conhecemos. Muitas vezes nem podemos contar, porque temos vergonha.

No dia do nosso Batismo recebemos uma VESTE BRANCA.

O livro do Gênesis relata que Adão e Eva não tinham roupa. Eles só descobriram que estavam nus quando rejeitaram a Palavra de Deus (cf. Gn 3,6-11). O ser humano se veste para se defender do frio e do calor, para velar-se, para permanecer encoberto dos olhares dos outros. Na medida em que ele se torna íntimo de uma pessoa, passa a se descobrir, a se manifestar ao outro. Esse é o sentido da veste humana. O ser humano tem muitos tipos de veste. Para cada ocasião as pessoas têm um modo de vestir-se: nas festas, na praia, no campo, para o casamento ou funeral.

Para nós a VESTE BRANCA é um memorial do nosso Batismo. É sinal do ser humano novo que se despojou do ser humano velho. É sinal da Ressurreição de Jesus, que nos introduz na nossa própria ressurreição. É sinal do nosso desejo de estar preparado para o dia do nosso primeiro encontro com Jesus na Eucaristia, de estar sempre perto de Jesus, como seus amigos estavam no Monte Tabor. Jesus se transfigura, e suas vestes se tornam brancas e brilhantes – esse é um sinal da sua ressurreição. Jesus se mostra aos seus amigos como Ele é: Filho de Deus. Jesus é filho de Maria, mas é Deus. Jesus tem um corpo como o nosso, que encobre o que Ele é: o Filho de Deus.

No Batismo, nós recebemos a graça de Deus: nós nos tornamos Filhos de Deus. Para demonstrar concretamente esta realidade, as crianças que são batizadas recebem, em geral, uma veste branca e com ela recebem o seu Batismo.

Vivenciando a liturgia: o rito do Batismo

Passar o filme de um batizado, explicando os diversos ritos. Pode-se usar figuras ou fotos. Mostrar os sinais usados no Batismo: O círio, a água (pia batismal), a veste branca, o sal, o "Efetá", os santos óleos dos catecúmenos e do Crisma, a vela (consultar os Rituais do Batismo Cristão).

Gesto concreto: fazer a opção por Jesus: profissão de fé e aceitação do Batismo

Como batizados e marcados para sempre com o sinal de Deus, devemos fazer continuamente a OPÇÃO por Jesus. Anunciar a Palavra de Deus com PALAVRAS E COM ATOS – testemunhar o nosso BATISMO. O batizado não pode servir a um outro deus. Os deuses do mundo (dinheiro, vaidade, inveja, preguiça, gula, avareza, orgulho, ira...) não podem mais mandar em nós (rever 5ª, 6ª e 7ª catequeses da 1ª etapa). O cristão deve agir no seu tempo e na sua comunidade como Jesus agiu em seu tempo e na sua comunidade: ajudando os mais necessitados. São Paulo escreve: "Se é que o ouvistes e nele fostes instruídos conforme é a vontade de Jesus, deveis abandonar vossa antiga conduta e despojar-vos do homem velho, corrompido pelas concupiscências enganadoras" (Ef 4,21-22). É um convite à conversão (metanoia = mudança de vida). É um convite para viver o Batismo em plenitude. O Batismo só pode ser vivido em comunhão com os outros membros da Igreja, alimentados pela Eucaristia. Se um membro sofre, todos sofrem; por isso para viver o Batismo precisamos estar atentos aos outros que sofrem. Antes de receber, pela primeira vez, Jesus na Eucaristia é preciso fazer a Profissão solene da nossa fé, que está contida no "CREIO", no "Símbolo Apostólico". Vamos renovar as PROMESSAS DO BATISMO que nossos pais e padrinhos fizeram por nós. Vamos aceitar o Batismo que nossos pais e padrinhos pediram por nós quando ainda éramos pequeninos. Podemos, então, anunciar como os samaritanos: "Agora acreditamos porque conhecemos e experimentamos Jesus, agora podemos pertencer à Igreja porque é de livre e espontânea vontade que o fazemos e queremos".

Posso e devo AGIR em minha comunidade porque eu fiz a minha opção por Jesus: O QUE POSSO FAZER DE FORMA CONCRETA POR MEU IRMÃO QUE SOFRE: fome, frio, ignorância, dor, tristeza...

IV. Oração

• Silenciosa.

• Meditação – Jesus está batendo continuamente à nossa porta, como o Bom Pastor. Ele nos quer junto de si, para o ouvirmos, para experimentá-lo, para saboreá-lo como nosso alimento. Assim poderemos viver mais profundamente o nosso Batismo. Vamos pedir ao Espírito Santo que nos ajude a ser TESTEMUNHAS de Jesus no meio em que vivemos.

• Pai-nosso.

• Abraço da paz.

• Canto final: sobre o Batismo. Sugere-se *Em águas mais profundas* ou *Mergulho na água*.

V. Conversa com os catequizandos

Sou testemunha de Jesus? Conheço alguém que testemunha Jesus?

Preparando o material

• Filme: *Jesus e a samaritana, transfiguração de Jesus e de um batizado.*

• Círio Pascal, veste branca, sal, água, santo óleo do crisma e dos catecúmenos, jarro com bacia (pia batismal), vela.

• Figuras dos vários ritos no Batismo.

• Certidão de Batismo dos catequizandos ou lista com as datas em que eles foram batizados.

• Sabão em pó, cloro, pano sujo, balde ou bacia. Figuras de locais sujos. Figuras ou fotos de um batizado. Água limpa num jarro ou garrafa transparente. Figuras de fonte, cachoeira, rio etc.

• A veste branca do Batismo.

• Preparar cartazes com o nome e as atividades das pastorais, associações e movimentos da paróquia.

Está previsto, nas atividades, que os catequizandos escrevam "um compromisso" para ser entregue no dia da Renovação do Batismo. Assim, é preciso preparar folhas avulsas para que eles executem essa atividade.

Preparação da sala

Seria muito conveniente realizar essa catequese no local onde é celebrado o Batismo. Arrumar as fotos e os objetos que serão utilizados, conforme previsto, para a catequese.

Pode-se fazer uma visita e as orações da celebração no local, junto da pia batismal, na igreja.

Subsídios para a catequese

O Batismo, sacramento da iniciação cristã

Fomos batizados quando éramos pequenos e nossos pais e padrinhos responderam por nós. Naquele dia, fomos admitidos na Igreja. Deus nos adotou como filhos em Jesus Cristo e começamos a pertencer ao Corpo Místico de Cristo.

Quando fomos batizados, fomos transformados e consagrados. Passamos a ser templos da Santíssima Trindade. O Pai, o Filho e o Espírito Santo habitam em nós. O Batismo nos insere na vida da Santíssima Trindade e nos incorpora em Cristo e na missão de sua Igreja. Jesus disse a Nicodemos que era preciso "nascer de novo", "nascer do alto" (Jo 3). Pela água e através do Espírito Santo (cf. Jo 3,3-7), Cristo nos resgatou. Nós estávamos escravizados pela lei de Moisés, e Jesus, pelo mesmo Espírito, nos deu uma adoção filial. Essa adoção é muito importante (cf. Gl 4,4-7; Rm 8,14-29; 2Pd 1,4) e por isso devemos viver, como filhos de Deus, que somos de fato (cf. Fl 2,15-16; 1Pd 1,13-17). Temos um Pai que nos corrige, que nos acolhe e perdoa quando pecamos (cf. Hb 12,5-11), como ao filho pródigo (cf. Lc 15,11-32). Pela oração contínua (Jesus nos ensinou o Pai-nosso), podemos pedir o que quisermos e nosso Pai que está nos céus nos concederá (cf. Mt 6,7-15; 7,7-11).

Os apóstolos receberam o Espírito Santo e começaram a anunciar Jesus morto e ressuscitado. Na sua pregação, Pedro anuncia a importância da conversão. Conversão é mudança de vida, é ter uma vida nova. Pedro convida seus ouvintes para o Batismo, em nome do Senhor Jesus. Pelo Batismo, todos os pecados serão perdoados. Os que são batizados recebem o dom do Espírito Santo. Uma palavra muito importante de Pedro: "A promessa é de fato para vós, assim como para os vossos filhos e para todos aqueles que estão longe, todos quantos forem chamados por Deus Nosso Senhor" (At 2,39). Com esta palavra, São Pedro está se referindo a nós que estamos a mais de dois mil anos desses acontecimentos e também a todos os que vierem depois de nós, não importa o tempo e o lugar. Deus ama todos os seres humanos e quer que todos possam se tornar seus filhos em Jesus Cristo. Deus nos acolhe da mesma forma que acolheu os que viveram naquele tempo, com Jesus.

Pelo Batismo nos tornamos testemunhas de Cristo

Quando os apóstolos Tiago e João pediram para ficar um à direita e outro à esquerda de Jesus, Ele lhes perguntou: "Vocês podem beber do cálice que eu vou beber? Eles disseram que sim. Jesus tornou a dizer: **Vocês beberão o cálice que eu vou beber e serão batizados com o Batismo com que eu serei batizado**" (Mc 10,39). Jesus queria dizer que eles deveriam testemunhar o que viram e ouviram, anunciando a todos o Evangelho. Sim, eles iriam testemunhar, dando a vida pelo Evangelho que anunciavam. Santo Estêvão foi o primeiro mártir da Igreja (cf. At 7).

Jesus foi batizado por João, no Rio Jordão, com água, mas na cruz Jesus derramou seu sangue e, na sua morte, recebeu o Batismo de sangue. Somos convidados a seguir Jesus, tomando a nossa cruz e, se preciso for, dar a nossa vida testemunhando a nossa fé. Por isso, antes de aceitar o nosso Batismo é preciso fazer a nossa solene Profissão de Fé, diante da Igreja.

Pelo Batismo nos tornamos SACERDOTES, REIS E PROFETAS como Jesus. Somos chamados a fazer o que os apóstolos faziam: anunciar Jesus, curar os doentes, abençoar as pessoas e a fazer o bem a todos.

Pelo Batismo entramos na morte com Cristo, e com Cristo ressuscitamos

Quando nós recebemos o Batismo, nós participamos da morte e ressurreição de Jesus. Quando o ministro da celebração jogou a água na nossa cabeça, nós morremos com Jesus e ressuscitamos depois com Ele. São Paulo, em suas cartas, fala diversas vezes sobre "despojar-se do homem velho e revestir-se do homem novo" (Cl 3,8-17). Despojar é tirar de nós tudo o que é sujo, rasgado e velho. Revestir é vestir novamente a "veste original" que tínhamos antes do pecado, e permanecer limpos, perfumados, brilhantes, como Jesus.

São Paulo ensina que o cristão vive, cada dia, essa morte e ressurreição. Muitas vezes o que fazemos parece ser bom, mas não é, pois fazemos a escolha errada e é preciso corrigir o erro. O cristão (assim é chamado aquele que foi batizado em nome de Jesus Cristo (At 11,26 – cf. 26,28; 1Pd 4,16) é convidado a seguir o mesmo caminho de Jesus, que "foi obediente até a morte e morte de cruz" (Fl 2,1-8). Como cristãos, somos chamados a viver a nossa vocação. Fazemos parte do Corpo de Cristo – a Igreja (cf. 1Cor 12–13). Como Igreja, somos chamados a testemunhar Jesus a todos os que convivem conosco, somos chamados a estar a serviço dos mais pobres, dos mais pequeninos, dos que sofrem, como Jesus (cf. Mt 10,37-42; Mc 8,34; 9,42; 10,38; Lc 14,25s.; Jo 12,26). Pelo sacramento que nos confirma na fé – a Confirmação – receberemos os dons do Espírito Santo que nos dará "a força de Jesus" (Mc 5,30-34), para agir como testemunhas de Jesus.

Para o aprofundamento do catequista

• *Catecismo da Igreja Católica*: 1212-1284; 14; 52; 55; 117; 168; 265; 167; 270; 257; 403; 405; 422; 460; 505; 507; 527; 537; 628; 654; 694; 790; 839; 855; 950; 1002; 1010; 1064; 1077; 1094; 1110; 1129; 1185; 1197; 1306; 1525; 1533; 1709; 1889; 2009; 2101; 2340; 2472; 2673; 2717; 2740; 2745; 2766; 2782; 2784; 2639; 2782; 2798; 2825.

• *Ritual do Batismo para crianças*. São Paulo: Paulus, 2003.

• *Ritual da iniciação cristã de adultos*. São Paulo: Paulus, 2004.

• *Os sacramentos:* sinais do amor de Deus. Antônio Mesquita Galvão. Petrópolis: Vozes, 1997.

10ª Catequese

Viver a fé
Os sacramentos na vida do cristão: Confirmação, Matrimônio, Ordem

OBJETIVOS	CONTEÚDO
1) Despertar a vontade de crescer "em idade, sabedoria e graça diante de Deus e dos homens". 2) Incentivar a participação consciente no próprio crescimento e amadurecimento levando à descoberta da vocação pessoal, quer para o sacerdócio, vida consagrada ou para o matrimônio.	1) O Sacramento da Confirmação: • gestos e palavras; • fé nos sacramentos: quem, como, quando, onde celebrar. 2) Sacramentos do serviço da comunhão: • Ordem; • Matrimônio.

Preparando o encontro

Continuando as catequeses sobre os sacramentos, nesse encontro vamos celebrar o Sacramento da Confirmação e os Sacramentos do serviço da comunhão: a Ordem e o Matrimônio. No livro de Atividades do catequizando, após a 9ª catequese, há um quadro explicativo sobre os sacramentos, que pode ser utilizado para facilitar a explicação e a compreensão deste tema e dos demais sacramentos.

I. Oração inicial (Indique o tempo_____)

• Fazer o sinal da cruz e uma oração espontânea (todos em pé).
• Invocação do Espírito Santo (cantada ou rezada).

II. Proclamação da Palavra de Deus (Indique o tempo_____)

Contexto: Lc 4,14-30 (cf. Is 6,1-2; Mt 3,16; Sf 2,3)

Texto: Lc 4,16-21 (A missão de Jesus)

Comentário: Jesus viveu como ser humano em uma época determinada, respeitando os usos e costumes de seu povo. Veio ao mundo com uma missão, mas não estava sozinho para realizá-la, seu Pai e o Espírito Santo estavam com Ele. Encontrou dificuldades em sua cidade, em sua pátria, de onde foi expulso. "Ele, porém, passando no meio deles, prosseguia seu caminho..." Aquele que descobre o amor de Deus em sua vida segue sem medo, realiza a sua missão.

Aclamação à Palavra de Deus (todos em pé)

• *Canto*: (Aleluia ou outro, conforme escolha do catequista, de acordo com o tempo litúrgico).

• *Antífona*: "O Espírito do Senhor está sobre mim, porque ele me consagrou pela unção" (Lc 4,18a).

Proclamação do Evangelho: Lc 4,16-21

III. Catequese (Indique o tempo_____)

Vamos preparar essa catequese sobre o Sacramento da Confirmação, que é o sacramento da maturidade na fé, que conduz o cristão a assumir o seu compromisso na Igreja e na sociedade, fazendo a sua opção de vida, quer no matrimônio, quer no sacerdócio. Os sacramentos do serviço da comunhão são a Ordem e o Matrimônio. Nesse encontro sugere-se apresentar uma breve noção sobre esses três sacramentos, pois por ocasião da preparação da Confirmação, com certeza, com mais maturidade, nossos catequizandos terão condição de aprofundá-los. O Catecismo da Igreja Católica nos há de ajudar nesta preparação.

Símbolo e gestos litúrgicos nos sacramentos

Sacramento	Ministro	Gesto	Sinal	Efeito
Confirmação	Bispo	Sinal da cruz na testa	Santo óleo do Crisma	Adulto na fé
Ordem	Bispo	Imposição das mãos, oração consecratória e unção	Santo óleo do Crisma	Diácono Presbítero Bispo
Matrimônio	Os cônjuges	Troca das alianças e o "SIM"	As alianças	Família

No quadro, temos um resumo que nos facilita a compreensão dos sacramentos que estamos celebrando. Podemos preparar cartazes com cada item e montar esta planilha juntamente com os catequizandos, explicando cada um deles.

O **santo óleo do Crisma**, usado para a **unção** no Sacramento da Confirmação e da Ordem, é consagrado solenemente na Missa do Crisma, na Quinta-feira Santa, pelo bispo da diocese. O rito da **unção**, própria do Sacramento da Confirmação, imprime o selo espiritual: a marca do Espírito Santo. O crismando é chamado a ser "o bom odor de Cristo" (2Cor 2,15). O selo é símbolo da pessoa, sinal de sua autoridade, de sua propriedade sobre um objeto. Recebendo o Sacramento da Confirmação, passamos a pertencer totalmente a Deus, e dele recebemos proteção (CaIC 1295ss.). A unção no Sacramento da Ordem consagra os eleitos "para ser, em nome de Cristo, pela palavra e pela graça de Deus, os pastores da Igreja" (CaIC 1535).

Pela **imposição das mãos** o bispo invoca sobre os crismandos a efusão do Espírito Santo. Na ordenação, **a imposição das mãos** do bispo com a oração consecratória sobre o eleito é sinal de "pôr à parte", para exercer um "poder sagrado" que vem do próprio Cristo, por meio de sua Igreja, para a Igreja (cf. CaIC 1538).

Os sacramentos do Batismo, da Confirmação e da Ordem deixam um "**sinal indelével**", uma marca que chamamos de "**caráter**", que assinala aquele que recebeu o Batismo, a Confirmação e a Ordem por toda a eternidade. Não dá para voltar atrás. O cristão é cristão em todo e qualquer lugar, para sempre (rever a 8ª catequese – símbolo litúrgico: o selo).

O matrimônio cristão é sinal eficaz da aliança de Cristo e da Igreja (cf. Ef 5,31s.). Os cônjuges devem entregar-se um ao outro oferecendo suas vidas junto com a oferenda de Cristo por sua Igreja. Os esposos são os ministros do sacramento. Na bênção dada, o casal recebe o Espírito Santo, sinal da comunhão de Cristo e da Igreja, que os ajudará a viver cada dia na fidelidade mútua; recebem o dom da fecundidade para gerarem filhos e filhas, frutos do amor recíproco, recebem a força e a sabedoria para educar os filhos(filhas) na fé (cf. Gn 1,28; 2,18-24; 9,1; Tb 8,5-9; Eclo 40,23; Mt 22,24-28; 1Cor 7,1-9). A **troca de alianças** e a aceitação pública de entrega; "**o SIM**" é o sinal visível da entrega mútua.

Vivenciando a liturgia: levar para o dia a dia a experiência de fé recebida nos sacramentos

Introduzidos na Igreja pelos sacramentos da iniciação cristã (Batismo e Confirmação), o cristão é convidado a fazer a sua opção: estar a serviço do Povo de Deus pelo Sacramento da Ordem ou constituir uma família cristã pelo Sacramento do Matrimônio. É próprio da missão do cristão colocar-se a serviço e celebrar ativamente a Eucaristia através da qual é alimentado pelo Corpo e Sangue de Cristo. Na Constituição *Sacrosanctum Concilium*", sobre a Sagrada Liturgia, do Concílio Ecumênico Vaticano II, lemos: "Relembrando assim os mistérios da Redenção, a Igreja coloca os fiéis em contato com as riquezas das virtudes e méritos de seu Senhor, que se torna de certa maneira presente a todos os tempos e lhes abre o acesso à plenitude da graça da salvação" (102). É missão, pois, de cada fiel cristão ordenado ou não, depois de celebrar os Mistérios Pascais, meditar, inserir-se, mergulhar, absorver em seu coração, levar consigo durante o dia de repouso – o domingo – e durante os demais dias, quer no trabalho ou no lazer, andando pelas ruas, comendo ou descansando, essa experiência de fé recebida nos sacramentos. O cristão não pode guardar para si esta experiência litúrgica vivida, mas, impulsionado pela fé, vai partilhá-la com aqueles que estiverem com ele, através de gestos concretos de amor, de perdão, de acolhimento, de desprendimento.

Gesto concreto

Procurar, nessa semana, ir a um casamento e prestar atenção na celebração. Fazer visitas ao seminário ou convento. Procurar a Pastoral familiar para conhecer melhor o trabalho que realizam em sua comunidade. Visitar famílias carentes da comunidade.

IV. Oração

Oração pelas vocações cristãs: sacerdotal ou matrimonial. Cada um faz a sua oração espontânea.

- Pai-nosso.
- Abraço da paz.
- Canto final: sobre a fé, a vida do cristão. Sugere-se os seguintes: *Em águas mais profundas*; *Eis-me aqui, Senhor; Que nenhuma família* (Oração pela família).

V. Conversa com os catequizandos

Sobre a participação deles na celebração de algum sacramento que celebramos hoje.

Preparando o material

• Filme com cenas da celebração do Sacramento da Confirmação, da Ordem e do Matrimônio.

• Sinais e símbolos dos sacramentos celebrados: óleo, alianças, figuras de noivos, bispo, sacerdote, diáconos, jovens sendo crismados, casando e ordenados.

• Material para montar o painel sobre os sacramentos (ver símbolos e gestos litúrgicos).

Preparação da sala

Organizar a mesa para a celebração e deixar as figuras e os cartazes arrumados de forma que facilite seu uso durante a catequese. Verificar a maneira (onde e com que) como serão fixados para melhor visualização.

Subsídios para catequese

Os sacramentos são sinais da presença de Cristo na Igreja. Todos os sacramentos vêm de Jesus, e conduzem para Jesus os que receberam o sacramento.

Jesus é o sacramento de Deus na terra, porque Jesus manifesta o Pai: "Quem me viu, viu o Pai" (Jo 14,9), e a Igreja é o sacramento de Jesus. "Tudo quanto ligares na terra será ligado no céu" (Mt 18,18). "A quem perdoardes os pecados ser-lhe-ão perdoados" (Jo 20,22-23).

Os sacramentos são sete. O Batismo, a Confirmação e a Ordem são recebidos uma só vez. A Penitência, a Eucaristia e a Unção dos Enfermos podem ser recebidas quando necessário. O matrimônio pode ser contraído outra(s) vez(es) se um dos cônjuges vier a falecer, pelo cônjuge sobrevivente.

Os sacramentos da iniciação cristã

Os sacramentos do Batismo, da Confirmação e da Eucaristia são chamados de sacramentos da iniciação cristã. Estes três sacramentos formam uma unidade: o Batismo é o início (a porta) de uma vida nova em Cristo, na Igreja. A Confirmação consolida na maturidade a fé recebida. A Eucaristia alimenta o discípulo com o Corpo e o Sangue de Cristo, fazendo-o participante do sacrifício do Senhor na cruz, unindo-o ao seu próprio Corpo.

O Sacramento da Confirmação

O Sacramento da confirmação, no Rito oriental, é também chamado de **Sacramento da Crisma**. Popularmente usamos esse termo, mas é importante falar o nome corretamente: Sacramento **da** Crisma (Confirmação). Durante o rito deste sacramento, o bispo unge o crismando com o Santo Óleo **do** Crisma. Portanto quando falamos "**do Crisma**" estamos falando do óleo usado no rito do **Sacramento da Confirmação** (Crisma) [**A** Crisma = Sacramento da Confirmação / **O** Crisma = óleo santo] (cf. CaIC 1289; 1297s.; 1300; 1312; 1320).

Pelo Sacramento da Confirmação o cristão é convidado a ser testemunha de Cristo no mundo de hoje. O que Pentecostes foi para a Igreja primitiva, a Confirmação deve ser para os cristãos, hoje. Os apóstolos, depois da efusão do Espírito Santo, "saíram para fora", transformados, capacitados e iluminados; foram pelo mundo todo conhecido na época, anunciando a Boa-Nova de Jesus e o seu Reino. Deram a vida pelo martírio. Hoje o mundo está sem Jesus. Existem muitas "teorias". O ser humano perdeu o sentido da vida, e a globalização, que coloca as pessoas de pontos distantes juntas pelos meios de comunicação, ao mesmo tempo isola-as em "quatro paredes" diante de uma tela. A comunicação "via internet" liga o indivíduo com um universo fantástico de outros indivíduos. Mas ao mesmo tempo isola-os do contato físico, da exploração dos cinco sentidos dados por Deus. E faz falta: o olho no olho, sentir a entonação da voz, perceber o perfume, a lágrima escorrendo, o sorriso aberto, poder estender a mão e segurar, abraçar e partilhar... O desafio, para o cristão, hoje, é tão grande quanto foi para os apóstolos, em Jerusalém. É preciso ter coragem para mudar, para anunciar a Boa-Nova de Jesus, hoje, como o caminho, a verdade e a vida. A Verdade de Jesus, o Caminho de Jesus e Vida de Jesus, no mundo de hoje, é a única realidade que pode estabelecer novamente o SENTIDO DA VIDA para a pessoa.

Os sacramentos do serviço da comunhão

A base da vocação do cristão são os sacramentos da iniciação. Os sacramentos da Ordem e do Matrimônio são chamados de sacramentos do serviço da comunhão porque colocam o cristão diante do outro para servi-lo e ajudá-lo em seu caminho de salvação. Esses sacramentos contribuem para a salvação pessoal de quem os recebe; conferem também uma missão particular, que serve para a edificação comum da Igreja, Povo de Deus (cf. CaIC 1533ss.).

O Sacramento da Ordem

Jesus é o único e maior sacerdote, o único mediador. Ele, e só Ele, é o nosso único intercessor junto do Pai. Por Cristo, com Cristo e em Cristo, é oferecido ao Pai o Sacrifício da Eucaristia. A oração da Igreja e as nossas orações são feitas "por Cristo, na unidade do Espírito Santo, ao Pai".

Durante sua vida aqui na terra, Jesus realizou milagres. Ele curou cegos, surdos, mudos, paralíticos e ressuscitou os mortos. Jesus alimentou multidões, consolou os aflitos e perdoou os pecadores. Chamou os apóstolos e os discípulos para que o seguissem. Fundou a Igreja, e lhe deu uma missão: "Ide e ensinai, ensinai todas as nações, batizando-as em nome do Pai, e do Filho e do Espírito Santo" (Mt 28,19). "Tudo quanto ligardes na terra será ligado no céu" (Mt 18,18). "Recebei o Espírito Santo. Aqueles a quem perdoardes os pecados ser-lhes-ão perdoados" (Jo 20,22-23).

A Igreja, seguindo os ensinamentos de Jesus, iniciou a sua missão de evangelizar os povos. Quando lemos os Atos dos Apóstolos percebemos nas primeiras comunidades que as pessoas eram batizadas, celebravam a "fração do pão", doentes eram ungidos, os apóstolos impunham as mãos confirmando os irmãos na fé. Os apóstolos perdoavam os pecados e ungiam os diáconos e novos apóstolos. Assim até os dias de hoje.

Tendo em vista a necessidade do Povo de Deus, a Igreja chama cristãos para uma missão especial. Tira-os do meio do povo e **consagra-os** com **o óleo da unção; impõe as mãos** infundindo o Espírito Santo e os constitui "**presbíteros**". Os presbíteros estão encarregados de ministrar os sacramentos, de anunciar a Palavra ao Povo de Deus, de animá-lo e orientá-lo neste tempo de peregrinação, conduzindo-o à Casa do Pai, cumprindo a missão de pastor. O padre é um cristão que recebeu uma missão especial junto do Povo de Deus, ele está a serviço desse povo. Ele é igual a qualquer um de nós e tem a obrigação de ser cristão como nós. Ele é nosso irmão, porque pertence ao mesmo Corpo de Cristo, por isso devemos tratá-lo como irmão, com amor, perdão, compreensão e ajudá-lo a viver como cristão a sua missão de padre, de pastor.

Na hierarquia da Igreja temos os **diáconos**, para o serviço; os **presbíteros**, para ministrar os sacramentos, sobretudo a celebração da Penitência e Eucaristia e conduzir a comunidade, e os **bispos**, que recebem a plenitude do Sacramento da Ordem, e são os sucessores diretos dos Apóstolos e os guardiões da doutrina e da fé. Cada bispo recebe o governo de uma diocese.

O Sacramento do Matrimônio

O primeiro "sinal" realizado por Jesus foi em uma festa de casamento (cf. Jo 2,1-8). Na Sagrada Escritura podemos ler que o amor de Deus por Israel é comparado ao do noivo por sua noiva, ou do esposo pela esposa (cf. Os 1–2; Is 49,14-21; 50,1-2; 51,17s.; 54,1-10; 62,3-5; Jr 2,2.30-37; 3,1-13; 31,3s.; Ez 16,6-25; Lm 1,1-21; Ct 1,1-8; 8,6). Os esponsais de Cristo com a sua Igreja são o fundamento do casamento cristão (cf. Ef 5,2.21-32 – cf. Mt 19,1-9; 1Cor 6,15-20; 11,3-16; Cl 3,18-19; 1Pd 3,1-7). O homem e a mulher se unem em matrimônio através de um juramento pessoal, de livre e espontânea vontade, diante de Deus e das pessoas que estão presentes à celebração. Nesse juramento, o homem e a mulher tomam as suas vidas e se entregam mutuamente um ao outro. Eles se tornam "uma só carne" (Gn 2,23s.; Mt 19,5; Ef 5,31; 1Cor 6,16). Formam uma família com os filhos que Deus lhes concedeu. A família, como "Igreja doméstica" (Papa Paulo VI), celebra o amor a Deus e ao próximo – **amor, comunhão e partilha** – em três altares: o "**altar da Eucaristia**" onde se alimentam com a Palavra de Deus e com o Corpo e Sangue de Cristo; o "**altar das refeições**", onde, como família, realizam suas refeições diárias, alimentando-se e renovando suas forças para as lidas do dia, e o "**altar do leito conjugal**", onde se concretiza a entrega mútua de um ao outro, no amor que gera vida (cf. *Sacrosanctum Concilium* – sobre a Sagrada Liturgia: 7; 13; 33; 78; *Familiares Consortium* – sobre a família: 55; 57; 58; 61; *Apostolicam Actuositatem* 11; *Marialis Cultus* 48; 52; 53; Carta encíclica *Evangelium Vitae* 92s.).

Para o aprofundamento do catequista

• *Catecismo da Igreja Católica*: 1285-1321; 1533-1666.
• Exortação apostólica *Familiaris Consortio* (Sobre a função da família cristã no mundo de hoje). João Paulo II. São Paulo: Paulinas.
• Carta encíclica *Evangelium Vitae* (Sobre o valor e a inviolabilidade da vida humana). João Paulo II. São Paulo: Loyola.
• *Os sacramentos trocados em miúdos*. José Ribólla, CSSR. Aparecida: Santuário, 1990.

11ª Catequese

Pelo pecado me afasto de Deus

OBJETIVOS	CONTEÚDO
1) Explorar os cinco sentidos dados por Deus para que haja "interação" com o mundo criado.	1) Sou confirmado na fé • Aceito o meu Batismo. • Sou livre.
2) Diferenciar as ocasiões positivas e negativas da ação dos "cinco sentidos" na vida do ser humano.	2) O pecado – ruptura com Deus • O pecado de Adão e Eva. • O pecado do Povo de Israel: o bezerro de ouro. • O nosso pecado.
3) Identificar maneiras de "educar" os cinco sentidos do corpo humano de forma a evitar ocasiões de pecado, e utilizá-los para realizar o projeto de Deus em cada um.	3) Os vícios capitais: orgulho, avareza, inveja, ira, impureza, gula, preguiça.
	4) Convite à conversão.

Preparando o encontro

Estamos iniciando as catequeses sobre o Sacramento da Penitência. Vamos abordar os temas sobre os mandamentos, o pecado e a reconciliação. Cada catequista é convidado a preparar os encontros de forma a realizar a missão que recebeu de Deus, confirmada pela Igreja, seguindo o exemplo dos apóstolos e muitos cristãos que deram a vida pela evangelização.

I. Oração inicial (Indique o tempo_____)

• Fazer o sinal da cruz e uma oração espontânea (todos em pé).
• Invocação do Espírito Santo (cantada ou rezada).

II. Proclamação da Palavra de Deus (Indique o tempo _____)

Contexto: Mt 12,29-49; 13,1-17 (cf. Ez 18,29-32; 33,11; Os 11,7-9; Mt 8,6s.; Mc 2,5; 3,2-6; Lc 7,36-50; 15,3-32; 23,39-43)

Texto: Mt 13,10-17 (Felizes os olhos que veem)

Comentário: Diante da Palavra de Deus podemos ter várias atitudes: ouvir e acolher a Palavra; ouvir e não escutar, isto é, não prestar atenção; ouvir e recusar; e não querer ouvir, porque não se acredita em Deus. Jesus veio para estar conosco, para nos ensinar as coisas de Deus. Ele falava em parábolas, isto é, ensinava através de pequenas estórias, como as nossas fábulas. Neste Evangelho que ouviremos Jesus caminhava com os homens, mulheres e crianças; acolhia os pobres, os doentes e os necessitados. Jesus não fazia acepção de pessoas. Todos podiam se aproximar dele. Havia os que o buscavam sempre e que com Ele partilhavam as refeições, o descanso e a oração; havia os que o procuravam às escondidas como Nicodemos; havia os que o procuravam para o provocar e fazê-lo cair em contradição, como os fariseus. Jesus cumpria o que o Profeta Isaías anunciara: "O Espírito do Senhor está sobre mim, para evangelizar os pobres" (Lc 4,16-19).

Aclamação à Palavra de Deus (todos em pé)

• *Canto*: (Aleluia ou outro, conforme escolha do catequista, de acordo com o tempo litúrgico).

• *Antífona*: "Deus é fiel: não permitirá que sejais tentados acima das vossas forças; mas, com a tentação, Ele dará os meios de sair dela e a força para a suportar" (1Cor 10,13).

Proclamação do Evangelho: Mt 13,10-17

III. Catequese (Indique o tempo _____)

Vamos preparar essa catequese lembrando os acontecimentos do Antigo Testamento. Para isso sugere-se rever as catequeses da 1ª etapa – 16ª, 17ª e 18ª. Pode-se fazer um breve relato dos acontecimentos ocorridos junto ao Monte Sinai, quando o Povo de Deus recebeu de Moisés as Tábuas da Lei e adoraram o bezerro de ouro, mostrando como o povo, no deserto, diz "não" a Deus. Dizer "não" a Deus é o pecado (cf. Ex 32,1-35; 34,1-10.29-35). Propõem-se que a partir dos objetivos e do conteúdo, dando especial atenção ao símbolo e gesto litúrgicos, que devem ser vivenciados e manifestados através do gesto concreto, elaborar um roteiro para o encontro, conforme a realidade dos catequizandos. Nessa catequese sugere-se fazer duas dinâmicas importantes: a dos sentidos e a do barro. O momento da oração deverá ser logo após e em continuidade à dinâmica do barro (vivenciando a liturgia). E o gesto concreto seja proposto logo após o momento da oração.

Símbolo litúrgico: barro

Contar Jo 9,1-7. O cego de nascença procurou Jesus para ser curado. Jesus cuspiu no chão e fez barro com a sua saliva. Fazer lama em dia de Sábado, para o judeu, era proibido. Jesus usa de um simbolismo com este gesto: a terra usada por Jesus lembra a criação do primeiro homem (cf. Gn 2,7; Is 64,7), e misturada à saliva que "sai de dentro", que lembra o espírito de Jesus (cf. Gn 2,7; Is 64,7), formam a lama que foi colocada no olho do cego; o gesto de Jesus representa o homem novo, recriado a partir da Redenção por Ele operada (cf. Cl 1,22).

Os Santos Padres também explicam que o barro colocado nos olhos do cego pode representar o pecado (cf. Gn 6,6; Eclo 14,17; Is 40,3-5; Mt 16,17; Rm 8,8s.; 7,14; 1Cor 9,11; 15,50; Fl 3,6; Gl 5,24), e a saliva de Jesus, a Palavra de Deus, "viva e eficaz" (Hb 4,12). Jesus colocou essa mistura nos olhos do cego e mandou que ele fosse se lavar na piscina de Siloé, que havia no Templo. Jesus assim procedeu para mostrar que é na Igreja que temos o perdão e a cura. A pessoa é livre; ela pode aceitar ou não a proposta de Jesus. Dessa opção pessoal pode surgir o novo homem, a nova criatura. Siloé quer dizer "Enviado"; portanto lavar-se na piscina pode ter o sentido de "em Cristo, ele foi batizado", porque para São João a piscina era o próprio Cristo (cf. *Os sacramentos e os mistérios*. Livro III. Petrópolis: Vozes, 1972, p. 11-15; *Evangelho segundo João* – Comentário espiritual. Vol. I. São Paulo: Salesiana, 1987, p. 224).

O pecado nos destrói. O pecado nos deixa "sujos". O pecado mancha a nossa alma como o barro, a lama suja, e emporcalha tudo (cf. as enchentes em nossas comunidades e cidades). A **dinâmica do barro** que propomos fazer, colocando apenas um pouquinho de barro na mão, irá nos ajudar a compreender a nossa realidade. O nosso pecado é algo que marca negativamente a nossa vida e a dos outros como o barro, a lama que nos incomoda e nos faz querer lavar as mãos o mais rápido possível.

Gesto litúrgico: os sentidos do homem: a visão, audição, tato, olfato, paladar

No evangelho que foi proclamado, Jesus fala dos olhos que veem e dos ouvidos que ouvem. E fala dos que não ouvem, embora tenham ouvidos, e dos que não veem, embora tenham olhos. Deus nos deu "portas" em nosso corpo. Por elas podemos sentir, perceber, ouvir, olhar, ver, apalpar, cheirar, saborear, degustar tudo o que nos rodeia. Vamos fazer a experiência de ver, ouvir, cheirar, apalpar e sentir o gosto.

Dinâmica dos sentidos

Material: Pedaços de lixas, de madeira, de ladrilho, pedaço de pano, de ferro; diferentes objetos que produzam sons diferentes; flores, frutas e folhas; perfumes e diversos tipos de odor; alimentos com sabores diferentes: sal, açúcar, pimenta, folha de chás ou condimentos; cartões com cores diferentes, letras escritas em cartões com cores e tamanhos diferentes; figuras diferentes – paisagens, animais, flores etc. Dois cartazes: um cartaz com os cinco sentidos, desenhados e tampados com tarja; outro com os cinco sentidos (pode usar dois cartazes ou um, com possibilidade de se tirar a tarja).

Colocar os catequizandos em círculo.

1º momento: Perceber o tato – Passar para eles pedaços de lixas, de madeira, de ladrilho, pedaço de pano, de ferro, diferença do líquido, sólido e gasoso etc. Incentivar que eles explorem cada material em sua textura (do que é feito, como é feito etc.).

2º momento: Perceber a audição – Fazer diversos ruídos e pedir que descubram que som é (sussurrar palavras, cantarolar, falar em diversos tons: bravo, doce, melodioso etc.).

3º momento: Perceber o olfato – Passar diversos tipos de objetos com odores diferentes. Pedir que procurem descobrir que tipo de odor tem cada objeto, flor, folha ou perfume.

4º momento: Perceber o paladar – Colocando na mão de cada um diversos tipos de alimentos: sal, açúcar; pimenta, folha de chás ou condimentos, frutas etc.

5º momento: Perceber a visão – Pedir que tampem o olho, acender a luz, apagar a luz, ver figuras, ler diversos tipos de letras com tamanho e formato diferentes, ver as cores etc.

6º momento: Explicar que muitas vezes passamos pela rua e pisamos na sujeira da rua e na flor sem perceber. Os sentidos nos ajudam a perceber a vida. Precisamos aprender a usar os nossos sentidos, para "saborear a vida". Quando formos comer, mastigar bem os alimentos para perceber o que tem na comida; saber distinguir os diversos sabores, desde o mais amargo até ao mais doce, do mais ácido até o mais salgado ou azedo. Quando tocarmos alguma coisa perceber as diversas texturas e sentir o prazer de tocar, de cheirar, de ver e de ouvir. Somos nós que decidimos abrir ou fechar estas "portas" do nosso corpo, conforme nos for conveniente.

Através dessas portas obtemos dados para discernir o "caminho" que vamos seguir em cada acontecimento. Jesus leu o trecho de Isaías que foi proclamado na catequese anterior. Muitas vezes não sabemos ver, escutar, sentir, apalpar, cheirar (mostrar o cartaz com os sentidos, tapados). Com os MANDAMENTOS, Deus tira de nossos sentidos o que nos impede de VER, OUVIR, SENTIR, SABOREAR, CHEIRAR, isto é, de VIVER (mostrar o cartaz com os sentidos despertos, ou tirar a tarja) (cf. CaIC 2702).

Nas celebrações, muitas vezes **estamos** presentes, mas **somos** ausentes. NÃO OUVIMOS A VOZ DO SENHOR que nos ajuda a viver mais plenamente a vida que Deus nos dá, vivenciando e realizando todas as possibilidades do projeto de amor de Deus (cf. Jo 10,10). Quando recusamos o projeto de amor de Deus, estamos rejeitando a Deus. Rejeitar Deus é estar longe da possibilidade do amor que Ele nos oferece. Isto é o pecado.

Gesto concreto: jejum – esmola – oração

Deus ensinou ao povo escolhido e Jesus nos deu o exemplo de como nos livrar do pecado: é através do jejum, da esmola e da oração (cf. Ex 24,28; Mc 2,18-20; At 13,2s.; 14,23). Hoje nós pudemos perceber um pouquinho o nosso pecado. Com o passar do tempo, quanto mais nós participarmos da Eucaristia e ouvirmos a Palavra de Deus, mais nós iremos nos conhecer e descobrirmos quais são os nossos pecados.

Na Eucaristia, durante o ato penitencial, temos um momento de silêncio para o exame de consciência. Vamos procurar prestar atenção e aproveitar esse tempo.

Na celebração da penitência fazemos o exame de consciência e nos reconhecemos pecador.

Nesta semana, todos estão convidados a fazer o JEJUM. Jejum que pode ser de refrigerante, de doce, de bala, de chicletes, da televisão, do videogame, do bichinho virtual, internet.

Vamos pedir que o Espírito Santo nos ajude a fazer o jejum. Peçamos que Deus nos acompanhe durante esta semana. Procuremos olhar dentro de nós mesmos. Vamos procurar perceber os nossos pecados. Antes de dormir, vamos nos ajoelhar e pedir que Deus nos CONVERTA, que Jesus nos faça viver como "novas criaturas" (converter-se é mudar de direção).

Vivenciando a liturgia: Ato penitencial: prostrar-se, inclinar-se

Adão e Eva estavam no Paraíso e disseram não a Deus. Quando pecamos, nós nos curvamos e nos escondemos, como Adão e Eva. Nós nos prostramos, nós nos voltamos para o chão, para a terra, para o pó que somos. Davi, um grande rei de Israel, também disse não a Deus. Ele cometeu um grande pecado contra Deus. Ele tomou a mulher de Urias, um soldado de seu exército, e pecou com ela. Para poder se casar com essa mulher que havia ficado grávida, Davi mandou colocar Urias na frente de batalha e ele morreu. Davi se tornou adúltero e assassino. Davi se arrependeu, fez jejum, vestiu-se de saco e colocou cinzas sobre sua cabeça e, prostrando-se no chão, orou a Deus, pedindo-lhe perdão.

Dinâmica do barro

Material: Jarro com água, toalhas, barro mole em outra vasilha.

1º momento: depois da catequese e da dinâmica dos sentidos, explicar o sentido do barro e o sentido do gesto de prostrar-se e inclinar-se.

2º momento: Explicar o sentido do barro (símbolo litúrgico). Explicar que todos nós dizemos não a Deus.

3º momento: Apalpar o que é o pecado, através do símbolo. Os catequizandos se aproximam um a um e colocam os dedos no barro e voltam para o seu lugar, ficam ajoelhados **e inclinados olhando para as suas mãos sujas de barro**. Neste "barro", ver o pecado que temos feito. Vamos olhar para o nosso coração e "ver" se está "emporcalhado" de sujeira, pelo pecado, porque dizemos não a Deus; porque dizemos não ao nosso próximo.

4º momento: Oração silenciosa (cf. item IV).

IV. Oração

• Meditação, de joelhos e inclinados

Olhando para as mãos sujas de barro, e reconhecendo-nos pecadores, vamos pensar, meditar nos momentos em que rejeitamos o projeto amoroso de Deus. Vamos identificar os pecados que cometemos. Vamos rezar em voz baixa, com o coração, por alguns minutos: – *Senhor Jesus, Filho de Davi, tem piedade de mim, que sou pecador*. Depois o catequista inicia um canto penitencial.

• Enquanto todos cantam, o catequista lava sua mão e vai chamando cada catequizando pelo nome e diz o que Jesus falou ao cego: "[...] lava-te na piscina de Siloé". O catequizando vai e lava suas mãos na bacia com água.

• Pai-nosso.

• Abraço da paz.

• Canto final: sugere-se um canto penitencial, como por exemplo: *A ti, meu Deus*; *Um coração para amar*.

V. Conversa com os catequizandos

Fatos concretos: Os bezerros de ouro que criamos em nossa vida. Os sentidos do nosso corpo e a vontade de Deus.

Preparando o material

• Filme: *Israel no deserto do Sinai*. Deus entrega a Moisés os Dez Mandamentos, o povo rompe a Aliança e faz o bezerro de ouro.

• Cartaz com figuras de nossos cinco sentidos.

• Perfume bom e líquido com cheiro forte, flores de diversos tamanhos, formas e cores.

• Figuras de paisagens bonitas, lugares muito feios, cheios de lixo.

• Material áspero e liso, enrugado, molhado.

• Porção de sal, vinagre, óleo, limão, açúcar, pimenta.

• Sino, campainha, tambor, pianinho, corneta, flauta, gaita etc.

• Jarra com água, bacia para lavar as mãos, toalhas e uma vasilha de barro mole.

- Cartaz com o nome dos vícios capitais.
- Lousa ou folhas grandes de papel pardo, fixadas na parede para escrever o nome dos ídolos que colocamos no lugar de Deus.

Preparação da sala
- Colocar na mesa a toalha, vela, a Bíblia, os cartazes com os cinco sentidos e os objetos referentes a eles: para visão, colocar junto das paisagens e flores; para a audição, instrumentos que façam ruído; para o tato, os materiais com várias texturas; para o paladar, os alimentos com os vários sabores; para o olfato, os diversos odores.
- Colocar a vasilha com o barro numa mesinha protegida com plástico. Os catequizandos irão molhar a mão no barro para depois se lavarem. Alerta-se que sempre se faz um pouco de sujeira.

Subsídios para catequese

Sou confirmado na fé

O cristão é aquele que recebeu o Batismo e foi confirmado na fé pelo Sacramento da Confirmação. Deus criou o ser humano livre. Cada pessoa pode escolher o seu caminho. Cada um escolhe a forma de vida que quer levar. O que fazemos, o que falamos, o que comemos é por nossa livre e espontânea vontade. É certo que, quando pequenos, precisamos obedecer aos nossos pais; porém, mesmo assim, escolhemos as atitudes que queremos tomar (cf. Lc 12,1s.; 5,32; 19,1-10; Mt 9,1-13).

O pecado de Adão e Eva

Deus criou o ser humano e deu-lhe um grande dom: **o dom da liberdade**. Cada pessoa pode escolher estar com Deus ou recusar estar com Deus. Na Bíblia, podemos ler a narração escrita de forma figurada sobre Adão e Eva, que foram colocados à prova. Conta a narrativa que eles foram tentados pelo demônio, em forma de uma serpente que enganou Eva, que tendo cedido à tentação levou consigo Adão.

O pecado de Adão e Eva foi um pecado de desobediência a Deus, motivado pela soberba. A serpente induziu nossos primeiros pais a quererem ter o conhecimento do bem e do mal para se tornarem "iguais a Deus". Ao pecar, Adão percebeu que não poderia mais ser visto por Deus (o ser humano simbolizado em Adão havia recusado o Projeto de Amor de Deus), e escondeu-se. O ser humano rompeu a amizade que tinha com Deus. "Eles ouviram os passos de *Iahweh* Deus que passeava no jardim à brisa do dia [...] e se esconderam" (Gn 3,8).

O pecado do Povo de Israel

Deus convocou o povo de Israel para uma "Assembleia". O povo deve se preparar para realizar a Aliança com Deus. A Aliança não é mais só com Abraão, Isaac ou Jacó. Agora Deus fará uma Aliança com o seu povo – O POVO DE ISRAEL. Os hebreus são os herdeiros da promessa que Deus fez a Abraão: serão conduzidos à Terra Prometida. Deus pede ao seu povo fidelidade; através de Moisés Ele irá entregar-lhes os seus MANDAMENTOS.

Moisés subiu à montanha para falar com Deus. Lá, ele permaneceu quarenta dias no alto do monte. O povo se impacientou, se cansou de esperar, começou a murmurar contra Deus e contra Moisés. O Deus de Abraão, de Isaac e de Jacó é um Deus invisível e distante. Exige obediência. O povo quer um deus mais perto dele. Um deus que eles possam apalpar, ver e carregar junto de si. Um deus modelado conforme a vontade dos que o cultuam. Aarão, irmão de Moisés, a pedido do povo, fundiu um bezerro com o ouro coletado entre os hebreus. O povo o adorou e disse: "Este é que nos tirou do Egito". O povo rejeitou o Deus de Abraão, de Isaac e de Jacó; o Deus que os libertara como povo – o povo de Israel. O Deus de Abraão, de Isaac e de Jacó, o Deus que os tirara do Egito "com mão forte e poderosa", agora é rejeitado e trocado por um deus feito por mãos humanas.

Moisés, descendo a montanha quebrou as "Tábuas da Lei". Queimou o bezerro e misturou suas cinzas na água e deu dessa água ao povo. Moisés intercedeu a Deus pelo povo. Deus perdoou o povo e mandou que Moisés fizesse duas tábuas de pedra, e que com elas subisse a montanha. Nelas, Deus escreveria novamente os MANDAMENTOS.

O bezerro de ouro

O bezerro de ouro feito por Aarão, para o povo de Israel, também existe em abundância no nosso meio. Nós também fabricamos muitos bezerros de ouro.

A nossa falta de fé em Deus pode ser representada pelas coisas ou situações que colocamos no lugar de Deus: uma "fitinha" no pulso, na casa ou no carro, os amuletos, ferraduras, figas, o elefante de costas para a porta, bater na madeira etc. Quais são os costumes da nossa comunidade que são colocados no lugar de Deus, em nossa vida?

Acreditar em Deus é OUVIR A SUA PALAVRA. É ter certeza de que Ele cuida de nós sem vê-lo FACE A FACE, como Moisés (cf. Ex 33,11). Acreditar em Deus é reconhecê-lo como Único Senhor da nossa vida. É repetir o gesto de Moisés (Ex 3,5), que tirou as sandálias diante da sarça, que se queimava sem se consumir. Tirar as sandálias, hoje, é procurar tirar do coração os sentimentos que nos afastam de Deus. É recusar usar os objetos que dizem trazer sorte. O cristão que tem Deus junto de si é o ser humano mais feliz e realizado na face da terra. Ele não precisa de amuletos.

Na Semana Santa, na sexta-feira, quando fazemos a adoração da cruz, o presidente da celebração se aproxima da cruz sem os sapatos, é um sinal de humildade diante de Deus.

O sinal da cruz, no início das Celebrações, nos lembra que tudo nos vem das mãos de Deus Pai, que nos criou, de Deus Filho, que nos salvou e de Deus Espírito Santo, que nos santifica e nos conduz, hoje, na Igreja.

O pecado: ruptura com Deus

O povo escolhido por Deus, Israel, mesmo depois de ter presenciado inúmeros prodígios desde a sua libertação do Egito, passagem do Mar Vermelho, a água da rocha, o maná, as codornizes, também rompeu a Aliança com Deus no Monte Sinai, fazendo para si um bezerro de ouro (rever as catequeses 9ª à 19ª, da 1ª etapa). O pecado é dizer não a Deus e a seu projeto de amor. É ficar separado de Deus, é cortar a amizade com Deus; é romper relações com Deus. "O pecado é uma ofensa a Deus". O pecado "fere a natureza do homem e ofende a solidariedade humana" (CaIC 1848ss.).

O nosso pecado

Deus nos proíbe alguma coisa? O que Deus nos proíbe? Por quê? Nós fazemos ídolos como o povo hebreu? Quais são os nossos ídolos? Ídolo é tudo aquilo que colocamos no lugar de Deus. "Existem pecados que bradam ao céu: afligir o órfão, a viúva, os pobres (cf. Is 1,16s.; 5,8; 59,3s.14s.; Jr 2,34; 7,9; 22,13; Os 4,2; Mq 2,1s.; Mt 15,19s.). Jesus apresenta para o cristão uma nova dimensão de vida, descrita em Mateus 25,31-46. São Paulo, em suas cartas, denuncia os pecados das comunidades cristãs (cf. Rm 1,28-31; 1Cor 5,10s.; 6,9s.; 2Cor 12,20; Gl 5,19-21; Ef 5,3; Cl 3,5-8; 1Tm 1,9; 2Tm 3,2-5; Tt 3,3). Estes são pecados que excluem o cristão do Reino de Deus. O Catecismo da Igreja Católica ensina: "O pecado é um ato pessoal. Além disso, temos responsabilidade nos pecados cometidos por outro, quando neles cooperamos [...]. Assim o pecado torna os homens cúmplices uns dos outros..." (1868s.). "Com o seu sofrimento na cruz, Cristo atingiu as próprias raízes do mal: as raízes do **pecado** e da morte. A missão do Filho Unigênito consiste em vencer o **pecado** e a morte. E Ele vence o **pecado** com a sua obediência até à morte, e vence a morte com a sua ressurreição" (Carta Apostólica *Salvifici Doloris*, do Sumo Pontífice João Paulo II, sobre o sentido cristão do sofrimento humano, 14).

O orgulho está no ser humano desde o seu nascimento (cf. Mc 7,22; Lc 18,11; 10,37; 2Tm 3,2; 1Jo 2,16). A única forma de vencê-lo é colocando-se a serviço dos irmãos (cf. Lc 1,48; Jo 13,12-17; Tg 4,6; 1Pd 5,5). Deus rejeita o soberbo (cf. Lc 1,52s.; Pr 29,23; 2Sm 22,28; Mt 23,12; Tg 4,6) que com sua altivez e ostentação diz palavras inconvenientes (cf. Eclo 23) e busca para si mesmo todos os bens (cf. Pr 10,5; 13,11; Eclo 11,18). A riqueza conquistada por meios injustos gera o sofrimento do pobre (cf. Pr 28,6.22; 30,7-9; Am 2,6s; 4,1-3; 8,4-6; Mq 2,1s.). A avareza é condenada por Jesus. Os bens devem ser usados para ajudar os pobres (cf. Lc 12,13-15.33; 16,9; Mt 19,18-30; Dt 15,7s.; Tb 4,8s.; Eclo 29,1-13; 2Cor 8–9; 1Tm 6,17-19; Gl 2,10; 1Jo 3,17). No coração do ser humano habita a inveja, que só tem olhos para os outros e gera a insatisfação (cf. Ecl 4,4; Sb 2,24s.; Mt 20,9-15; At 5,17; Gl 5,26; Fl 1,15; 1Pd 2,1; Tg 4,1s.). A inveja dá origem à contestação, ofensa, julgamentos e agressões (cf. Gn 4,4; 27,41; 37,3-5; Pr 14,30; Mt 27,18; At 13,45-50; 17,5; Rm 3,25s.; Ef 2,3; Tg 3,14s.). E Jesus alerta: "Estai atentos, para que o vosso coração não fique insensível por causa da gula, da embriaguez e das preocupações da vida" (Lc 21,34). A vigilância previne a preguiça, o desânimo, a indolência e a inércia diante das obrigações que temos no dia a dia (cf. Pr 6,6-1; 12,11; Ez 16,49s.; Mt 21,19; 25,24-30; Hb 12,1-3; 1Tm 5,11-13). O trabalho é necessário; promove o ser humano, embora seja penoso. Ele dá sentido à vida da pessoa, principalmente quando, pelo trabalho de suas mãos, ela promove o bem-estar dos irmãos (cf. Gn 3,19; Jó 5,7; Ex 20,9; Ecl 9,10; Pr 6,6-11; 13,4; 16,26; 21,25; 31,13-27; Eclo 7,15; 38,25s.; Mt 13,35; 25,14s.; Mc 6,3; At 18,3; 20,34; 1Ts 4,11; 2Ts 3,10-12; 1Cor 4,12).

Convite à conversão

Todos nós temos inúmeros pecados. A cada momento dizemos "não" ao projeto de Deus, que deseja a nossa felicidade. Deus sabe disso. Deus conhece a nossa realidade (cf. Sl 138). Por isso, através do Profeta Jeremias, Deus nos anuncia uma Boa Notícia, vamos ler e meditar **Jr 31,31-34**. Deus vai escrever a sua Palavra no coração de cada pessoa: dos menores até os maiores, porque Ele perdoa a sua culpa. Ele não se lembrará mais do seu pecado. A volta da pessoa para Deus se chama CONVERSÃO (metanóia). Conversão é mudar. Conversão é "ser transformado" por Deus. CONVERSÃO É QUERER QUE DEUS NOS FAÇA DE NOVO.

Para o aprofundamento do catequista

• *Catecismo da Igreja Católica*: 1420-1439; 1387; 1860; 1866s.; 2043; 2148; 2303; 2339; 2484; 2657; 1867; 977; 987; 1969; 1434; 1438; 2043.

• *Os sacramentos e os mistérios*. Santo Ambrósio. Petrópolis: Vozes, 1972.

12ª Catequese

Jesus veio cumprir e aperfeiçoar a Aliança

OBJETIVOS	CONTEÚDO
1) Identificar a dimensão real de todas as coisas criadas por Deus. 2) Denunciar o uso indevido e o acúmulo dos bens materiais que prejudica principalmente os mais pobres de nossa comunidade. 3) Despertar o compromisso de empenhar-se para a justa distribuição dos bens criados por Deus entre os colegas na escola, na rua, no bairro e na comunidade.	1) Jesus veio aperfeiçoar a Lei e os profetas: • A Aliança de Deus com os seres humanos, com Abraão e Moisés, no Sinai, foi cumprida em Jesus. 2) Os mandamentos: **1º) "Amar a Deus sobre todas as coisas"** • Deus é o único Senhor. • Só a Deus prestarás culto. • Viver na fé, esperança e caridade. **2º) "Não tomar seu Santo Nome em vão"** • O Nome de Deus é Santo. • O nome do cristão. **3º) "Guardar domingos e festas"** • Domingo, o Dia do Senhor. • Eucaristia dominical.

Preparando o encontro

Serão três os encontros sobre os mandamentos. Os temas foram planejados a partir do anúncio da Boa-Nova do Reino de Deus por Jesus: Deus é amor. Jesus faz um convite novo a todas as pessoas: "Dou-vos um mandamento novo, que vos ameis uns aos outros. Como eu vos amei, amai-vos também uns aos outros" (Jo 1,17; 4,16; 13,34s.; 15,12.17; 1Jo 2,8; Lc 10,26s.; 16,16; Mt 11,12s.; 19,19; 22,39; At 4,32). Aceitar esse convite é mudar de vida, é passar a viver com Jesus de uma maneira nova, diferente: é ser luz, sal e fermento, é ser bem-aventurado (cf. Mt 5–7). Nesta nova perspectiva, celebraremos um encontro sobre o "amor a Deus", outro sobre "o amor ao próximo", e, finalmente, sobre "amar a si mesmo"; lembrando que amar a Deus implica amar ao próximo e a si mesmo; só se ama o próximo através do amor a Deus e do amor a si mesmo; e para amar a si mesmo verdadeiramente só é possível através do amor a Deus e ao próximo.

I. Oração inicial (Indique o tempo_____)

- Fazer o sinal da cruz e uma oração espontânea (todos em pé).
- Invocação do Espírito Santo (cantada ou rezada).

II. Proclamação da Palavra de Deus (Indique o tempo_____)

Contexto: Mt 19,16-22 (cf. Mc 10,17-22; Lc 18,18-23; 10,25-28; 12,32-34; Jo 13,34s.; 15,12.17; 17,23.26; 1Jo 4,7-21; Ex 20,1-7; Dt 6,5s.; Lv 19,18).

Texto: Mt 19,20-22 (o jovem rico)

Comentário: Fazendo a Aliança no Sinai Deus entregou a Moisés os dez mandamentos. Nesta ocasião, no Monte Sinai, a presença de Deus foi descrita, de forma figurada, através da manifestação da natureza, através de trovões, raios e tempestades e o povo teve medo da "voz de Deus". Hoje, ao ouvirmos a Palavra de Deus, devemos nos colocar numa atitude de escuta, nosso corpo deve acompanhar os sentimentos de nossa alma.

Aclamação à Palavra de Deus (todos em pé)

- *Canto*: (Aleluia ou outro, conforme escolha do catequista, de acordo com o tempo litúrgico).
- *Antífona*: "Amarás ao Senhor, teu Deus, de todo o teu coração, de toda a tua alma e de todo o teu entendimento. Esse é o maior e o primeiro mandamento" (Mt 22,36).

Proclamação do Evangelho: Mt 19,20-22

III. Catequese (Indique o tempo_____)

O tema dessa catequese são os três primeiros mandamentos da Lei de Deus: "Amar a Deus sobre todas as coisas", "Não tomar seu Santo Nome em vão" e "Guardar domingos e festas". Vamos preparar as catequeses sobre os mandamentos (12ª, 13ª e 14ª) tendo como referencial o "Sermão da Montanha" (Mt 5–7). Somente com a graça de Deus podemos cumprir os mandamentos. Proclamando as Bem-aventuranças, Jesus vai além de simples normas. Jesus anuncia um caminho de perfeição que passa pela cruz e que conduz à plenitude de Deus. Dar esta dimensão proposta por Jesus em nossa catequese requer esforço: descobrir em nosso coração como temos vivido a proposta que Jesus fez no Sermão da Montanha; perceber a própria limitação em cumprir a Palavra de Deus e perceber a ação do Espírito Santo que nos ajuda e viver, na fé, o seu projeto amoroso. Depois sim poderemos ousar transmitir aos nossos catequizandos sem moralismo ou simplesmente apresentando uma lista de "coisas" que devem ser cumpridas. Lembramos que os "subsídios para a catequese" são apenas pontos de referência para o tema, **que cada catequista deve preparar e desenvolver com as suas palavras, a sua catequese**. O Senhor é fiel; Ele nos deu uma missão. Com alegria, com coragem e fé vamos seguir em frente, preparando com amor esse encontro. Nossos catequizandos esperam e precisam de nós.

Símbolo litúrgico: o incenso

No Antigo Testamento o incenso era usado apenas para o culto a Deus, em sinal de adoração, de veneração, de reconciliação, de purificação (cf. Ex 30,34; Nm 17,12; Eclo 39,14; Sl 141[140],2; Is 60,6). No Novo Testamento, os magos que vieram do Oriente ofereceram incenso ao menino Jesus, em adoração (cf. Mt 2,11). A oração dos santos é representada, no Apocalipse, nas taças de ouro cheias de incenso (cf. Ap 5,8; 8,3). Na Igreja, hoje, o incenso, na liturgia, é um símbolo que atinge vários sentidos do homem: **A fumaça ou nuvem** é o sinal da presença de Deus entre os homens (cf. Ex 13,21; Mt 17,5; At 1,9); é ainda o sinal da oração, o louvor dos devotos, que sobe até Deus, o único Senhor. **O odor**, o perfume, é sinal do testemunho dos cristãos. São Paulo escreveu: "os cristãos sejam o bom odor de Cristo" (Gn 8,21; Ex 29,18; 30,8; Lv 2,1s.; 2Cor 2,14s.; Ef 5,2; Fl 4,18). **O som e o vai e vem ritmado do turíbulo** lembram os sons das trombetas, aos nossos ouvidos e olhos (cf. Lv 23,24; Nm 25,9; Jz 3,27; 1Sm 13,3ss.; 2Sm 15,10; Jr 6,1.17; Am 3,6; Mt 24,31; 1Cor 15,52; 1Ts 4,16; Ap 8,2; 11,15); lembram o som e o ritmo do coração que deve "amar a Deus sobre todas as coisas" (Dt 5,16-20; Mt 19,20-22).

Na Eucaristia, o ministro da celebração (bispo, presbítero ou diácono) incensa a cruz, o livro da Palavra de Deus e o altar. São incensadas as ofertas do pão e do vinho que serão consagradas. O vinho é sinal da Nova e Eterna Aliança, realizada no amor. O sacerdote que preside a celebração, no momento da consagração, diz: "ESTE É O CÁLICE DO MEU **SANGUE**, O **SANGUE** DA **NOVA E ETERNA ALIANÇA**, QUE É DERRAMADO POR VÓS E POR TODOS OS HOMENS, PARA O PERDÃO DOS PECADOS. FAZEI ISTO PARA CELEBRAR A MINHA MEMÓRIA".

Gesto litúrgico: a oração

Rezar ou orar é estar diante de Deus Pai que nos criou, por amor, e que quer nos dar a vida. Moisés foi um homem que vivenciou a oração, com muita intensidade. Ele conversava com Deus com intimidade. Nas dificuldades, manifestava seus problemas e buscava soluções junto de Deus. Argumentava, com simplicidade, quando o povo murmurava e desobedecia a Deus (cf. Ex 33; 34).

Jesus orava ao seu Pai. Muitas vezes, nos evangelhos, lemos que Jesus se afastava para orar, e seus discípulos pediram: "Mestre, ensina-nos a orar" (Mt 26,30; Lc 3,21; 5,16; 9,29; 10,21; 11,2; 22,32.41; Jo 17).

Maria é exemplo de oração. Na intimidade de seu coração, "Maria meditava e confrontava os acontecimentos". Louvava e bendizia a Deus pelas maravilhas que havia realizado em sua vida (cf. Lc 1 e 2). A oração sobe ao céu, como o perfume de uma nuvem de incenso, segundo a visão de Ezequiel (Ez 8,11). Os primeiros cristãos nos dão o exemplo de oração em comunidade (cf. At 1,14; 1,24-26; 2,42-44; 4,24-30). Nós também somos convidados a rezar sem cessar, e é o Espírito que habita em nós que "geme e clama ao Pai": "Abbá, Pai" (Gl 4,6; Rm 8,15-17; Mc 14,36; Jo 15,15).

Vivenciando a liturgia: guardar os domingos e dias santos

Santo Agostinho, em seus escritos, afirma que a Sagrada Escritura "narra o amor de Deus". Realmente, Lucas no início de seu evangelho nos apresenta o nascimento de Jesus com a proclamação dos anjos: "Glória a Deus nas alturas e paz na terra aos homens por Ele amados" (Jo 2,14). Os evangelhos contêm testemunhos do amor de Deus. João é claro quando afirma: "Como o Pai me amou, assim também eu vos amei. Permanecei no meu amor" (Jo 15,9). "O Pai vos ama" (Jo 16,27). Em suas cartas, afirmou: "Nisto consiste o amor: não fomos nós que amamos a Deus, mas foi Ele que nos amou" (1Jo 4,10). No Antigo Testamento Deus já manifestava claramente este amor apaixonado pelo ser humano: "Meu coração se contorce dentro de mim, minhas entranhas se comovem de compaixão [...]. Eu sou um Deus e não homem, sou o Santo no meio de ti" (Os 11,8s.). "Será Efraim para mim o filho tão querido, criança de tal forma preferida, que cada vez que falo nele quero, ainda, lembrar-me dele? É por isso que minhas entranhas se comovem por ele, que por ele transborda minha ternura" (Jr 31,20 – cf. Pr 3,12; Is 49,15; 66,13; Os 2,21-22; 11,1-4; Ap 3,19).

Diante de tão grande amor, que resposta podemos dar? São João responde por nós: "Nós amamos, porque Ele nos amou primeiro" (1Jo 4,19). Cada domingo é preparada para nós uma mesa farta: podemos nos alimentar com fartura da mesa da Palavra e saborear "o pão vivo descido do céu", que nem aos anjos foi dado: a **Eucaristia**. Participar da missa dominical é a possibilidade de participarmos da mesma natureza divina de Deus (cf. 2Pd 1,4). Receber a Eucaristia é a concretização da palavra de Jesus: "O meu Pai o amará e nós viremos a Ele e nele faremos a nossa morada" (Jo 14,23). Vamos refletir: diante de tão grande amor, a missa dominical, ainda é só um preceito para nós?

Gesto concreto: colocar Deus na minha vida

Ele é o primeiro, as pessoas são irmãos e irmãs que nos ajudam a chegar até Deus.

Os bens materiais devem ser colocados no devido lugar. Nós devemos usá-los para o nosso proveito e para nos ajudar a viver. Porém, eles não devem nos escravizar, ou seja, não podemos viver em função desses bens.

Procurar perceber se Deus tem sido o PRIMEIRO NA VIDA de cada um questionando: ao levantar fazermos o sinal da cruz? Temos ido às missas dominicais? Temos participado das catequeses com alegria e atenção? Usamos amuletos, fitinhas, lido horóscopos etc.?

IV. Oração

• Louvor e agradecimento: Rezar ou cantar o *Magnificat* (cântico de Maria, Lc 1,46-55): "O Senhor fez em mim maravilhas".

Os catequizandos poderão criar versículos atuais conforme a própria realidade e cantar a antífona: "O Senhor fez em mim maravilhas, Santo é seu Nome".

• Pai-nosso – Ave-Maria.

• Abraço da paz.

• Canto final: preferentemente de louvor a Deus como *O Senhor fez em mim maravilhas* e *Eu te exaltarei*.

V. Conversa com os catequizandos

Fatos concretos: Amar a Deus na própria vida.

Preparação do material

• Filme: sobre Jesus e o jovem rico.

• Figuras ou cartazes que ilustrem os três primeiros mandamentos, e de gestos concretos que exemplifiquem o cumprimento desses mandamentos: pessoas rezando, participando da Missa etc.

• Figuras de pessoas rezando e de Jesus e Maria, em oração.

• Figuras de Moisés recebendo as tábuas da Lei. Cartazes com os três primeiros mandamentos.

• Turíbulo e incenso (carvão e fósforo para acender o turíbulo).

• Cartaz com a frase: *"Este é o cálice do meu sangue, o sangue da nova e eterna aliança, que é derramado por vós e por todos os homens, para o perdão dos pecados. Fazei isto para celebrar a minha memória"*.

Preparação da sala

Na mesa colocar em destaque uma cruz com flores, velas e a Bíblia. Deixar o material que vai ser usado durante a catequese de forma que facilite o seu uso. Prever o local onde será exposto.

Atividades: *Gesto Concreto 2:* Algumas palavras que poderão ser formadas: partilha, doação, amor, adoração, união, oração, caridade, perdão, solidariedade, bondade, doar, misericórdia, justiça, respeito...

Subsídios para catequese

Jesus veio aperfeiçoar a Lei e os profetas

Deus fez uma Aliança com Abraão e confirmou esta Aliança em Isaac e Jacó. No Monte Sinai o povo hebreu, descendente de Abraão, testemunhou a fidelidade de Deus, que cumpre o que prometeu a Abraão (descendência numerosa e uma terra). Deus faz uma Aliança com esse povo escolhido. Não mais a aliança de Abraão, mas é a ALIANÇA de Deus com todo o povo. Deus faz Aliança com um povo que o escutara no Monte Sinai e que testemunhara os prodígios do Senhor, por ocasião da sua libertação do Egito e na caminhada do deserto.

Deus revelou a seu povo a sua Lei, que são prescrições morais, que ajudam o ser humano a viver a sua vocação como pessoa, criado à imagem e semelhança de Deus. Esses mandamentos proíbem tudo aquilo que é contrário ao amor a Deus e ao próximo. Ordenam o que é essencial para a vida humana e para um relacionamento social aceitável. Os mandamentos iluminam o coração do indivíduo de forma que ele possa descobrir os caminhos que levam até Deus. Santo Agostinho escreve: "Deus escreveu nas Tábuas da Lei aquilo que os homens não conseguiam ler em seus corações". A lei antiga é uma lei imperfeita, embora santa, espiritual e boa. São Paulo afirma que ela tem a função de "denunciar e manifestar o pecado que há no coração de cada pessoa". A lei antiga prepara o anúncio do Evangelho (cf. CaIC 1962ss.).

Hoje Deus realiza, em Jesus Cristo, essa Aliança com cada um de nós. Jesus, como homem, cumpriu plenamente a Aliança (rever a 4ª, 5ª, 6ª e 7ª catequeses da 1ª etapa). Jesus é a plena realização da Antiga Aliança e da Nova Aliança.

Jesus nos ensina uma forma perfeita de cumprir os Mandamentos. Deus conhece o nosso coração e, porque nos ama, nos dá os Mandamentos. Esses Mandamentos, mais do que Leis, são para nós "caminhos" que nos conduzem à "Terra Prometida" – ao Reino de Deus. "A nova Lei ou Lei evangélica é a perfeição, na terra, da lei divina, natural e revelada. Ela é obra de Cristo e se exprime particularmente no Sermão da Montanha. [...] Deus prometera pelos profetas que colocaria a sua lei inscrita no coração do ser humano e é pelo Espírito Santo que nos foi dado no Batismo que os cristãos podem cumprir o que Jesus anuncia nas bem-aventuranças, "traçando os surpreendentes caminhos do Reino" (CaIC 1965ss. – cf. Mt 5–7).

O primeiro mandamento: "Amar a Deus sobre todas as coisas" afirma para nós que **Deus é o único Senhor**. "O primeiro mandamento abrange a fé, a esperança e a caridade" (CaIC 2086). Deus é todo-poderoso, somente a fé poderá nos ajudar a vencer as dúvidas e a incredulidade. A esperança nos fará aguardar o momento da plena realização das promessas de Deus, quando o veremos face a face. Se acreditamos que Deus nos ama, a caridade nos ajudará a dar a cada coisa o seu devido valor e lugar em nossa vida. Deus estará acima de tudo. Deus deve estar sempre em primeiro lugar em nossas vidas. **Só a Deus prestaremos culto**. A crença em superstições, horóscopos, leitura de cartas, do tarô, búzios etc., é uma atitude que nos coloca contra o primeiro mandamento. Amar a Deus sobre todas as coisas é um dom que o próprio Deus nos dá pela fé que recebemos no Batismo. A **fé** nos conduz à **esperança**, que nos encoraja a ouvir e praticar a Palavra de Deus, na **caridade**, que nos aponta o nosso próximo. Só podemos dizer que amamos a Deus se o servimos na pessoa de nosso irmão, principalmente dos "mais pequenos" e sofredores (CaIC 2083-2141).

O segundo mandamento: "Não tomar seu Santo Nome em vão" nos ensina que o Nome de Deus é Santo e que o nosso nome é santo, porque é o nome de um cristão. O cristão deve testemunhar a sua fé. Cumprir as promessas feitas. Evitar usar o nome de Deus proferindo palavras de ódio, ofensas, desafios ou mesmo rogar pragas contra Deus ou contra o próximo. O juramento falso deve ser evitado, bem como a mentira. Jesus, no Sermão da Montanha, diz: "Seja o vosso 'sim', sim e o vosso 'não', 'não'". O cristão começa o seu dia com o pensamento em Deus, fazendo o sinal da cruz que nos fortifica nas tentações e nas dificuldades. Da mesma forma que Deus me chama pelo nome, e aos outros também, vamos respeitar o irmão, vamos olhar para ele, mesmo que tenhamos certa reserva por ele, mas porque acreditamos no amor de Deus por nós e por ele, vamos respeitá-lo como filho de Deus e tratá-lo com dignidade (CaIC 2142-2167). Santo Agostinho dizia: "Meu nome é Cristo? Vivo no meu dia a dia o significado deste meu nome?" A Igreja do mundo inteiro reza esta oração (coleta) no 15º domingo do tempo comum – ano B: "Ó Deus, que mostrais a luz e a verdade aos que erram para retornarem ao bom caminho, dai a todos os que professam a fé, rejeitar o que não convém ao cristão, e abraçar tudo o que é digno deste nome".

O terceiro mandamento: "Guardar domingos e festas" nos lembra que o domingo é o Dia do Senhor. É o dia da Ressurreição de Jesus e somos convidados a participar da Eucaristia dominical. Na Eucaristia ouvimos o que Deus quer nos falar, e podemos iluminar a nossa vida com a LUZ da sua Palavra que está resumida nos Mandamentos (rever Vivenciando a liturgia dessa catequese; CaIC 216-8219; rever a 8ª catequese da 1ª etapa).

Para o aprofundamento do catequista

- *Catecismo da Igreja Católica*: 1961-1986; 2030-2196.
- *Sobre o amor cristão (Deus Caritas est)*. Carta encíclica de Bento XVI. São Paulo: Paulinas.
- *Dies Domini*. Carta apostólica de João Paulo II sobre a santificação do domingo. São Paulo: Paulinas.

13ª Catequese

Jesus deu um novo mandamento

OBJETIVOS	CONTEÚDO	
1) Identificar os fatos que provocam atitudes de desrespeito, chacota, opressão, zombaria etc., às pessoas que vivem perto de nós. 2) Explorar formas de evitar o preconceito, a prevenção, o desrespeito, a opressão, o julgamento etc. 3) Compreender a importância de acolher e perdoar o próximo, preservar a natureza. 4) Formular projetos viáveis de ajuda mútua, que envolvam a comunidade.	Os mandamentos: **4º) Honrar pai e mãe** • obediência e respeito dos filhos aos pais; • cuidados dos pais para com os filhos; • obediência aos governantes e superiores. **5º) Não matar** • direito à vida; • não se irar contra o próximo; • respeito à natureza. **7º) Não roubar** • respeito pelos bens dos outros; • respeito pelos bens comuns; • o amor aos pobres.	**8º) Não levantar falso testemunho** • viver na verdade; • evitar os julgamentos e fofocas; • evitar a mentira. **9º) Não desejar a mulher do próximo** • as más intenções do coração; • purificar os desejos do coração; • a pureza no olhar. **10º) Não cobiçar as coisas alheias** • a inveja e a cobiça; • o desejo imoderado dos bens; • o verdadeiro desejo: ver a Deus.

Preparando o encontro

Este encontro é continuidade do tema anterior. Vamos lembrar que só podemos amar a Deus se amarmos nosso próximo e a nós mesmos. E a dimensão nova que Jesus deu para nós é o Sermão da Montanha. Vamos preparar nosso encontro, tendo como modelo o projeto de Jesus que "não veio para abolir a Lei, mas para completar e aperfeiçoar" (Mt 5,17 – cf. Mt 2,22; 12,17; Mc 14,49; Lc 21,22; Jo 17,12; At 1,16).

I. Oração inicial (Indique o tempo_____)

- Fazer o sinal da cruz e uma oração espontânea (todos em pé).
- Invocação do Espírito Santo (cantada ou rezada).

II. Proclamação da Palavra de Deus (Indique o tempo_____)

Contexto: Lc 10,29-37 (cf. Ex 20,13-17; Dt 5,17-21; 6,5; Lv 18,5; 19,18; 2Cr 28,15; Jd 4; Mt 22,34-40; Mc 12,31; Lc 12,28-31; Jo 13; Rm 6,6-15; 13,8-10; Cl 3,14; Gl 5,13-24; 1Cor 13; 2Cor 6,6; Ef 5,9; 1Tm 1,9; 4,12; 1Pd 2,16; 2Pd 1,5-7).

Texto: Lc 10,33-37 (o bom samaritano)

Comentário: A cor vermelha nos lembra o amor. Fomos convidados, na catequese anterior, a amar a Deus. E amá-lo sobre todas as coisas leva-nos a amar os que estão perto de nós. Sabemos que somos filhos de Deus e por isso somos irmãos uns dos outros. Assim, quando Deus deu a Moisés os mandamentos, disse: "Ouve, ó Israel, amarás ao Senhor teu Deus de todo o teu coração, com toda a tua alma e com toda a tua força e ao teu próximo como a ti mesmo" (Dt 6,5 – cf. Mt 32,36-40). Muitas vezes nos confundimos sobre o que é o amor, não sabemos o que é amar e ficamos confusos com as diversas formas de amar. Mas, Jesus nos ensina a verdadeira dimensão do amor.

Aclamação à Palavra de Deus (todos em pé)

- *Canto*: (Aleluia ou outro, conforme escolha do catequista, de acordo com o tempo litúrgico).
- *Antífona*: "A caridade não pratica o mal contra o próximo. Portanto a caridade é a plenitude da lei" (Rm 13,10).

Proclamação do Evangelho: Lc 10,33-37

III. Catequese (Indique o tempo_____)

Parece fácil preparar esta catequese. Lendo os objetivos e o conteúdo, temos a tentação de dizer: "Essa é fácil, esse assunto eu conheço bem! Essa catequese "eu tiro de letra". Essa é uma tentação terrível; pois cada catequese deve ser preparada como se fosse a primeira vez. São outros os catequizandos, muitos acontecimentos diferentes ocorreram, a experiência de vida que estamos vivendo, hoje, com nossos catequizandos é outra. Vamos ler a Palavra de Deus colocada como base, meditar e aprofundar os temas propostos para explicar os símbolos, o gesto litúrgico e o gesto concreto. Para facilitar a adequação de linguagem sugerimos escrever um "lembrete" (esquema) daquilo que preparar e acreditar ser o melhor para os catequizandos.

Símbolo litúrgico: coração e caridade

O coração, para o ser humano, centraliza toda a vida. No coração tem-se colocado a origem de todos os sentimentos: os bons e os maus. Nas histórias, poesias e músicas o povo canta O CORAÇÃO. É dele que emana o amor e a traição, a piedade e o ódio, o acolhimento e a repulsa, a vida e a morte. Jesus confirma esta realidade quando disse que "é do coração do homem que procedem as más intenções" (Mt 15,15-20).

São Paulo, na primeira carta aos coríntios, capítulo 13, nos ensina o verdadeiro sentido da caridade. O Profeta Ezequiel profetizou: "Eu vos tomarei dentre as nações, recolhendo-vos de todos os países, e vos conduzirei à vossa terra. Derramarei sobre vós água pura e sereis purificados. Eu vos purificarei de todas as impurezas e de todos os ídolos. Eu vos darei um **coração novo** e incutirei um espírito novo dentro de vós. Removerei de vosso corpo o **coração de pedra** e vos darei **um coração de carne**. Incutirei o meu espírito dentro de vós e farei com que andeis segundo minhas leis e cuideis de observar os meus preceitos. Habitareis no país que dei a vossos pais. Sereis o meu povo e eu serei o vosso Deus" (Ez 36,24-28).

O nosso coração ficará segundo o coração de Deus, se deixarmos que Ele abra o nosso coração, que o seu Espírito tire de nós o coração duro e coloque no lugar um coração segundo o coração de Deus.

Esperamos a misericórdia de Deus. A palavra misericórdia é composta por "miser" = pobre, necessitado e "cor" = coração. Realmente Deus tem se voltado unicamente ao ser humano, obra-prima da criação. A graça e a misericórdia de Deus são manifestadas em Jesus (cf. 2Cor 5,18-21; 8,9; Gl 2,21; Hb 2,5-13; Ef 2,4-7; Cl 2,13s.; Tt 2,11; 3,4). A nossa resposta à misericórdia de Deus para conosco só pode ser a nossa misericórdia para com o nosso próximo pequeno, carente, sofredor, humilhado (cf. Os 6,6; Mt 5,7; 9,10-13; 12,1-7; 23,23; Lc 10,29-37; 6,36-38; 13,6-9; 15,1-32).

Gesto litúrgico: ter misericórdia

Ter misericórdia é abrir o coração, colocando nele o próximo necessitado. O cristão deve saber amar, não apenas "ter dó", "ter pena" de quem sofre. O cristão sabe estender a mão para dar sem nada exigir. Dar do que se tem, não só os bens, mas dar tudo o que o próximo necessitar. Dar sem reservas. Dar com liberdade e liberalidade, como Deus faz com cada um de seus filhos. Nesse sentido, portanto, a esmola é a melhor forma de viver o AMOR AO PRÓXIMO, pois tem por finalidade educar o coração do cristão, levando-o a DESEJAR DEUS, e não a riqueza. Dar esmola não é tentar resolver o problema da pobreza humana, mas é resolver o problema do egoísmo e avareza do nosso coração (cf. Nm 18,21-32; Dt 14,22-29; 1Rs 17,10; Tb 1,3.7s.; 4,7; 14,11; Jó 31,16; Pr 19,17; Eclo 35,4; Mt 23,23; 25,35; Lc 14,12; At 9,36; 10,2; 2Cor 8,2; Hb 13,16). Ter misericórdia é dar-se a si mesmo. Na Eucaristia, o ofertório é o momento em que apresentamos os dons a Deus. Jesus escolheu "pão e vinho", que são simples ofertas, comuns a toda mesa, porém a realidade que representam contém significado infinito. O Pai recebe estes dons humildes e os transforma no Corpo e Sangue de Cristo. Tornam-se dons excelsos. O cristão aprende a "repartir-se" e a compartilhar, quando se alimenta do Corpo e do Sangue de Cristo, e, transformado em Cristo, aprende o verdadeiro significado do AMOR AO PRÓXIMO, aprende a estender a mão. Aprende a ter misericórdia.

Vivenciando a liturgia: no ofertório do pão e do vinho, o cristão aprende a congregar, a unir o que foi esforço e trabalho individual

Por que oferecer o pão e o vinho? O que é o pão? É uma massa feita de farinha de trigo e de água. A farinha vem do trigo, que tem muitos grãos. Quais foram os caminhos desta farinha? Quantas mãos trabalharam para que este trigo se transformasse em pão? Desde a cozinheira, voltando para trás: quem ensacou? Quem moeu? Quem colheu? Quem plantou? Quem preparou a terra? De onde veio a semente? Abrindo os círculos podemos perguntar: quem fez o arado, as máquinas que colheram, moeram, ensacaram o trigo? Quem inventou, quem criou, quem construiu? O que aconteceu nesses anos todos de evolução, desde que o primeiro ser humano apanhou a primeira espiga de trigo para comer, até chegarmos ao dia de hoje? E a história do vinho, desde Noé? Quantas pessoas estão ligadas, desde aquela época até hoje, ao vinho?

Oferecer o pão e o vinho no momento do ofertório é congregar inúmeras vidas de pessoas desconhecidas de todas as épocas e lugares, que deram o seu tempo, seu suor, suas vidas para que pudéssemos ter, nesse momento, esta única oferta. O pão e o vinho que entregamos não nos pertencem; embora estejamos oferecendo-os, somos apenas administradores. Participando do ofertório, podemos nos sentir membros da Igreja que é o Corpo de Cristo. O sinal do pão e do vinho congrega muitos, e, quando partidos e repartidos, a muitos alimenta, sacia e alegra; somos convocados por esse mesmo sinal a congregar o esforço pessoal de cada um, para saciar a fome e a sede dos mais pobres e pequenos, dos que estão separados e excluídos.

Gesto concreto: acolher os irmãos em suas necessidades materiais e espirituais. Preservar a natureza: plantas e animais

Como fazer essa acolhida aos irmãos? Fazer uma pesquisa sobre as necessidades da comunidade (ver). Conversar sobre qual é a ação mais urgente (julgar) e procurar montar frentes de trabalho (agir). É importante que os catequizandos descubram coisas que eles podem realizar. Ex.: estudar com os colegas com dificuldade de aprendizagem, montar pequena biblioteca no bairro, verificar os bens comuns que necessitam de reparos: telefones públicos, postes de luz, placas de sinalização etc., e avisar a prefeitura. Fazer campanhas para reciclagem do lixo. Pleitear um local de recreação na comunidade em que moram.

Como promover a preservação da natureza? Fazer mutirão para a limpeza de jardins e praças. Visitas e ajuda a pessoas idosas, doentes e solitárias do bairro.

Para realizar essas atividades podem-se mobilizar os seus familiares e demais membros da comunidade paroquial.

IV. Oração

• Louvor e agradecimento. Pedir a Deus um coração novo que saiba amar.

Dinâmica da pedra

Material: uma pedrinha para cada criança e um coração recortado em papel vermelho. Uma cruz.

Cada catequizando recebe uma pedra. Em silêncio colocar a pedra sobre o coração e pensar o que torna "duro" o seu próprio coração. Cada criança deposita junto da cruz de Jesus a pedra e pega, da cruz, um coração e volta para o seu lugar, aí escreve o sentimento novo de misericórdia, que quer ter em seu coração.

• Pai-nosso – Ave-Maria.

• Abraço da paz.

• Canto final: sobre o amor ao próximo como *Um coração para te amar* e *Sabes, Senhor*.

V. Conversa com os catequizandos

Fatos concretos: Amar ao próximo, na vida.

Marcar a visita a uma creche, asilo, hospital infantil. Preparar um lanche com as crianças da catequese, com seus familiares e as crianças de um orfanato, creche, abrigo etc.

Preparando o material

• Filme sobre o bom samaritano ou outra parábola sobre "amar o próximo".

• Figuras de plantações de trigo e de uva; pessoas trabalhando na plantação e no processo da elaboração do pão e do vinho; máquinas e ferramentas usadas no processo da fabricação do vinho e da farinha; guerras, pessoas que sofrem, doentes, calamidades; pessoas que ajudam outras mais necessitadas.

• Painel sobre entidades assistenciais, ONGs (entidades de trabalho voluntário, não governamentais).

• Uma cruz.

• Um coração de papel e uma pedra para cada catequizando.

• Cartaz: *Amar a Deus sobre todas as coisas e ao próximo como a si mesmo*.

Preparação da sala

A sala poderá estar arrumada com flores vermelhas e com corações, a toalha poderá ser vermelha. Colocar figuras de pessoas se cumprimentando, se abraçando, conversando com alegria. Arrumar na mesa uma cruz com os corações do lado direito dela. À parte, uma caixa com pedras, que serão distribuídas, no momento da oração, aos catequizandos. As figuras podem ser utilizadas no decorrer das explicações, completando o diálogo catequista-catequizando, favorecendo ao catequizando a compreensão do conteúdo desse encontro.

Atividades

1) Para realizar as atividades propostas no livro do catequizando podemos dividir a turma em três grupos. Cada grupo fica com duas citações, correspondentes a um quadro:

Jo 13,12-16 Mt 18,21-22	Lc 6,36-38 Tg 2,1-9	Mt 5,38-48 Fl 2,6-8

2) Os grupos devem se reunir e responder as questões 1, 2 e 3.

3) Vamos para o plenário:

Cada grupo escolhe um catequizando, que exporá as conclusões do grupo.

Escolher, juntos, um gesto concreto para realizarem nessa próxima semana.

Subsídios para catequese

Deus deu a Moisés os mandamentos, no Monte Sinai. Jesus, quando falava aos seus apóstolos, referindo-se aos mandamentos, ensinava que os mandamentos, mais do que leis que escravizam, servem para que a pessoa aprenda a viver com liberdade diante de fatos que podem oprimir a si mesma e outras pessoas também.

Amar ao próximo é estar presente nos momentos difíceis; é ajudar gratuitamente, de forma eficaz, sem exigir nada em troca. Jesus aperfeiçoa os mandamentos dados a Moisés, Jesus vai além do "olho por olho", Jesus pede que se perdoe o inimigo; que se dê mais do que é exigido: dar a própria vida; entregar-se a serviço do próximo (cf. Mt 5–8). O amor é gratuito, sem interesse, não julga, conforme fala São Paulo na primeira carta aos coríntios, capítulo 13. A caridade é a plenitude da Lei. A caridade nos conduz a AMAR O INIMIGO.

Para nos ajudar, o mandamento AMAR AO PRÓXIMO está dividido em partes:

4º) Honrar pai e mãe

Este mandamento se refere, entre outros pontos, ao respeito e à obediência dos filhos aos seus pais, aos cuidados dos pais para com seus filhos (educação religiosa e cultural, alimentação etc.) e a obediência às leis civis e respeito aos governantes e superiores.

5º) Não matar

A vida do ser humano é sagrada. Desde o momento da concepção até a morte, a vida humana deve ser preservada. Deus é o Senhor da vida. O assassinato, o aborto, a eutanásia, a guerra e o suicídio são contra este mandamento. Este mandamento nos ensina que é possível matar nosso próximo em nosso coração por pensamentos, palavras, atos e omissões, quando fazemos julgamentos, fofoca, quando ofendemos com palavras. Neste mandamento está incluído o respeito e o cuidado para com a natureza. Deus criou a terra com as plantas e os animais, e deu tudo ao homem: "dominai a terra", para que o homem usufruísse, cuidasse e preservasse.

7º) Não roubar

Respeitar os bens dos outros e os bens colocados para uso comum (lugares públicos: ruas, praças, escolas, igreja...), não pegar sem permissão, não destruir, não se apropriar dos bens que não nos pertencem. Devolver o que nos foi emprestado. Este mandamento nos ensina o respeito e o amor aos pobres. Muitas vezes os alimentos e outros bens se estragam em nossa casa; e esses mesmos alimentos estão faltando na casa do pobre que mora perto de nós. Ensina também a repartir os bens que Deus nos deu gratuitamente. Dar, sem nada exigir.

8º) Não levantar falso testemunho

Viver na verdade é o principal ponto deste mandamento. Evitar julgar as ações de nosso próximo e principalmente evitar as fofocas. Evitar a mentira. A mentira tira a paz do coração. O medo é fruto da mentira. Diante dos acontecimentos e das atitudes do próximo, não haja julgamentos, mas misericórdia e compreensão.

9º) Não desejar a mulher do próximo

As intenções nascem no coração do ser humano. É no coração que a pessoa planeja o bem e o mal. Esse mandamento pede que se evitem as más intenções do coração, que se purifiquem os desejos do coração, que se busque o bem do próximo, sem exigir atenção exclusiva dos outros. O olhar deve ser puro, isto é, que se preserve a intimidade de cada pessoa. O silêncio discreto, a moderação e a modéstia devem orientar nossos gestos, olhares e palavras.

10º) Não cobiçar as coisas alheias

Este mandamento pede que sejam evitadas a inveja, a cobiça e a avareza. Os bens materiais estão colocados a serviço do ser humano. A pessoa não pode ser escrava dos bens materiais. O coração da pessoa deve ter um único desejo: estar com Deus, ver a Deus. Para isso o ser humano foi criado "à imagem e semelhança de Deus". "Meu coração só encontrará descanso quando repousar em Deus" (Santo Agostinho).

Para o aprofundamento do catequista

- *Catecismo da Igreja Católica*: 2196-2330; 2401-2557; 459; 533; 609; 1323; 1337; 1394s.; 1416; 1822-1829; 1844; 1878; 1940s.; 2055; 2196; 2443; 2608; 2793; 2843; 2844s.; 1333-1335.
- *Para viver a liturgia*. Jean Lebon. São Paulo: Loyola, 1995.
- *Meditações bíblicas sobre a Eucaristia*. Luis Alonso Schökel. São Paulo: Paulinas, 1998.

14ª Catequese

Para amar, preciso me amar

OBJETIVOS	CONTEÚDO
1) Mobilizar "o olhar" para dentro de si mesmo, a fim de descobrir os sentimentos que há dentro do próprio coração. 2) Encorajar atitudes que provoquem mudanças em seu comportamento quanto à aceitação de si mesmo e a aceitação do próximo com as suas limitações. 3) Identificar ações para, concretamente, colocar-se a "serviço" na família, na escola e na comunidade.	**6º) Não pecar contra a castidade** • Dignidade do homem e da mulher. • O ser humano inteiro: corpo e alma, criado por Deus, é bom. • A pessoa é convidada por Deus a procurar viver plenamente o seu Batismo. • O cristão através da prática das virtudes: temperança, modéstia, pureza, autodomínio, piedade, doação ao próximo, amizade, fidelidade e principalmente com a ajuda do Espírito Santo, poderá imitar a pureza de Jesus. • O cristão tem a possibilidade de viver como FILHO DE DEUS.

Preparando o encontro

Esse encontro finaliza as catequeses sobre os mandamentos. Jesus "veio aperfeiçoar a Lei e os profetas" (Mt 5,17). Ele nos apresenta a dimensão das Bem-aventuranças para o amor a Deus, ao próximo e a si mesmo. É um amor que "ama os inimigos". Essa é a novidade do projeto de Jesus para nós, no mundo de hoje. É nessa dimensão que vamos procurar preparar nosso encontro.

I. Oração inicial (Indique o tempo_____)

• Fazer o sinal da cruz e uma oração espontânea (todos em pé).
• Invocação do Espírito Santo (cantada ou rezada).

II. Proclamação da Palavra de Deus (Indique o tempo_____)

Contexto: Lc 6,36-49 (cf. Ex 34,6-7; Dt 5,8-10; 10,12-21; Mt 6,24; 7,1s.16-27; 10,24s.37; 15,14.43ss.; Mc 4,24; Lc 4,20; Jo 4,46-54; 6,35; 13,16; 14,21-23; 15,9-11; At 5,41; Rm 8,5-11; 1Cor 16,24; Fl 1,12-23; Tg 4; 5,1-5; 1Jo 2,3-11.15-17).

Texto: Lc 6,43-45 (a árvore boa)

Comentário: Jesus nos deixou o mandamento do amor: "Amar a Deus sobre todas as coisas e ao próximo como a si mesmo". E, antes de subir ao céu, resumindo este mandamento, Ele disse: "Amai-vos uns aos outros como eu vos amei". A medida do amor de Jesus por nós foi extrema: Ele nos amou dando a sua vida por todos os seres humanos e não a deu somente por aqueles que o amavam. Ele amou os bons e os maus. Por isso, Jesus muitas vezes falou que é preciso fazer aos outros o que queremos que nos façam.

Dinâmica: casa na rocha

Material: duas fôrmas grandes, uma com areia e outra com pedras, duas pequenas caixas iguais ou dois cubos (iguais) feitos de papel ou pintados como uma casa. Um jarro com água.

1º momento: Mostrar e explorar as duas bases: a de areia e a de pedra; com as mãos, pegar a areia e a pedra, mostrando a diferença entre ambas.

2º momento: "Construir" a casa na areia e na pedra: fazer um buraco do tamanho da base "das casinhas" e colocar uma casinha em cada tipo de solo: areia/pedras.

3º momento: Jogar água na fôrma grande com a areia e na fôrma com pedras; como se fosse uma enxurrada. Ver o que acontece. Tirar as conclusões.

Aclamação à Palavra de Deus (todos em pé)

- *Canto*: (Aleluia ou outro, conforme escolha do catequista, de acordo com o tempo litúrgico).
- *Antífona*: "Bem-aventurados os puros de coração, porque verão a Deus" (Mt 5,8).

Proclamação do Evangelho: Lc 6,43-45

III. Catequese (Indique o tempo_____)

É muito importante, nessa "fase de vida" dos nossos catequizandos, dar a dimensão do amor a si mesmo, voltado para o amor a Deus e ao próximo. Podemos observar o desenvolvimento físico deles. Nessa fase alguns crescem em estatura, outros engordam um pouco, a fisionomia muda, o comportamento, a voz. Essa mudança faz parte da vida deles. Existe um desenvolvimento mental e psicológico que não pode ser esquecido. Eles e elas "já entendem um pouco mais determinados assuntos". Os meninos ainda ficam separados das meninas, formando grupos à parte, isto deve ser levado em conta, quando os reunimos por grupos. Esses "jovens em botão" precisam de uma base sólida para crescer "em idade, sabedoria e graça diante de Deus e dos homens". Muitas vezes só encontram colegas, televisão ou a internet como instrutores. Por isso, vamos abordar o sexto mandamento sem traumas e sem excessos; nosso objetivo não é uma aula sobre sexualidade. Vamos procurar mostrar a esses jovenzinhos a maravilha criada por Deus e confiada a cada um: o próprio corpo, criado à imagem e semelhança de Deus, que deve ser amado, respeitado e educado para estar a serviço dos irmãos, porque Deus nos ama e nos quer felizes e unidos a Ele, num só corpo, o seu Corpo, que é Cristo. A dimensão do amor é "amar a Deus sobre todas as coisas e ao próximo como a si mesmo" (Mt 19,19; 22,34-40; Mc 12,31; Jo 13,34; Rm 13,8-10; Gl 5,14; Cl 3,12-15; Ex 20,12-17; Lv 19,18; Dt 5,16-21).

Durante a catequese, poderemos usar o símbolo da *balança*, para compreendermos a palavra de Jesus que diz: "Com a mesma medida com que medirdes sereis medidos" (Lc 6,38) e o sinal da *árvore* que dá bons frutos e da *árvore* que dá maus frutos. Santo Agostinho complementa dizendo: "Com efeito, a árvore é a alma, ou seja, o homem, e os frutos são as obras do homem, logo, não pode o homem mau obrar o bem, nem pode o homem bom obrar o mal. Se o mau quer fazer obras boas, deve primeiro tornar-se bom". Se houver possibilidade podemos fazer a representação da historieta das duas bolsas (cf. "subsídios para catequese", p. 129).

Símbolo litúrgico: o lírio – a cor branca

Na Tradição Bíblica, o lírio é sinal da eleição, da escolha do ser amado (cf. Ct 1,2; 2,1s.; 6,2; Sl 45,1; Os 14,6). Maria, escolhida entre todas as filhas de Israel, nas representações artísticas tem ao lado um lírio. No Sermão da Montanha, os lírios não tecem e não fiam, porém são mais belos que as vestes de Salomão; neste trecho podemos ver os lírios como símbolo da entrega total, da confiança em Deus, que olha pelos seus eleitos; a eles Deus provê as necessidades e derrama profusamente a sua graça (cf. Mt 6,28s.; Lc 12,27). Interpretando o Cântico dos Cânticos, os Santos Padres veem no lírio do campo um símbolo de Cristo. O lírio é usado ainda como o símbolo da pureza. Os santos que conservaram a pureza do corpo e da alma trazem na mão o lírio. Muitos morreram para evitar o pecado. A cor branca, no AT, era usada na confecção das vestes sacerdotais (cf. Ex 26,1; 27,9; Ex 28,5-8.39; Eclo 9,7s.). Na visão de Daniel o "ancião e o anjo usavam vestes brancas" (cf. Dn 7,9; 10,5). Jesus tinha a veste branca na transfiguração (cf. Mt 17,2; Mc 9,3). Na ressurreição de Jesus, os anjos se apresentaram vestidos de branco (Jo 20,12). No Apocalipse muitas são as alusões ao branco (cf. Ap 7,13s.; 15,6; 19,11.14). Nos primeiros séculos do cristianismo os recém-batizados (neófitos) eram revestidos com a veste branca e a usavam durante os oito dias seguintes. Somente no 2º domingo da Páscoa, chamado "Domingo *in albis*" ("Domingo branco") eles depunham suas vestes brancas. Daí o costume de se usar vestes brancas para a Primeira Comunhão e a roupa branca para as noivas e noivos.

A cor branca é o símbolo da paz. A paz é a ausência de brigas e guerras provocadas pelo egoísmo, pela ganância e pelo desejo de poder, dos seres humanos. Os que têm um coração puro contemplam a Deus, porque são livres. Eles conhecem a si mesmos, sabem dos seus pecados e vícios, que são "as traves" dos seus olhos. Sabem que somente com a graça de Deus podem vencer o mal que têm em si (rever 9ª catequese – 2ª etapa = a veste, no Batismo).

Gesto litúrgico: o exame de consciência

O cristão pede perdão a Deus. Os Santos Padres aconselham que toda noite se faça um "exame de consciência". O exame de consciência é procurar enxergar as faltas cometidas durante o dia. A leitura de Lc 6,20-49 e a "meditação" sobre os mandamentos e os vícios capitais nos ajudam a descobrir as "traves" que trazemos em nossos olhos (cf. Mt 7,3ss.; Lc 6,41s.). Depois do exame de consciência, pedir que Deus nos perdoe, nos ajude a evitar as ocasiões de pecado.

Vivenciando a liturgia

Na Eucaristia, três momentos nos lembram a pureza do corpo e da alma:

• O ato penitencial – pode ser rezado, cantado. Pode ser feita também a aspersão da água benta.

• Oração antes da proclamação do Evangelho, o presbítero faz uma oração pedindo que Deus o purifique para proclamar o Evangelho, e no final da proclamação reza "que as palavras do Evangelho perdoem os nossos pecados".

• No ofertório, "o lavabo" serve para purificar suas mãos e purificar sua alma que tocarão o Corpo e o Sangue de Jesus. O sacerdote reza o versículo 4 do Salmo 50: "Lavai-me, Senhor, das minhas faltas e purificai-me do meu pecado". Nesses momentos podemos nos unir à oração do sacerdote, pedindo perdão por nossos pecados.

Gesto concreto: olhar-se dentro de si mesmo, procurar descobrir o que está impedindo a vivência do amor a Deus, ao próximo e a si mesmo. Descobrir como se colocar a serviço dos irmãos na família, na escola, na comunidade. Olhando para os santos "torna-se óbvio como quem caminha para Deus não se afasta dos seres humanos, antes, ao contrário, torna-se-lhes verdadeiramente vizinho. Em ninguém vemos melhor isso do que em Maria. [...] à sua bondade materna, e bem assim à sua pureza e beleza virginal, recorrem os seres humanos de todos os tempos e lugares do mundo nas suas necessidades e esperanças, nas suas alegrias e sofrimentos, nos seus momentos de solidão, mas também na partilha comunitária; e sempre experimentam o benefício da sua bondade, o amor inexaurível que ela exala do fundo do seu coração" (*Deus Caritas est* 41s.). O desafio (afirmativo) é: **podemos** ser os olhos, a boca, as mãos, os pés, o coração visível de Deus, no mundo de hoje. O que eu preciso fazer para realizar este desafio?

IV. Oração

Meditar e procurar descobrir o mandamento, cujo cumprimento requer maior vigilância. Pedir, todos os dias, que o Espírito Santo nos dê a sua ajuda para observar os mandamentos.

• Rezar o Salmo 51(50). Ler na Bíblia, alternando os grupos – cada grupo lê um versículo.

• Pai-nosso – Ave-Maria.

• Abraço da paz.

• Canto final: penitencial como: Salmo 138: *Tu me conheces*; *Oração de São Francisco*; *Sabes, Senhor*.

V. Conversa com os catequizandos

Fatos concretos: Como viver, hoje, uma vida pura.

Sugestão: Escrever em um papel (cartão) os dez mandamentos, pintar uma moldura, enfeitar conforme as possibilidades e realizar uma celebração especial com os catequizandos e seus familiares fazendo a entrega solene dos Mandamentos. Pode-se entregar os Mandamentos durante uma celebração especial ou na celebração da Missa dominical. O catequizando poderá colocar o quadro no seu quarto.

Preparando o material

• Cartaz com: todos os mandamentos; as conclusões da catequese anterior e com os gestos concretos assumidos.

• Figuras ou um vaso com uma planta viçosa e outra com uma planta seca.

• Figuras de/ou frutos bons e frutos estragados.

• Montar uma balança com dois pratos, ou uma figura de balança.

• Duas fôrmas grandes, uma com areia e outra com pedras.

• Duas pequenas caixas iguais ou dois cubos (iguais), feitos de papel ou pintados como uma casa.

• Um jarro com água.

• Fichas com atitudes: perdão, misericórdia, amor. Imagem ou figura de Maria.

• Figuras de pessoas usando vestes brancas (recém-batizados, noivas e noivos, crianças da Primeira Comunhão, sacerdotes e ministros, de Maria, transfiguração de Jesus; Jesus ressuscitado, anjos, santos com o lírio: São José, Santo Antônio, Santa Inês, Santa Maria Goretti etc.).

Preparação da sala

Colocar os cartazes em lugar bem visível. O catequista poderá fazer sempre uma reciclagem do material exposto na sala. Os cartazes e figuras têm por objetivo fixar, através da visualização, os assuntos abordados nas catequeses; por isso é muito importante que a sala não fique "poluída" visualmente. Muitos cartazes e figuras, em um ambiente, podem gerar a preguiça visual. Arrumar a mesa com toalha, flores, velas, a Bíblia e uma cruz, a imagem ou quadro de Maria.

Subsídios para catequese

Não pecar contra a castidade

Pelo Batismo, participamos da santidade de Deus. Durante nossa vida, Deus, que é o Pai Santo, nos chama à santidade (cf. CaIC 2813). "Ser santo não significa que sejamos moralmente perfeitos ou superiores aos outros. Na fé posso mergulhar na realidade do meu ser" (Anselm Grün). Participante do Corpo de Cristo, como o ramo na videira, eu formo uma unidade com Cristo; sendo uma unidade com Cristo, passo a enxergar de forma diferente a realidade que me cerca, as pessoas que me são próximas e a mim mesmo; me vejo e vejo os outros de forma diferente. Passo a "usar" os olhos de Cristo para poder "ver" tudo e todos.

Na imagem da videira e dos ramos, na realidade do Corpo de Cristo, todos os mandamentos que celebramos na catequese anterior serão observados na medida do amor que tivermos pelos outros e por nós mesmos. Jesus pede que **amemos ao próximo como a nós mesmos** (cf. Mt 19,19; 22,34-40; Mc 12,31; Jo 13,34; Rm 13,8-10; Gl 5,14; Cl 3,12-15; Ex 20,12-17; Lv 19,18; Dt 5,16-21).

O ser humano inteiro, corpo e alma, criado por Deus, é bom

Deus criou o homem e a mulher à sua imagem e semelhança. O ser humano inteiro, corpo e alma, criado por Deus, é bom. O projeto de Deus na criação é um projeto de amor. Deus é comunidade de amor. Deus dá ao novo ser vivente a capacidade de amar, chamando-o a viver na comunhão. Esse projeto de amor de Deus foi rejeitado pelos seres humanos.

A dignidade do homem e da mulher, criados por Deus

Deus, que é amor, não rejeita a obra de suas mãos, mas envia, na plenitude dos tempos, o seu Filho para a redenção do gênero humano. Resgatados do pecado por Jesus, somos chamados a viver como filhos de Deus. Jesus, por sua morte e ressurreição, resgata cada homem e mulher, criança, jovem ou adulto, dando-lhes condições de uma vida digna como filhos de Deus. A pessoa é por Deus convidada a procurar viver plenamente o seu Batismo. O cristão, através da prática das virtudes: temperança, modéstia, pureza, autodomínio, piedade, doação ao próximo, amizade, fidelidade e, principalmente, com a ajuda do Espírito Santo, poderá imitar a pureza de Jesus.

O cristão tem a possibilidade de viver como FILHO DE DEUS

Deus será bom para nós na medida em que formos bons, em que ajudarmos e perdoarmos. Primeiro é preciso que procuremos cumprir os mandamentos, para depois olharmos se o próximo está cumprindo. Ver, primeiro, o nosso defeito, para depois corrigir o do outro.

Lendo Lc 6,36-45 percebemos que Jesus dá medidas e pesos para as nossas atitudes. É como se Ele usasse uma balança. Quando eu perdoo, sou perdoado, se eu ajudo, serei ajudado; se uso de misericórdia, Deus será misericordioso para comigo; se eu der, Deus me dará muito mais. Os antigos contam que Deus deu duas bolsas para cada pessoa: uma para colocar suas boas ações e outra para as más ações; uma para levar na frente e a outra atrás. Os seres humanos decidiram colocar todas as suas boas ações na bolsa da frente, e na bolsa das costas eles colocaram os seus pecados e defeitos. Assim, o indivíduo caminha, nessa terra, enxergando, muito bem, a sua bolsa da frente, que contém as boas ações que fez, e então fica muito orgulho só com o que vê; porém, ele caminha enxergando muito mais a bolsa que o seu próximo carrega nas costas, e vendo os defeitos e pecados dele começa a julgá-lo e a desprezá-lo, esquecendo-se de se ver a si mesmo; esquecendo-se de ver o que contém a bolsa que carrega em suas próprias costas, com todos os seus muitos pecados.

É mais fácil enxergar o cisco do olho do irmão do que olharmos para nós mesmos. Santo Agostinho nos exorta: "Só em caso de extrema necessidade devemos recorrer à repreensão, buscando, ainda assim, como sempre, que não sejamos servidos nós mesmos, mas Deus, já que é Ele o fim único; e, para que não façamos nada com duplicidade de coração, há sempre que tirar do nosso próprio olho a viga da inveja, da malícia e do fingimento, a fim de que, vendo agora, possamos tirar a aresta do olho do irmão" (Livro segundo, 66 – Sobre o Sermão da Montanha).

Jesus nos dá uma explicação muito fácil de compreender: quando vemos uma árvore com frutos, sabemos se ela é boa ou não, comendo de seus frutos. Para o ser humano, vale o mesmo: as ações são os frutos; se as suas obras forem boas, ele é bom (cf. Gl 5,19-22). Santo Agostinho escreve: "Há duas ocasiões em que devemos evitar o juízo temerário: quando não se sabe com certeza com que intenção se fez uma coisa e quando se ignora como será futuramente o que agora aparece como bom ou como mau" (Livro segundo, 61 – Sobre o Sermão da Montanha).

O sexto mandamento fala da pureza do coração, e Jesus diz que o mal está no coração da pessoa, isto é, nos seus julgamentos, projetos de maldade, nas vinganças, no ódio, na inveja, na fofoca e na malícia. Santo Agostinho escreve: "Não se deve levar em conta o que fazemos, mas sim com que intenção o fazemos. Para nós a intenção é como uma luz, pois nos manifesta que fazemos com boa intenção o que fazemos; porque tudo quanto se manifesta é luz" (Ef 5,13) (Livro segundo, 46 – Sobre o Sermão da Montanha).

Dignidade do homem (ser masculino) e da mulher (ser feminino)

Deus criou o homem e a mulher com dignidade, diferentes, mas santos e bons. Nosso corpo deve ser usado para fazer o bem, para nós mesmos (como Jesus, "crescer em idade, sabedoria e graça diante de Deus e dos homens") e para o nosso próximo. No Batismo, nos tornamos filhos de Deus e somos convidados a viver em santidade como "Deus é Santo". Ser santo e puro é um dom de Deus. Nosso corpo é santo e deve ser cuidado com atenção. Alimentar-se, vestir-se, educar-se e saber descansar são atitudes que nos proporcionam "crescer em idade, sabedoria e graça, diante de Deus e dos homens", como Jesus.

O "ser humano" masculino e o "ser humano" feminino, através da prática das virtudes: temperança, modéstia, pureza, autodomínio, piedade, doação ao próximo, amizade, fidelidade e principalmente com a ajuda do Espírito Santo, poderão imitar a pureza de Jesus. O "homem" e a "mulher" são convidados a viver uma vida santa e pura, juntos, no casamento ou como sacerdotes, religiosos ou religiosas na castidade, como consagrados, a serviço dos mais pequeninos e sofredores. As pessoas que desejarem viver como "solteiros" ou "solteiras", e os viúvos ou viúvas, são convidadas a viverem o dom do amor conservando a pureza do coração e do corpo no serviço ao próximo.

O que é amar-se a si mesmo

AMAR-SE A SI MESMO é viver na gratuidade de Deus: usar os bens que Deus dá cada dia; é acreditar no amor de Deus, que cuida de seus filhos.

AMAR-SE A SI MESMO é fazer para o próximo o que queremos que nos façam a nós, sem exigir nada de ninguém; aceitar o que nos fazem ou deixam de fazer.

AMAR-SE A SI MESMO é saber que somos **todos** criaturas iguais; que não somos nem mais, nem menos, mas temos todos a dignidade de FILHOS DE DEUS; por isso somos convidados a viver em comunhão, na partilha, no acolhimento, na doação total de nós mesmos, amando e perdoando os nossos amigos e inimigos: "Pois Deus faz cair a chuva sobre os justos e sobre os injustos igualmente" (Mt 5,43-47).

AMAR-SE A SI MESMO é preservar o mundo todo criado por Deus, os outros seres criados, os produtos, fruto do trabalho do ser humano, principalmente tudo o que está colocado para uso comum nas praças e jardins, escolas, ônibus, trens, metrô, as carteiras e bancos, lousas das escolas; evitar as pichações em prédios e muros etc.

Maria, Mãe de Jesus, é o modelo do amor para todas as pessoas; "é o espelho de toda santidade. Maria é uma mulher que ama". Ela **amou a Deus** em primeiro lugar, "colocando-se totalmente à disposição das iniciativas de Deus"; "ela concebeu pelo Espírito Santo". Maria **amou o próximo** porque, não pensando em si mesma, colocou-se como a serva do Senhor, fazendo a sua Vontade: "Eis a serva do Senhor, faça-se em mim segundo a tua Vontade". Maria **amou-se a si mesma** porque, amando a Deus e ao próximo, realizou em si a plenitude do amor tornando-se esposa do Altíssimo e concebendo em si o próprio Deus, como Filho: "O Verbo se fez carne e habitou entre nós". Escreve Bento XVI: Quem ama Cristo, ama a Igreja e quer que esta seja cada vez mais expressão do amor que dele dimana. [...] A íntima participação pessoal, nas necessidades e no sofrimento do outro torna-se, assim, **um dar-se-lhe a mim mesmo**: para que o dom não humilhe o outro, devo não apenas dar-lhe qualquer coisa minha, mas **dar-me a mim mesmo**, devo estar presente no dom como pessoa. [...] "O amor é 'divino', porque vem de Deus e nos une a Deus, e, através deste processo unificador, transforma-nos em um Nós, que supera as nossa divisões e nos faz ser um só, até que, no fim, Deus seja 'tudo em todos'" (*Deus Caritas est* 33; 34; 41s.; 18).

Para o aprofundamento do catequista

• *Catecismo da Igreja Católica*: 2331-2400; 2233; 2519; 1449; 1488; 2617; 257; 1077; 2527; 1912; 1752-1757; 1760-1764; 1716-1728; 1822-1829; 1844-1973.
• *Sobre o amor cristão (Deus Caritas est)*. Carta encíclica de Bento XVI. São Paulo: Paulinas.
• *Sobre o Sermão da Montanha*. Santo Agostinho. Rio de Janeiro: Santo Tomás, 2003.
• *Dimensões da fé*. Anselm Grün. Petrópolis: Vozes, 2005.
• *A proteção do sagrado*. Anselm Grün. Petrópolis: Vozes, 2003.

15ª Catequese

Deus, que é misericórdia e perdão, me chama à conversão

OBJETIVOS	CONTEÚDO
1) Reconhecer a fragilidade do "ser humano" que quer fazer o bem, mas que por suas atitudes faz o "mal" a si próprio e ao próximo. 2) Acolher a misericórdia de Deus que perdoa e incentiva a uma nova vida. 3) Realizar gestos concretos que indiquem o arrependimento e o desejo de conversão.	1) Sacramentos da cura: • Unção dos enfermos • A Penitência 2) Conversão – metanoia: • é iniciativa de Deus; • há a necessidade da conversão constante. • Passos para a conversão: - exame de consciência; - arrependimento dos pecados; - confissão dos pecados; - propósito de não pecar. • Efeitos da conversão.

Preparando a catequese

Para preparar essa catequese vamos fazer uma retrospectiva. Iniciamos essa etapa com as catequeses sobre o Símbolo da nossa fé: Celebramos Deus Pai, Deus Filho e Deus Espírito Santo; celebramos a nossa comunhão com o Corpo de Cristo, na Igreja (1-5). Somos o Povo de Deus, que, na Igreja, recebe o Batismo e é confirmado na fé. Iniciamos, assim, as catequeses sobre os sacramentos e celebramos o Batismo e a Confirmação (6-10). Porém, o pecado nos afasta de Deus. Jesus nos ensina a "amar a Deus sobre todas as coisas", e nos dá o seu testamento: "amai-vos, como eu vos amei" (11-14). Sabemos que é difícil seguir os ensinamentos de Jesus, pois quando não amamos nos tornamos pecadores e precisamos do perdão. Deus, que é misericórdia e perdão, nos chama à conversão (15).

I. Oração inicial (Indique o tempo_____)

- Fazer o sinal da cruz e uma oração espontânea (todos em pé).
- Invocação do Espírito Santo (cantada ou rezada).

II. Proclamação da Palavra de Deus (Indique o tempo_____)

Contexto: Lc 5,17-26 (cf. Mt 3,7-12; 8,5-10; 9,1-8; Mc 2,1-12; Jo 5,1-18.27; 10,33-36; 12,47s.; Dt 31,26s.; At 2,38; Rm 6–8; 1Jo 1,8s.)

Texto: Lc 5,21-24 (Jesus tem o poder de perdoar os pecados)

Comentário: João Batista, o último profeta do Antigo Testamento, batizou Jesus. João pregava um Batismo de conversão e penitência. Hoje, vamos aprender com João e com Jesus o que é conversão.

Aclamação à Palavra de Deus (todos em pé)

- *Canto*: (Aleluia ou outro, conforme escolha do catequista, de acordo com o tempo litúrgico).
- *Antífona*: "Eu vos digo que também no céu haverá mais alegria por um pecador que se converte do que por noventa e nove justos que não necessitam de conversão" (Lc 15,7).

Proclamação do Evangelho: Lc 5,21-24

III. Catequese (Indique o tempo_____)

Nessa catequese, vamos celebrar a misericórdia de Deus. Qual catequese é mais profunda? Qual é a mais bela? Qual catequese nos traz mais alegria? Qual é a mais fácil? Há catequese que seja difícil? Eu gosto mais dessa ou daquela? Celebrar Deus que é amor! Deus que é misericórdia! Deus que é perdão! Que é Pai! Celebrar um Deus que é Filho! E que é Irmão! Celebrar um Deus que tem uma Mãe, que é nossa Mãe! Que graça é essa de ser catequista? De poder estar tão perto da Palavra de Deus? De poder, a cada instante, experimentar quão grande e bondoso é nosso Deus? Pensando bem, dá para entender o grito de São Paulo: "Ai de mim se eu não evangelizar" (1Cor 9,16). Com ânimo e coragem vamos preparar a nossa catequese, usando os subsídios propostos para esse encontro.

Dinâmica da conversão

Material: água líquida e gelo. Fogareiro e uma panela (se possível). Cartazes com as placas de trânsito.

1º momento: explorar a água líquida, o processo usado para que se **converta** em gelo.

2º momento: Se for possível, esquentar a água no fogareiro, até que ela ferva e se **converta** em vapor.

3º momento: Concluir que "conversão" é um processo de TOTAL mudança (exemplificar com as placas de trânsito). Existe um termo grego: **metanoia**, que exprime esta mudança radical que somos convidados a fazer. É Deus mesmo quem nos convida à conversão. Converter-se é um processo contínuo na vida do cristão.

Símbolo litúrgico: lágrimas

Pedro esteve com Jesus desde o início de sua pregação. Viu inúmeros milagres e foi constituído como "pedra" da Igreja de Jesus. Pedro, vendo Jesus ser condenado, com medo, nega Jesus por três vezes. Quando Jesus passa perto de Pedro, olha-o com compaixão. Jesus, na sua dor, dispõe-se a olhar para Pedro que o abandonara. Pedro, arrependido, **chora** (Lc 22,61). A pecadora (Lc 7,36-50) **lavou os pés de Jesus com suas lágrimas**. É um gesto de arrependimento, e Jesus perdoa a pecadora. Jesus perdoa Pedro. O arrependimento, quando é sincero, provoca "dor". É a dor de Pedro, que percebeu seu ato de rejeitar Jesus, seu amigo e Mestre. Quando a dor é muito forte pode provocar lágrimas.

Quando deixamos de fazer o que Jesus nos ensinou no Sermão da Montanha, quando não observamos o Mandamento do amor: "Amai-vos uns aos outros como eu vos amei", estamos rejeitando o projeto de Deus. João Batista anunciava ao povo a conversão e o arrependimento dos pecados. O "arrepender-se de ter pecado" pode ocorrer por vários motivos: ter medo do castigo de Deus, porque o pecado prejudica a si mesmo e ao outro, ou porque outras pessoas viram o que fiz de errado. O verdadeiro arrependimento vem da dor de ter traído o projeto de amor de Deus; vem da dor de *apreender* o sofrimento que o pecado causou a Jesus na cruz; vem da dor de compreender que o pecado causou sofrimentos ao irmão. "A verdadeira dor só nasce em presença do amor: Ele me amou e entregou-se a si mesmo por mim" (Gl 2,20). "Não raro as lágrimas são o sinal visível desta dor que enternece o coração e o purifica. Convém pedir a graça de provar uma que outra vez este banho de fogo. [...] Chega de lágrimas derramadas sobre nós mesmos, lágrimas de autocompaixão, lágrimas impuras. É tempo de derramar outras lágrimas, lágrimas de arrependimento, de dor pelos pecados, lágrimas puras" (Raniero Cantalamessa. *A vida em Cristo*, p. 126s.). Das lágrimas devem brotar as boas obras de misericórdia: dar de comer a quem tem fome; dar de beber a quem tem sede; vestir os nus; consolar os aflitos, acolher o peregrino, visitar os encarcerados, os enfermos... (cf. Mt 25,31-46).

Gesto litúrgico: estar ajoelhado – bater no peito

Bater no peito é sinal de arrependimento. Estar ajoelhado é perceber que somos pequenos diante de Deus e de tudo o que foi criado por Ele. Diante do universo imenso, onde vivemos, e do tempo implacável que passa sem parar ou voltar atrás, no qual existimos, somos como a "erva que hoje cresce e viceja e que à noite já morreu" (Sl 37,2). Somos como que um grão de areia na praia ou uma gota d'água no oceano, isto é, um nada diante do todo, algo imperceptível pelo volume de todos os grãos de areia e da imensa massa de água do oceano. Por isso, diante de Deus e de nosso próximo, a soberba e o orgulho devem ser combatidos com a humildade, a verdade e a simplicidade. O Espírito Santo pode nos ajudar, concedendo-nos o dom da Sabedoria, que nos faz reconhecer pequenos diante do poder e da misericórdia de Deus. Pode nos ajudar a cantar como o salmista, contritos e humilhados, colocando-nos de joelhos, batendo no peito pela dor de nossos pecados: "Tem piedade de mim, ó Deus, segundo a tua misericórdia. Reconheço a minha culpa. Contra ti, só contra ti eu pequei. Fiz o que é mau a teus olhos. Ó Deus, cria em mim um coração puro e renova-me por dentro com um espírito decidido" (Sl 51[50],3.5-7.12 – cf. Ez 36,17.26; Jo 16,7; 20,22; At 2,38; Rm 5,5; Gl 5,1; 1Pd 4,1-3; 1Jo 2,1-2).

Vivenciando a liturgia

Somos convidados a nos colocar de joelhos, a bater no peito, reconhecendo-nos pecadores, arrependidos dos pecados que cometemos:

Na Eucaristia: durante o ATO PENITENCIAL, quando cantamos ou rezamos com a comunidade a oração: *Senhor, tende piedade de nós. Cristo, tende piedade de nós. Senhor, tende piedade de nós.*

Na celebração da Penitência, após o convite para examinarmos a nossa consciência e perceber quais são os nossos pecados, e com a comunidade, rezamos a oração: "Confesso a Deus todo-poderoso e a vós, irmãos e irmãs, que pequei muitas vezes por pensamentos e palavras, atos e omissões, por minha culpa, minha tão grande culpa. E peço à Virgem Maria, aos anjos e santos e a vós, irmãos e irmãs, que rogueis por mim a Deus nosso Senhor".

Na Unção dos Enfermos, quando o sacerdote unge o enfermo e ora sobre ele. São Tiago escreve em sua carta: "Alguém dentre vós está doente? Mande chamar os presbíteros da Igreja para que orem sobre ele, ungindo-o com óleo em nome do Senhor. A oração da fé salvará o doente, e o Senhor o aliviará; e se tiver cometido pecados, estes lhe serão perdoados" (Tg 5,14s.).

O ministro do Sacramento dos enfermos é o sacerdote. Ele faz o sinal da cruz na fronte e nas palmas das mãos com o óleo dos enfermos, que é consagrado na Quinta-feira Santa, juntamente com o óleo do Crisma e o óleo dos catecúmenos, dizendo: "Por esta santa unção e por sua piíssima misericórdia, o Senhor venha em teu auxílio com a graça do Espírito Santo, para que liberto de teus pecados Ele te salve e, em sua bondade, alivie teus sofrimentos". Este sacramento traz força e coragem para que o enfermo suporte a doença com fé e obtenha alívio para o seu sofrimento. A unção é também uma preparação para a morte.

Gesto concreto: jejum – esmola – oração

O jejum, a esmola e a oração, tanto no Antigo Testamento como na pregação de Jesus e dos apóstolos, são atitudes do coração, reveladas por Deus para que o homem possa viver a conversão (cf. Mt 6,16-18; Mc 2,18-22; Lc 5,33-35; 2Sm 12,15-23; Jt 8,6; 9,1; Is 58).

O Rei Davi, depois de pecar, faz jejum, dá esmolas e faz orações. Jesus, antes de iniciar sua pregação, vai para o deserto, onde jejua e reza. Jesus dá tudo o que tem: alimenta os famintos e cura os doentes, consola os aflitos, ergue os fracos e oprimidos, busca aquele que está perdido. Jesus disse: "Vendei vossos bens e dai de esmola; fazei-vos bolsas que não se gastem, um tesouro inesgotável nos céus, onde o ladrão não chega nem a traça corrói; porque onde estiver vosso tesouro, aí estará também vosso coração" (Lc 12,33s. – cf. Ex 20,17; Jó 31,4-37; Mt 12,33-37; 15,19s.). "Zaqueu, entretanto, de pé, disse ao Senhor: "Senhor, vou dar a metade dos meus bens aos pobres e, se em alguma coisa prejudiquei alguém, vou restituir quatro vezes mais". Disse-lhe Jesus: "Hoje a salvação entrou nesta casa, porque também este é um filho de Abraão. Pois o Filho do Homem veio procurar e salvar o que estava perdido" (Lc 19,8).

Tendo em vista a nossa preparação para receber o Sacramento da PENITÊNCIA (11ª catequese), fomos convidados a fazer o jejum de alguma coisa: doce, lanche, sorvete etc. O que fazer com o dinheiro, que teríamos gasto com essas guloseimas? *Dar de esmola.* Dar esmola para "ajuntar tesouros no céu [...] porque onde está o teu tesouro aí está o teu coração" (Mt 5,19ss.). Vamos procurar dar *esmola*. Não importa o que vão fazer com aquilo que damos, importa que a esmola sai de nós, e o nosso coração ficará mais limpo. Vamos também verificar se há algum objeto que amamos muito, a ponto de brigar por ele. Este objeto pode estar atrapalhando o nosso relacionamento com as pessoas, e assim atrapalha o nosso relacionamento com Deus. São Basílio Magno fala em sua homilia sobre a caridade: "Eia, pois, reparte de diversos modos as riquezas, sê liberal e magnânimo nos gastos com os indigentes. De ti dirão: Distribuiu, deu aos pobres; sua justiça permanecerá para sempre. Como deverias ser grato ao benéfico doador que teve considerações por ti; não te alegras, não te regozijas por não teres que ir bater à porta dos outros, mas que eles venham à tua? Agora, no entanto, és rabugento, com dificuldade consegue alguém te falar: evitas encontros; não aconteça teres de abrir mão nem que seja um pouquinho. Conheces a frase: 'não tenho nem te dou; também sou pobre'. És pobre na verdade, indigente de todo bem: pobre de amor, pobre de bondade, pobre de fé em Deus, pobre de esperança eterna" (*Ofício das leituras*, terça-feira da 17ª semana do tempo comum). Vamos fazer a experiência do amor e pegar esse objeto (mesmo que seja uma coisa nova e de que gostamos muito) e dar a uma outra pessoa: um pobre, uma instituição de caridade etc. Vamos procurar ajudar alguém que precisa, não olhemos a pessoa pela aparência, mas o que Jesus disse: "Um copo de água dado ao mais pequenino não ficará sem recompensa" (Mt 6).

• Se houver algum doente na família, na vizinhança, ou um amigo, fazer uma visita e falar sobre o Sacramento da Unção dos Enfermos. Perguntar se o doente quer receber a unção. Avisar, na paróquia, a secretaria, e procurar estar presente no momento da unção. Procurar encaminhar para a Pastoral da Saúde os doentes que você conhece.

IV. Oração

• Confesso a Deus todo-poderoso (cf. Vivenciando a liturgia, e/ou outra fórmula conhecida da comunidade).

• Pai-nosso – Ave-Maria.

• Abraço da paz.

• Canto final: Penitencial, como por exemplo: Salmo 138, *Tu me conheces; A ti, meu Deus; Perdão, Senhor.*

V. Conversa com os catequizandos

Fizemos o jejum? O que jejuamos? O que sentimos?

Preparando o material

• Filme: O filho pródigo, a ovelha perdida, a história de Zaqueu.

• Figuras de pessoas chorando, dando esmola.

• Figuras ilustrando os momentos de arrependimento e de pedido de perdão, na liturgia.

• Cartazes com os textos que são rezados nesses momentos.

• Figuras de pessoas doentes recebendo a Unção dos Enfermos. Figuras de pessoas ajoelhadas e batendo no peito.

• Jarro com água, gelo e, se possível, um fogareiro para ferver água, conforme atividade no livro do catequizando.

• Placas com o sinal indicando mudanças para várias direções.

• Cartaz com os quatro passos que o filho pródigo deu para receber o perdão.

Preparação da sala

Preparar o material que vai ser usado para ilustrar a catequese. Arrumar a mesa com as velas e flores. Lembramos que ao acender as velas os catequizandos já devem ter adquirido o hábito de ficarem quietos e em pé para o início da celebração que termina com o canto final, quando as velas são apagadas e a toalha retirada da mesa, dando início à segunda parte do tempo de catequese.

Subsídios para catequese
Os sacramentos da cura: Unção dos Enfermos e a Penitência

Deus é fiel. Ele se deu a conhecer ao ser humano. Para que suas criaturas pudessem compreendê-lo, Deus usou uma pedagogia toda especial. Deus foi se manifestando aos poucos. Chamou Abraão e lhe fez uma promessa: "Farei de ti uma grande nação; eu te abençoarei e exaltarei o teu nome e tu serás fonte de bênçãos" (Gn 12,2). Deus usa de elementos da vida humana: descendência e bênçãos, para motivar o escolhido, porque isso era importante para a pessoa daquela época. Ao longo da História da Salvação podemos observar os "cuidados" que Deus teve ao conduzir o seu povo para os seus caminhos. Deus cumpre a Aliança que fez com Abraão, renovada em Isaac e Jacó, firmada com todo o povo de Israel, no Monte Sinai. A História da Salvação relata as infidelidades do Povo de Deus à Aliança e como Deus procura fazer com que o seu povo se arrependa e se volte para Ele novamente. A História da Salvação é a história da misericórdia de Deus para com o ser humano infiel e pecador. Josué é a figura de Jesus. Como Josué conquistou a Terra Prometida e nela introduziu o Povo de Deus, Jesus, por sua Paixão, Morte e Ressurreição, conquistou para nós a verdadeira Terra Prometida: o "direito de estar com Deus, por toda a eternidade – na PARUSIA" (Dt 7,7-13; 9,4-6; 2Sm 7,12-15; Is 33,24; 54,10; Jr 31,34; 33,8; Ez 16,63; 36,25-33; Dn 9,4). O Espírito Santo se faz presente como dom do Filho, para que o ser humano possa viver o projeto de Deus (cf. Ez 36,27; Is 11,1-3; Jo 20,19-23). Jesus como Filho do Homem conquistou este direito para todas as pessoas (cf. Mt 9,3-7; Lc 7,48s; Dn 7,13s.).

Pelo Batismo nos tornamos filhos adotivos de Deus, participantes da natureza divina, membros de Cristo e co-herdeiros com ele, templos do Espírito Santo (CaIC 1265). Podemos viver na graça e na misericórdia de Deus: por Jesus, nossos pecados são perdoados (cf. Rm 5,12-21). Podemos viver "a esperança dos céus novos e da terra nova", como nos ensina o Catecismo da Igreja Católica (CaIC 1042ss.). Sabemos que Jesus venceu nossos inimigos, e sempre que nos voltarmos para Ele e permanecermos com Ele teremos a certeza da sua **MISERICÓRDIA** (cf. Rm 9,18; 2Cor 1,3ss.; Ef 2,1-8; Hb 4,14ss.; Tg 5,11). Acreditando em Jesus e no seu amor que perdoa e acolhe sempre, por maior e pior que seja o pecado, o cristão jamais se desesperará (cf. Jo 10,1-21; Lc 7,36-50; 15,1-32; 10,29-37; Is 14,1s; 27,11; 30,18; 49,13-15; Ex 34,6s.).

Conversão - metanoia é iniciativa de Deus

Sabemos, certamente, por experiência o que é estar sujo de barro. Quando chove muito e as ruas ficam alagadas tudo se torna muito difícil. O barro – estar no pó – na Sagrada Escritura significa a situação de alguém que chegou "ao nível mais baixo". Seja por dificuldades, por se sentir abandonado por Deus ou por ter percebido o seu próprio pecado, como Davi, ou como a pecadora que lavou os pés de Jesus (cf. Gn 18,27; 1Sm 2,8; Sl 113,7s.; Jó 7,21; 10,9; 16,15; 17,16; 21,25s.; Sl 18[17],42; 22[21],15s.; 30[29],9s.; 44[43],25s.; 90[89],3; 103[102],14; 104[103],29s.; 113[112],7; Is 2,10; 5,24; 26,19; Lm 3,29; Ez 27,30; Dn 12,2; Am 2,7; Mq 1,10; Ap 18,19).

O pecado nos leva para longe de Deus. Nos leva a uma vida cheia de ambições, de egoísmo, injustiça. O pecado nos leva a uma vida onde a caridade, a partilha, o amor, a alegria e a paz não existem. A pessoa que abandona Deus sabe que deixou a verdadeira VIDA. Uma vida sem Deus é uma vida incompleta, não existe a possibilidade de realização plena (cf. Pr 17,19; Os 5,11ss.; Rm 1,21ss.; 1Cor 5,10s.; 6,9s.; 2Cor 12,20; Gl 5,19ss.; Cl 3,5-8; Ef 5,3; 1Tm 1,9; 2Tm 3,2-5; Tt 3,3). Só Deus pode levar o homem à plenitude (cf. Jo 10,10; Rm 11,33-36; Rm 8,28.32; Ef 3,10; 1Cor 1,21-24; 2Cor 5,21).

Necessidade da conversão constante

João Batista, em sua pregação, fala de um Batismo que leva à conversão e que perdoa os pecados. O Batismo de João é um Batismo de conversão (cf. Mt 3,12; Mc 1,1-8; Lc 3,21-22). Conversão é mudança. No trânsito, as placas e as setas indicam uma mudança de direção. No trânsito, falamos que fizemos uma conversão à direita ou à esquerda. A água pode mudar de aparência; ela está sólida, ela pode derreter e ficar líquida e se ferver ela virará vapor; está gasosa. CONVERSÃO é mudança de direção: se eu agia de uma forma, agora vou agir diferente. Conversão, segundo João Batista, é mudar o modo de agir e de pensar (cf. Mt 13,15; 18,3; Lc 22,32). Ezequiel fala de "um coração novo" que Deus vai colocar no lugar do "coração de pedra" (Ez 36,26s. – cf. Ez 3,16-21; 18; 33,1-20; Os 6,1-6; 14,2-9; Am 5,4ss.; Jr 36,3; Mq 6,8; Sf 2,3; 3,12s.). Conversão é voltar-se novamente para Deus (cf. At 3,19; 28,27; 1Ts 1,9). A conversão é uma graça (Lm 5,21 – cf. Mt 9,10-13; Lc 7,36-50; 15,4-31; 19,5-9; Jo 6,44; 12,32.40; Rm 2,4).

Todos temos pecados. Os vícios capitais estão em nós. São Paulo escreveu: "Sei que o bem não mora em mim, isto é, em meus instintos egoístas. O querer o bem está em mim, mas não sou capaz de fazê-lo" (Rm 7,18). Todos temos necessidade de conversão. É São Paulo que nos exorta: "Se é que o ouvistes e nele fostes instruídos conforme é a vontade de Jesus, deveis abandonar vossa antiga conduta e despojar-vos do homem velho, corrompido pelas concupiscências enganadoras" (Ef 4,21-22). Não é fácil converter-se. A conversão exige *renúncia e despojamento*. Converter-se é abandonar as atitudes que nos levam longe do amor de Deus. Não podemos nos converter pela metade (cf. Mt 6,33; Lc 9,23; Ef 4,24).

Passos para a conversão

A conversão dura a VIDA TODA. A cada instante precisamos estar atentos e "entrar em conversão". Para nós isto parece ser uma coisa impossível. Esse é o ponto fundamental. Deus criou o homem para a VIDA. Deus não quer a morte do pecador. DEUS ESTENDE A MÃO PARA O PECADOR. Deus vai procurá-lo: a parábola da ovelha perdida (Lc 15,4-7); a parábola do filho pródigo (Lc 15,11-32). O Pai **todos os dias espera** pelo filho e quando o vê **vai correndo** encontrar-se com ele e faz festa.

Adão e Eva, após terem pecado, se esconderam ao ouvir os passos de Deus, mas desejavam ser vistos por Deus, querendo voltar para Ele (cf. Gn 3,8ss.). O filho pródigo, depois de perceber o seu erro, arrepende-se e vai até seu Pai. O caminho da conversão se inicia quando a pessoa, percebendo o seu pecado, arrepende-se, volta-se para Deus e confessa o seu pecado. As pessoas que ouviam a pregação de João Batista "eram batizadas e confessavam os seus pecados". O filho pródigo se prostra e diz ao seu Pai: "Pai, pequei contra o céu e contra ti, não sou digno de ser chamado de filho". Vamos ver o que o filho pródigo faz: Depois de gastar todo o dinheiro e ficar sem nada, vai trabalhar cuidando dos porcos. Com fome, frio e sem nada (cf. Lc 15,11-32):

1) Ele lembra-se da casa do pai e de tudo o que fez (exame de consciência).

2) Arrepende-se do que fez (arrependimento dos pecados).

3) Vai à procura do pai para pedir perdão e quer ficar apenas como empregado dele (propósito de não mais pecar).

4) Encontra-se com o pai e confessa o seu pecado, pedindo perdão (confissão dos pecados).

Efeitos da conversão

A conversão nos leva à reconciliação com Deus e com o próximo. Deus está sempre pronto, à espera do pecador que se converte. Infunde nele o seu Espírito Santo para que ele possa ser transformado e possa viver conforme a vocação a que foi chamado (cf. 2Cor 5,14-21; Ef 1,9s.; 2,14-22; 4,1-4).

Para o aprofundamento do catequista

- *Catecismo da Igreja Católica*: 1420-1532; 442; 821; 1797; 1848; 1856; 1886-1888; 1896; 1963; 1991ss.; 2000; 2010; 2027; 2581-2584; 2608; 2612; 2662; 2708s.; 2731; 2754; 2784.
- *A fé explicada aos jovens e adultos – Vol. II*. Rey – Mermet. São Paulo: Paulinas, 1980.
- *Os sacramentos: sinais do amor de Deus*. Antônio Mesquita Galvão. Petrópolis: Vozes, 1997.

16ª Catequese

Na Igreja eu me reconcilio com Deus, com o próximo, comigo mesmo e com a natureza

OBJETIVOS	CONTEÚDO
1) Revelar a proposta de Deus que chama o homem à conversão.	Nossa resposta ao chamado de Deus à conversão
2) Predispor-se para celebrar o Sacramento da Penitência, sabendo que Jesus perdoa os pecados através da sua Igreja.	1) O Sacramento da Penitência • a contrição; • a confissão dos pecados; • a satisfação (penitência): jejum – esmola – oração. 2) O ministro do sacramento • os efeitos espirituais da penitência: reconciliação. 3) A celebração do sacramento (liturgia).

Preparando o encontro

Nesse encontro, vamos celebrar o Sacramento da Penitência, o Rito Penitencial. Nossos catequizandos vão aprender como se confessar; deverão perceber que cada pecado tem um nome; vão descobrir que o pecado nasce no coração do ser humano (cf. Mt 15,18). O que eles aprenderem, nesta catequese, levarão, como base, para a vida toda.

I. Oração inicial (Indique o tempo_____)

• Fazer o sinal da cruz e uma oração espontânea (todos em pé).
• Invocação do Espírito Santo (cantada ou rezada).

II. Proclamação da Palavra de Deus (Indique o tempo_____)

Contexto: Lc 15,11-32 (cf. Mt 4,24; 6,14s.; 8,29; 7,11-19; 9,1-13.35; 15,15-30; Mc 1,23-28; 7,32-35; Lc 4,40; 5,31s.; 12,1ss.; 15,1-32; 18,1-14; 19,1-10; Jo 4,1-42; 5,14; 8,1-11; 9,2; 20,2-22)

Texto: Lc 15,20-24 (o filho pródigo)

Comentário: Jesus ensina sempre. Com essa parábola, Jesus ensina a necessidade de se querer a conversão. Ensina que a Igreja acolhe e ajuda o fiel que deseja se converter. O Pai misericordioso é Deus, que acolhe sempre o pecador. Jesus é o rosto de Deus no nosso meio. Jesus ao ver uma pessoa não vê somente o seu exterior, vai além, vê o seu íntimo, vê o que se passa em seu coração, por isso cura não só o corpo dos doentes que o procuram, mas cura principalmente a doença que está no seu coração: o pecado.

Aclamação à Palavra de Deus (todos em pé)

• *Canto*: (Aleluia ou outro, conforme escolha do catequista, de acordo com o tempo litúrgico).

• *Antífona*: Filho, os teus pecados estão perdoados" (Mc 2,5).

Proclamação do Evangelho: Lc 15,20-24

III. Catequese (Indique o tempo_____)

Vamos preparar este encontro para encerrar as catequeses sobre o Sacramento da Reconciliação. A parábola do filho pródigo vai ser a abordagem da reflexão. Cada gesto do filho vai demonstrar concretamente os passos do Rito Penitencial. Lembramos que o Pai tem um papel fundamental. O Pai é misericórdia e perdão. Ele está à espera. Ele corre e perdoa. Reconhecer os próprios erros, os próprios pecados assustam o nosso "ego". Nosso amor-próprio quer justificar os nossos atos. Descobrindo o sentido profundo do Sacramento da Reconciliação em nossas vidas e procurando transmitir aos nossos catequizandos essa verdade, estaremos dando a eles a possibilidade de uma vida nova. É certo que pecamos, porém é mais evidente, inquestionável, inequívoco e inconfundível o amor misericordioso de Deus, que nos espera ansioso, para nos lavar no sangue de seu Filho, que carregou para a cruz todos os nossos pecados (cf. 1Cor 6,11).

Símbolo litúrgico: morte e vida – cruz e ressurreição

O pecado nos leva à morte (Is 59,2; Jr 2,11ss.; 7,19). O Sacramento da Penitência nos dá a VIDA. Jesus, por sua morte, chegou à ressurreição e nos alcançou o perdão dos pecados (cf. 1Cor 5,15-21). Nós também morremos com Jesus quando participamos do Sacramento da Penitência, e ressuscitamos com Ele, quando somos perdoados, pela Igreja, dos nossos pecados. Pela morte de Jesus fomos perdoados (cf.

Ex 9,3-14; Is 53,7.12; Jr 11,19; Mt 20,28; Mc 10,45; Jo 1,29.36; 13,11; 18,11; 19,28ss.36; Rm 5,8; 1Cor 5,7; 2Cor 5,21; Hb 10,5-10; 1Pd 1,18-20; 1Jo 2,2; 4,10). Deus é o Deus que salva, que dá a vida, que quer dar a todos os seus filhos a plenitude da vida que foi perdida pelo pecado (cf. Jo 13,1; Gl 2,20; Ef 5,2.25). A reconciliação alcançada por Jesus trouxe salvação. Salvação da morte e do pecado. Salvação que livra a pessoa do poder do demônio, da culpa, da opressão, do vazio. Salvação de uma vida sem sentido, e da vida na mentira. Salvação que leva a pessoa para uma vida plena, na vida em Deus e no amor sem medos, e que nos leva a "ser santos como Deus é santo" (Lv 19,2.44; Jo 8,28; 17,6-19).

Gesto litúrgico: o levantar-se – o estar de pé

Celebramos o perdão *na Eucaristia*: no Ato penitencial, pedimos o perdão para os nossos pecados, e no "Cordeiro de Deus" pedimos que o pecado seja tirado do mundo.

Na celebração da Penitência: o momento da absolvição nos reconduz à VIDA (lembrar o gesto de estar de joelhos no momento da absolvição e o momento em que o sacerdote nos convida para levantar e nos dar a paz, depois da absolvição). Estar de pé é a atitude do cristão que se reconhece pecador, tem a certeza do perdão de Jesus e com Ele, pelo Sacramento da Reconciliação, recebe a vida do ressuscitado. Através do Sacramento da Reconciliação o pecador que está de joelhos arrependido pode levantar-se pela ação da Igreja de Jesus, que recebeu o poder de perdoar os pecados (cf. Mt 16,19; 18,18; 28,16-20; Jo 20,22s.; 2Cor 5,18).

Vivenciando a liturgia: o rito da celebração da Penitência

Ver no livro do catequizando a catequese correspondente, ler e explicar esse rito. Fazer com os catequizandos o exame de consciência, como está indicado no livro do catequizando, usando a dinâmica da cruz. Procurar mostrar que cada pecado tem um nome, que o pecado é um ato, é um gesto concreto que destrói o projeto amoroso de Deus na vida daquele que o comete e na vida dos irmãos, porque participamos de um mesmo Corpo: o Corpo de Cristo. Quando um membro está doente, todos os outros sofrem com ele, e com ele precisam de cura. É preciso olhar no coração, e perceber os sentimentos que aí estão, e que impedem de amar a Deus, ao próximo e a si mesmo.

Gesto concreto: jejum – esmola – oração

São Pedro Crisólogo escreve: "Há três coisas, meus irmãos, três coisas que mantêm a fé e dão firmeza à devoção e perseverança à virtude. São elas a oração, o jejum e a misericórdia (esmola). O que a oração pede, o jejum alcança e a misericórdia o recebe. Oração, misericórdia e jejum: três coisas que são uma só e se vivificam reciprocamente. O jejum é a alma da oração e a misericórdia dá vida ao jejum". O cristão, para viver, deve apoiar-se nesses três pilares.

Bento XVI escreve: "Quem reza não desperdiça o seu tempo. Obviamente, o cristão que reza não pretende mudar os planos de Deus, nem corrigir o que Deus previu; procura, antes, o encontro com o Pai de Jesus Cristo, pedindo-lhe que esteja presente, com o conforto do seu Espírito, nele e na sua obra" (*Deus Caritas est* 36s.).

Já experimentamos o jejum e a esmola (misericórdia), vamos fazer a experiência da **oração** durante esta semana. A partir de hoje, até o dia da celebração da Penitência, vamos rezar pedindo que o Senhor nos dê a graça do arrependimento e do perdão dos pecados. Que Deus nos ajude a termos forças para descobrir quais são os nossos pecados, e de podermos confessá-los com arrependimento sincero.

Rezar sempre, em todos os momentos que se lembrar: "SENHOR JESUS, FILHO DE DAVI, TEM PIEDADE DE MIM, QUE SOU PECADOR. DÁ-ME TEU SANTO ESPÍRITO".

Convidar os catequizandos que façam até a próxima catequese momentos especiais de oração e visitas ao Santíssimo Sacramento.

IV. Oração

- Fazer o exame de consciência e rezar o Salmo 51(50).
- Pai-nosso.
- Abraço da paz.
- Canto final: Penitencial, como por exemplo: *Eu canto a alegria* ou *Pelos pecados*.

V. Conversa com os catequizandos

Sobre a celebração do Sacramento da Penitência e como agir no momento da confissão dos pecados.

Preparando o material
- Filme: *O filho pródigo, as curas que Jesus realizou.*
- Papel sulfite colorido para a dobradura.
- Cartaz com os passos da Celebração da Penitência.

Preparação da sala
Usar a cor roxa, na toalha da mesa. Na Celebração da Penitência esta é a cor do paramento usado pelo presidente da celebração.

Observações práticas

1) Marcar com o pároco a data da celebração penitencial dos catequizandos.

2) É conveniente que os catequizandos participem pelo menos duas vezes da celebração penitencial: uma agora, após as celebrações sobre este sacramento, e depois outra perto da data da primeira comunhão.

3) Incentivar os catequizandos a fazer, sempre que julgarem oportuno, o jejum, a esmola e a oração. Procurar ler a catequese de São Pedro Crisólogo (séc. V) sobre "o que a oração pede, o jejum alcança, a esmola recebe", que é lido pela Igreja na Liturgia das Horas (Vol. II – terça-feira da terceira semana da Quaresma).

Explicação da dinâmica da cruz – lixo

Material: folha de papel sulfite colorida, cola.

1) Dobrar o papel: as duas pontas superiores devem encostar no lado oposto como se fosse fazer um aviãozinho (dobrar uma sobre a outra).

2) Dobrar ao meio, como indica a figura **3**.

3) Dobrar em três partes iguais, como indica a figura **4**.

4) A seguir, **cortar** no sentido vertical em três partes iguais, nas dobras, como indica a figura **4**.

5) Guardar a parte **a**.

6) Com as partes **b** – **c** montar a palavra L I X O – usando todas as partes do papel, sem cortar.

7) Todos os pedaços deverão ser usados e serão suficientes. Colar na folha.

8) Pegar a parte **a**, que estava guardada, abrir e descobrir uma cruz.

9) Colar a cruz no verso da folha que seu catequista lhe deu.

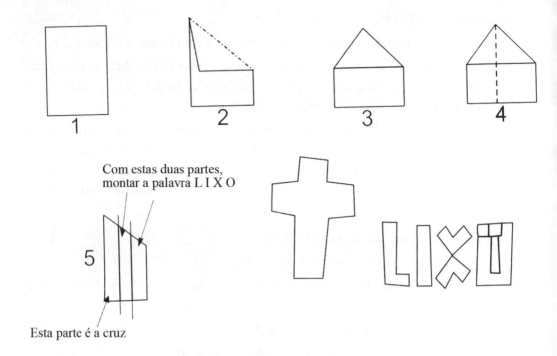

> O pecado é o lixo que fica acumulado em nosso coração. Através da confissão e do perdão dos pecados o lixo é tirado.
>
> Permanece em nós o sinal indelével recebido no Batismo: a CRUZ.

Subsídios para catequese

Nossa resposta ao chamado de Deus à conversão: o Sacramento da Penitência

Antes de subir ao céu Jesus conferiu aos seus apóstolos o poder de "perdoar os pecados". A Igreja exerce esse poder através do SACRAMENTO DA PENITÊNCIA E DA RECONCILIAÇÃO (cf. Mt 16,19; 18,18; 28,16-20).

O ser humano continuamente busca a si mesmo e escolhe estar longe de Deus, longe de fazer a Vontade de Deus. A pessoa peca e se afasta mais ainda do Único que pode lhe dar a VIDA. Quando a pessoa se arrepende e se volta para Deus, encontra um Deus misericordioso e compassivo que já está à espera e que lhe concede o perdão: o filho pródigo (Lc 15,11-32), a ovelha perdida (Lc 15,4-7), a dracma perdida (Lc 15,8-10).

O perdão e a misericórdia de Deus estão manifestos de forma visível na Igreja, quando é ministrado o Sacramento da Penitência. Este sacramento foi instituído por Jesus para todos os membros pecadores de sua Igreja (cf. Mt 9,1-8; Mc 2,2-5; Lc 5,17-26; 7,48-50; At 10,42s.; 13,38; 26,18). Todos os que cometeram pecados depois do Batismo encontram, no Sacramento da Penitência, o perdão dos seus pecados. **Todos os pecados foram perdoados quando Jesus morreu na cruz. Jesus, por sua morte e ressurreição, pagou a dívida que todos os seres humanos tinham com Deus** (cf. Cl 2,13s.; 3,13s.; 2Cor 5,18-21; 8,9; Gl 2,21; Hb 2,5-13; Ef 2,4-7; Tt 2,11; 3,4).

Todos os seres humanos foram salvos por Jesus, até o mais cruel assassino está salvo. Jesus levou para a sua cruz todos os pecados cometidos por todos os seres humanos de todas as épocas e lugares. Deus aguarda que cada pessoa queira lavar-se no sangue de Jesus derramado na cruz e receber o perdão de seus pecados. Deus não obriga ninguém a receber o perdão (Rm 6–8; 13,8-10; 1Cor 13,4-7). Como Pai, espera que o filho se achegue e o busque com o coração sincero e arrependido (cf. 2Cor 5,18-21; 8,9; Gl 2,21; Hb 2,5-13; Ef 2,4-7; Cl 2,13s.; Tt 2,11; 3,4). Quando isso acontecer haverá festa no céu, e a multidão dos seres celestes se alegrará por este pecador que faz penitência (cf. Lc 15,7).

Para receber o Sacramento da Penitência é preciso:

• Fazer um **exame de consciência** à luz da Palavra de Deus, procurando lembrar-se dos pecados cometidos por **pensamentos, palavras, atos e omissões, contra Deus, contra o próximo, contra si mesmo e contra a natureza.**

• **Arrepender-se** dos pecados cometidos. Esse movimento de "volta para Deus, chamado **conversão e arrependimento**, nasce da graça de Deus misericordioso e solícito pela salvação dos homens" (CaIC 1489). É preciso pedir esse dom a Deus. O arrependimento leva o pecador a não querer mais pecar e a desejar mudar a sua vida, e iniciar um caminho de conversão.

• A **confissão dos pecados** é parte essencial do Sacramento da Penitência. O penitente deve enumerar os seus pecados ao sacerdote que, nesse momento, é "o servo do perdão de Deus" (CaIC 1466). Todos os pecados graves devem ser confessados, mesmo os mais secretos. O sacerdote **jamais** poderá comentar sobre o que se falou na confissão. **É o sigilo sacramental**. Pelo menos uma vez por ano, o cristão deve fazer a sua confissão, ou quando cometer um pecado grave. É muito bom confessar-se periodicamente e receber as graças da misericórdia de Deus.

• A **satisfação** no Sacramento da Penitência é a forma de reparar os danos causados por nossos pecados. O pecador deve reparar de alguma forma o mal que causou. O confessor impõe ao penitente uma **penitência** que deve ser cumprida no menor prazo de tempo possível. Através da penitência, podemos participar da paixão e morte de Jesus. Sabemos que "Jesus expiou os nossos pecados uma vez por todas" (Rm 3,25; 1Jo 2,1s.), porém devemos demonstrar nosso arrependimento e aceitação do perdão de Jesus através da penitência que fazemos para expiar nossos pecados – é um gesto concreto e visível para nós mesmos.

1) Somente os sacerdotes que receberam a autoridade da Igreja e a faculdade de absolver podem perdoar os pecados em nome de Jesus Cristo (cf. Mt 9,8; 16,19; 18,28; Jo 20,19-23).

2) Os efeitos do Sacramento da Penitência são: a reconciliação com Deus, com a Igreja, com o próximo e consigo mesmo e com a criação. A paz, a alegria interior, a força para resistir mais ao pecado e a misericórdia para com o próximo são frutos do sacramento recebido.

3) Podemos receber o Sacramento da Penitência **em comunidade**, através da Celebração Penitencial comunitária, quando podemos ouvir a Palavra de Deus e cantar salmos e hinos junto com os irmãos. **A seguir, a confissão dos pecados é feita, sempre, individualmente a um dos sacerdotes presentes**. Podemos receber o sacramento *individualmente* com um sacerdote disponível, no confessionário ou na Igreja, conforme o costume do lugar e nas horas marcadas. Devemos sempre nos preparar convenientemente para receber esse sacramento.

4) A fórmula da absolvição contém os elementos essenciais desse sacramento descritos acima:

"**Deus, Pai** de misericórdia, que, pela Morte e Ressurreição de seu **Filho**, reconciliou o mundo consigo e enviou o **Espírito Santo** para remissão dos pecados, te conceda, pelo **ministério da Igreja**, o perdão e a paz. Eu te absolvo dos teus pecados, em nome do Pai e do Filho e do Espírito Santo." (o penitente responde:) AMÉM".

Os efeitos espirituais da Penitência: reconciliação

A confissão restitui a graça de Deus e a sua amizade; nos reconcilia com Deus. Nos dá a paz e a tranquilidade de consciência, acompanhada da consolação espiritual. O Sacramento da Reconciliação com Deus é uma verdadeira "ressurreição espiritual". Através desse sacramento nos reconciliamos com a Igreja, porque pelo pecado quebramos a comunhão fraterna; a graça desse sacramento fortalece não só aquele que recebeu o sacramento, mas todos os membros do Corpo de Cristo (CaIC 1468ss.).

"Em nós está 'cooperar' para a destruição do corpo do pecado, favorecendo a ação dos sacramentos, e isto sobretudo de dois modos: com o sofrimento e com o louvor. São Pedro diz: 'Já que Cristo sofreu na carne, também vós armai-vos dos mesmos sentimentos; quem sofreu no seu corpo rompeu definitivamente com o pecado'" (1Pd 4,1). [...] "Sofrer significa tornar-se particularmente susceptíveis, particularmente sensíveis à operação das forças salvíficas de Deus oferecidas à humanidade em Cristo". O sofrimento é um canal que liga de modo singular quem sofre à paixão de Cristo, da qual deriva toda a remissão dos pecados. [...] A par do sofrimento, outro meio de destruir o "corpo do pecado" é o louvor. "Oferece a Deus – diz – um sacrifício de louvor [...] quem oferece o sacrifício de louvor é que me honra [...] A ti oferecerei sacrifícios de louvor (Sl 51[50],14-23; 116[114-115],17)" (*A vida em Cristo*. Raniero Cantalamessa, p. 121-135).

O cristão, vivenciando o Sacramento da Penitência, onde recebeu o perdão de seus pecados, deve ser portador do perdão de Deus (cf. Mt 5,23-26; 6,12-15; 18,21-25; Lc 11,4; 17,3s.; 2Cor 2,5-11). Deve perdoar não somente os que são próximos ou seus amigos, mas também aos inimigos (cf. Eclo 28,1-7; Mt 5,44s.; 6,12; 18,21s.35; Lc 6,36; 17,3; Rm 12,17-19; Ef 4,32; 1Ts 5,15; 1Pd 3,9; 1Jo 2,11). O cristão que experimentou a misericórdia de Deus em sua vida sabe e reconhece que a sua resposta a este tão grande dom de Deus é usar de misericórdia para com o seu próximo, através de gestos concretos de amor. Esta "misericórdia concreta" é mais importante que as celebrações ou orações particulares que venha a fazer (cf. Os 6,6; Mt 5,7; 9,10-13; 12,1-7; 23,23; Lc 10,29-37; 6,36-38; 13,6-9; 15,1-32).

Como celebramos o Sacramento da Penitência em comunidade

1) Invocamos, através de uma oração ou canto, o Espírito Santo, pedindo que Ele nos conduza durante essa celebração.

2) É proclamada uma (ou duas) leitura(s) da Bíblia, para que possamos, à luz da Palavra de Deus, fazer nosso **exame de consciência**.

3) O sacerdote faz uma exortação, convidando os presentes a reconhecerem os seus pecados e a se arrependerem deles.

4) Todos juntos pedimos o perdão de nossos pecados a Deus e aos irmãos, rezando o Ato Penitencial: Confesso a Deus todo-poderoso...

5) Cada um dos presentes se aproxima do sacerdote:

- diz quanto tempo faz que não se confessa;
- nomeia os pecados cometidos por pensamentos, palavras, ações e omissões contra Deus, o próximo, a si mesmo e contra a criação;
- faz o pedido de perdão;
- recebe a absolvição dos pecados;
- volta para o seu lugar e participa dos cânticos, salmos e orações, enquanto os outros fazem a sua confissão individual.

6) O sacerdote diz à comunidade qual será a **penitência**.

7) Todos são convidados ao abraço da paz. Esse é um momento para pedir perdão a algum irmão presente que tenhamos ofendido.

8) O sacerdote dá a bênção final.

Quando confessar

A Igreja nos aconselha a confessarmos pelo menos uma vez por ano, por ocasião da Páscoa. Conhecendo a grandeza do Sacramento da Penitência e o seu efeito salutar em nossa vida, podemos e devemos receber esse sacramento sempre que reconhecermos estar em pecado, isto é, longe de Deus.

Como vencer as tentações e evitar o pecado

O Catecismo da Igreja Católica (1434) nos ensina:

"A penitência interior do cristão pode ter expressões bem variadas. A Escritura e os padres insistem principalmente em três formas: **o jejum, a oração e a esmola**, que exprimem a conversão com relação a si mesmo, a Deus e aos outros".

A participação na Eucaristia e a leitura constante das Sagradas Escrituras nos ajudam a viver todos os dias os gestos de reconciliação e de ajuda ao próximo necessitado, fazendo "aos outros, o que queremos que façam para nós". **Tomar cada dia a nossa cruz e seguir a Jesus é o caminho mais seguro da conversão e vida com Deus**. São Pedro afirma que a caridade "cobre uma multidão de pecados" (1Pd 4,8 – cf. Tb 12,8; Is 1,17; Am 5,24; Mt 6,1-18; Jo 15,26; Tg 5,20).

Para o aprofundamento do catequista

• *Catecismo da Igreja Católica:* 978; 1849s.; 943; 827; 1488; 2608; 1439; 1426; 1991; 2000; 2010; 2027; 2708; 2731; 2754; 2784; 1470; 2612; 2844.
• *Dimensões da fé*. Anselm Grün. Petrópolis: Vozes, 2005.

17ª Catequese

Um povo celebra a Páscoa

OBJETIVOS	CONTEÚDO
1) Perceber que o ser humano traz em seu interior a necessidade de celebrar a VIDA.	1) A celebração natural: • a alegria da vida; • os bens da criação; • a alegria da aliança; • a ação de graças.
2) Averiguar que a pessoa, hoje, também sente em seu interior a mesma necessidade de louvar e agradecer a Deus.	2) As celebrações do povo: • Festa da Semeadura e da Colheita da primavera. • Ano-Novo e as Festas da Lua. • Festas familiares.
3) Identificar as formas atuais de louvar, bendizer e agradecer a Deus como um povo.	3) Páscoa e Êxodo. 4) Páscoa e Ázimos.

Preparando o encontro

Estamos iniciando as últimas catequeses desse tempo de preparação de nossos catequizandos para uma vivência eucarística para "toda a vida". É nosso desejo que eles perseverem. A perseverança depende da opção de cada um; depende também de como transmitimos a fé para eles. O que nossas catequeses transmitem: um testemunho de fé, mesmo vividos na precariedade, mas na confiança do amor e da graça de Deus, ou não?

Santa Teresa de Ávila, doutora da Igreja, nos ensina, com seu exemplo de serviço a Deus e à Igreja, a realizar com amor e dedicação a missão que nos foi confiada. Preparar os nossos encontros com esmero, sem esperar reconhecimento, superando as dificuldades. Santa Teresa escreveu esta oração: "É certo, Senhor meu, glória minha, que tenho dito que, de alguma maneira, nessas grandes aflições que a minha alma sente, tenho feito algo para Vos servir. Ai de mim, que já não sei o que digo, pois quase já não sou eu quem escreve isto! Estou muito perturbada e quase fora de mim, por ter trazido de volta à memória essas coisas. Caso esse sentimento viesse de mim, eu bem poderia, Senhor meu, afirmar ter feito algo por Vós. Como nada fiz, visto que nem um único bom pensamento pode existir se não o dais, eu sou uma devedora, Senhor, e Vós, o ofendido" (Santa Teresa, *Livro da vida*, 38, 22).

A missão de catequista a nós confiada é serviço e dedicação vividos no amor a Deus e aos irmãos. É a missão de profeta que anuncia, sem ver os resultados. "Somos servos da Palavra. Para sermos servos da Palavra passaremos dias escuros. Noites longas de sofrimento. A Palavra é como uma espada. Ela divide a noite do dia, as trevas da luz, o pecado do bem. Trazemos em nós uma força: é a Palavra de Deus. Somos mensageiros" (*Formação de catequista*. Frei Bernardo Cansi. Petrópolis: Vozes, p. 28).

I. Oração inicial (Indique o tempo_____)

- Fazer o sinal da cruz e uma oração espontânea (todos em pé).
- Invocação do Espírito Santo (cantada ou rezada).

II. Proclamação da Palavra de Deus (Indique o tempo_____)

Contexto: Ex 12,1-14 (cf. Ex 23,14-19; 34,18-23; Lv 1,5; 22,19s.; 23; Nm 9,1-14; 28–29; Dt 16,1-17; 26,1-15; Js 5,10-12; Jz 8,30-35; 1Rs 9,25; 2Rs 23,21ss.; 2Cr 8,12-16; 30,2.15; 35,1.16ss.; 2Mc 12,31s.; Ez 45,18-25; Mt 26; Mc 14,1-2; Lc 22,7-16; Jo 7,1-2.37; 13,1; At 12,3; 20,6; 1Cor 5,6-8; 1Pd 1,19)

Texto: Mc 14,12-16 (Preparativos para a ceia)

Comentário: Desde o princípio, o ser humano percebia que havia um ser maior do que ele. Dentro de si, ele sentia necessidade de louvar a divindade mesmo sem conhecê-la direito. Na Antiguidade era comum fazer sacrifícios para os deuses. Nesses sacrifícios, o indivíduo oferecia o que tinha de mais precioso: os frutos das colheitas, os animais de seus rebanhos e até mesmo os seus filhos. Nessa catequese, vamos voltar para o tempo de Moisés, quando Deus começa a ensinar como a pessoa pode louvá-lo. Deus libertou o povo hebreu da escravidão "com mão forte e poderosa". Na noite da libertação, Deus pediu que Moisés ensinasse o povo como deveriam passar esta noite. Foi uma noite de vigília, o Senhor mesmo passou pela terra do Egito, levando a morte aos primogênitos do opressor e pulando a casa dos hebreus, salvando os que permaneciam vigilantes. Foi uma noite terrível. Uma noite de morte e de vida. Essa noite é "um memorial" para o povo hebreu. Jesus celebrava com seus discípulos a "memória" das obras de Deus pelo seu povo (rever as catequeses celebrativas 14 a 17 e catequeses litúrgicas 3 e 4, da 1ª etapa).

Aclamação à Palavra de Deus (todos em pé)

• *Canto*: (Aleluia ou outro, conforme escolha do catequista, de acordo com o tempo litúrgico).

• *Antífona*: "Nós te celebramos, ó Deus, nós te celebramos, invocando teu nome, contando as tuas maravilhas" (Sl 75[74],2).

Proclamação da Palavra de Deus: Mc 14,12-16

III. Catequese (Indique o tempo_____)

Para preparar essa catequese é conveniente ler todo o contexto dos próximos encontros, para que elas não se tornem repetitivas ou que haja falha no conteúdo proposto. Esse é um tempo importante. "O Sacramento da Eucaristia é o ápice e a fonte da nossa vida eclesial" (CaIC 1324). Para cada catequese serão propostos o símbolo e o gesto litúrgico que serão completados de forma concreta pela vivência litúrgica e gesto concreto. O momento da oração é o momento da intimidade com o Deus do louvor e da bendição. É Santa Teresa que nos anima com uma estrofe de seu poema:

Soberana Majestade
E Sabedoria Eterna,
Caridade a mim tão terna,
Deus uno, suma Bondade,
Olhai que a minha ruindade,
Toda amor, vos canta assim:
"Que mandais fazer de mim?

Se quereis, dai oração;
se não, dai-me soledade;
Abundância e devoção,
Ou míngua e esterilidade.
Soberana Majestade,
A paz só encontro assim:
Que mandais fazer de mim?
(*Obras Completas*: Teresa de Jesus. São Paulo: Loyola, 1995, p. 963.)

Símbolo litúrgico: bendição – a *berakah*

Berakah é uma palavra hebraica que pode ser traduzida por admiração, louvor ou agradecimento. *Berakah* não é apenas um gesto ou uma atitude isolada do homem, mas *berakah* coloca a pessoa diante de seu Criador e do mundo criado. Ao rezar "Bendito sejais, Senhor, pelos frutos da terra..." a pessoa reconhece que Deus está na origem de todas as coisas criadas, e que tudo o que existe pertence a Ele; e que tudo o que foi criado deve ser partilhado e preservado. Todos os momentos são propícios da *Berakah*, mesmo diante de um sofrimento ou injustiça; a bênção "faz novas todas as coisas" (Ap 21,5).

O Deus de Abraão, de Isaac, de Jacó, de Moisés, de Davi e dos profetas está à espera do ser humano. O Apóstolo Paulo, em Atenas, no Areópago, evangelizando os atenienses, ensinava que o Deus Criador tudo fez a fim de que os homens pudessem "procurar a divindade e se possível atingi-la às apalpadelas e encontrá-la; também ela não está longe de nós" (At 17,24-28). Os salmos cantam, louvam e celebram continuamente o Deus Criador que sustenta sua obra "com mão forte e poderosa", e que tudo fez para alegrar o homem (cf. Sl 8; 19[18]; 33[32]; 89[88]; 92[91]; 93[92]; 104[103]; 148; 149). Antes de subir aos céus Jesus abençoou os seus discípulos (cf. Lc 124,50s.). A bênção é dom expresso por palavras. Ela não traz algo material, mas ela é uma ação divina em favor da pessoa. Quem realmente pode abençoar é Deus; e da sua bênção brota a vida (cf. Sl 65,11; Jó 1,10). Um símbolo da bênção é a água, porque, além de lembrar a vida, lembra que ela a mantém na terra; lembra sua origem: "ela vem do céu em forma de chuva" (Eclo 39,22; Ez 34,26; Sl 65[64],11). Israel sabe e reconhece todos os benefícios de Deus; por isso louva e bendiz (cf. Sl 30[31],22; 60[59],11; 65[64],2s.; 66[65],8s.; 103[102],2; 124[123],6; Jd 13,17s.; Is 26,1). Nada se pode acrescentar ou tirar de Deus. A bendição – *berakah* é o "êxtase" diante de Deus Criador que deseja anunciar a todos o poder divino e dar graças por sua bondade e que convida todo o universo a louvar o seu Criador. São João da Cruz, mesmo no sofrimento, porém repleto do amor de Deus, em sua alma exclamava: "Em uma noite escura, de amor em vivas ânsias inflamada, oh! Ditosa ventura! [...] Oh noite que me guiaste, oh! Noite mais amável que alvorada; oh! Noite que juntaste Amado com amada, amada já no Amado transformada!" (*Obras Completas*. São João da Cruz. Petrópolis: Vozes, coedição com Carmelo Descalço do Brasil, 1984, p. 438-439).

Gesto litúrgico: a oferta

O Salmo 8 canta que Deus tudo criou para o ser humano. Como podemos dar algo a Deus? Dar a Deus é repartir com o irmão mais necessitado. Ofertar a Deus é dar ao irmão, sem esperar algo em troca. Assim deve ser a nossa oferta (cf. Ml 3,10). Os índios nos dão o exemplo dessa partilha; para eles, tudo o que existe é para o bem comum. O que está comigo é para meu uso enquanto eu precisar. O que eu não estou usando deve ser deixado para aquele que está precisando. A natureza deve ser preservada, porque não me pertence, ela é de todos e para todos (cf. *Manual da CF 2002* – CNBB).

Vivenciando a liturgia: bendição e louvor ao Deus Criador

A Eucaristia é um sacrifício perfeito de louvor a Deus. No Prefácio, este hino de louvor a Deus é mais intenso e nos convida a elevar os nossos "corações ao alto", até Deus, para louvar e bendizer, com todos os seres criados, com os santos, com os anjos e toda a corte celeste, a santidade de Deus. Nesta bendição nossos corações, voltados para o alto, podem ser transformados, porque o nosso coração humano já está no céu em Jesus ressuscitado e glorioso (cf. Cl 1,12s.; Gl 1,4; Ef 1,3-14; Rm 3,24; 1Pd 2,9). No ofertório, o sacerdote apresenta ao Pai a nossa oferta de pão e vinho e faz uma bendição: "Bendito sejais, Senhor, Deus do universo". E nós respondemos

"Bendito seja Deus para sempre". Neste momento bendizemos a Deus pelo pão e pelo vinho e pelo milagre que irá operar no momento da Consagração, quando este pão e este vinho serão transformados no Corpo e no Sangue de Jesus.

Gesto concreto: o dízimo

Louvar e bendizer a Deus todos os dias pela criação, pela vida e por tudo o que temos e somos é uma necessidade que está no mais profundo de nosso coração. O cristão é convidado a oferecer "as primícias" de tudo o que produz. Esse gesto de oferta pode ser expresso através do DÍZIMO. O dízimo é uma forma que o cristão tem para demonstrar que coloca Deus em primeiro lugar e que o reconhece como seu criador. Todas as coisas pertencem a Deus. Ele não precisa de nós. Quando fazemos uma oferta, não damos algo para Deus ou para a Igreja, mas devolvemos a Deus o que por direito lhe pertence.

Dar o dízimo é restabelecer a ordem natural da criação. Através do recolhimento do dízimo, o israelita reconhece que Deus é o dono da terra e de tudo o que ela contém. Os produtos recolhidos através do dízimo eram utilizados para a manutenção dos levitas, dos que serviam ao templo, dos órfãos, das viúvas, dos estrangeiros e dos deserdados. Estes são os que merecem a especial proteção de Deus e de seu povo (cf. Dt 14,22-29; 18,1-8; 26,1-13; Nm 18,21-32; Lv 27,30s.; Tb 1,7s.). Em Mt 23,23 lemos que "os fariseus pagavam, porém, o dízimo até dos produtos mais insignificantes, como as hortaliças". Dízimo é a décima parte do que se colhe ou do que se ganha. Vamos refletir sobre as nossas atitudes com relação ao dízimo. Lemos no Catecismo da Igreja Católica que: "Desde os inícios, os cristãos levam, com o pão e o vinho para a Eucaristia, seus dons para repartir com os que estão em necessidade. Este costume da coleta, sempre atual, inspira-se no exemplo de Cristo que se fez pobre para nos enriquecer" (1351). "O quinto mandamento (Ajudar a Igreja em suas necessidades) recorda aos fiéis que devem ir ao encontro das necessidades materiais da Igreja, cada um conforme as próprias possibilidades" (2043).

O que posso fazer concretamente para dar a minha oferta em louvor a Deus que me cumula de tantas bênçãos e favores? Vamos conversar com nossa família sobre o dízimo.

IV. Oração

• Salmo 136(135): "Celebrai a Iahweh, porque ele é bom" (Salmodiar, cantando os versículos ou lendo em dois coros).

• Pai-nosso.

• Abraço da paz.

• Canto final: de louvor. Sugere-se *Cantar a beleza da vida* e *Vou cantar* (Sl 65).

V. Conversa com os catequizandos

Os dons que Deus nos faz, e como ofertar o dízimo

Preparando o material

- Filme: *A oferta de Caim e Abel*.
- Cartazes com o nome das diversas festas dos povos antigos.
- Figuras de festas indígenas e nativas de diversos povos da Terra.
- Filme e/ou figuras sobre a Páscoa dos hebreus.
- Ervas amargas (chicória, agrião, rúcula), pão ázimo (sem fermento), para servir durante a catequese.

Como fazer o pão ázimo – Matzá

Material: 1 copo e meio de farinha de trigo (tipo americano), 1/2 copo de água morna.

Modo de fazer: Colocar os ingredientes numa tigela e aos poucos ir misturando com uma colher. Quando não houver mais água sobrando, sovar bem, com a mão, durante 20 (vinte) minutos. Fazer uma "bola" bem lisa e aos poucos, com as mãos, abrir a massa (como para a *pizza*, sem usar rolo) na espessura de mais ou menos 1 (um) centímetro e o diâmetro de 20 (vinte) centímetros.

Para assar: Colocar o pão em uma fôrma, sem untar, e levar ao forno com a temperatura baixa. Deixar por 20 (vinte) minutos. Virar o pão e deixar por mais 15 (quinze) minutos até que fique levemente dourado. Virar novamente e deixar mais 5 (cinco) minutos para dourar levemente o outro lado. Tirar o pão do forno e envolvê-lo em um guardanapo. Se o pão ficar um pouco duro, umedecer o guardanapo e o envolver novamente. (Um pão cortado em pedaços pequenos dá para 40 pessoas experimentarem, com as ervas amargas.)

Modo de preparar o charosset: maças raspadas (como para nenê) misturadas com nozes, ameixas ou uvas-passas picadas, canela e vinho.

Preparação da sala

Essa catequese vai ao encontro de uma necessidade fundamental do homem: celebrar Deus. O catequista deverá preparar com muito carinho o material e as atividades para que o catequizando descubra dentro de si essa necessidade e as formas que tem para manifestar o louvor a Deus através das celebrações, e, nas próximas catequeses, através, principalmente, da celebração da Eucaristia.

Preparar mesa com toalha, flor, vela e Bíblia e os sinais da Páscoa judaica, se possível em quantidade suficiente para que os catequizandos possam experimentar das ervas amargas (rúcula, chicória, almeirão); porção de uma mistura de nozes, maçãs raspadas, vinho e canela – **CHAROSSET**; osso de carneiro chamuscado (coxa) – **ZEROA**; ovo chamuscado – **BEITZÁ**; pão ázimo – **MATZÁ**.

Resposta da cruzadinha

			P	A	S	S	A	G	E	M
			Á	G	U	A				
Á	Z	I	M	O	S					
				C	O	L	H	E	I	T	A
			C	O	R	D	E	I	R	O
		S	I	N	A	I				

Subsídios para catequese

A celebração natural

O ser humano celebra Deus desde a sua criação. Os humanoides primitivos se extasiavam diante da natureza, tinham medo dos elementos que não conseguiam entender. Surgia a luz dissipando as trevas noturnas e eram gratos pela luz. As trevas traziam o terror. O fogo foi um dos primeiros elementos a ser venerado, e aquele que tomava conta desse fogo era considerado ser sagrado. Os humanos e a natureza eram como que uma unidade. Eles dependiam das forças da natureza, as temiam por seu poder destruidor, as veneravam pela vida que traziam sob a forma de alimento. Atribuíam a cada elemento poder e sentimentos próprios. Cada ser humano tinha uma forma própria de se relacionar com os elementos da natureza. Com o surgimento dos núcleos familiares, cada família criou os seus deuses e a forma de reverenciá-los era própria do clã familiar, e só os que pertenciam a esse clã participavam dos seus rituais. Demorou muito tempo para que os clãs partilhassem entre si os seus deuses. Os deuses eram tirados da natureza (sol, lua, árvores, animais...) e muitas vezes tomavam a forma humana. Na medida em que o culto aos deuses foi partilhado, a sociedade humana começou a desenvolver-se.

Deus está presente no coração da criatura humana, mesmo que a pessoa não tenha consciência dessa presença real. Todos os povos, em todas as épocas, buscam Deus de alguma forma. Em todas as raças, em todos os tempos, não importa o grau de desenvolvimento, o indivíduo procurou uma forma de louvar, de agradecer e de se submeter à divindade, fazendo sacrifícios. O ser humano sempre quis "devolver" a Deus o que de Deus recebera, por isso ele oferece à divindade os frutos da terra, os animais de seus rebanhos e os seus próprios filhos. Mesmo com toda a ciência e tecnologia, o ser humano moderno não é diferente do primitivo; a necessidade de se buscar Deus continua tão forte e intensa quanto nos primeiros tempos.

Se estudarmos a história dos povos indígenas e nativos, vamos confirmar que a busca de Deus é uma constante na pessoa. Para o povo de Israel essa busca de Deus é descrita desde os primeiros capítulos da Sagrada Escritura: a alegria da vida recebida e partilhada, os bens advindos da natureza: as flores, os frutos, os pássaros, os animais, os elementos da natureza que podem dar a vida ou provocar a morte. O relacionamento dos seres humanos com a natureza estimula uma aliança, que gera a preservação dos elementos naturais e suscita a ação de graças pela vida abundante partilhada.

As celebrações do povo

Os primeiros capítulos do Gênesis narram a obra da criação de Deus. "Deus viu que tudo era bom". Deus deu ao homem, criado à sua imagem e semelhança, todos os bens da terra: "Crescei e multiplicai-vos e dominai a terra". A criatura humana pecou e se afastou de Deus. Com o pecado, ela perdeu a possibilidade de viver no Paraíso, e foi trabalhar a terra para o seu sustento. Em Abel estão representados os criadores de animais, a comunidade pastoril, e, em Caim, os agricultores, a comunidade agrícola que ofertaram a Deus o fruto de seu trabalho (cf. Gn 1–4,4; cf. nota: "letra b" de Gn 4, Bíblia de Jerusalém, Paulus).

As páginas da Bíblia, especialmente os salmos, estão repletas de hinos de louvor e de agradecimento a Deus pelos bens da criação, pela alegria da vida e pela aliança de Deus com o seu povo, Israel. No início, os homens faziam sacrifícios de louvor, de bendição e ação de graças a Deus pelos dons recebidos, no lugar onde foram agraciados. Construíam um altar de terra ou de pedras (cf. Gn 8,20; 22,9; Ex 20,24; 23,15) e ofereciam a Deus o holocausto de animais e frutos da terra.

O povo hebreu celebrava grandes festas. O **ciclo lunar**: a lua nova ou a lua cheia, marcavam as semanas dos hebreus (cf. Ex 20,8-11; Sl 81,4; 1Sm 20,5; 2Rs 4,23; Am 8,5). O **ciclo solar** deu origem à Festa do Ano Novo, celebrada por todos os povos. Havia ainda a Festa da Páscoa da Primavera (cf. Ex 12,2). Por ocasião da Páscoa fazia-se a oferenda das "primícias do rebanho" (Ex 12,15-20). Para os que trabalhavam a terra, havia as festas anuais: na primavera, "Ázimos"; no verão, "Meses ou Semanas"; no outono, a "Festa da Colheita" ou "Vindima" (Ex 23,14-17; 34,18-22).

Páscoa e Êxodo

A Páscoa da Primavera era uma festa da família celebrada à noite na lua cheia no dia 14 do mês de abib depois chamado de nisan (cf. Bíblia de Jerusalém, Paulus, 2002: Ex 12, letras a, e b). Oferecia-se a Javé um animal novo, nascido no ano, sem defeito, macho. Não se podia quebrar osso algum. Com seu sangue eram assinaladas as portas de cada morada, como sinal de proteção divina. A carne do cordeiro era comida numa refeição rápida. Essa festa teve origem na noite em que Moisés libertou o povo hebreu, escravo no Egito.

Israel celebrava sua grande Festa da Primavera, livre dos egípcios, no deserto. Israel celebrava a grande noite em que Deus o libertara. Agora, imolar o cordeiro adquiriu novo significado: passa a ser o resgate dos filhos primogênitos israelitas, que eram consagrados a Deus por terem sido poupados no Egito (cf. Ex 12,19; 13,1-2; 22,29). Celebrar a Páscoa depois da libertação do Egito tem novo significado: "Deus com mão forte e poderosa libertou o seu povo e lhe deu uma terra em que corre leite e mel" (cf. Ex 3,17; Dt 5,15). A Páscoa é a passagem de Deus, que pulou as casas dos israelitas marcadas com o sangue do cordeiro, poupando seus primogênitos e matando os primogênitos (homens e animais) dos egípcios (cf. Ex 12,13-27; Is 31,5).

Páscoa e ázimos

A Festa dos Ázimos era celebrada entre os dias 14 e 15 do primeiro mês da primavera que para nós corresponde aos meses de março/abril (cf. Ex 12,15-20; Nm 28,26). As primícias da colheita ofertadas a Deus eram acompanhadas de pães não fermentados. Após a libertação do Egito essa festa passou a ser celebrada junto com a Festa da Páscoa. Os hebreus saíram às pressas do Egito, e o pão não pode ser fermentado. Essa pressa é recordada na Festa da Páscoa judaica pelo rito dos pães ázimos (cf. Ex 23,15; 34,18; Dt 26,1).

Deus trouxe a salvação aos israelitas e a morte dos egípcios. O sangue na porta dos hebreus foi um sinal para que Deus pulasse aquela casa e não ferisse os que nela estavam. Enquanto os hebreus comiam o cordeiro, os egípcios eram feridos por Deus. As ervas amargas eram o sinal da amargura sofrida pela opressão. O pão ázimo, sem fermento, era o sinal da falta de tempo para levedar a massa: Os hebreus saíram apressados do Egito (cf. Lv 23,1-25; Js 5,2-9; 8,3-35; Jz 4,19; Ez 45,20; 2Cr 30,2).

Moisés, por ordem de Deus, abre uma passagem pelo Mar Vermelho. A "PASSAGEM DO MAR VERMELHO" é igual à MORTE para os egípcios e VIDA para os hebreus. Este é o significado da Páscoa. O povo hebreu celebrou a Páscoa. Esta foi sinal de outra Páscoa: a de Jesus. Ele celebrou a sua Páscoa com os seus discípulos (cf. Lc 24,1; Jo 13,1; 1Cor 5,6-8; 11,26).

Os sinais da ceia judaica

Os hebreus celebravam a semana de Pessach, sendo que o primeiro e o último dia eram os mais solenes. Nessa semana eles não comiam pão fermentado. Antes da celebração a casa era cuidadosamente limpa, para motivar as crianças e para concretizar o caráter sagrado da festa. Durante a celebração de Pessach, os pais transmitiam a seus filhos as maravilhas que Deus havia realizado com o seu povo, através de Midrash. Durante a ceia, havia momentos especiais para as crianças. A fé era transmitida por ensinamentos orais dos mais velhos, através de brincadeiras como a busca do "oculto" e através de cantos, por exemplo:

Quem sabe o que é Um? Eu sei o que é Um. Um é nosso Deus, no céu e na terra. Quem sabe o que é dois? Eu sei o que é dois. Duas são as tábuas da Lei; Um é o nosso Deus, no céu e na terra. [...] Quem sabe o que é treze. Eu sei o que é treze. Treze são os atributos de Deus; Doze são as tribos de Israel; Onze são as estrelas do sonho de José;	Dez mandamentos foram dados no Sinai; Nove é o número dos dias festivos; Oito são os dias até o serviço da Aliança; Sete são os dias da semana; Seis são os livros da Mishná; Cinco são os livros da Tora; Quatro é o número das Matriarcas; Três é o número dos Patriarcas; Duas são as tábuas da Lei; Um é o nosso Deus, no céu e na terra.

(cf. *A Hagadá de Pessach*. Central Conference of American Rabbis – Supervisão do Rabino Henry I. Sobel. Editora B'naiB'rith, 1997, p. 81-85.)

• **Os treze atributos de Deus:** Unidade, Infinitude, Eternidade, Imutabilidade, Onipresença, Soberania, Onisciência, Onipotência; Justiça, Amor, Verdade, Liberdade, Santidade.

• **Nove são os dias festivos:** *Chanuka* (Consagração do templo por Judas Macabeu); *Rosh Hashaná* (Aniversário da criação); *Sucót* (Festa das Cabanas); *Lag Boamer* (encontro ao ar livre em volta das fogueiras); *Shavuót* (Dia da revelação no Monte Sinai); *Pessach* (êxodo dos judeus do Egito); *Purim* (triunfo dos judeus sobre seus inimigos através de Esther e Mordecai); *Tu Bishvat* (Ano Novo das Árvores); *Yom Kipur* (Ano do Jubileu).

• **Festa de Pessach que dura oito dias.**

• Os Livros dos Preceitos (Mishná) são *seis: Zeraim* – "Sementes" (acerca da agricultura); *Moed* – "Festa" (sobre o sábado e festividades); *Nashim* – "Mulheres" (Direito matrimonial); *Neziquin* – "Danos" (Direito civil e penal); *Codashim* – "Coisas Sagradas" (Sacrifícios e serviço do Templo); *Taharot* – "Purezas" (Leis de pureza e impureza).

• **Cinco são os livros da Tora:** Gênesis, Êxodo, Pentateuco, Números e Levítico.

• **Quatro são as Matriarcas:** Sara, Rebeca Lia e Raquel.

• **Três são os Patriarcas:** Abraão, Isaac e Jacó.

(cf. *A Hagadá de Pessach*. Central Conference of American Rabbis – Supervisão do Rabino Henry I. Sobel. Editora B'naiB'rith, 1997, p. 81-85.)

Alguns sinais de Pessach:

O osso de perna assado do cordeiro – Zeroa: Com a destruição do Templo de Jerusalém os sacrifícios cessaram. Esse osso simboliza o sacrifício da Páscoa, antigo.

O pão ázimo, sem fermento – Matzá: A saída apressada do Egito com a massa não levedada.

As ervas verdes: – karpas: Na primavera, a natureza refloresce, a esperança do renascimento.

Ervas amargas – Marror: A amargura das ervas representa a amargura do tempo da escravidão no Egito.

A parte superior da raiz forte – Marror: o sofrimento da escravidão dos hebreus no Egito e o sofrimento de todos os que são escravos.

Charosset: A argila que os hebreus amassam no Egito para construírem as cidades do faraó.

O ovo cozido e queimado: O ovo é símbolo da vida, é a vitória da vida sobre a morte. Por sua forma redonda lembra a eternidade.

A água salgada: lembrança das lágrimas do povo e sua miséria no Egito.

Para o aprofundamento do catequista

• *Catecismo da Igreja Católica*: 28; 31s.; 34; 46; 341; 1718; 640; 130; 1170; 1363; 1080s.; 28; 97; 1028; 1093; 1363; 1334; 1281; 1501; 2402; 2566.
• *Carta apostólica Mane Nobiscum Domine*. De João Paulo II para o ano da Eucaristia. São Paulo: Paulinas.
• *Pastoral dos sacramentos da iniciação cristã*. São Paulo: Paulus, 1974.
• *A Eucaristia na vida da Igreja*. São Paulo: Paulus, 2005.
• *Conhecer nossas raízes – Jesus Judeu*. Brasília: CNBB.

18ª Catequese

Jesus celebra a Páscoa

OBJETIVOS	CONTEÚDO
1) Compreender o amor de Deus por todas as pessoas, através da Ceia Pascal que Jesus realizou com seus discípulos.	1) A Páscoa de Jesus: • Jesus, um judeu, celebra a Páscoa com seus discípulos. • A instituição da Eucaristia.
2) Revelar o projeto de Deus para nós, compreendendo a instituição da Eucaristia.	2) A Páscoa cristã é um memorial: • os primeiros cristãos; • a Eucaristia descrita por São Justino.
3) Encorajar a aceitar o dom de Jesus dando-se a serviço dos irmãos na comunidade, na família, na escola.	

Preparando o encontro

Nesse encontro vamos celebrar a Páscoa de Jesus. Ele era judeu, viveu como judeu e cumpriu toda a Escritura. No entanto, não só cumpriu a Escritura, mas veio aperfeiçoar a Lei e os profetas (cf. Mt 5,17 – cf Mt 3,15; 21,4; 26,54; Mc 14,49; Lc 4,21; 22,27; 24,44; Jo 13,18; 18,9; 19,24.28.36). O cristão celebra a Ação de Graças ao seu criador, não mais por instinto, mas com uma nova dimensão de filho de Deus (cf. CaIC 1153). Jesus realiza o que era figura: Ele é o Cordeiro Pascal. Neste encontro vai ser revelado aos nossos catequizandos o Mistério da nossa Fé: Jesus se torna nosso alimento sob as espécies de pão e vinho. Como Tomé tocou as chagas de Cristo, vamos procurar fazer nossos catequizandos "tocarem" a "fonte e o ápice da vida eclesial": a Eucaristia. Vamos rezar pedindo que o Espírito Santo nos conduza, na preparação deste encontro, estudando as propostas formuladas para a catequese. As citações bíblicas foram selecionadas para ajudar a entender a doutrina da Igreja.

I. Oração inicial (Indique o tempo_____)

- Fazer o sinal da cruz e uma oração espontânea (todos em pé).
- Invocação do Espírito Santo (cantada ou rezada).

II. Proclamação da Palavra de Deus (Indique o tempo_____)

Contexto: Mt 26,17-29 (cf. Mc 14,17-31; Lc 22,14-23; Jo 6,51-58; 13,21-30; 1Cor 5,5-8; 10,16; 11,26)

Texto: Mt 26,26-28 (Jesus celebra a Páscoa)

Comentário: Se antes Jesus celebrava a Páscoa de e com o seu povo, agora Jesus vai celebrar a sua Páscoa. Nesta Páscoa, Ele é o Cordeiro Pascal (cf. Jo 1,29.36). A entrega de si mesmo em sacrifício pelo perdão dos pecados da humanidade é uma entrega total, de livre e espontânea vontade. Jesus antecipa esta entrega: "A Eucaristia que instituiu naquele momento será o 'memorial' de seu sacrifício. Jesus inclui os apóstolos em sua própria oferta e lhes pede que a perpetuem" (CaIC 609s.). Jesus deseja **ardentemente** fazer esta Páscoa.

Aclamação à Palavra de Deus (todos em pé)

• *Canto*: (Aleluia ou outro, conforme escolha do catequista, de acordo com o tempo litúrgico).

• *Antífona*: "Quando chegou a hora, ele se pôs à mesa com seus apóstolos e disse-lhes: Desejei ardentemente comer esta Páscoa convosco antes de sofrer" (Lc 22,14s.).

Proclamação do Evangelho: Mt 26,26-28

III. Catequese (Indique o tempo_____)

O tema dessa catequese toca nosso coração. Se Tomé tocou as chagas do Senhor ressuscitado, a nós é dado, como alimento, o seu Corpo e seu Sangue. Ao preparar esta catequese, ler os textos bíblicos e o conteúdo proposto, selecionando, simultaneamente, o material para ilustrá-la. A graça de Deus está presente em nossa missão, e há de suscitar no coraçãozinho de nossos catequizandos o mesmo "desejo **ardente** no coração" que Jesus teve: "desejei **ardentemente** celebrar esta Páscoa convosco" (Lc 22,15). Estamos preparando-os não apenas para um momento específico: o dia da primeira comunhão, mas principalmente para que eles sejam motivados para viver uma VIDA EUCARÍSTICA.

Símbolo litúrgico: o cálice da bênção

Nas celebrações festivas de muitos povos há o costume de partilhar o mesmo cachimbo, ou um mesmo recipiente com bebida. Essa partilha é um sinal de unidade e comunhão.

Jesus celebrou a Páscoa com seus discípulos. Depois, no Horto das Oliveiras, estando em oração, pede ao Pai que afaste dele "esse cálice" (Lc 22,17-20); porém, Jesus aceita fazer a Vontade do Pai, e bebe o cálice que lhe é apresentado. Jesus dá o seu sangue para a salvação dos homens. "É o Sangue da Nova e Eterna Aliança" (Mt

26,27s.; Mc 14,23s.; 1Cor 11,26). A Eucaristia é memorial do sacrifício de Jesus: da sua Paixão e da sua Ressurreição (CaIC 1330). No momento da Consagração, o sacerdote diz as mesmas palavras e faz os mesmos gestos de Jesus, e transforma o pão no Corpo de Cristo e o vinho no Sangue de Cristo.

Gesto litúrgico: a consagração

O momento da Consagração, na Eucaristia, é o mais solene e significativo que pode existir para os cristãos. É o momento em que o padre, "como e no lugar mesmo de Jesus", toma o pão e o vinho, dá graças a Deus e falando as mesmas palavras de Jesus transforma o pão no Corpo de Jesus, e o vinho no Sangue de Jesus (cf. CaIC 1373-1377). Este é o milagre maior de nossa fé. Por isso, depois de consagrar e elevar o pão, que não é mais pão, embora tenha a aparência de pão, depois de consagrar o vinho e elevar o cálice com o vinho, que não é mais vinho, embora tenha a aparência de vinho, o sacerdote diz para a assembleia: "Eis o mistério da nossa fé". Olhando para o pão e o vinho, que agora pelo mistério da transubstanciação são verdadeiramente o Corpo e Sangue de Jesus, podemos dizer em nosso coração, com muito amor, como Tomé: "Meu Senhor, e meu Deus".

Vivenciando a liturgia: reunião eucarística segundo São Justino

No livro do catequizando há uma explicação sobre o que São Justino escreveu a respeito da Celebração Eucarística, no ano de 165 dC. É um texto importante para nos ajudar a compreender como era celebrada a Eucaristia pelos primeiros cristãos. Nossa Igreja vem dos apóstolos, por isso é apostólica. A forma como celebramos hoje a Eucaristia está fundamentada nos ensinamentos dos apóstolos, no Magistério da Igreja e vivenciada pelos cristãos. É necessário ler esse texto e ir explicando, aos nossos catequizandos, mostrando o que ainda se conserva até os nossos dias em nossas celebrações. Alguns pontos importantes devem ser abordados:

1) Só os batizados participavam da Eucaristia.

2) Havia a oração comum pelos que foram batizados e por todos.

3) O ósculo da paz corresponde, hoje, ao abraço da paz.

4) Havia longas orações de ação de graças, que eram encerradas com o Amém; para nós é a Oração eucarística.

5) Eram apresentadas as ofertas do pão e do vinho, como fazemos hoje também.

6) A Eucaristia é o Corpo e o Sangue de Cristo e só pode ser tomada pelos que foram batizados e estão dignamente preparados.

7) Era feita uma coleta de bens em favor dos necessitados.

8) Havia a distribuição da Eucaristia.

9) Esta reunião era realizada no Dia do Sol – o domingo.

Gesto concreto: dar um pouco da nossa vida pelo irmão

Jesus livremente assume a sua missão, dá a vida por todas as pessoas. Nos ensina a dar a vida pelo irmão e nos ensina a morrer, para viver. Ele diz: "aquele que acha a sua vida vai perdê-la, mas quem perde a sua vida, por causa de mim, vai achá-la" (Mt 10,39). Convidar os catequizandos e nós catequistas para durante essa semana procurar dar um pouco da nossa vida pelo irmão, pessoas que estão perto de nós; fazer um gesto de carinho, dar atenção àquele que não nos é simpático; para conversar e ajudar, sem que o outro perceba, sem que seja necessário agradecimentos ou retribuições.

IV. Oração

• Comunhão espiritual

Explicar que o dia do primeiro encontro com Jesus Eucarístico se aproxima rapidamente. Por isso é preciso preparar-se para este grande encontro pessoal com Jesus. Até agora cada um "experimentou" Jesus na sua Palavra; nesse dia, todos irão "saborear" Jesus na Eucaristia, comendo a sua carne e bebendo o seu sangue. Será o momento de um contato muito íntimo e intenso com Jesus. É preciso desejar viver plenamente este momento. Comentar que nem sempre é possível participar com frequência da Eucaristia, mas podemos nos unir a Jesus de várias formas: quando acolhemos e ajudamos nosso próximo, durante a Missa comungando do Corpo e do Sangue de Cristo, e através da Comunhão espiritual. Comunhão espiritual é desejar intensamente receber Jesus na Eucaristia. Em todo momento e lugar, cada um, em seu coração, pode desejar receber Jesus. Por isso, durante os próximos dias, "suspirar" no coração por Jesus, dizendo-lhe que deseja recebê-lo na Eucaristia, que Ele venha, que Ele permaneça sempre em seu coração (cf. Carta encíclica do Santo Padre João Paulo II sobre a Eucaristia na sua relação com a Igreja, 34).

Fazer uns minutos de silêncio para que todos possam fazer a sua Comunhão espiritual.

• Oração de São Francisco.

• Pai-nosso.

• Abraço da paz.

• Canto final: sobre a Eucaristia, como *Sabes, Senhor*; *Que poderei retribuir ao Senhor?*; *No teu altar, Senhor*.

V. Conversa com os catequizandos

O gesto de amor de Jesus: dar para receber.

Preparando o material
- Filme ou cartazes sobre a Última Ceia de Jesus.
- Fotos ou figuras do momento da Consagração do pão e do vinho na Missa, e sobre a Páscoa de Jesus, sua paixão, morte e ressurreição.
- Figura do Cordeiro Pascal e do Círio Pascal ou o Círio.
- Figura de João Batista e de Jesus com a frase: "Eis o Cordeiro de Deus".
- Globo terrestre e mapa do mundo com os fusos horários, para visualizar a palavra do profeta: *"do nascer ao pôr do sol, um sacrifício santo e imaculado"*.
- Material para fazer os convites para a Celebração Eucarística do dia da Primeira Comunhão.

Preparação da sala

O tempo de preparação para a Primeira Comunhão (que deve ser o início da Vivência Eucarística) está chegando ao fim. Procurar aproveitar bem essas últimas catequeses. A sala deve ser bem preparada para que se possa manter a motivação dos catequizandos. Este é um tempo santo, o ambiente deve favorecer a interiorização e espiritualidade das celebrações catequéticas, para motivar nelas o desejo de participar da "Perseverança".

Dinâmica: a Eucaristia – dobradura

O catequista poderá fazer a dobradura proposta em tamanho grande para servir como anúncio e convite para a Celebração Eucarística da Primeira de muitas comunhões, para a Comunidade paroquial. Cada catequizando poderá fazer os seus convites para entregar aos seus familiares.

Material: duas folhas de papel sulfite em cores diferentes, tesoura, cola.

Para os convites individuais: folhas de sulfite suficiente, conforme o número de crianças e de quantos convites a serem feitos.

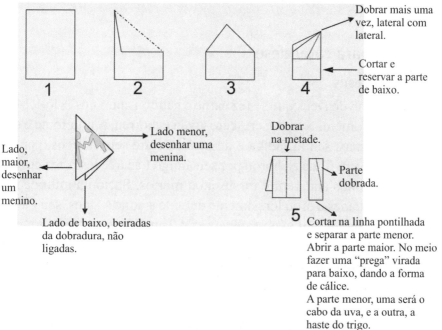

Para montar o cartaz:

1) O **cálice** é tirado da sobra "reserve" (5).
2) O cabo da uva e do trigo, da lateral do cálice.
3) A hóstia é tirada do bico acima da cabeça das crianças.
4) O trigo é montado da parte que sobra do recorte da cabeça das crianças depois de tirar o círculo para a hóstia.
5) Para a uva, desenhar os "bagos" na parte de baixo dentre o corpo das crianças.

Subsídios para catequese

A Páscoa de Jesus

Jesus é o "Verbo de Deus que se fez carne e habitou entre nós" (Jo 1,14). Jesus é verdadeiramente homem. Nasceu, cresceu, viveu e morreu; sentiu fome e sede; sentiu alegrias e tristezas; sentiu fadiga e descansou entre seus amigos, participou de festa de casamento em Caná e chorou por seu amigo Lázaro. Jesus fez cegos verem, surdos ouvirem, coxos andarem e ressuscitou mortos. Saciou a multidão faminta, acalmou as tempestades e orou longamente durante a noite a Deus, seu Pai. Ensinou nas sinagogas, e quando viu que profanavam o Templo, tocou com um chicote os vendedores. Acolheu os pobres e as crianças, foi desprezado e foi aclamado. Jesus realizou na terra a missão que seu Pai lhe havia confiado. Agora, para que se cumprissem as Escrituras, devia ir a Jerusalém celebrar a Páscoa, festa muito importante para os judeus.

Jesus celebra a Páscoa, que era memória da Páscoa de Moisés e dos hebreus que saíram libertos da escravidão do Egito, quando o sangue do cordeiro, nos umbrais das casas, salvou os primogênitos dos hebreus da morte (cf. Ex 11–12). Jesus celebra principalmente a sua Páscoa. A Páscoa que Ele desejou ardentemente celebrar com seus discípulos (cf. Lc 22,15). A Páscoa da Nova e Eterna Aliança. Jesus não inventou a Páscoa. Jesus aperfeiçoou a Páscoa dos hebreus, a Páscoa do seu povo. Jesus se fez o novo Cordeiro Pascal. Jesus se imolou como vítima perfeita e sem mancha (cf. Is 53,7). Jesus se deu em alimento (cf. Jo 6,48-51).

A Ceia dos judeus era uma celebração muito bonita e significativa. Cada gesto, cada alimento relembrava o grande acontecimento da libertação do Egito. Os pães sem fermento, as ervas amargas e o cálice da bênção. O pai de família relatava aos seus familiares os grandes feitos de Deus. Todos ficavam em vigília, louvavam e agradeciam a Deus por todos os dons e graças recebidos no decorrer da história dos hebreus (cf. 17ª catequese, 2ª etapa).

A instituição da Eucaristia

Ao tomar o "pão sem fermento" – a *matzá* e o "cálice da bênção", Jesus deu graças ao Pai e instituiu a Eucaristia. Jesus se deu em alimento a todos os apóstolos. Jesus pediu que eles realizassem o que acabara de fazer, em sua MEMÓRIA. Jesus queria que o seu gesto fosse repetido. Nesse momento Ele faz de seus apóstolos seus sucessores. Jesus lhes dá o poder de transformarem o pão em seu Corpo e o vinho em seu Sangue.

No livro *A Hagadá de Pessach*, do Comitê Litúrgico da Central Conference of American Rabbis, no prefácio, p. 9, lemos: "Os judeus não eram, porém, os únicos a dedicarem sua atenção ao Seder. Muitos cristãos acreditavam que a última ceia de Jesus havia sido o Seder. Estes cristãos – muitos deles haviam antes sido judeus – provavelmente continuam a fazer todos os anos o seu Seder como o haviam feito, antes de serem adeptos de Jesus de Nazaré. Para eles, porém, o ritual do Seder estava imbuído de novos significados. A *matzá*, por exemplo, era o corpo do seu Senhor, assim como este mesmo o havia declarado antes de morrer". No Catecismo da Igreja Católica lemos: "Ao celebrar a Última Ceia com seus apóstolos, durante a refeição pascal, Jesus deu seu sentido definitivo à páscoa judaica. Com efeito, a passagem de Jesus a seu Pai por sua Morte e Ressurreição, a Páscoa nova, é antecipada na ceia e celebrada na Eucaristia que realiza a Páscoa judaica e antecipa a Páscoa final da Igreja na glória do Reino" (1340).

A Páscoa cristã

Após a Ascensão de Jesus e de Pentecostes, os primeiros cristãos celebravam a Eucaristia nas casas, como é relatado nos Atos dos Apóstolos 2,42. São Justino, que morreu no ano de 165 dC, nos relata como era a Eucaristia em seu tempo. A Eucaristia que celebramos é bastante semelhante àquela vivida pelos primeiros cristãos. Os anos se passaram. Dez ou cem ou mil anos não fazem diferença. A Eucaristia de Jesus permanece atual e viva entre nós.

A Igreja realiza, "do nascer ao pôr do sol, um sacrifício santo e imaculado" (Ml 1,11). A Eucaristia é celebrada em todas as partes do mundo, e conforme o movimento do sol e da rotação da terra as horas se sucedem. Assim, a cada momento se inicia uma celebração da Eucaristia em alguma parte do mundo.

"No Cenáculo, os apóstolos, tendo aceito o convite de Jesus: "Tomai e comei [...]. Bebei dele todos" (Mt 26,26.27), "entraram pela primeira vez na comunhão sacramental com ele. Desde então e até o fim dos séculos, a Igreja edifica-se através da comunhão sacramental com o Filho de Deus imolado por nós: "fazei isto em minha memória [...]. Todas as vezes que o beberdes, fazei-o em minha memória" (1Cor 11,24 – cf. 22,19).

A incorporação em Cristo realizada pelo Batismo renova-se e consolida-se continuamente através da participação no sacrifício eucarístico, sobretudo na sua forma plena que é a comunhão sacramental. Podemos dizer não só que *cada um de nós recebe Cristo, mas também Cristo recebe cada um de nós*. Ele intensifica a sua amizade conosco: "Chamei-vos amigos" (Jo 15,14). Mais ainda, nós vivemos por Ele: "O que me come viverá por mim" (Jo 6,57). Na comunhão eucarística realiza-se de modo sublime a inabitação mútua de Cristo e do discípulo: "Permanecei em mim e eu permanecerei em vós" (Jo 15,4) (*Ecclesia de Eucharistia* 21-22).

Para o aprofundamento do catequista

• *Catecismo da Igreja Católica*: 607; 612; 1000; 1096; 1148; 1166; 1170; 1225; 1164s.; 1329; 1334-1347; 1390; 1403; 1412; 2816.
• Carta encíclica *Ecclesia de Eucharistia*. João Paulo II, sobre a Eucaristia. São Paulo: Paulinas.
• *Vida pascal cristã e seus símbolos*. Frei Alberto Beckhäuser, OFM. Petrópolis: Vozes, 2006.
• *Eucaristia: transformação e união*. Anselm Grün. São Paulo: Loyola, 2006.

19ª Catequese

Jesus é o Pão da Vida

OBJETIVOS	CONTEÚDO
1) Identificar que alimentos comuns, presentes na vida humana, sinais de alegria, de abundância e fartura são transformados em alimento para a vida eterna. 2) Incentivar o desejo de se alimentar, sempre, com o Pão descido do céu, que é o próprio Jesus.	1) O Pão • o pão de cada dia; • o pão ázimo; • o maná no deserto e o verdadeiro pão de Deus; • Jesus é o Pão da Vida – o verdadeiro alimento: o Corpo e o Sangue de Cristo. 2) O vinho • o vinho servido em cada refeição; • o vinho da alegria e da perdição Jesus é a verdadeira videira: o vinho novo da Nova Aliança.

Preparando o encontro

Nesse encontro vamos celebrar os sinais da Eucaristia: o pão e o vinho. A Eucaristia é alimento, é refeição, é ação de graças. Jesus é o Pão da Vida, é o alimento que dá força, que reanima, que liberta e que nos transforma.

I. Oração inicial (Indique o tempo_____)

• Fazer o sinal da cruz e uma oração espontânea (todos em pé).
• Invocação do Espírito Santo (cantada ou rezada).

II. Proclamação da Palavra de Deus (Indique o tempo_____)

Contexto: Jo 6,1-59 (cf. Ex 12; Lv 23,6-8; Dt 16–17; Nm 11,13; 28,17-25; Is 2,2s.; 25,6; 56,6-8; 60,11-14; 2Rs 4,38-44; Zc 8,20; 14,16; Mt 8,11; 22,2-10; Lc 14,15-24).

Texto: Jo 6,48-51 (Jesus é o pão da vida)

Comentário: Em seu Evangelho, João escreve os ensinamentos de Jesus sobre a Eucaristia. Jesus sacia a fome de mais de cinco mil homens. Para os antigos foi dado o maná, que deveria ser recolhido a cada manhã. Jesus é o Bom Pastor que recolhe o seu povo em verdes pastagens e lhes dá o alimento (Sl 23[22]). Ele toma os pães que o menino lhe apresenta, "dá graças e distribui-os aos presentes". Quando o povo, saciado, quer aclamá-lo rei, Jesus "refugiou-se sozinho, de novo, na montanha". No dia seguinte, a multidão, que havia sido alimentada por Jesus, procura-o e o encontra em Cafarnaum. Jesus lembra os acontecimentos dos tempos de Moisés, no deserto, quando o Povo de Deus se alimentou com o maná. Jesus diz que o verdadeiro alimento será dado por seu Pai.

Aclamação à Palavra de Deus (todos em pé)

• *Canto*: (Aleluia ou outro, conforme escolha do catequista, de acordo com o tempo litúrgico).

• *Antífona*: "Quem come a minha carne e bebe o meu sangue, tem a vida eterna, e eu o ressuscitarei no último dia" (Jo 6,54).

Proclamação do Evangelho: Jo 6,48-51

III. Catequese (Indique o tempo_____)

Vamos preparar essa catequese. O tema é interessante. O ser humano só pode viver se alimentar-se; o alimento mais comum é o pão. E Jesus se faz pão para alimentar o cristão. Podemos levar, para ilustrar a nossa catequese, diversos tipos de pão e um pouco de uva, e, se possível, o suco da uva. Nossas crianças terão muito o que falar de suas experiências com o pão. Vamos incentivar a partilha dos bens com os mais necessitados, e a ação de graças pelos alimentos, antes das refeições. Vamos orientar nossos catequizandos sobre o momento da consagração, durante a celebração da Eucaristia: as palavras do sacerdote, o gesto de estar ajoelhado ou em pé, conforme o costume local. Olhar para a hóstia e para o cálice, no momento da "elevação". Adorar Jesus realmente presente no altar (CaIC 1374). Desejar receber Jesus Eucarístico: ser um com Jesus, na comunhão (rever o gesto litúrgico da 16ª catequese da 1ª etapa e das 1ª, 2ª e 20ª catequeses da 2ª etapa).

Símbolo litúrgico: pão e vinho

No Evangelho que ouvimos, Jesus diz que é preciso comer a carne do Filho do Homem e beber o seu sangue para ter a vida eterna. Esse anúncio para os judeus foi um escândalo. Para nós também é. Como comer a carne e beber o sangue de outro ser humano. Só os canibais fazem isso. Mas Jesus sabia o que estava dizendo. Jesus, tomando um alimento comum à mesa de qualquer ser humano, realiza o maior milagre já visto: transforma o pão em seu corpo e o vinho em seu sangue: "Tomai e comei, isto é o meu Corpo. Tomai e bebei, isto é o meu sangue". O pão já não é mais pão, mas é o Corpo de Jesus. Parece pão, tem gosto de pão, tem cheiro do pão, não é mais pão: é o Corpo de Jesus. O vinho, não é mais vinho. Parece vinho, tem gosto de vinho, tem cheiro do vinho, não é mais vinho: é o Sangue de Jesus. Este é o grande Mistério de nossa fé.

O pão é feito de muitos grãos de trigo, moídos. O vinho é feito de muitos bagos de uva, pisados, esmagados e fermentados. O pão não é um só grão de trigo; o vinho não é um só bago de uva. O trigo foi transformado em pão; a uva foi transformada em vinho. Pão e vinho.

O pão é dom de Deus (cf. Pr 12,11). É sustento, e dá força ao corpo humano (cf. Sl 104[103],14s.; Lc 11,3). É símbolo da Eucaristia (cf. Mc 14,22), do sofrimento (cf. Sl 42[41],4; 80[79],6; 102[101],10; Is 30,20) e do trabalho (cf. Gn 3,19); da alegria que Deus dá a seus eleitos (cf. Ecl 9,7; Is 30,23; Sl 37[36],25; 132[131],15) e da dor para o preguiçoso (cf. Pr 31,27; Jr 5,17; Ez 4,16s.; Lm 1,11; 2,12). O pão deve ser partilhado (cf. Gn 18,5; Pr 22,9; Ez 18,7.16; Is 58,7; Tb 4,16; Jó 31,17; 2Cor 9,10).

O vinho é uma bebida comum do povo (cf. Dt 8,7-10), alegra o coração do homem (cf. Sl 104[103],15; Eclo 31,26-28). O vinho simboliza a felicidade (cf. Am 9,14; Is 25,6), a prosperidade (cf. Gn 5,29; Nm 13,23-27; Dt 8,8; Pr 3,10s.; Am 9,14; Os 2,24; Jr 31,12; Is 25,6; Jl 2,19; Zc 9,17) e a amizade (cf. Eclo 9,10; Ct 1,4). O vinho faz bem à saúde (cf. 1Tm 3,3-8; 5,23; Tt 2,3). O vinho em excesso pode levar à pobreza, à injustiça, à miséria e à violência (cf. Gn 9,21; Am 2,8; Pr 21,17; Eclo 19,2; 31,30-42; Ef 5,18). Não pode faltar em festas (cf. Is 25,6; Mc 14,25; Mt 8,11; Jo 2,1-11). O vinho é dom do Senhor: é uma bênção (cf. Dt 7,13; Os 2,10; Jl 2,24), mas é tirado em sinal de castigo (cf. Dt 28,30.39; Os 2,11; 9,2; Am 5,11; Sf 1,13). No altar, sobre o corporal, o pão (a hóstia) é colocado na patena e o vinho no cálice. O "corporal" é um pano de linho, quadrado. Recebe este nome porque sobre ele coloca-se o Corpo e Sangue de Cristo.

Gesto litúrgico: a ação de graças, agradecer a Deus pelos dons recebidos

A ação de graças, a gratidão, o agradecimento pelo alimento recebido é um costume descrito na Bíblia desde Abel. O homem tem em seu coração a necessidade de agradecer ao Criador pelos dons recebidos (cf. Dt 8,7-14; Sl 107[106],1; 116[115],12; Eclo 32,13; Ef 5,20; Cl 3,15; 1Ts 5,18). Devemos ser agradecidos ao nosso próximo pelos favores recebidos, retribuir o bem que nos fazem e perdoar àqueles que nos fazem o mal (cf. Pr 17,13; Eclo 29,15; 1Tm 2,1s.; 5,4). Quando nos fazem uma delicadeza, nos ajudam ou nos prestam algum serviço em casa, nos restaurantes, nas lojas, no ônibus, na escola os nossos professores e colegas, precisamos ter o hábito de dizer "muito obrigado" ou "muito obrigada".

João narra um momento extraordinário de oração de Jesus, onde Ele oferece e consagra sua vida ao Pai. Ele reza e dá graças para santificar todos os que nele acreditarem. Ele pede por todas as pessoas do mundo. Jesus, antes de morrer, nos ensina a rezar (cf. Jo 17).

A Eucaristia é também uma Oração de Ação de graças. Damos graças a Deus em muitos momentos quando celebramos a Eucaristia; em especial na Consagração, quando, pela força das palavras do sacerdote, que age "**no lugar de Cristo**", o pão e o vinho se tornam o Corpo e o Sangue de Cristo (cf. CaIC 1328; 1359ss.; 1373-1377; 1548).

Os salmos nos ensinam a "levantar os olhos para o Senhor", a "ter os olhos fixos no Senhor" (Sl 25[24],15; 69[68],4; 119[118],82; 141[140],8s.). O que é olhar? Sabemos olhar e enxergar os dons que Deus nos tem feito? Ou não? Temos olhado e enxergado o que acontece ao nosso redor? Quantas pessoas não têm o que Deus nos dá gratuitamente e são agradecidas, vivem alegres bendizendo o Senhor. Precisamos aprender a olhar e a enxergar.

Dinâmica para ver e enxergar

1) Pedir que os catequizandos "olhem e enxerguem" a sala e tudo o que têm ao redor (pode ser delimitado o campo da visão, por exemplo a mesa, a lousa etc.).
2) Pedir que os catequizandos fechem seus olhos.
3) Discretamente mudar alguma coisa de lugar na mesa ou do local determinado previamente.
4) Pedir que "olhem e enxerguem" novamente, e digam o que mudou. Quem souber deve levantar a mão.

Conclusão: Na Eucaristia é preciso "ver além das aparências". No pão e no vinho consagrados: ver Jesus. No momento da Consagração, quando o sacerdote "eleva a hóstia e o cálice com o vinho, já consagrados", olhar para Jesus realmente presente, e lhe dizer com o coração: *Jesus, eu te amo. Jesus, eu te adoro.* Durante o dia, temos oportunidade de "ver e enxergar" a ação de Deus na natureza, nas pessoas, nos acontecimentos. É preciso agradecer sempre. Lembrar-se das pessoas que não podem ver: quer com a visão física, quer pela pobreza e ignorância em que vivem (falta de instrução, emprego, miséria, opressão...). Podemos emprestar-lhes "o nosso olho" através de gestos concretos (Pensar juntos: que gestos concretos podemos realizar?).

Vivenciando a liturgia: Oração Eucarística: o momento da consagração

Eucaristia vem dos termos *eucharistein* (Lc 22,19; 1Cor 11,24) e *eulogein* (Mt 26,26; Mc 14,22). Eucaristia é "ação de graças". Após "render graças ao Pai, por Cristo, no Espírito Santo" a Igreja "pede ao Pai que envie o seu Espírito Santo sobre o pão e o vinho, para que se tornem, por seu poder, o Corpo e o Sangue de Jesus Cristo, e para que aqueles que tomam parte na Eucaristia sejam um só corpo e um só espírito". "No relato da instituição, a força das palavras e da ação de Cristo e o poder do Espírito Santo tornam sacramentalmente presentes, sob as espécies do pão e do vinho, o Corpo e o Sangue de Cristo, seu sacrifício oferecido na cruz uma vez por todas" (CaIC 1352s.).

"*Mysterium fidei*! Se a Eucaristia é um mistério de fé que excede tanto a nossa inteligência que nos obriga ao mais puro abandono. Todas as vezes que repetimos o gesto de Cristo na Última Ceia dando cumprimento ao seu mandato: 'Fazei isto em memória de mim', ao mesmo tempo acolhemos o convite que Maria nos faz para obedecermos a seu Filho sem hesitação: 'Fazei o que Ele vos disser' (Jo 2,5). Com solicitude materna manifestada nas Bodas de Caná, ela parece dizer-nos: 'não hesiteis, confiai na palavra de meu Filho. Se Ele pôde mudar a água em vinho, também é capaz de fazer do pão e do vinho o seu corpo e sangue, entregando aos crentes, neste mistério, o memorial vivo da sua Páscoa e tornando-se assim o 'pão da vida'. 'Feliz daquela que acreditou' (Lc 1,45). Maria antecipou também no mistério da encarnação a fé eucarística da Igreja. E, na visitação, quando leva no seu ventre materno o Verbo encarnado, de certo modo, ela serve de 'sacrário' – o primeiro 'sacrário' da história – para o Filho de Deus, que, ainda invisível aos olhos dos homens, se presta à adoração de Isabel, como que 'irradiando' a sua luz através dos olhos e da voz de Maria. E o olhar de Maria, quando contemplava o rosto de Cristo recém-nascido e o estreitava nos seus braços, não é porventura o modelo inatingível de amor a que se devem inspirar todas as nossas comunhões eucarísticas?" (*Ecclesia de Eucharistia* 54s.).

Gesto concreto: dar graças a Deus antes das refeições

A Eucaristia é uma refeição. Antes das nossas refeições, vamos procurar nos lembrar de louvar e bendizer a Deus por todos os dons recebidos, especialmente pelo "pão nosso de cada dia". Vamos pedir, todos os dias, que Deus abra os nossos corações e nos conceda o dom da **piedade**, para que possamos exercer a **misericórdia** para com os nossos irmãos menos favorecidos, principalmente para com os que estão perto de nós, partilhando **todos os dons** recebidos (rever símbolo litúrgico da 13ª catequese – 2ª etapa).

IV. Oração

• Agradecer a Deus pelo alimento (todos os dons que recebemos) e pela Eucaristia

Com os olhos fechados vamos nos lembrar dos alimentos que têm saciado a nossa fome. Vamos nos lembrar de todos os dons que Deus nos tem dado. Vamos pedir que Deus nos ajude a partilhar esses dons com os nossos irmãos.

Vamos fazer a "COMUNHÃO ESPIRITUAL". O catequista lembrará que a comunhão espiritual é o desejo de se alimentar com o Corpo e o Sangue de Cristo, quando estamos impossibilitados de receber Jesus na Eucaristia. Com os olhos fechados, todos peçam a Jesus que Ele possa estar em nosso coração, que Ele nos ajude a partilhar. Incentivar os catequizandos a fazer sempre esta oração, muitas vezes durante o dia.

• Pai-nosso.

• Abraço da paz.

• Canto final: Sobre o pão e o vinho como *Minha vida tem sentido; Os grãos que formam a espiga; Trabalhar o pão.*

V. Conversa com os catequizandos

Como são as nossas refeições? Fazemos as refeições em família? Na mesa, todos juntos?

Preparação do material

• Filme: *A multiplicação dos pães; Bodas de Caná.*

• Trigo, água, uva, pão e vinho.

• Figuras de plantações de trigo e de uva.

• Figuras dos hebreus no deserto: o maná.

• Figuras de pessoas se alimentando, de pessoas com fome. De refeições em família ou de pessoas comendo sozinhas, na frente da televisão etc. Pessoas olhando e vendo.

• Figuras do olho humano.

• Figuras da Eucaristia no momento da Consagração, de pessoas olhando para a hóstia e o cálice.

Preparação da sala

Colocar na mesa, se possível sobre o corporal, o cálice com vinho e a patena com a hóstia.

Subsídios para catequese

O pão

O pão e o vinho, juntamente com o óleo, desde a mais remota Antiguidade, fazem parte da alimentação humana. Embora existissem os padeiros, era tarefa da dona da casa ou de suas servas e escravas fazer o pão (cf. Jr 37,21; Os 7,4; Gn 40,2; Gn 18,6; 2Sm 13,6-10; Jr 7,18; Mt 13,33). Entre os judeus, o pão era partido com as mãos. Esse era um gesto que indicava o início da refeição (cf. Jr 16,7; Lm 4,4). Jesus também realizou este gesto (cf. Mt 14,19; 15,36; 1Cor 11,24). Para o homem, o pão é símbolo da força (Sl 104,14s.). Faltar pão é sinal de que falta tudo (cf. Am 4,6). Jesus nos ensina a pedir humildemente ao Pai, como filhos: "o pão nosso de cada dia nos dai hoje" (Lc 11,3). O pão é fruto do trabalho do homem: "Comerás o pão com o suor de teu rosto" (Gn 3,19). O pão que chega à nossa mesa traz consigo a vida de muitas pessoas: a do agricultor que plantou o trigo; a do ferreiro que fez as ferramentas usadas no trato do trigo e do pão; a do padeiro, a do motorista e de muitos outros que não podemos avaliar. Por isso, o pão precisa ser partilhado. Comer o pão com o hóspede e com amigos é sinal de hospitalidade e afeição (cf. Sl 41,10). Partilhar o pão com os famintos, com os órfãos e viúvas é a melhor expressão da caridade fraterna (cf. Tb 4,16; 2Cor 2,9). O pão é dom de Deus. A abundância de pão é sinal das bênçãos de Deus (cf. Sl 35,25; 132,25). Eliseu multiplicou os pães (2Rs 4,42s.). Jesus realiza a multiplicação dos pães (Mt 14,20). "E todos comeram e ficaram saciados". O pão ázimo tem um significado especial para o povo hebreu. Era comido na Festa da Primavera (cf. Ex 23,15), e depois da saída do Egito passou a fazer parte do ritual da Festa da Páscoa, simbolizando a saída apressada do povo, porque não houve tempo "para levedar a massa" (Ex 12,8-29). No deserto, os hebreus foram alimentados com o maná, "o pão descido do céu" (Ex 16,15).

O vinho

O livro do Gênesis atribui a Noé a invenção da cultura da videira e do uso do vinho (cf. Gn 9,20s.). O vinho, desde a Antiguidade, mais o pão e o óleo, eram usados nas refeições (cf. Dt 8,8; 11,14; 1Cr 12,41). Nas festas é uma bebida que não pode faltar (cf. Jo 2,1-12). O vinho é sinal da alegria e da prosperidade, é um bem precioso e para quem o possui torna sua vida agradável (cf. Gn 49,11s.; Eclo 32,6). O vinho deve ser usado com moderação. Seu uso abusivo acarreta consequências denunciadas pelos profetas e sábios, já no Antigo Testamento (cf. Eclo 31,30s.; Pr 21,17; 19,2; 21,17; Ef 5,18). O vinho, vindo da videira, um produto da terra, era usado nos sacrifícios (cf. 1Sm 1,24; Os 9,4; Ex 29,40; Nm 15,5.10; 18,12; Dt 18,4; 2Cr 31,5). Os consagrados deviam se abster do uso do vinho (cf. Am 2,12; Jz 13,4s.; 1Sm 1,11; Nm 6,2-20; Lc 1,15; 7,33; At 21,23s.). A falta do vinho anunciava os castigos para o povo infiel (cf. Am 5,11; Mq 6,15; Sf 1,13; Dt 28,39); a ele seria oferecido para beber o vinho "da ira de Deus" (Is 51,17 – cf. Ap 14,8; 16,19). A abundância de vinho era sinal das bênçãos divinas (cf. Am 9,14; Os 2,24; Jr 31,12; Is 25,6; Jl 2,19; Zc 9,17).

Jesus é o Pão da Vida – o verdadeiro alimento: o Corpo e o Sangue de Cristo

Jesus é "o pão da vida", não mais o pão do deserto (o maná), que perece, mas um pão novo e especial, para cada pessoa. Jesus é o alimento que renova o cristão. Jesus é o pão que tira o cristão da morte e lhe dá a VIDA. É um alimento que gera entusiasmo, alegria e força para viver. Jesus é o Pão que absorve os sinais de morte, gerando a VIDA. Jesus é o "pão da vida" que fortifica o cristão para que ele possa viver o novo mandamento do amor, superando os problemas e dificuldades. Jesus é o "pão vivo que desceu do céu". Jesus é o pão do amor; é o pão da partilha, é o pão da justiça, é o pão do acolhimento, é o pão do perdão; é o pão que dá a vida pelo irmão; é o pão que "dá a vida e a vida em abundância" para a vida eterna (Jo 10,10).

Jesus é a verdadeira videira: o vinho novo da Nova Aliança

Jesus se declara a verdadeira videira (Jo. 15). Jesus, como videira, dá o vinho novo da sabedoria (cf. Pr 9,1-5; Is 55,1s.; Jo 2,1-11; Mc 2,22; Mt 26,29). Seu primeiro milagre é transformar a água em vinho nas Bodas de Caná (Jo 2,1-12). Jesus fala do "vinho novo", símbolo dos novos tempos do Messias esperado, que rompe os "odres velhos" (Mc 2,22). Para o cristão, o "vinho novo" da Nova Aliança matará a sede, pois se tornou "o sangue derramado pelo Senhor" (1Cor 10,16).

 ## Para o aprofundamento do catequista

- *Catecismo da Igreja Católica*: 755; 787; 1094; 1106; 1329; 1333-1336; 1338; 1353; 1373-1377; 1390; 1404s.; 1413; 1988; 2014; 2828-2837; 2861.
- Carta encíclica *Ecclesia de Eucharistia*. João Paulo II, sobre a Eucaristia. São Paulo: Paulinas.
- *A missa parte por parte*. Luiz Cechinato. Petrópolis: Vozes, 2005.
- *Simbolismos encenados*. Frei Bernardo Cansi, OFMCap. Petrópolis: Vozes, 1991.

20ª Catequese

A Eucaristia é um sacrifício

OBJETIVOS	CONTEÚDO
1) Aprender que é possível transformar os acontecimentos de morte em VIDA, para si mesmo e para os que estão próximos. 2) Dispor-se, se preciso for, a sacrificar-se pelo irmão, seguindo o exemplo de Jesus eucarístico.	1) O sacrifício no Antigo Testamento: • Os Patriarcas. • Melquisedec. • No Egito, o cordeiro pascal. 2) O sacrifício no Novo Testamento. 3) A Eucaristia e o sacrifício de Jesus são um único sacrifício. 4) A Eucaristia é sacrifício da Igreja. 5) A Eucaristia é passagem: • da escravidão para a liberdade; • da morte para a vida.

Preparando o encontro

Falta pouco tempo para a Missa em que os catequizandos irão iniciar sua vida eucarística participando do Corpo e do Sangue de Jesus. Vamos estar atentos para que a preparação externa não atrapalhe a preparação do coração. Vamos incentivar os catequizandos a fazer o jejum, a esmola e a oração; a fazer constantemente a oração da "comunhão espiritual". Vamos fazer com eles o jejum, a esmola e a oração. Vamos procurar participar da Eucaristia, mais vezes durante a semana. Este é um tempo de "combate espiritual". Os pais e padrinhos devem ser alertados para o perigo de se ficar apenas em mais um ato social. Vamos convidá-los a participar mais vezes da Eucaristia e entrar em comunhão fazendo o jejum, a esmola e a oração. De acordo com o pároco, vamos deixar marcada uma celebração penitencial, antes da Primeira Comunhão (cf. *Catequese hoje* 37; *Catequese Renovada* 136-141).

Vamos preparar essa catequese sobre a Eucaristia como sacrifício. Cada tema que está sendo celebrado é importante e único. Vamos ficar atentos à proposta de cada encontro.

I. Oração inicial (Indique o tempo_____)

- Fazer o sinal da cruz e uma oração espontânea (todos em pé).
- Invocação do Espírito Santo (cantada ou rezada).

II. Proclamação da Palavra de Deus (Indique o tempo_____)

Contexto: Hb 7–8 (cf. Gn 14,18-20; 7,1-18; Ex 29; Lv 4,3-16; 6,15; 8–10; 9,22; 16,1-34; 24,9; Nm 6,23-27; 18; Sl 110[109]; Ml 2,7; Mc 1,7; Hb 2,5-18; 4,14-5,10; 6,4-20; 9,6-14)

Texto: Jo 1,26.29 (Jesus é o sacerdote e o Cordeiro de Deus)

Comentário: Os sacerdotes do Antigo Testamento não podiam entrar a qualquer hora no Santuário, principalmente no lugar chamado "Santo dos Santos". Neste lugar somente uma vez por ano, e depois de muitos ritos de purificação, é que o sacerdote podia entrar para oferecer incenso. Os sacerdotes estavam encarregados de oferecer os sacrifícios no Templo de Jerusalém. Eram sacrifícios de animais: bodes, carneiros, pombos. Na última ceia, antes de morrer, Jesus tomou o pão e o vinho, abençoou e deu aos seus discípulos dizendo: "Isto é o meu Corpo". "Isto é o meu Sangue, entregue por vós." Jesus antecipou a sua entrega na cruz, dando-se em alimento. Jesus derramou o seu sangue na cruz e nela deu a sua vida por todos os homens. Era o tempo da celebração da páscoa dos judeus. Jesus celebrou a páscoa com os seus discípulos e na páscoa se tornou o "novo cordeiro". São João Batista, antes de batizar Jesus, disse: "Eis o Cordeiro de Deus que tira o pecado do mundo". Jesus cumpriu, assim, o que diziam dele os profetas.

Aclamação à Palavra de Deus (todos em pé)

- *Canto*: (Aleluia ou outro, conforme escolha do catequista, de acordo com o tempo litúrgico).
- *Antífona*: "Eu sou o pão vivo descido do céu. Se alguém comer deste pão viverá para sempre. E o pão que eu darei é minha carne para a vida do mundo" (Jo 6,51).

Proclamação do Evangelho Jo 1,26.29

III. Catequese (Indique o tempo_____)

Nessa catequese vamos falar sobre a Eucaristia como sacrifício. Vamos apresentar Jesus como o "Cordeiro de Deus". Diante desse "Mistério da nossa fé", todo o nosso ser faz "silêncio"; como a própria natureza silenciou enquanto Jesus estava no sepulcro, conforme narra uma antiga homilia do Sábado Santo: "Grande silêncio na terra. Grande silêncio, porque o Rei está dormindo: a terra atemorizou-se e calou, porque o Deus feito homem adormeceu e acordou os que dormiam há séculos". Vamos preparar com reverência e amor o que vamos dizer aos nossos catequizandos, para despertar neles o desejo de celebrar a Eucaristia, de viver a Eucaristia, de receber a Eucaristia, que pode dar Vida aos que estão dormindo, aos que não têm sentido para viver (rever as catequeses sobre História da Salvação e as catequeses litúrgicas sobre a Semana Santa e Páscoa, da 1ª etapa).

Símbolo litúrgico: o Cordeiro de Deus

Todos os povos antigos, em sua busca da divindade, ofereciam sacrifícios por si e pelos seus. Os sacrifícios antigos eram os frutos da terra, animais e até mesmo seres humanos. Recentes escavações arqueológicas têm comprovado esta prática. Crianças ou adultos eram oferecidos e mortos para agradecer, pedir ou aplacar a divindade (cf. Nm 28–29; Lv 6–7; 16,7-20; 23,24s.; 20,5; Ex 34,6-7; 1Rs 8,63; 10,25; 2Rs 17,17; 16,3; 23,10; 2Cr 7; 33; Ez 18,21-23; 43,18-20; 45,18-25; Jr 7,31; 19,5; 32,35). Na Carta aos Gálatas, é anunciado: "Quando, porém, chegou a plenitude do tempo, Deus enviou o seu Filho, nascido de uma mulher, nascido sob a lei" (4,4). Jesus veio para abolir essas práticas antigas. Jesus veio para realizar plenamente e uma vez por todas o sacrifício redentor para a remissão dos pecados de todos os homens (cf. Hb 3,1; 4,14-16; 5,5.10; 6,20; 7,3-28). Deus, que poupou Isaac, agora entrega o seu Filho à morte em sacrifício para o perdão dos pecados. Não há mais necessidade de outros sacrifícios. Jesus é o "Cordeiro de Deus que tira o pecado do mundo" (Is 41,1-9; 49,1-6; 50,4-9; 52,13–53,12; Mt 12,15-21; Fl 2,8-11; Jo 11,47-54; 12,31-34; 1Pd 2,21-25; Rm 5,9-11; 2Cor 5,18-20; Cl 1,20; Ef 2,13-16). Jesus, imolado como o verdadeiro Cordeiro, resgatou o pecado de todos os seres humanos, para sempre. Seu sacrifício tem valor infinito, porque é o sacrifício de um Deus (Hb 7,26-28; 10,4-14; 9,25-26; Ap 12,9-12; Rm 5,18-19).

Gesto litúrgico: o silêncio sagrado

No Antigo Testamento era usado um cordeiro na Páscoa, para realizar de forma visível a Aliança de Deus com o seu povo. Jesus é o Cordeiro de Deus que tira o pecado do mundo: o pecado de Adão e Eva e os pecados cometidos por todos os seres humanos em todos os tempos (cf. Hb 7). Na última Ceia, Jesus toma o cálice da bênção e diz: "Este é o cálice da Nova e Eterna Aliança". Diante deste gesto grandioso do Filho de Deus, que dá a sua vida para a remissão dos pecados dos homens (remissão é o resgate da escravidão sem deixar qualquer dívida), nós, que fomos resgatados, só podemos ter um gesto: um profundo momento de aceitação de seu dom manifestado pelo silêncio sagrado. Fazer silêncio na liturgia não é uma pausa, um descanso do canto ou da oração. O Espírito Santo fala no silêncio. Na Eucaristia, após a Comunhão, fazemos o "silêncio sagrado" para poder "saborear", contemplar e adorar Jesus Eucarístico. Todos os que comungaram o Corpo do Senhor Jesus e os que não puderam aproximar-se da Eucaristia, permanecem em silêncio, rezando em seu coração. Vamos agradecer a Deus e pedir que nos abençoe. Neste momento vamos **bendizer a Deus**. Bendizer a Deus é confessar-se pequeno diante da infinita generosidade do Deus Criador todo-poderoso que salva a criatura que ousa rebelar-se contra seu criador e salvador.

Vivenciando a liturgia: rezar o Cordeiro de Deus

O sinal concreto da noite da Páscoa dos hebreus foi o sacrifício do cordeiro sem mancha. O sangue do cordeiro foi recolhido e, com ele, as portas das casas dos hebreus foram pintadas. Nessa noite terrível, Deus poupou o seu povo. Vamos lembrar de um outro cordeiro anterior a este: Deus pediu que Abraão sacrificasse seu filho. Abraão obedeceu e Deus providenciou um cordeiro. O verdadeiro cordeiro estava por vir. Jesus foi apresentado por João Batista como "o Cordeiro de Deus" (Jo 1,36). Jesus, o Cordeiro de Deus, morreu por todas as pessoas, na cruz.

Jesus, o Cristo, é o novo Moisés – o "Deus conosco" que na cruz dá sua vida para salvar todos os seres humanos, sem exceção. O novo povo de Deus se reúne "com Cristo, por Cristo e em Cristo" e oferece ao Pai, **na Eucaristia**, o sacrifício perfeito. Aqueles que o seguem e ouvem a sua voz são levados por Ele e com Ele à Terra Prometida por Deus. Através de Oseias, Deus rejeita os sacrifícios antigos: "Eu quero a misericórdia, e não os sacrifícios" (Os 6,6 – cf. Am 5,21). Jesus assume a vontade do Pai e realiza o verdadeiro sacrifício, na cruz (Mt 9,13 – cf. Mt 12,1-7). Na Eucaristia, o Cordeiro de Deus – Jesus, é apresentado a Deus como o perfeito sacrifício. Jesus nos salvou por sua Morte e Ressurreição. É na Eucaristia que lembramos estes acontecimentos. Quando Jesus instituiu a Eucaristia, disse: "Fazei isto em minha memória" (Lc 22,19). A Eucaristia é a celebração da Morte e Ressurreição de Jesus. A Eucaristia é a celebração da Páscoa de Jesus e da nossa Páscoa. A cruz nos lembra o sacrifício de Jesus. Olhando para a cruz, vamos nos lembrar: Jesus é o CORDEIRO DE DEUS. Antes da comunhão, o sacerdote, elevando a hóstia consagrada, diz: "Eis o cordeiro de Deus, eis aquele que tira o pecado do mundo".

Gesto concreto: dar a vida

Na carta aos romanos lemos: "Dificilmente alguém dá a vida por um justo; por um homem de bem haja talvez alguém que se disponha a morrer. – Mas Deus demonstra seu amor para conosco pelo fato de Cristo ter morrido por nós quando ainda éramos pecadores" (5,7s.). A exemplo de Jesus, que deu sua vida por nós, vamos procurar cada dia, nos gestos mais simples e comuns: passar da escravidão para a liberdade dos filhos de Deus. Passar da morte para a vida, ajudando, perdoando, acolhendo os que estão próximos de nós.

IV. Oração

• Cordeiro de Deus

Na Missa, antes da Comunhão, depois do abraço da paz, nós cantamos ou rezamos esta oração: Cordeiro de Deus, que tirais o pecado do mundo, tende piedade de nós (2x).

Cordeiro de Deus, que tirais o pecado do mundo, dai-nos a paz.

Vamos rezar (ou cantar esta oração). Vamos fazer a oração "Comunhão espiritual", desejando receber Jesus na Eucaristia.

• Pai-nosso.

• Abraço da paz.

• Canto final: sobre a Eucaristia. Sugere-se: *Vou cantar; O pão da vida; Deus enviou* (Porque Ele vive).

V. Conversa com os catequizandos

Como dar a vida pelo próximo.

Preparando o material

• Filme: *O povo escravo no Egito; A Páscoa no Egito*. Figura dos sacrifícios antigos: AT.

• Figura do Cordeiro Pascal – do Círio Pascal – da celebração da Eucaristia.

• Figuras de pessoas ajudando outras pessoas que estão vivendo situações de "morte", como vítimas de calamidades, doenças, miséria, opressão, escravidão etc.

• Fazer um cartaz com a oração do "Cordeiro de Deus".

Preparação da sala

Colocar a cruz em destaque, juntamente com o Círio e a figura de um cordeiro.

Subsídios para catequese

O sacrifício no Antigo Testamento

Nas primeiras páginas da Bíblia encontramos o sacrifício de Caim e Abel (Gn 4,3s.). Através de um ritual, o ser humano oferecia um presente à divindade ou a uma autoridade. Esse presente podia ser para agradecer um favor, pedir proteção ou para a expiação de alguma falta (cf. Gn 15,4-18; 28,20-22; 32,14.19.21s.; 33,10; 1Sm 1,10s.). Depois do dilúvio Noé oferece um sacrifício de ação de graças (Gn 8,20). Abraão, Isaac e Jacó ofereceram sacrifícios por si e por seus familiares. Como prova de fidelidade, Deus pede que Abraão sacrifique seu filho Isaac (cf. Gn 22). Elias oferece a Deus, no Monte Carmelo, um sacrifício desafiando os sacerdotes de Baal (1Rs 18). A carta aos hebreus faz alusão ao sacrifício de Melquisedec, rei de Salém, que abençoa Abraão e oferece um sacrifício de pão e vinho (Gn 14,17-20 – cf. Sl 110,4; Hb 5–7; CaIC 1333s.). "Através de Melquisedec, Abraão inclina-se diante de Jesus Cristo e recebe dele o pão e o vinho" (*A fé explicada a jovens e adultos*. Rey-Mermet. São Paulo: Paulinas, 1997. Vol. II – *Os Sacramentos*, p. 108). Para o hebreu, o sacrifício do cordeiro na Festa da Páscoa é um memorial da libertação do povo escravo no Egito (cf. Ex 12).

O sacrifício no Novo Testamento

Antes de morrer, Jesus estava ansioso. Ele disse: "Desejei ardentemente comer esta Ceia da Páscoa convosco antes de sofrer" (Lc 22,15). O Evangelista Lucas descreve bem o tempo e a época da Ceia de Jesus: "Chegou, pois, o dia da Festa dos pães sem fermento, em que se devia matar o cordeiro pascal. Jesus enviou Pedro e João, dizendo-lhes: "Ide preparar-nos a Ceia da Páscoa" (Lc 22,7s.). Jesus sabe que deve cumprir sua missão: Jesus é o **Cordeiro Pascal** da Nova e Eterna Aliança que vai ser oferecido em sacrifício para o perdão dos pecados de todos os seres humanos (cf. Jo 8,31-36; Rm 6,18-22; 7,4-6; 8,2; Gl 5,1.13; Tg 1,25; 2,12; 1Pd 2,15s.).

Jesus institui a Eucaristia: E tomando um pão, deu graças, partiu-o e deu-lhes, dizendo: "Isto é o meu corpo, que é dado por vós. Fazei isto em memória de mim". Do mesmo modo, depois de haver ceado, tomou o cálice, dizendo: "Este cálice é a nova aliança em meu sangue, derramado por vós" (Lc 22,19s.).

O fato de "o pão e o vinho" estarem separados sobre a mesa lembra a separação violenta do corpo e do sangue no momento da Paixão e morte de Jesus. "Jesus anuncia claramente a sua morte próxima e a apresenta como um sacrifício comparável ao das vítimas cujo sangue selou no Sinai a primeira Aliança (Ex 24,5-8), *e mesmo do Cordeiro Pascal*"(cf. 1Cor 5,7). Jesus escolhe um alimento comum para encerrar a riqueza de seu sacrifício, para que os discípulos e seus sucessores, em todo tempo e lugar pudessem realizar o memorial de seu sacrifício. Jesus, durante a ceia, toma o pão e o vinho para fazer deles seu Corpo e Sangue (cf. *Vocabulário de Teologia Bíblica – Eucaristia*).

Milagre dos milagres: quando recebemos a Eucaristia, recebemos o próprio Deus em nossas mãos e em nosso corpo. Adão e Eva quiseram ser deuses (cf. Gn 3,4s.); para nós Jesus se dá em alimento e somos transformados em seu Corpo e seu Sangue: participamos de sua divindade.

A Eucaristia e o sacrifício de Jesus são um único sacrifício

A Eucaristia é memorial do Sacrifício de Cristo (cf. 1Cor 10,14-22 – cf. Ex 24). Toda vez que a Igreja celebra a Eucaristia, faz presente no altar o Sacrifício de Jesus.

"Na Eucaristia, Cristo dá este mesmo corpo que entregou por nós na cruz, o próprio sangue que "derramou por muitos para a remissão dos pecados" (Mt 26,28). Na carta aos hebreus lemos: "Tal é, com efeito, o Sumo Sacerdote que nos convinha: santo, inocente, sem mácula, separado dos pecadores e mais alto do que os céus. Pois não necessita, como os sumos sacerdotes, oferecer cada dia vítimas, primeiro por seus próprios pecados e depois pelos pecados do povo. Ele o fez uma única vez, oferecendo-se a si mesmo" (7,25-27). *O sacrifício de Jesus e o sacrifício da Eucaristia são um único sacrifício* (CaIC 1367).

"Com efeito, a Missa é uma atualização viva do sacrifício do Gólgota. Debaixo das espécies do pão e do vinho, sobre as quais foi invocada a efusão do Espírito Santo que opera com uma eficácia completamente singular nas palavras da consagração, Cristo oferece-se ao Pai com o mesmo gesto de imolação com que se ofereceu na cruz" (*Dies Domini* 43).

A Eucaristia é sacrifício da Igreja

O sacrifício de Jesus é também o sacrifício da Igreja, que, como Corpo de Cristo, participa da oferta da sua Cabeça. A Igreja inteira está unida à oferta e à intercessão de Cristo (CaIC 1368).

Pela sua paixão, morte e ressurreição, Cristo abriu para todas as pessoas as fontes do Batismo. Nelas mergulhados, renascemos para uma "vida nova". Nesta "vida nova", somos alimentados com o Corpo e Sangue de Jesus. "O sangue e a água que escorreram do lado trespassado de Jesus Crucificado são tipos do Batismo e da Eucaristia, sacramentos da vida nova" (CaIC 1225).

Na Oração Eucarística, é mencionado o papa como sinal e servidor da Igreja universal; o bispo local, o presbítero celebrante, o diácono, ministros e toda a assembleia que participa da celebração. São lembrados ainda os fiéis que estão ausentes, os doentes e necessitados. Na celebração são mencionados os que já estão na glória do Pai: Maria, os santos e os anjos de Deus e todos os que morreram. A Eucaristia é o sacramento do amor, da união e da caridade. Sacramento do sacrifício, a Eucaristia une entre si e com a sua Cabeça todos os membros do Corpo de Cristo (a Igreja) pela comunhão do "Corpo e do Sangue" de Cristo, cumprindo o que o profeta diz: "Sim, do levantar ao pôr do sol, meu nome será grande entre as nações, e em todo lugar será oferecido em meu nome um sacrifício de incenso e uma oferenda pura. Porque meu nome é grande entre as nações – diz o Senhor todo-poderoso" (Ml 1,11).

A Eucaristia é passagem

"Quem come a minha carne e bebe o meu sangue permanece em mim e eu nele" (Jo 6,56). Receber Jesus na Eucaristia nos faz estar intimamente ligados a Jesus. "Assim como o Pai que vive me enviou e eu vivo pelo Pai, também aquele que de mim se alimenta viverá por mim" (Jo 6,57). Esta união com Jesus nos transforma, aumenta e renova a vida da graça que recebemos no nosso Batismo. A Eucaristia restaura as nossas forças, ela nos fortalece na caridade, nos ajuda a vencer as tentações e a romper com o mal. A Eucaristia é Páscoa que nos faz passar da morte do pecado para a vida com Cristo, ela nos preserva do pecado (cf. CaIC 613s.).

Para o aprofundamento do catequista

• *Catecismo da Igreja Católica*: 523; 536; 602; 608; 611; 613; 618; 709; 757; 790; 796; 1003; 1074; 1088; 1097; 1137; 1322s.; 1329s.; 1333s.; 1337; 1357s.; 1362-1372; 1382; 1391-1395; 1397; 1410; 1413s.; 1419; 1436; 1602; 1612; 1642; 1846; 2031; 2159; 2572; 2618; 2642; 2718.
• *A fé explicada aos jovens e adultos – Vol. II: os sacramentos*. Rey-Mermet. São Paulo: Paulinas, 1983.
• *Símbolos litúrgicos*. Frei Alberto Beckhäuser, OFM. Petrópolis: Vozes, 1999.
• Carta apostólica *Dies Domini*. João Paulo II, sobre a santificação do domingo. São Paulo: Paulinas.

21ª Catequese

A Eucaristia é uma ressurreição

OBJETIVOS	CONTEÚDO
1) Reconhecer a importância de viver uns com os outros em comunhão.	1) A Ressurreição de Jesus – fundamento de nossa fé.
2) Refletir que as diferenças pessoais ou sociais de cor, de raça, de sexo e religião não são impedimentos para viver a comunhão.	2) Os frutos da Eucaristia: • A Eucaristia nos faz participantes da vida de Cristo Ressuscitado. • A Eucaristia faz a Igreja: unidade do Corpo Místico.
3) Despertar a necessidade de agir em seu meio ambiente para torná-lo participante da comunhão e unidade do Corpo Ressuscitado de Cristo.	• A Eucaristia é o vínculo da Caridade. • A Eucaristia nos compromete com os pobres.

Preparando o encontro

"Tudo o que Cristo viveu foi para que pudéssemos vivê-lo nele e para que Ele vivesse em nós. Por sua Encarnação, o Filho de Deus, de certo modo, uniu-se a todo homem. Nós somos chamados a ser uma só coisa com Ele; Ele nos faz partilhar (comungar), como membros de seu corpo, de tudo o que (Ele), por nós e como nosso modelo, viveu em sua carne" (CaIC 521).

Estamos quase encerrando este tempo de preparação. Procuramos transmitir aos nossos catequizandos as principais "verdades de nossa fé". Procuramos despertar neles sentimentos que levassem a tomar atitudes efetivas e concretas de caridade, de doação, de solidariedade, de bondade, de perdão... Procuramos iniciá-los na vida de oração e intimidade com Deus através da escuta da sua Palavra. Agora é chegado o momento em que iniciarão a sua Vida Eucarística. Queremos que eles participem sempre da Eucaristia, que comunguem e sintam o "sabor" de viver com Jesus. Continuemos a rezar por nossos catequizandos, lembrando que "somos instrumentos" de Deus na evangelização. A obra é de Deus. A nós compete fazer o melhor, mesmo nas nossas limitações. Com fé na Providência Divina e coragem, apoiados na Palavra de Jesus, que disse: "Eu estarei convosco", vamos preparar este encontro.

I. Oração inicial (Indique o tempo_____)

- Fazer o sinal da cruz e uma oração espontânea (todos em pé).
- Invocação do Espírito Santo (cantada ou rezada).

II. Proclamação da Palavra de Deus (Indique o tempo_____)

Contexto: Mt 28,1-20 (Mc 16,1-8; Lc 24,1-10; Jo 20,1.11-21; 1Cor 15,6s. – cf. At 1,21s.; 2,32; 3,15; Rm 1,4s.; 6,41)

Texto: Mt 28,1-7 (A ressurreição de Jesus)

Comentário: Jesus morreu, deu a sua vida para salvar todos os seres humanos. Jesus não permaneceu na morte; Jesus ressuscitou. "Aleluia" é o grito de alegria e louvor pela vida que Jesus nos dá. São Paulo aos coríntios afirma: "E se Cristo não ressuscitou a nossa pregação é vazia e a nossa fé também. [...] E se Cristo não ressuscitou, a nossa fé é inútil, e ainda estais nos vossos pecados. E até os que morreram em Cristo estão perdidos. Se temos esperança em Cristo só para esta vida, somos as pessoas mais infelizes. **Mas, na verdade, Cristo ressuscitou dos mortos, como o primeiro dos que morreram**" (1Cor 15,12-20). O Mistério Pascal de Cristo realizado no tempo e num local determinado não permanece no passado, mas se projeta no futuro e abrange, envolve e encerra todos os acontecimentos do universo, "abraçando todos os tempos e nele se mantém presente" porque Cristo, por sua morte e ressurreição, destruiu a morte, dando aos homens a possibilidade da participação na vida divina. "A Eucaristia é memorial da Paixão e da Ressurreição do Senhor" (CaIC 1085; 1330).

Aclamação à Palavra de Deus (todos em pé)

- *Canto*: (Aleluia ou outro, conforme escolha do catequista, de acordo com o tempo litúrgico).
- *Antífona*: "Desde agora não beberei deste fruto da videira até aquele dia em que convosco beberei o vinho novo no Reino do meu Pai" (Mt 26,29).

Proclamação do Evangelho: Mt 28,1-8

III. Catequese (Indique o tempo_____)

Esta catequese terá como tema principal: "A Eucaristia é memorial da Paixão e da Ressurreição do Senhor". O centro da nossa vida eclesial é a Eucaristia. "A Ressurreição de Jesus é a verdade culminante de nossa fé em Cristo, crida e vivida como verdade central pela comunidade cristã, transmitida pela Tradição, estabelecida pelos documentos do Novo Testamento, pregada, juntamente com a cruz, como parte essencial do Mistério Pascal" (CaIC 1330). Não estamos contando uma história bonita e comovente. Vamos ressaltar a importância da ressurreição de Jesus e da Eucaristia. Vamos mostrar quais as consequências concretas para a nossa vida de cristãos e como esta verdade compromete o nosso "agir" com os irmãos na Igreja, na família e na sociedade.

Dinâmica das duas atitudes

Material: Jarro com água filtrada, copinhos descartáveis, giz colorido, pedaços pequenos de espuma (o que se usa para fazer almofada).

1ª atitude
1º momento: cada um recebe um copo.
2º momento: colocar a água no copo.
Observações
1) A água permanece no copo.
2) Para tomá-la é preciso pegar o copo e beber a água.

2ª atitude
1º momento: colocar água no copo.
2º momento: beber um pouco da água.
1ª opção
1º momento: dar um pedaço de giz colorido para cada criança.
2º momento: cada um molha o seu pedacinho de giz na água.
Observações
1) O giz absorve para si a água.
2) Não sobra nada para ninguém.
2ª opção
1º momento: cada um recebe um pedaço de esponja.
2º momento: cada um molha um pedacinho da esponja na água.
Observação
1) A água cai livre, pode ser partilhada e sobra ainda na esponja, deixando-a molhada.

O que representa cada atitude

1ª atitude: A graça de Deus é distribuída gratuitamente, como a água da chuva que cai e leva para cada ser vivo seus benefícios, agindo diferentemente em cada um, conforme a sua necessidade. É preciso querer, aceitar e se deixar saciar pela água. Deus não faz violência. Deus "espera" que o aceitemos e nos deixemos transformar por Ele.

Conclusão: Não beber a água representa os que não participam das celebrações, os que ouvem, mas não escutam. Acham que a Palavra não é para eles, mas para o vizinho, para a mulher, menos para ele. Ele não precisa. Ele é bom.

2ª atitude: São os que ouvem a Palavra de Deus, participam e estão sempre presentes nas celebrações.

Conclusão

1ª opção – ser como o giz: A Palavra entra no coração, mas o comodismo, o egoísmo, a avareza, a preguiça fazem com que a pessoa guarde tudo só para si mesmo. A Palavra ouvida não se transforma em gestos concretos. Em ação transformadora como a de Jesus.

2ª opção – ser como a esponja: A Palavra entra no coração e transforma a pessoa. Começa a existir uma "nova criatura", que age como Jesus. Ela colabora para que o projeto de Jesus aconteça. Passa a vida fazendo o bem. Existe o amor, a partilha, a doação, a justiça. Na medida em que recebe, dá tudo o que pode, tudo o que tem, tudo o que recebe, sem reservas.

Podemos escolher qualquer opção. Qual delas é a atitude e a opção do cristão?

Símbolo litúrgico: vitória

Falar em vitória supõe que houve um combate, e supõe-se que houve derrota.

Jesus combateu por todas as pessoas. Jesus venceu a morte e o pecado. Participantes, pelo Batismo, do Corpo de Cristo, somos participantes de sua vitória. Jesus conquistou para nós uma "Vida Nova". Os que aceitarem viver em sua vida esta "vida nova" participarão com Jesus da vitória. A Páscoa, que celebramos a cada ano, nos dá a certeza da vitória de Jesus. Experimentar o Dia da Páscoa – Dia sem noite – que dura cinquenta dias – e que ilumina todos os outros dias do ano, é experimentar a certeza da vitória de Jesus (cf. *Dos sermões de São Máximo*, de Turim, Bispo – 2ª leitura do Ofício das Leituras, 5º domingo da Páscoa).

São Paulo escreveu: "Combati o bom combate, terminei a minha carreira, guardei a fé" (2Tm 4,7). Este combate, em que todo cristão deve empenhar-se, é vivido dia após dia, acontecimento após acontecimento. O Batismo que recebemos é penhor da graça divina que nos ajuda a viver segundo o projeto de Deus. Alimentados com a Palavra de Deus e com a Eucaristia, e sustentados pelo auxílio espiritual da Igreja, podemos professar a nossa fé diante dos homens e participar da ação apostólica e missionária da Igreja (cf. CaIC 1266-1270).

Gesto litúrgico: dar as mãos

A Eucaristia torna presente a **unidade dos cristãos**. O Corpo Místico de Cristo é constituído por todos os batizados vivos e os que já morreram. Dentre os que morreram, a Igreja reconhece que alguns viveram mais conformes à Palavra de Deus, e os coloca como exemplo de vida: são chamados SANTOS. Eles intercedem a Deus por nós. Servem de exemplo e incentivo para nós, que ainda caminhamos "na estrada de Jesus". Na Eucaristia, depois da Consagração, lembramos de Maria e dos santos; rezamos por todas as pessoas, pelos vivos e pelos falecidos. O gesto de **dar as mãos** torna presente a nossa crença na **comunhão dos santos** que professamos no Credo (CaIC 946-962) (cf. *Ecclesia de Eucharistia* – Carta encíclica do Santo Padre João Paulo II sobre a Eucaristia na sua relação com a Igreja, 38-46).

Vivenciando a liturgia: Eucaristia – memorial da Páscoa de Jesus

Durante a ceia Jesus expressou a entrega de si mesmo para a salvação de todos os seres humanos, dando-se em alimento na forma de pão e vinho. Naquela noite, a Eucaristia se tornou o memorial do seu sacrifício na cruz (cf. 1Cor 11,25). Neste acontecimento, Jesus introduz seus apóstolos no mistério pascal, pedindo-lhes que perpetuem a sua oferta e seu sacrifício: "Fazei isto em memória de mim" (Lc 22,19). "Com isso, Jesus institui seus apóstolos sacerdotes da Nova Aliança: 'Por eles, a mim mesmo me santifico, para que sejam santificados na verdade'" (Jo 17,19) (CaIC 611).

Participando da Eucaristia é preciso ter consciência desta realidade, não é só o padre que está rezando, não somos nós, os fiéis, que estamos celebrando a Missa. Em cada Eucaristia é Jesus que realiza a Páscoa, a mesma Páscoa realizada há dois mil anos atrás, com toda a sua força de salvação. A bondade e a misericórdia de Deus é tão grande que permite a nós, que estamos tão distantes no tempo e no espaço, participar de forma visível e palpável da mesma refeição sagrada e do mesmo sacrifício de Jesus. Vamos nos perguntar: Qual seria a minha atitude se eu estivesse participando da Ceia Pascal de Jesus? Como me sentiria e como me comportaria se eu pudesse, com Maria, João e as mulheres, presenciar a Paixão e morte de Jesus na cruz?

Em cada Eucaristia eu posso participar da Ceia do Senhor, eu presencio o Mistério Pascal. Qual deve ser a minha atitude?

Gesto concreto: orar uns pelos outros

Nessa semana vamos procurar nos lembrar das outras pessoas, e orar uns pelos outros; rezar pelos pobres, doentes, pelos que sofrem, pelos governantes, por nossos parentes, amigos, enfim, vamos citar nomes de pessoas e das situações em que vivem. Vamos fazer uma oração universal. Para que todo o universo criado possa anunciar o amor de Deus: cada coisa e cada pessoa realizando a missão para a qual foi criada (cf. Sl 19[18],1; 68[67],33; 72[71],19; 96[95]; 111[110]). Vamos nos lembrar de outros irmãos que creem em Jesus Cristo, mas não pertencem à Igreja Católica Apostólica Romana. Vamos pedir que Jesus nos ajude a cumprir o seu mandato: "Ide, pois, e fazei discípulos meus todos os povos" (Mt 28,19). Vamos pedir por aqueles que recusam acreditar em Jesus e pelos que não tiveram a oportunidade de conhecê-lo. **Vamos também transformar essa oração num gesto concreto de acolhimento ao irmão, a todos, sem exceção.**

IV. Oração

• As orações universais da Eucaristia

Na missa, depois da homilia, rezamos o Creio, a nossa profissão de fé. Em seguida, fazemos as orações universais. "Nas orações universais, o povo responde de certo modo à Palavra de Deus acolhida com fé e, exercendo a sua função sacerdotal, eleva preces a Deus pela salvação de todos".

"Rezamos pelas necessidades da Igreja;

Pelos poderes públicos e pela salvação de todo o mundo;

Pelos que sofrem qualquer dificuldade;

Pela comunidade local".

(*As introduções gerais dos livros litúrgicos*, p. 124, n. 69-70. São Paulo: Paulus).

• Vamos preparar as nossas orações

Vamos preparar as orações com os catequizandos, explicando cada uma das intenções e o que é conveniente pedir. Os catequizandos dão a sua opinião, vamos escrevendo e corrigindo, na lousa, até que a oração seja aprovada por todos. Escrever as orações na lousa. Os catequizandos podem copiá-las. Depois, em pé, rezá-las no momento da oração, e todos respondem: Senhor, escutai a nossa prece.

Terminando estas preces, vamos deixar um tempo para as orações espontâneas.

Sugestão: na Missa dominical, as crianças rezam as orações que elaboraram para a assembleia.

• Pai-nosso.

• Abraço da paz.

• Canto final: sobre a ressurreição de Jesus e Eucaristia. Sugere-se: *Antes da morte*; *Cristo, quero ser instrumento*.

V. Conversa com os catequizandos

Nossa vida tem sido iluminada pela Eucaristia? Como?

Preparando o material

• Filme: *A ressurreição de Jesus*.

• Dinâmica das três atitudes: jarro com água, copos, giz e esponja.

• Figuras de Jesus ressuscitado, de pessoas celebrando em comunidade, encontros festivos.

• Cartazes com os efeitos e frutos da Eucaristia (gesto concreto: acolhimento, perdão, partilha...).

Preparação da sala

Enfeitar a sala com bandeirinhas, flores e bexigas brancas.

Resposta da cruzadinha

1			R	**E**	S	S	U	S	C	I	T	O	U
2				**U**	N	I	D	A	D	E		
3				**C**	O	R	P	O				
4				**A**	M	O	R					
5			I	**R**	M	Ã	O	S				
6	E	G	O	**I**	S	M	O					
7				**S**	A	N	G	U	E			
8				**T**	E	S	T	E	M	U	N	H	O
9			M	**I**	S	E	R	I	C	Ó	R	D	I	A
10	V	I	D	**A**								

Subsídios para catequese

A Ressurreição de Jesus – fundamento de nossa fé

Os discípulos de Jesus foram surpreendidos com a notícia da Ressurreição de Jesus. Era o **primeiro dia da semana**. O primeiro dia depois do sábado era chamado *dominica dies*, que em latim que quer dizer "DIA DO SENHOR". O domingo cristão é o dia da Ressurreição do Senhor. A expressão "dia do Senhor", no Antigo Testamento, é usada para designar a intervenção de Deus na História, e mais tarde passou a designar o tempo do Messias que estava para voltar (cf. Is 2,6-22; 13,6-9; Ez 30,3; Jl 1,15; 2,11; Sf 1,7.14-18; Am 5,18-20; Ml 3,13-21). Para os cristãos, a Ressurreição de Jesus é o início dos Novos Tempos, e a expressão "DIA DO SENHOR" representa a comemoração do triunfo pascal e o anúncio da Parusia, quando Jesus há de voltar com toda a sua glória e majestade para julgar os vivos e os mortos (cf. Jo 1,14; 2,11; At 2,20; 17,3; 1Cor 1,8; 2,8; Fl 1,6-10; 2,9-11; 1Ts 5,2; 1Tm 3,16; 2Tm 4,18; 1Pd 3,10).

"Sacramento da Ressurreição, o domingo é a memória e a presença ativa da Ressurreição do Senhor. Ele é a comunhão com o Senhor ressuscitado" (Yves Congar). "Ele é, portanto, também a figura e a aurora do mundo que há de vir, o "oitavo dia", que não acabará... É preciso não dormir durante esse tempo; é preciso não estar em outro lugar durante esse tempo" (*A fé explicada a jovens e adultos*. Rey-Mermet. São Paulo: Paulinas, 1997, p. 156. Vol. II – *Os sacramentos*, 1997).

Os primeiros cristãos se reuniam no primeiro dia da semana para a "fração do pão" (At 2,42-47). O domingo passou a ser sinal da vitória de Jesus sobre a morte. O domingo é sinal da "vida nova" que Jesus conquistou (cf. 1Cor 1,8; 1Ts 5,2-4; Ap 1,10). O cristão tem a sua vida iluminada inteiramente, vivendo "o domingo" com este sentido novo: "o dia em que Jesus venceu a morte" (Rm 6,9; 1Cor 15; 2Tm 1,10; Hb 2,14s.; 1Jo 3,14; 1Pd 1,4s.). As dificuldades, as tristezas, o trabalho, as alegrias, as conquistas, a cada domingo, adquirem uma vida nova e festiva, porque estes acontecimentos são iluminados pela Ressurreição. São transformados em Ressurreição. São alimentados da Ressurreição de Cristo. São Paulo escreve: "Se Cristo não ressuscitou, vã é a nossa fé" (1Cor 15,14). Toda a nossa fé está baseada na Ressurreição de Jesus (cf. 1Cor 3,13; 4,3ss.; 7,31; Tt 2,13; 1Pd 4,13s.; Fl 1,6-10; 2Tm 1,12.18; 4,8; 1Jo 2,28; 4,17).

A Eucaristia nos faz participantes da vida de Cristo Ressuscitado

"Receber a Eucaristia na comunhão traz como fruto principal a **união íntima com Cristo Jesus**". A comunhão do Corpo e do Sangue de Cristo ressuscitado **aumenta e renova em nós a vida da graça** recebida no Batismo. A comunhão **separa-nos do pecado.** Ela nos purifica dos pecados cometidos e nos preserva dos pecados futuros. O alimento material restaura as forças de nosso corpo; a **Eucaristia nos fortalece no combate contra o Maligno** e **reaviva em nós o amor a Deus e ao próximo**. A Eucaristia faz **a Igreja: unidade do Corpo Místico**. Os que recebem a Eucaristia se unem mais a Cristo e aos irmãos. No Batismo, fomos chamados a constituir um só corpo; pela Eucaristia, essa unidade é renovada e fortalecida (CaIC 1391-1401).

A Eucaristia faz a Igreja: unidade do Corpo Místico

A Eucaristia nos une num só Corpo, o Corpo de Cristo. Pelo Batismo fomos incorporados à Igreja, e a Eucaristia renova, fortalece e aprofunda nossa comunhão como Igreja. Pela Eucaristia podemos "ser Igreja" e "agir como Igreja". "O cálice da bênção que abençoamos não é comunhão com o sangue de Cristo? O pão que partimos não é comunhão com o Corpo de Cristo? Já que há um único pão, nós, embora muitos, somos um só corpo, visto que todos participamos desse único pão" (1Cor 10,16s. – cf. 12,12; Rm 12,4-5; Ef 4,4-6; Gl 3,28; Cl 1,18-20.24; 2,18-19; 3,11; Ef 4,15-16).

A Eucaristia é o vínculo da Caridade

A Eucaristia **é o vínculo da Caridade**. A Eucaristia **nos compromete com os pobres**. Recebendo Cristo na Eucaristia, o cristão passa a reconhecer a presença de Cristo nos mais pequeninos e pobres, exercendo para com eles a mesma misericórdia e piedade de Jesus. O cristão, que recebe Jesus na Eucaristia, é uma pessoa ativa e presente no mundo em que vive. Está sempre atento às necessidades dos que lhe são próximos, não se acomoda em seu egoísmo. Transforma o meio em que vive pelo seu testemunho e ação e, se preciso for, dá a sua própria vida (cf. 1Cor 13; Rm 13,8-10; Cl 3,14; 2Cor 8,7-15; Gl 5,13-26; Ef 1,10.17-19.25-32; 4,10-13).

"A Eucaristia é um pedaço de céu que se abre sobre a terra: é um raio de glória da Jerusalém celeste que atravessa as nuvens da nossa história e vem iluminar nosso caminho". [...] "É nesse mundo que tem de brilhar a esperança cristã". [...] "Anunciar a morte do Senhor 'até que Ele venha' (1Cor 11,26) inclui, para os que participam na Eucaristia, o compromisso de transformar a vida, de tal forma que esta se torne, de certo modo, toda 'eucarística'. São precisamente este fruto de transfiguração da existência e o empenho de transformar o mundo segundo o Evangelho que fazem brilhar a tensão escatológica da celebração eucarística e de toda a vida cristã: 'Vinde, Senhor Jesus!'" (Ap 22,20) (*Ecclesia de Eucharistia* – Carta encíclica do Santo Padre João Paulo II sobre a Eucaristia na sua relação com a Igreja, 19, 20).

Para o aprofundamento do catequista

- *Catecismo da Igreja Católica*: 542; 610; 661; 838; 864; 942; 995; 953; 1000; 1002-1004; 1099; 1093; 1163; 1166s.; 1323; 1326; 1330; 1337; 1343; 1358; 1362-1372; 1382; 1394s.; 1398-1425; 1074; 1474s.; 1816; 1822-1829; 2046; 2170; 2816.
- *O segredo da Sagrada Eucaristia*. Prof. Felipe Aquino. Lorena: Cléofas, 2006.

22ª Catequese

"A Eucaristia é uma festa" – Como receber a Eucaristia

OBJETIVOS	CONTEÚDO
1) Refletir: a Eucaristia, como celebração requer uma participação ativa e consciente dos que se reuniram em assembleia.	1) A Eucaristia é uma festa.
	2) A Eucaristia, penhor da glória futura.
	3) Como celebrar a Eucaristia.
	4) Disposições para receber a Eucaristia.
2) Considerar a necessidade de se preparar bem para participar da Eucaristia, e que esta preparação deve ser espiritual e corporal.	5) Quando receber a Eucaristia.
	6) Maneiras de comungar.

Preparando o encontro

Chegamos ao último encontro com nossos catequizandos nesta fase de preparação para uma Vida Eucarística. Vamos ter ensaios de canto e de como será a celebração, momento em que receberão pela primeira vez Jesus na Eucaristia. É importante que nossos catequizandos saibam o que e como devem fazer em cada momento da celebração. O improviso causa insegurança, que gera a distração. Para o "ensaio" podemos convidar o pároco ou o diácono para participar, demonstrando como será o momento da comunhão. Pedir às crianças, aos seus pais e familiares que este tempo de espera seja um tempo de preparação com orações e recolhimento.

I. Oração inicial (Indique o tempo_____)

- Fazer o sinal da cruz e uma oração espontânea (todos em pé).
- Invocação do Espírito Santo (cantada ou rezada).

II. Proclamação da Palavra de Deus (Indique o tempo_____)

Contexto: Lc 14,7-35 (cf. Mt 22,1-14; 8,11; 25,1-13; Lc 14,12-24; Jo 2,1-12; 6,23.32s.52-59; 21,9s.; Fl 4,12-14.19-20; Ap 14,1-3; 3,20-21; Is 25,6-10a; 55,3; Dt 8,3; Pr 9,1-6; Jo 7,37; Ct 7,7-11; Sl 23[22]; 63[62]).

Texto: Lc 14,15-24 (o convite para o banquete)

Comentário: Jesus conta uma parábola, para ensinar como Deus age. Todos são convidados a participar do banquete que Deus preparou. Jesus chama discípulos. Antes de subir aos céus, Jesus envia os apóstolos, dizendo: "Ide e fazei discípulos meus" (Mt 28,19). Cada pessoa faz a "opção": estar com Deus, ou estar longe de Deus. Participar de sua Vida Divina ou não. Podemos escolher e viver as consequências do que escolhemos. Depois desse tempo, "vendo, ouvindo e apalpando Jesus", pode-se perguntar: O que somos? O que queremos?

Aclamação à Palavra de Deus (todos em pé)

• *Canto*: (Aleluia ou outro, conforme escolha do catequista, de acordo com o tempo litúrgico).

• *Antífona*: "Eu sou o Pão Vivo, descido do céu. Quem comer deste pão viverá eternamente. [...] Quem come a minha Carne e bebe o meu Sangue tem vida eterna. [...] permanece em mim e eu nele" (Jo 6,51.54.56).

Proclamação do Evangelho: Lc 14,15-24

III. Catequese (Indique o tempo_____)

Vamos preparar esta catequese iluminados pela palavra de Jesus que nos conta a parábola do banquete. Os primeiros convidados se recusam a ir ao banquete preparado. O dono da casa envia seus servos pelas estradas e convida a todos, sem exceção: coxos, estropiados, cegos e os introduz em sua casa. É Deus mesmo quem nos prepara um banquete, uma festa. O alimento desta festa é o próprio Jesus. A Eucaristia é a festa dos filhos de Deus, é o Banquete Pascal. Não mais um cordeiro é sacrificado, mas é Jesus: "Se não comerdes a carne do Filho do Homem e não beberdes o seu sangue, não tereis a vida em vós" (Jo 6,53). Por enquanto a presença de Cristo é velada (escondida sob as aparências do pão e do vinho), mas aguardamos a vinda do Senhor Jesus, quando, então, contemplaremos o Senhor face a face. Até que chegue este grande dia glorioso, clamamos: "Vem, Senhor Jesus!" "Maranatha!" (Ap 1,4; 22,20; 1Cor 16,22). Nessa catequese sugere-se incentivar nos nossos catequizandos o desejo de ser discípulos, de ser um dos convidados (não importa se cego, coxo ou estropiado, pois o Senhor tem o poder de curar); de poder experimentar Jesus na Eucaristia. Precisamos incutir neles o desejo de continuar a **viver a Eucaristia em suas vidas**.

Símbolo litúrgico: o banquete eucarístico

Banquete é uma refeição muito festiva e especial. Um banquete deve ser preparado com carinho, com muita atenção, pois cada detalhe é importante. Os convidados são escolhidos e selecionados com atenção e cada um está sendo escolhido, porque é especial. Os convites são realizados com antecedência, por escrito ou pessoalmente. Cada objeto que vai ser usado durante a festa é cuidadosamente escolhido e limpo, os enfeites e os acessórios devem combinar com a decoração. Os alimentos oferecidos serão preparados com muito esmero. Cada um receberá os temperos apropriados e adequadamente, não se pode colocar nem a mais nem de menos. Tudo deve ser na medida correta. Enfim, cada detalhe é pensado, é escolhido, é executado.

Deus mesmo prepara e convida as pessoas para este banquete e aguarda com misericórdia a resposta, a adesão de cada uma. Ao dar essa resposta cada um deve estar ciente de que "Para receber Jesus na comunhão eucarística deve-se estar em estado de graça". E, também, compreender que Jesus veio para salvar o que está doente, por isso curou muitos doentes e lhes dizia: "Teus pecados estão perdoados". E, ainda, Jesus deu o poder à Igreja de perdoar os pecados e de realizar a Eucaristia. Assim, os cristãos podem e devem procurar sempre a Igreja para receber os sacramentos da PENITÊNCIA e da EUCARISTIA.

Gesto litúrgico: partir e repartir o pão

"Uma vez que há um só pão, nós formamos um só corpo, embora sejamos muitos, pois todos participamos do mesmo pão" (1Cor 10,17). Pelo Batismo somos inseridos no Corpo de Cristo, participantes da Igreja, alimentados pelo Corpo do Senhor. Somos membros uns dos outros (cf. 1Cor 12,12s.27; 10,17; Rm 12,5; Ef 5,30; Cl 3,15; Ef 2,14.16). A multiplicação dos pães, realizada por Jesus, é partir e repartir o pão (cf. Mt 14,13-21; 15,32-38; Mc 6,41-44; 8,1-9; Lc 9,10-17; Jo 6,1-13). Jesus diante da multidão "ficou tomado de compaixão por eles, pois estavam como ovelhas sem pastor" (Mc 6,34) e disse: "Tenho compaixão da multidão, porque já faz três dias que estão comigo e não têm o que comer" (Mc 8,2). Compaixão é sofrer junto, é ter misericórdia. Jesus sofre por essa multidão que está faminta. Falta-lhes tudo: alimento, abrigo, um sentido novo para a vida. Jesus ensina aos discípulos que, neste tempo messiânico, em que se abria "o serviço de mesa", é o sinal por excelência. Os discípulos do Mestre devem colocar-se a serviço da multidão faminta: "Dai-lhes vós mesmos de comer". Este é o sinal da Eucaristia, hoje. Todos os batizados podem participar da mesa do Senhor (cf. Mt 21,28–22,14; At 10-11). Todos os batizados pertencem ao Corpo de Cristo, e devem dar continuidade à sua missão: "O discípulo não é maior que o mestre" (Mt 10,24). "Aquele que quer ser meu discípulo tome a sua cruz e siga-me" (Mt 16,24). Jesus é radical com os que querem segui-lo. Devem agir da mesma forma que o Mestre. Devem dar a própria vida pelo irmão e também "amar o inimigo". Devem dar os seus bens aos pobres, é preciso partilhar (cf. Mt 8,18-22; 10,38; Mc 8,34-38; Lc 9,57-60; 14,27; Jo 12,25). Em cada pequenino pedaço de pão, em cada pequenina gota de vinho, consagrados, Jesus Cristo está todo inteiro. Ele se dá em comunhão, se parte e se reparte e se dá totalmente aos que estendem as mãos para acolhê-lo (cf. CaIC 1329-1331; 1335; 1374; 1396s.). Participantes, hoje, da Ceia do Senhor, estendendo as nossas mãos para receber o Corpo de Jesus, não podemos cruzar mais os braços, pois recebemos a mesma exortação: "Dai-lhes vós mesmos de comer". É a nossa vez de partir e repartir o pão.

Vivenciando a liturgia: como receber a Eucaristia

Esta é uma parte prática em que se ensina aos catequizandos os diversos procedimentos para receber a Eucaristia, conforme instruções da Igreja. É muito importante que eles aprendam corretamente tais procedimentos. Não é aconselhado usar retalhos de hóstia, vinho ou outro material para se fazer o "treino". Os catequizandos deverão sentir o "sabor" da hóstia na Primeira Comunhão. Este será um momento marcante para eles, por isso é preciso orientá-los sobre como se apresentar para receber Jesus na Eucaristia. Explicar, também, que ao ir a uma festa ou à praia, ou praticar um esporte, usa-se roupas adequadas. Assim, para participar do banquete eucarístico é necessário usar uma "roupa adequada". É importante estarmos "dignamente" vestidos.

Algumas sugestões para orientar os catequizandos:

a) Receber a Eucaristia sob a espécie de pão – a hóstia

Na fila para a comunhão

Permanecer em silêncio e oração, até o momento de receber a comunhão; se houver canto, cantar junto. Conservar as mãos recolhidas: mãos postas em oração.

Perto do ministro que está distribuindo a comunhão

- chegar bem perto do ministro;
- estender as mãos juntas como "um trono em cruz";
- olhar para o Ministro e para a Hóstia enquanto ele, apresentando a Hóstia consagrada, diz "O CORPO DE CRISTO";
- responder: **Amém**, em voz alta;
- com uma das mãos, pegar a Hóstia consagrada, e com a outra comungar (colocar a hóstia na boca e comê-la);
- sair, depois de ter comungado na frente do Ministro, pela lateral;
- voltar para o lugar (em recolhimento) e cantar com a assembleia;
- fazer o silêncio sagrado.

b) Comungar sob as duas espécies – pão e vinho, por intinção

Em festividades ou momentos especiais os fiéis, podem comungar sob as duas espécies.

Na fila para a comunhão

Permanecer em silêncio e oração, até o momento de receber a comunhão; se houver canto, cantar junto. Conservar as mãos recolhidas, postas em oração.

Perto do Ministro que está distribuindo a comunhão

- chegar bem perto;
- olhar para o Ministro e para a Hóstia, enquanto ele apresenta a Hóstia consagrada e diz: "O corpo e o sangue de Cristo";
- responder: Amém, em voz alta;
- o Ministro vai molhar a Hóstia no vinho e colocá-la sobre a língua de quem recebe a comunhão;
- sair, depois de ter comungado, pela lateral;
- voltar para o lugar (em recolhimento) e cantar com a assembleia;
- fazer o silêncio sagrado.

(cf. *As introduções gerais dos Livros Litúrgicos*. São Paulo: Paulus, p. 130, 170-173.)

Gesto concreto: Comungar – estar em comunhão

Celebrar a Eucaristia **é celebrar** a comunhão do Corpo e do Sangue de Cristo. Quando comungamos, realizamos o que Jesus anunciou: "Eu sou o pão vivo que desceu do céu. Quem comer deste pão viverá eternamente. [...] Quem come a minha Carne e bebe o meu Sangue tem a vida eterna. [...] permanece em mim e eu nele" (Jo 6,51.54.56). "Fazei isto em minha memória".

Para comungar Jesus na Eucaristia é preciso permanentemente comungar com os irmãos. Jesus, antes de entrar na morte para ressuscitar, disse: "Eu vos deixo um mandamento novo: que vos ameis uns aos outros. Como eu vos amei, amai-vos também uns aos outros" (Jo 13,34 – cf. 1Cor 10,16-17; 11,17-34; Jo 17,1s.; At 2,42-46; Lc 24,30-35).

"A Eucaristia é o sacramento da Igreja em ato de missão. Se o Batismo e a Confirmação nos dão a garantia (cf. Ef 1,14), as primícias (cf. Rm 8,23) da herança esperada, a Eucaristia faz brilhar esta realidade num simbolismo sacramental, tendo em vista que o Senhor da glória aí está, verdadeiramente oferecido.

Para que este acontecimento do desígnio de Deus se realize, o povo dos iniciados em Cristo deve comprometer-se no corpo eclesial do Senhor na luta contra os poderes do antirreino (1Cor 15,24-25) em vista da vitória do Reino de Deus. Portanto, a Eucaristia leva a Igreja a compreender sua vocação batismal e sua missão. Alimentando-se do pão e do cálice do memorial a Igreja toma consciência de que ela é enviada para fazer deste mundo o mundo que Deus quer.

Um mundo onde:

As lágrimas,

O ruído das armas,

O grito dos pobres e oprimidos,

A injustiça, o ódio, a violência,

A fome, os vícios e a escravidão **desapareçam.**

E finalmente soe o grito litúrgico: "MARANATHA! – **Vem, Senhor Jesus, vem**".

(*Os sacramentos: fonte da vida da Igreja*. Pe. Gilson Cezar de Camargo. Petrópolis: Vozes, 2002, p. 30.)

Sugere-se comentar e questionar:

• Concretamente o que vou fazer?

• Participamos de uma comunidade, formamos um só corpo, o "Corpo de Cristo".

• O que vamos fazer juntos para estar em comunhão.

IV. Oração

• Silenciosa: fazer um exame de consciência e pedir a Deus perdão pelos pecados cometidos. Pedir que o Espírito Santo nos ajude a estar preparados para receber Jesus na Eucaristia. Fazer a oração "Comunhão espiritual".

• Pai-nosso.

• Abraço da paz.

• Canto final: sugere-se *Povo de Deus, foi assim* ou *É bom estarmos juntos*.

V. Conversa com os catequizandos

O gesto de amor de Jesus: dar para receber. Como receber a Eucaristia.

Preparando o material

• Figura da Santa Ceia.

• Figuras mostrando as várias formas de receber a Comunhão.

• Figuras mostrando as diversas partes da Missa.

Preparação da sala

Preparar a sala, colocando as cadeiras dos catequizandos de forma adequada, como em uma Celebração Eucarística, para que possam aprender as várias formas de comungar.

> **Sugestão**
> Fazer visita à igreja e ver (ou rever) os paramentos, o altar e o cálice, âmbula, e outros objetos sagrados usados na Eucaristia. Fazer os ensaios na igreja, para que os catequizandos possam tomar consciência dos acontecimentos da Celebração Eucarística festiva, que marcará o dia da iniciação eucarística deles.

Planejamento para a Celebração da Primeira Comunhão, início da Vivência Eucarística dos catequizandos

Apresentam-se alguns aspectos que necessitam ser pensados, antecipadamente, como uma sugestão que visa contribuir na organização deste dia:

• Para a Celebração:
- selecionar os cantos;
- dividir as funções entre os colegas catequistas para a preparação da liturgia;
- organizar a equipe de acolhimento e enfeites da Igreja;
- sistematizar um esquema para fotografia e filmagem.

Sugere-se anotar:
• O que precisa ser feito.
• Quando deve ser feito.
• Quem vai fazer.
• Como deverá ser feito.
• Onde será feito.

Subsídios para catequese

A Eucaristia é uma festa

Na última ceia, Jesus institui a Eucaristia (cf. Mt 26,26-28; Mc 14,22-25; Lc 22,20; 1Cor 11,25s.). Os primeiros cristãos celebravam com alegria a "fração do pão" e constantemente louvavam a Deus com alegria (cf. At 2,42-47; 4,32-35; 5,12-16). Na Eucaristia, o céu com os anjos e santos e a terra com todos os cristãos se unem com Jesus para oferecer "um sacrifício santo e imaculado a Deus, em todo tempo e lugar" (Ml 1,11).

A Eucaristia é uma festa. Ela foi prefigurada no Antigo Testamento – o banquete messiânico que *Iahweh* prepara no Monte Sião (cf. Is 25,6; Mt 8,11; 26,29; Lc 22,16.18; Jo 6,51-54; Ap 3,20; 19,9). Deus mesmo preparou, desde toda a eternidade, esse banquete, essa festa. Ela antecipa a glória celeste (cf. Mt 22,2-14; 25,1-13;

Lc 14,12-24; Jo 2,1-12; Ap 14,1-3; 3,20-21). Jesus é o "pão vivo descido do céu"; não mais como o maná, que alimentou os hebreus no deserto. Jesus é o pão do céu que é dado ao mundo (cf. Jo 6). Era costume antigo, ainda no tempo de Jesus, lavar os pés do convidado quando ele entrava na casa; depois, o hóspede recebia um beijo de acolhimento e tinha a sua cabeça ungida com óleo. Numa refeição festiva, o hóspede era revestido com uma túnica branca. Numa sala era estendida uma esteira, e ali eram servidas as refeições. Os hóspedes e os convidados ficavam agachados na esteira. Era costume, como sinal de cortesia, servir um pedaço de pão embebido em molho (cf. Ecl 9,8; Sl 133; Mt 22,11; Lc 7,44-46; Jo 13,26).

Participação na Eucaristia

Todos os cristãos são convidados a participar desta festa. A Eucaristia é o banquete dos cristãos que, por sua adesão livre e consciente, celebram o dom de Deus: a comunhão no Corpo e no Sangue de Cristo. O cristão é convidado a participar da Eucaristia pelo menos uma vez por semana, aos domingos, que é o "Dia do Senhor". Participar da Eucaristia é entrar "no repouso do Senhor". Participar da Eucaristia é experimentar Deus na mesa da Palavra e saborear o Corpo e o Sangue de Jesus.

Se prestarmos atenção na Celebração Eucarística podemos perceber como as orações que fazemos podem tocar o nosso coração e o nosso espírito. Todas elas refletem os nossos pensamentos e necessidades. Falam da nossa realidade. Suprem a nossa aridez de espírito. Abrandam a dureza de nosso coração. Saciam a nossa ânsia de amar e ser amados. Toda a criação está presente, todos nós que participamos da ceia do Senhor "somos repletos de todas as graças e bênçãos do céu" (CaIC 1402).

A Eucaristia, penhor da glória futura

A Eucaristia nos anuncia e nos conduz para a Vida Eterna. Podemos ter certeza da vida futura com Deus. "A Igreja sabe que, desde agora, o Senhor vem na sua Eucaristia, e que ali Ele está, no meio de nós" (CaIC 1402). Celebrando a Eucaristia a Igreja aguarda a vinda gloriosa do Senhor Jesus, quando serão instaurados "os céus novos e a terra nova" (Ap 21,1). Toda vez que se celebra a Eucaristia "opera-se a obra de nossa redenção" (*Lumen Gentium* 3), e partimos um mesmo pão que é nosso alimento, enquanto "caminhamos na estrada de Jesus", que é remédio para o nosso sofrimento e que nos faz viver a Vida Eterna, já neste mundo.

"O banquete da nova Páscoa remete a outro banquete: o banquete definitivo do Reino, do qual é antecipação e promessa e em direção ao qual faz levedar a história. O memorial que Jesus confia a seus discípulos é penhor da glória futura, *panis viatorum*, pão dos peregrinos e alimento da esperança. Neste sentido a Eucaristia é sacramento da esperança do mundo e antecipação da beleza sem ocaso, prometida desde a criação! A Eucaristia, como "penhor da glória futura", marca, de diversas formas, a vida dos discípulos: em primeiro lugar, enquanto o banquete eucarístico faz levedar o "já" em direção ao "ainda não", comporta uma profunda e contínua purificação e uma incessante renovação naqueles que o celebram. [...] O *panis viatorum* continuamente coloca a Igreja em estado de peregrina, libertando-a da ilusão de imaginar que já está "na pátria", que já alcançou a Jerusalém celeste. [...] O pão dos peregrinos é pão da esperança (*fármakon athanasías* – "remédio de imortalidade, diziam os Padres gregos), pão que torna o discípulo livre na fé em relação a cada grandeza deste mundo, servo por amor, mesmo quando provado, testemunha da esperança que em Cristo, ressuscitado dos mortos, nos foi dada" (*Exercícios espirituais no Vaticano*. Bruno Forte. Petrópolis: Vozes, p. 164s.).

Na Eucaristia se realiza a promessa de Jesus: "Eu vim para que tenham a Vida e a tenham em abundância" (Jo 10,10).

Para o aprofundamento do catequista

• *Catecismo da Igreja Católica*: 103; 141; 728; 783; 790; 793; 798; 815; 818; 864; 898-900; 909; 1000; 1003; 1022; 1033; 1074; 1244; 1326; 1338-1340; 1345; 1355; 1362-1366; 1372; 1384-1389; 1391; 1393; 1398; 1402-1425; 1716; 1789; 1822; 1825; 1835; 1844; 1932; 1939-1942; 1953; 2020; 2031; 2110; 2177; 2181; 2236; 2184s.; 2194; 2411; 2442; 2447; 2831; 2835.

• *Animação da vida litúrgica no Brasil*. São Paulo: Paulinas, 1997.

• *Os sacramentos: fonte da vida da Igreja*. Pe. Gilson Cezar de Camargo. Petrópolis: Vozes, 2002.

Catequeses

litúrgicas

1ª Catequese Litúrgica

Jesus nos ensina a servir

OBJETIVOS	CONTEÚDO
1) Despertar o espírito de humildade que deve estar sempre presente em cada um, através da experiência do exemplo de Jesus. 2) Rejeitar as atitudes motivadas pelo espírito de grandeza que promovem a acepção de pessoas. 3) Suscitar atitudes de disponibilidade, de serviço e de humildade.	1) A Santa Ceia: o "Lava-pés". • A tradição judaica da purificação. 2) A celebração de Jesus. 3) O gesto de Jesus, hoje. • Jesus nos deu o exemplo. • Jesus deu uma ordem: fazer como Ele fez.

Preparando o encontro

A Igreja do Brasil, através de organismos da CNBB (Conferência Nacional dos Bispos do Brasil), prepara subsídios para as Campanhas da Fraternidade. É importante que em comunhão com a Igreja realizemos as celebrações e os encontros previstos para as crianças e que envolvamos neles os seus familiares. Podemos planejar a celebração da Via-Sacra, na comunidade paroquial ou num momento oportuno apenas para as crianças. O Tempo da Quaresma é um tempo especial que deve ser vivenciado por todos os cristãos. Ele nos prepara para a grande Festa da Páscoa, a Festa das Festas, que é um "DIA" em cinquenta dias, e este "grande DIA" ilumina todas as celebrações do nosso Ano Litúrgico. Nesse encontro vamos celebrar o chamado que Jesus nos faz para o serviço aos irmãos, através do seu exemplo.

I. Oração inicial (Indique o tempo_____)

• Fazer o sinal da cruz e uma oração espontânea (todos em pé).
• Invocação do Espírito Santo (cantada ou rezada).

II. Proclamação da Palavra de Deus: (Indique o tempo_____)

Contexto: Jo 13,1-20 (cf. Jo 13–17; Jo 3,16; 19,30; 1Ts 2,16; 1Sm 25,41; Ex 29,4; 30,19s.; 40,12.31; Lv 16,4-24; Mt 10,24; Lc 6,40; 7,36-38.44; 22,24-30; 1Jo 2,6; 1Tm 5,10; Fl 2,5-8; Ef 5,2).

Texto: Jo 13,1-10 (Jesus lava os pés dos discípulos)

Comentário: Jesus fez um gesto muito expressivo que serve de exemplo para nós. Ele disse: "Dei-vos o exemplo para que, como eu vos fiz, também vós o façais" (Jo 13,15).

Aclamação à Palavra de Deus (todos em pé)

• *Canto*: (Aleluia ou outro, conforme escolha do catequista, de acordo com o tempo litúrgico).

• *Antífona*: "Dei-vos o exemplo para que, como eu vos fiz, também vós o façais" (Jo 13,15).

Proclamação do Evangelho: Jo 13,1-10

III. Catequese (Indique o tempo_____)

Essa catequese, no contexto da Semana Santa, deve incentivar a adesão de nossos catequizandos ao projeto de Jesus, ao seguimento de Jesus. Todo o tempo de preparação para o que chamamos "primeira comunhão" só encontra sentido se olharmos além, pois esse é o tempo de despertar, em nossos catequizandos, o desejo de ser discípulo de Jesus e de aceitar o convite: "Se, portanto, eu, o Mestre e o Senhor, vos lavei os pés, também deveis lavar-vos os pés uns aos outros. Dei-vos o exemplo para que, como eu vos fiz, também vós o façais" (Jo 13,14). Por isso, é tão importante preparar cada encontro, como se fosse único e especial, considerando a "nossa turma", a nossa comunidade e sua realidade. Os subsídios propostos para essa celebração são uma contribuição para que cada catequista possa celebrar, adequando-os ao "seu jeito", com as suas palavras, de tal forma que os catequizandos entendam e desejem **ardentemente** ser discípulos de Jesus. Os gestos que poderão ser realizados nessa catequese falarão por si mesmos. Se a opção for a de fazer o gesto concreto do "lava-pés", é necessário explicar com detalhes que o gesto que farão é o mesmo gesto de Jesus; com o mesmo sentido prático que compromete a nossa vida a serviço dos irmãos. Convém lembrar que o tempo destinado para a "catequese explicativa" deve ser suficiente para transmitir o essencial e compreensível para nossos catequizandos, levando em conta a sua idade. Se despertarmos neles o desejo de seguir Jesus, certamente eles terão oportunidade de aprofundar a doutrina.

Símbolo litúrgico: o lava-pés

O gesto de Jesus é muito significativo. Ele exprime a humildade que deve estar presente na vida do cristão. As primeiras comunidades compreenderam perfeitamente o gesto de Jesus; aqueles que com eles conviviam, atestavam: "vede como se amam". Entre eles não havia mestres ou doutores, mas tinham tudo em comum e supriam as necessidades de todos (cf. At 2,42-47; 4,32-34; 5,11-16; 6,1; Dt 15,4.7s.; Jo 17,11.21; Lc 12,23). Jesus ensina estar a serviço, não importa de quem. O discípulo de Jesus não espera retribuição ou recompensa, nem mesmo um simples agradecimento, porque "vosso Pai que está no céu é quem vos recompensará por um único copo d'água dado ao mais pequenino" (Mt 6,1.4; 10,40-42; Lc 9,46-48; Tb 4,8s.; Eclo 29,1-13; Lc 16,9; 12,33; 2Cor 8–9; 1Jo 3,17). Essa é atitude que se espera de quem diz: "sou cristão".

Gesto litúrgico: lavar os pés dos outros – a humildade

São Pedro não queria que Jesus lavasse seus pés. Depois queria que Jesus lavasse a cabeça, as mãos e os pés. Lavar-se tem o sentido de purificar-se. Tem o sentido da purificação espiritual (cf. Ex 30,17s.; Lv 14,8; 16,4.24; Nm 19,11-22). Na Eucaristia, no final do ofertório, o presbítero lava suas mãos e reza: "lavai-me, Senhor, das minhas faltas e purificai-me de meu pecado" (Sl 50,4). Mais do que uma purificação, Jesus, no lava-pés, teve a intenção de nos ensinar a humildade. Ser humilde é uma atitude interior que se opõe à vaidade e à soberba. O humilde reconhece Deus como o único Deus e Senhor. O humilde reconhece que nada é, pois Deus é que lhe dá a vida; ele vê o seu semelhante como filho de Deus e se coloca a serviço. Para entender e participar do projeto de amor e entrega de Jesus, ser humilde é imprescindível (cf. Jo 1,16; 3,27; Lc 1,52s.; 18,9-14; Mt 5,5; 10,8; 11,25; 18,1-5; 19,13s.; 23,12; Tg 1,17; 4,6; 1Cor 1,26-31; 4,7; 12,25-27; Pr 29,23; Sl 37,8-18; 2Sm 22,28). Temos o exemplo do próprio Jesus, como escreve São Paulo: "Ele sendo Deus não reteve avidamente sua condição divina, mas se fez homem, e feito homem foi obediente até a morte de cruz" (Fl 2,6-11). Temos ainda o exemplo de Maria (Lc 1,20-56) e de João Batista (cf. Lc 3,15-16; Jo 1,19-34; Jo 3,22-36; Mt 11,2-15) (cf. 9ª catequese celebrativa da 2ª etapa).

Vivenciando a liturgia: oração e Rito da Paz

Depois que Jesus morreu e foi sepultado, os discípulos, com medo, permaneceram escondidos. Depois da ressurreição Jesus se apresenta a eles e diz: "A paz esteja convosco" (Lc 24,36). Ter paz é dom de Deus. É o maior presente que podemos receber de Deus. Nosso mundo vive um momento muito difícil. As guerras, a violência, o desemprego e as doenças são fatores que destroem a paz. Jesus não dá a paz do mundo. Jesus disse: "Deixo-vos a paz. Dou-vos a **minha** paz. Não a dou como o mundo a dá" (Jo 14,27).

Na Missa, depois que rezamos o Pai-nosso, o presbítero celebrante reza uma oração pedindo que Deus, nosso Pai, nos liberte de todos os males, que nos livre do pecado e que sejamos protegidos de todos os perigos e que nos dê a sua paz. O padre faz ainda uma oração suplicando a Jesus por nós; ele pede que Jesus não olhe para os nossos pecados, mas que tendo, diante de si, a fé que anima a Igreja, nos dê a paz e a unidade. Em seguida, o diácono, se estiver presente, ou o sacerdote, nos convida a dar a paz. Se tivermos a paz de Jesus em nós, poderemos ser portadores dessa paz para nossos irmãos; por isso, embora não conheçamos o irmão que está perto de nós, podemos dar-lhe a paz. Estamos unidos no amor de Cristo. É Jesus quem nos possibilita cumprimentar nosso irmão. É Jesus quem faz com que pessoas que não se conhecem, pessoas diferentes que vêm de diversos lugares, pessoas que podem até serem inimigas, possam nesse momento se reconciliar, se abraçar e dar a PAZ. É Jesus presente no altar que nos une em Assembleia Santa que louva e bendiz a Deus, oferecendo "por Ele, com Ele e nele", um Sacrifício Santo e Perfeito, no AMOR que gera SERVIÇO.

Gesto concreto: lavar os pés – estar a serviço

• Propõe-se a dinâmica do lava-pés

Nesse momento, vamos realizar o mesmo gesto que Jesus realizou. Ele pode ser feito no momento mais oportuno da catequese. Deve ser levado a sério, não é um teatro ou representação. Vamos dar a ele o mesmo sentido que Jesus deu ao dizer: "Dei-vos o exemplo para que façais o mesmo que eu vos fiz" (Jo 13,15).

Material: água suficiente para lavar os pés dos catequizandos, um pouco de perfume, jarro para colocar a água, toalhas para enxugar os pés.

1º momento: arrumar a sala com as cadeiras em círculo, colocar o perfume na água e a água no jarro (para que o jarro não fique muito pesado ir colocando a água necessária aos poucos); deixar no meio do círculo, junto com as toalhas.

2º momento: Se já foi lido o evangelho e dada a catequese, explicar o sentido do gesto que vai ser realizado.

Comentar: Jesus toma para si essa tarefa, por ocasião da última ceia. Ele nos ensina com esse gesto que aquele que quer ser o maior deve estar sempre a serviço dos seus irmãos.

• O que significa esse gesto de Jesus, hoje, para nós? Simples dramatização? É a celebração litúrgica nas Igrejas, na Quinta-feira Santa?

• Ou tem um sentido mais profundo que transforma a vida do cristão, porque:

- Como Jesus ele vai procurar servir os que estão próximos.

- Jesus, lavando os pés, fez um gesto de amor.

- Jesus nos deu o exemplo e uma ordem: **fazer como Ele fez**: gestos de amor.

- Todo gesto de amor se torna "sacramento" do "amor do Pai em Cristo, do amor em Cristo, de todos os que creem" (Missal dominical – Quinta-feira Santa).

- É a celebração da Assembleia dos que convivem e querem fazer o que Jesus fez.

Explicar que nesse momento vamos realizar, concretamente, o que Jesus fez. Vamos lavar os pés uns dos outros. O catequista que está colocado em "primeiro lugar" irá lavar os pés dos catequizandos. Durante o tempo de catequese, o catequista é o "rosto de Jesus" para os seus catequizandos. Como cristão, sempre, no rosto do meu próximo, devo ver o rosto de Jesus. Por isso, o catequista vai lavar os pés dos catequizandos (se houver mais de um catequista na sala, poderão se revezar no gesto de lavar os pés dos catequizandos. Os catequistas lavam os pés uns dos outros).

3º momento: Depois que o catequista lavar os pés de seus catequizandos, convidá-los a lavar os pés uns dos outros. Nesse gesto, estão revelando que desejam, concretamente, colocar-se "a serviço dos irmãos, principalmente dos mais pobres e sofredores". Os que quiserem lavar os pés de algum colega de turma ou do catequista poderão fazê-lo, tendo sempre a lembrança do gesto de Jesus. Durante esse momento, cantar uma música que fale de amor e de estar a serviço.

4º momento: Refletir – Como nós podemos seguir o exemplo de Jesus em nosso dia a dia?

Que pequenos gestos de humildade podemos fazer aos que estão próximos?

Existem coisas que parecem ser humilhantes, e que podemos fazer na escola e em casa, por exemplo: lavar o banheiro, jogar o lixo, pegar papel do chão etc. O que mais estamos dispostos a fazer?

5º momento: Oração (cf. item IV).

IV. Oração

• Meditação e oração espontânea – Lembrar-se das atitudes que tomamos e pelas quais humilhamos e não amamos nosso próximo. Pedir que Jesus nos ajude a ser humildes como Ele foi, a amar como Ele nos amou. Depois de cada pedido rezar: "Jesus, manso e humilde de coração, fazei o meu coração semelhante ao vosso!"

• Pai-nosso.

• Abraço da paz.

• Canto final: sobre o amor e serviço aos outros ou da Campanha da Fraternidade do ano vigente. Sugere-se: *Eu vim para que tenham a vida* ou *Prova de amor maior não há*.

V. Conversa com os catequizandos

Fatos concretos: Como amar nas dificuldades e alegria. Convidar para as celebrações da Semana Santa que serão realizadas na comunidade.

Preparando o material

• Filme e cartazes sobre o lava-pés.

• Água para lavar os pés, jarro para colocar a água.

• Bacia e toalhas para enxugar os pés, perfume para colocar na água.

• Figuras de pessoas, prestando serviço ao próximo: enfermeiros, bombeiros, varredores de rua, lixeiros etc.

• Cartaz com a oração: *"Jesus manso e humilde de coração, fazei o meu coração semelhante ao vosso!"*

Preparação da sala

Preparar a sala com as cadeiras em círculo, colocar o jarro com água suficiente para lavar os pés, a bacia, o perfume. Toalhas. Para que o jarro não fique muito pesado, colocar um pouco de água em outra vasilha e acrescentar no jarro, conforme for necessário. Deixar a mesa arrumada com a toalha, flores e a vela. A cor litúrgica, para esse dia, é a branca.

Subsídios para catequese

A tradição judaica da purificação

Na época de Jesus, era um costume tradicional lavar os pés dos que chegavam nas casas. Podemos verificar esse costume no episódio em que Jesus é recebido na casa do fariseu, para comer, e uma mulher pecadora da cidade se aproxima, ficando por detrás de Jesus, e lava-lhe os seus pés com suas lágrimas. Depois, os enxuga com seus cabelos, unge-os com perfume caro e cobre-os de beijos. Jesus é criticado pelos presentes e diz: "Entrei em tua casa e não me derramaste água nos meus pés; ela ao contrário regou-me os pés com lágrimas e enxugou-os com os cabelos. Não me deste um ósculo; ela, porém, desde que entrei, não parou de cobrir os pés de beijos" (Lc 7,36-49).

O uso de sandálias, a poeira do deserto e das estradas deixava os pés, do caminhante, sujos. Era sinal de hospitalidade mandar lavar os pés dos que chegavam a uma casa. Esse trabalho era feito pelo escravo menor e último da casa. Os judeus tinham muita preocupação com a purificação – estar limpo, estar puro – diante de Deus (cf. Gn 18,4; 19,2; 24,32; Ex 30,19s.; 40,31; Lc 7,44; 1Tm 5,10).

A celebração de Jesus

Jesus desejou **ardentemente** celebrar a Páscoa com seus discípulos (cf. Lc 22,14s.). Em cada detalhe dessa celebração, imprime o seu espírito. Cada detalhe adquire um novo significado, torna-se especial, porque é o seu testamento. "Chegou a minha hora" (Jo 12,23; 13,1; 16,4). A "hora de Jesus" foi preparada pelos sinais que realizara no decorrer do tempo de sua pregação (cf. Jo 2,1-11; 4,46-50; 5,1-15; 6,1-15.16-21; 9,1-41; 11,33-44). Nessa ceia, Jesus prepara o momento da cruz. De certa forma irá antecipar a entrega de sua vida. Essa ceia faz parte da "prova do amor" (Jo 15,13 – cf. Mt 10,39; Jo 10,17s.). Jesus tira o manto; o manto é parte da pessoa (cf. 1Rs 19,19; 1Sm 18,4; 24,5s.; Dt 24,12s.; Jó 22,6; Am 2,8). Jesus "tira" a sua força (cf. Mc 5,28-29). Jesus apresenta-se como servo, como serviçal e lava os pés de seus discípulos. Não importa o que está dentro do coração deles. Jesus se ajoelha diante de Judas, o traidor, ajoelha-se diante de Pedro que não quer ser lavado pelo Mestre, ajoelha-se diante daqueles que ainda não perceberam o alcance do seu Projeto Redentor. Esse gesto de "humilhação" de Jesus ilumina todo o Projeto Redentor de Deus para com a humanidade, descrito com sabedoria por Paulo: "Ele, subsistindo na condição de Deus, não pretendeu reter para si ser igual a Deus. Mas aniquilou-se a si mesmo, assumindo a condição de escravo, tornando-se solidário com os homens. E, apresentando-se como simples homem, humilhou-se, feito obediente até a morte, até a morte da cruz" (Fl 2,6-8). Jesus sabe que para "atrair todos para si" deve prostrar-se e ser elevado. E é sob a cruz que Ele vai estar prostrado pelo peso da humanidade pecadora, e é na cruz que Ele será levantado, levando consigo para Deus a humanidade resgatada do pecado (Mt 11,2-6; 20,28; Lc 1,77; Jo 10,14-18; Rm 5,6-8; Ef 1,7; Gl 3,10-13; 4,1-7; 1Tm 2,5s.; Hb 2,10-13; 1Pd 1,17-19; 2,9s.). Então da cruz de Cristo "brilha o AMOR de Deus": "Pelo que também Deus o exaltou e lhe deu o Nome que está sobre todo nome. Para que ao nome de Jesus se dobre todo joelho de quantos há no céu, na terra, nos abismos. E toda língua proclame, para glória de Deus Pai, que Jesus Cristo é Senhor" (Fl 2,9-11).

Jesus nos deu o exemplo e uma ordem: fazer como Ele fez

Para alguém se tornar discípulo de Jesus é preciso que Ele chame: "Eu vos escolhi a vós e vos destinei para irdes dar fruto" (Jo 15,16b). Jesus chama e mostra o caminho que o discípulo deve seguir: do amor, da cruz, do serviço e do perdão (cf. Mc 8,31-38; 9,30-37; Lc 6,20-49; 14,26-34; 17,1-10; 18,1-34; Jo 14,12).

Jesus nos deu o exemplo. Podemos fazer a opção por Jesus e tornar presente o seu projeto de amor, em nossa comunidade ou não. "Se, portanto, eu, o Mestre e o Senhor, vos lavei os pés, também deveis lavar-vos os pés uns aos outros. Dei-vos o exemplo para que, como eu vos fiz, também vós o façais" (Jo 13,14). Hoje nós somos os portadores da ação de Jesus no meio das pessoas. A nós, hoje, está sendo revelado o mistério do Reino de Deus que quer precisar de nossos olhos, de nossos ouvidos, de nossa boca, de nossos braços e pernas, enfim Deus quer precisar de nossos corpos para tornar presente no mundo a Salvação de Jesus: "Assim como Tu me enviaste ao mundo, assim também eu os enviei ao mundo" (Jo 17,18). Quando recebemos o Batismo, recebemos a mesma missão de Jesus "anunciar a Salvação". Fomos consagrados como reis, sacerdotes e profetas. Fomos introduzidos no "novo povo de

Deus". Formamos com Cristo um só Corpo. Participamos da Comunidade da Salvação, do Reino de Deus (cf. Lc 3,6; Jo 4,42; At 4,12; Rm 10,10; 2Cor 3,17s.; Ef 3,1-13; 1Tm 4,10; Tt 3,4-6; 1Pd 2,9s.). Para realizar a sua missão a Igreja recebe carismas e ministérios do Espírito Santo. Como membros da Igreja, participamos desses dons para realizar a nossa missão pessoal, como cristão (cf. Lc 24,49; 1Cor 12,4-25; At 1,8; Rm 12,3-8; Ef 4,7-11; 1Tm 5,17-19; 1Pd 5,1-4).

"Conhecemos o Amor no fato de Ele haver dado a vida por nós. Também nós devemos dar a vida pelos irmãos" (1Jo 3,16).

Para o aprofundamento do catequista

• *Catecismo da Igreja Católica*: 3; 16; 459; 609-611; 616; 798; 918; 923; 932; 941s.; 995; 1022; 1213; 1241; 1265; 1271s.; 1279; 1337; 1339s.; 1396; 1435; 1694s.; 1697; 1813; 1816; 1823; 1877; 1965-1968; 1972-1974; 2000; 2031; 2038; 2046; 2047; 2053; 2157; 2166; 2181; 2304; 2232s.; 2253; 2466; 2468; 2472; 2570; 2670; 2708; 2752.

• Manual da Campanha da Fraternidade do ano vigente.

2ª Catequese Litúrgica

Páscoa: vida nova para todos

OBJETIVOS	CONTEÚDO
1) Perceber que através da leitura e meditação do evangelho pode-se chegar ao encontro com Jesus Ressuscitado. 2) Esse encontro, pessoal e único, dá a possibilidade de se alcançar a "Vida, vida nova em abundância".	1) A ressurreição de Jesus • o túmulo vazio; • os sinais da presença de Jesus; • a atitude de Pedro e João. 2) Jesus aparece a Madalena • Madalena busca o seu Senhor; • Madalena encontra o "Rabbuni"; • Madalena reencontra o "Senhor"; • Madalena, primeira anunciadora da Ressurreição.

Preparando o encontro

Os catequizandos já conhecem muitos fatos da Celebração da Páscoa narrados na História da Salvação, como a Páscoa dos hebreus, a libertação do Egito, a passagem do Mar Vermelho e a caminhada do povo de Deus no deserto. Esse é um momento oportuno, para motivar e para fixar estes acontecimentos e falar deles à luz da Ressurreição de Jesus. Vamos preparar nosso encontro, iluminados pela Ressurreição de Jesus, na figura de Maria Madalena e dos discípulos que buscam Jesus morto e o encontram, ressuscitado. Convém lembrar que é preciso favorecer aos catequizandos para procurarem compreender como devemos viver esse mistério.

I. Oração inicial (Indique o tempo_____)

• Fazer o sinal da cruz e uma oração espontânea (todos em pé).
• Invocação do Espírito Santo (cantada ou rezada).

II. Proclamação da Palavra de Deus (Indique o tempo_____)

Contexto: Jo 20,1-18 (cf. Mt 28,1-10; Mc 16,1-31; Lc 24,1-11)

Texto: Jo 20,13-18 (Ressurreição de Jesus)

Comentário: João, ao narrar a sua ida ao sepulcro com Pedro e a aparição de Jesus a Maria Madalena, é rico em detalhes. Vamos pedir aos catequizandos que prestem muita atenção, porque estes detalhes irão nos ensinar o caminho que devemos seguir para chegar até Jesus.

Aclamação à Palavra de Deus (todos em pé)

• *Canto*: (Aleluia ou outro, conforme escolha do catequista, de acordo com o tempo litúrgico).

• *Antífona*: Cristo, nossa Páscoa, foi imolado; celebremos, pois, a festa (1Cor 5,7-8).

Proclamação do Evangelho: Jo 20,13-18

III. Catequese (Indique o tempo_____)

"O que era desde o princípio, o que ouvimos, o que vimos com os olhos, o que contemplamos e nossas mãos apalparam no tocante ao Verbo da vida... nós vos anunciamos a fim de que também vós vivais em comunhão conosco" (1Jo 1,1-3). Nessa catequese vamos ter como ponto principal as atitudes de Pedro, João e Maria Madalena, diante do túmulo de Jesus, vazio. Através deles, vamos descobrir como viver a Páscoa e como ser discípulos, anunciadores da Boa-Nova de Jesus, aos nossos irmãos.

Símbolo litúrgico: o sino

O som é uma das primeiras formas de comunicação entre os seres humanos. Objetos de diversas origens foram usados para emitir sons, como por exemplo os tambores. Os chineses, romanos e outros povos, muito antes do nascimento de Jesus, já usavam objetos que produziam sons para se comunicarem entre si. No Antigo Testamento, temos referências do uso de campainhas, sinos e outros objetos que eram usados com a finalidade de "pré-anunciar" algum evento ao povo. "Haverá uma campainha de ouro e uma romã, sucessivamente, em volta de toda a orla inferior do manto. Aarão o vestirá para exercer o ministério, e *será ouvido* quando entrar e sair do santuário, sem morrer na presença do Senhor" (Ex 28,33s.; 39,26). Josué, durante sete dias, rodeou a cidade de Jericó, tocando as trombetas; além do uso litúrgico, a trombeta é um instrumento guerreiro (cf. Js 6,1-20; Jz 7,8-20; Lv 25,9; 2Cr 15,14). Moisés mandou fazer duas trombetas; através do toque, o povo recebia orientações de como proceder (cf. Nm 10,1-10).

Nas catacumbas foram encontrados sininhos de prata. A partir do século V, quando não havia mais perseguições aos cristãos, as igrejas puderam ser construídas com maior liberdade. Começaram a surgir igrejas com campanários e torres, com os sinos. Os sinos anunciavam os principais acontecimentos da vida da comunidade: nascimentos, mortes, incêndios, chegada de um visitante ilustre, convocação dos membros da comunidade para reuniões ou anunciando perigo iminente. Ainda hoje, em muitas igrejas, ouvimos o toque dos sinos às seis, às doze e às dezoito horas, anunciando a "Ave-Maria". Em alguns lugares, o "toque da Ave-Maria" no anoitecer, com a revoada de pássaros, é um momento arrebatador que eleva o nosso espírito para Deus criador.

Gesto litúrgico: anunciar Jesus ressuscitado – o soar do sino

É costume nas nossas Igrejas tocar os sinos durante o canto do *Glória*, na Quinta-feira Santa. Depois desse momento os sinos silenciam-se, voltando a tocar solenemente na Noite da Páscoa durante o Anúncio do Pregão Pascal. Quando há jogos, campeonatos ou outro evento importante, soltamos rojões e fogos, queremos fazer barulho para que todos saibam que estamos comemorando um fato importante. Os foguetes e mísseis, que são disparados nas guerras que ainda existem em nosso planeta e que matam milhares de inocentes, devem fazer esse mesmo barulho. Somos privilegiados se podemos ainda ouvir o som de nossos campanários. Eles nos convidam a ser testemunhas do amor de Deus, do seu projeto amoroso que entregou à morte seu Filho Jesus para que nós, os pecadores, fôssemos salvos. Pedro, João, Maria Madalena, os discípulos de Emaús e os outros apóstolos fizeram a experiência de Jesus. Não ficaram mais parados. Saíram "correndo" para anunciar a Boa-Nova: "Jesus está vivo no meio de nós". Quando ouvirmos o toque dos sinos, elevemos nossos corações para o alto, bendigamos a Deus por seu amor e aproximando-nos dos irmãos possamos anunciar concretamente esse amor, desejando-lhes a paz. Rezemos pela paz do mundo. Façamos um gesto concreto de solidariedade por nossos irmãos castigados pelas guerras. Comecemos a construir a paz, aqui e agora, no nosso meio.

Vivenciando a liturgia: o toque da Ave-Maria

"Constituído Senhor por sua ressurreição, Cristo, a quem foi dado todo poder no céu e na terra, já opera pela virtude de seu Espírito no coração dos homens; não somente desperta o desejo da vida futura, mas por isso mesmo anima, purifica e fortalece também aquelas aspirações generosas com as quais a família humana se esforça por tornar mais humana a sua própria existência e submeter a terra inteira a este fim" (Constituição Pastoral *Gaudium et Spes* 38). A comunidade dos primeiros cristãos nos deu exemplo deste "operar de Cristo": "Frequentavam com assiduidade a doutrina dos apóstolos, as reuniões em comum, o partir do pão e as orações" (At 2,42). Na Carta a Diogneto, antigo documento sobre as primeiras comunidades cristãs, os cristãos são considerados a alma do mundo, porque "vivem no mundo, fazem o bem, amam os inimigos, mas não vivem como os demais". Os cristãos têm esperança na "vida nova de Jesus". Em outros documentos da Igreja primitiva encontramos citações da vida de oração dos cristãos. A Igreja se reúne, também hoje, para santificar as horas do dia. Os sacerdotes, os religiosos e muitos leigos participam desta oração chamada **Liturgia das Horas**. A Constituição sobre a Sagrada Liturgia (*Sacrossanctum Concilium*) convida todos os fiéis que participem da recitação deste ofício (100). A Igreja do Brasil oferece para todas as pessoas o Ofício Divino das Comunidades. Uma versão mais simples da Liturgia das Horas.

Outra forma de santificar as horas é através do "toque da Ave-Maria". É um costume bem antigo recitar, às 6 (seis), às 12 (doze) e às 18 (dezoito) horas uma oração, saudando Maria. Durante o Tempo Pascal o *Angelus* é substituído por esta oração:

Rainha do céu, alegrai-vos! – Aleluia, Aleluia.

Porque aquele que trouxeste em vosso ventre, Aleluia, Aleluia.

Ressuscitou como disse, Aleluia, Aleluia.

Oremos: Ó Deus que vos dignastes alegrar o mundo com a ressurreição do vosso Filho e Senhor Jesus Cristo; concedei-nos, que, por sua Mãe santíssima, a puríssima Virgem Maria, consigamos os inefáveis prazeres da vida eterna. Pelo mesmo Senhor Jesus Cristo. Amém.

(Rever a 2ª catequese – 2ª etapa)

Gesto concreto: anunciar a vida nova que Jesus quer nos dar

Jesus ressuscitou. A ressurreição de Jesus instaura "novos tempos". Uma "nova vida" é realizada, em Jesus. O amor é a base dessa vida nova que Jesus quer dar aos que o procuram. A pergunta feita a Maria Madalena pelos anjos e pelo jardineiro: "A quem procuras?", é feita a cada um de nós. "A quem procuramos?" Jesus nos chama pelo nome. Jesus olha para o nosso íntimo. Jesus conhece o que temos no nosso coração. Jesus nos convida a nos voltarmos para Ele e a vivermos o amor até as últimas consequências. Jesus nos dá uma missão: "Ide e anunciai aos meus irmãos, que os precederei na Galileia" (Mc 16,7).

IV. Oração

- Rezar a oração: "Rainha do céu".
- Pai-nosso.
- Abraço da paz.
- Canto final: ressurreição de Jesus como, por exemplo: *Deus enviou* (Porque Ele vive) ou *Cristo ressuscitou*.

V. Conversa com os catequizandos

Como passaram a Páscoa com seus familiares.

Preparando o material
- Filme: *As aparições de Jesus Ressuscitado aos seus discípulos*.
- Alguns símbolos pascais: círio, o cordeiro, a cor branca, o sino (conferir dobradura do sino).
- Fotos de celebrações da comunidade. Diversos tipos de sinos.
- Figuras dos principais fatos da História da Salvação: a Páscoa dos hebreus, Libertação do Egito, Passagem do Mar Vermelho, Caminhada no deserto, e outros para montar a linha do tempo.
- Figuras de igrejas com torres e sinos.
- Cartaz com a oração Rainha do céu.

Preparação da sala
Como motivação para a catequese, montar um painel com a linha do tempo da História da Salvação.

Sino

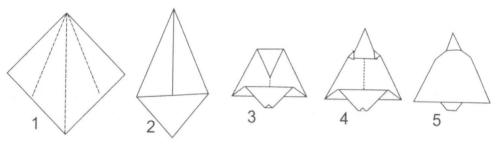

Subsídios para catequese

A ressurreição de Jesus

Quem vai de madrugada ao sepulcro? É Maria Madalena. Ela encontra a pedra do sepulcro retirada. Volta, avisa Pedro e João (o discípulo que Jesus amava). Os dois saem correndo. Vamos ver como corriam os dois. Quem chega primeiro? O que faz João? Por que João não entrou no sepulcro? O que Pedro vê? Qual a reação dos dois apóstolos? Que sentido tem esta narração?

Muito poderia ser explicado sobre este trecho do evangelho. Para nós, o importante é mostrar que os discípulos não estavam preparados para os últimos acontecimentos: a paixão e morte de Jesus e nem esperavam a sua ressurreição. Estavam como que cegos. João determina um momento específico para o acontecimento da ressurreição: "no primeiro dia da semana". Maria Madalena, ao ir ao sepulcro, constata o túmulo vazio e vai depressa contar aos discípulos o novo acontecimento que deveriam enfrentar. Pedro e João correm até o túmulo. Correm juntos: Pedro "a pedra" – o primeiro, e João, "o discípulo que Jesus amava". João chega primeiro, ele é o mais jovem e vai com vigor, impulsionado pelo amor. Pedro, já mais velho, tem sobre si o peso da responsabilidade de ser o primeiro na Igreja nascente: "Tu és Pedro e sobre esta pedra edificarei a minha Igreja". Tem ainda o peso de ter negado Jesus e Ele está morto, e agora seu corpo desaparecera. Pedro chega, entra no sepulcro vazio e vê. Pedro vê os sinais da ressurreição – os panos dobrados: o sudário e os linhos. Sinais visíveis de Jesus ressuscitado. Se o corpo tivesse sido roubado, seria diferente. Foi diferente quando Jesus ressuscitou Lázaro. Ele saiu todo amarrado. Agora os panos aparecem dobrados. João entrou também no sepulcro. João "viu e creu". João leu, com o coração, os sinais deixados por aquele a quem muito ama. Os olhos se abrem e compreendem o que Jesus lhes havia dito: "Ele devia ressuscitar dos mortos". Voltam para a comunidade e juntos vão buscar respostas.

Jesus aparece a Maria Madalena

Maria Madalena permanece perto do lugar onde Jesus fora sepultado. Procura pelo corpo de Jesus. Chora e busca pelo "seu Senhor". Vêm os anjos, que lhe perguntam: "Mulher, por que choras?" Ela vê o jardineiro e este repete a pergunta dos anjos: "Mulher, por que choras? A quem procuras?" Madalena procura ainda pelo Jesus que a acolheu, que a perdoou e a quem muito ama. Jesus chama-a pelo nome: "Maria". Jesus a chama pelo nome, Ele toca as pessoas no seu íntimo, Ele conhece as necessidades de cada um e é lá no interior que a sua Palavra atinge e transforma, e dá VIDA NOVA. Voltando-se para aquele que pensa ser o jardineiro, reconhece o seu Mestre e diz: "Rabbuni". Maria Madalena inicia a sua caminhada, descobrindo quem Jesus é realmente.

Maria Madalena ainda chorava por Jesus, como se chora por um grande amigo. Ela o via como uma pessoa humana e misericordiosa. Porém, Jesus está ressuscitado e pode dar-lhe uma "nova vida". Maria Madalena quer tocar Jesus, mas Ele mostra-lhe que agora ela deve começar a ver e a agir no plano da fé. Jesus vai para o Pai, e lhe dá uma missão: "vai e anuncia a meus irmãos, dize-lhes: subo a meu Pai e vosso Pai; a meu Deus e vosso Deus". Jesus chama os discípulos de irmãos. Jesus cumpriu a sua missão: "salvar todos os homens". Jesus, "o primogênito", leva consigo todos os homens, como irmãos – filhos de Deus, para Deus. Maria Madalena é a primeira missionária a anunciar que Jesus ressuscitou. Cada um que recebe esse anúncio: "Jesus está vivo e vive entre nós", deve fazer uma caminhada de fé; deve procurar fazer a experiência de Maria Madalena em sua vida. Somos todos chamados a ser discípulos de Jesus ressuscitado. Somos chamados a anunciar Jesus ressuscitado para todos os nossos irmãos e irmãs, com a certeza de que Ele, o Ressuscitado, nos precede em nossa missão.

Lembrando alguns símbolos da Páscoa

O *Círio Pascal* é o fogo novo que renasce das pedras, sinal de Cristo ressuscitado e que "ilumina todas as outras noites". *O cordeiro pascal* que tira o pecado do mundo. Agora não é preciso mais muitos sacrifícios. Jesus morreu por todos, uma única vez (1Pd 3,18; Rm 6,10). A *cor branca* é a cor da vida, da ressurreição, da paz. Eram brancas as suas vestes, na transfiguração. O *sino* tocando alegre, sinal da alegria pela vida nova que chegou. O sino é a voz exultante do "aleluia" cantado nos corações dos que experimentam a "vida nova" do Senhor ressuscitado. As ondas sonoras do sino tocando devem anunciar o testemunho cristão no mundo que se manifesta no perdão, na partilha, na promoção da justiça e da paz.

Para o aprofundamento do catequista

• *Catecismo da Igreja Católica*: 165; 272; 519; 542; 609; 638s.; 640-645; 651-658; 857; 863; 893-897; 900; 904s.; 913; 942; 1002; 1336; 2242; 2566; 2582; 2659s.; 2698; 2742s.; 2774.

• *O sentido da Liturgia das Horas.* Frei Alberto Beckhäuser, OFM. Petrópolis: Vozes, 1996.

3ª Catequese Litúrgica

Pentecostes: o sopro do Espírito Santo

OBJETIVOS	CONTEÚDO
1) Ressaltar a ação santificadora do Espírito Santo na Igreja nascente e a sua ação na Igreja contemporânea. 2) Estimular a acolhida da ação do Espírito Santo na vida do cristão, manifesta pela ação concreta de perdão e amor aos irmãos na comunidade e na família.	1) Jesus infundiu o Espírito Santo nos apóstolos, em Pentecostes: • a missão dos apóstolos. 2) A ação do Espírito Santo na Igreja: • Os dons. • Os frutos.

Preparando o encontro

Essa catequese litúrgica complementa a 6ª catequese litúrgica da 1ª etapa. É diferente da 5ª catequese da 2ª etapa quando abordamos a doutrina da Igreja sobre o Espírito Santo. Esse encontro poderá ser realizado com todos os catequizandos da 2ª etapa, juntos, com suas respectivas catequistas. Haverá dois períodos, um com todos os catequizandos juntos e outro será com a DINÂMICA: **LABOR-COMPARTILHAMENTO** ("labor" é uma palavra latina que significa trabalho. "Labor-compartilhamento", para nós, é um trabalho realizado junto, compartilhado). Pode-se optar sobre qual a forma mais viável para executar esse encontro. De qualquer forma sempre é bom preparar antecipadamente cada encontro, dentro do planejamento anual.

I. Oração inicial (Indique o tempo_____)

• Fazer o sinal da cruz e uma oração espontânea (todos em pé).
• Invocação do Espírito Santo (cantada ou rezada).

II. Proclamação da Palavra de Deus (Indique o tempo_____)

Contexto: Jo 20,19-23 (cf. Jo 7,39; 14,8,32; 16-26; 16,4-15; At 2,33; 1Jo 2,1s.; 5,6s.)

Texto: Jo 20,19-23 (Jesus ressuscitado aparece aos discípulos e lhes infunde o Espírito Santo)

Comentário: Jesus muitas vezes prometeu aos discípulos que enviaria a eles o Espírito Santo. Ele lhes ensinaria toda a verdade, eles compreenderiam tudo o que Ele lhes havia ensinado. Depois que Jesus ressuscitou, apareceu para os seus apóstolos, desejou-lhes a Paz e soprando sobre eles lhes deu o Espírito Santo.

Aclamação à Palavra de Deus (todos em pé)

• *Canto*: (Aleluia ou outro, conforme escolha do catequista, de acordo com o tempo litúrgico).

• *Antífona*: "Vinde, Espírito Santo, enchei os corações dos vossos fiéis; acendei neles o fogo do vosso amor".

Proclamação do Evangelho: Jo 20,19-23

III. Catequese (Indique o tempo_____)

Essa catequese seguirá um roteiro diferente. É proposta para que várias turmas de catequizandos possam participar juntas das atividades. A princípio em sua sistematização pensou-se em prepará-la para três turmas. No entanto, o tempo e o número de turmas poderão variar, conforme a necessidade. Para mais turmas poderão ser acrescentadas atividades como: filme, dramatizações, cartazes. Cada catequista deverá deixar a sua sala preparada para receber as diferentes turmas. O catequista designado para falar sobre os dons dará esta catequese para todas as turmas; por último dará a catequese para a sua turma. Para os outros temas será usado o mesmo procedimento. Se houver condições, essa celebração poderá ser realizada em um dia diferente, não o mesmo da catequese para que haja a disponibilidade de mais tempo. Caso o catequista não queira usar a dinâmica proposta, pode desenvolver o tema com a metodologia dos encontros anteriores.

Símbolo litúrgico: o vento

O livro dos Atos dos Apóstolos descreve a vinda do Espírito Santo sobre os apóstolos, sendo precedida de um ruído muito forte e de um vento impetuoso (cf. At 2,2). O vento é imprevisível. Ele pode derrubar casas, árvores e navios no mar (Ez 13,13; 27 26). Por vezes surge como um simples murmúrio; por vezes resseca, com seu sopro de fogo, a terra escaldada; ele surge também imperceptível e terno espargindo a água fresca e fecunda sobre a terra sedenta, fazendo-a germinar (cf. 1Rs 19,12; 18,45; Is 30,27-33; Ex 14,21). Na Sagrada Escritura o termo *ruah* é usado para designar "sopro". Esse termo tem vários sentidos. O vento é o movimento do ar provocado pelo sopro. Ele mostra que a ação do Espírito Santo é livre. "O Espírito sopra onde quer" (Jo 3,8; Ecl 11,5). O Espírito de Deus é uma força que dá vida para todo ser vivente criado (cf. Gn 2,7; 6,17; 7,15.22; Sb 15,11.16; 16,14; Jr 10,14; Ez 37,10-14; 1Cor 2,10). O vento é sinal da presença de Deus. Ele se manifestou no meio da tempestade, dos ventos fortes e dos trovões (Sl 29[28]; Ex 19,16; Dt 4,10-12; 5,2-5.25-31; 2Sm 22,8-16; Sl 18[17],11; 83[2],16; Is 13,13; 28,2; 30,27s.; Jr 23,19; 30,23; Jó 38,1). Deus é surpreendente quando se manifesta para o Profeta Elias, no Monte Horeb. Elias está na "fenda da rocha"; acontece um vento forte e vigoroso que abala a montanha e quebra as pedras e Deus não estava no vento forte; sobrevém um tremor de terra e fogo, mas Deus não estava aí; surge de mansinho o murmúrio de uma brisa suave e então Elias pode encontrar-se com Deus (cf. 1Rs 19,9-14). No Batismo recebemos o Espírito de Deus, esse vento vital, enquanto "vento impetuoso" que nos impulsiona como aos apóstolos para sermos testemunhas de Cristo; enquanto "brisa suave" que nos conduz ao encontro íntimo com Deus na oração, na bendição, na contemplação, na adoração.

Gesto litúrgico: o sopro

O sopro provoca a movimentação do ar. Nos aniversários de crianças é terno ver a criança aniversariante "soprar" as velinhas; ao redor desta criança, outras tantas fazem "biquinho" para também "soprar" a velinha. Quando um ser vivente (animal ou ser humano) para de respirar, diz-se que ele morreu; o ato de respirar é sinal de vida. Deus deu vida ao homem "insuflando nele o seu hálito" (Gn 2,7 – cf. Gn 6,17; Is 11,2; Sl 6,5). Deus criou todo o universo e está incessantemente renovando-o através de seu "sopro vivificante" (Sl 33,6-9; 96[95]; 104[103]; 148[147],5; Jó 34,14; Is 41,20; 45,8; 48,7; 57,16; Jt 16,14). O sopro é uma forma figurativa de expressar a ação de Deus. Ele sopra o vento e realiza a sua obra: "O Senhor fez soprar sobre o mar um vento oriental" (Ex 14,21). "Soprou, então, um vento mandado pelo Senhor que trouxe do mar um bando de codornas e as fez pousar sobre o acampamento" (Nm 11,31). "Desencadear-se-á um vendaval e aí o muro vai cair" (Ez 13,11). Ezequiel relata a força do sopro de Deus que dá vida aos ossos ressequidos (37,5ss.). Jesus também usou o sopro como fonte de vida: "Após essas palavras soprou sobre eles, dizendo: 'Recebei o Espírito Santo. Se perdoardes os pecados dos homens, serão perdoados. Se não lhes perdoardes, não serão perdoados'" (Jo 20,22-23). No Batismo recebemos a força do Espírito Santo. Ele falará por nós quando formos chamados a dar testemunho de Jesus (cf. Mt 24,20; Mc 13,11; Lc 1,47.80; 8,55; 12,12).

Vivenciando a liturgia: a invocação do Espírito Santo que é feita quando as celebrações ou encontros têm início

Antes das celebrações é costume rezar ou cantar a "invocação do Espírito Santo". Fazemos esta oração baseada na Palavra de Jesus que nos prometeu enviar o "seu Espírito" que "ensina toda a verdade" (Jo 14,26; 16,13). Na Igreja, o Espírito Santo **santifica**, **consagra** e **congrega** o povo de Deus em assembleia para poder, com Cristo, apresentar ao Pai suas orações e súplicas. Pela ação do Espírito Santo a Palavra de Deus se "torna viva e eficaz" (Hb 4,12). Podemos exclamar "Abbá", "Pai", somente pela ação do Espírito Santo (cf. Rm 8,15.26s.; Gl 4,6). "Também o Espírito vem em auxílio de nossa fraqueza porque não sabemos pedir o que nos convém. O próprio Espírito é que advoga por nós com gemidos inefáveis" (Rm 8,26). É pela ação do mesmo Espírito que podemos ser discípulos: "O Espírito Santo a uns fez apóstolos, a outros profetas, a outros evangelistas, àqueles pastores e doutores, para o aperfeiçoamento dos santos, para a obra do ministério na edificação do corpo de Cristo" (Ef 4,11-12). Somente quem recebeu a luz de Cristo pode ser luz para os outros (cf. Mt 5,14-17; Jo 1,1-18; 3,21; 8,12; Rm 13,11-14; Gl 3,27; Cl 4,1-5; Ef 4,17-24; 5,8-16; 6,10s.).

Gesto concreto: testemunhar Jesus diante dos irmãos

• Propor aos catequizandos que peçam a vinda do Espírito Santo, todos os dias. Sugerir que, ao se lembrarem de um símbolo do Espírito Santo (água, fogo, nuvem, pomba...), que peçam: "Vinde, Espírito Santo, enchei os corações dos vossos fiéis; acendei neles o fogo do vosso amor"; que cantem o *Envia teu Espírito, Senhor / E renova a face da terra*.

• Procurar se preparar para a Solenidade de Pentecostes, como Maria e os apóstolos, no Cenáculo: no silêncio, com oração. Participar da Celebração de Pentecostes, desejando que o Espírito Santo venha sobre nós e nossa comunidade com toda a força do dia de Pentecostes.

IV. Oração

• Rezar a sequência de Pentecostes

Espírito de Deus,	Enchei luz bendita,	Dobrai o que é duro,
Enviai do céu	Chama que crepita,	Guiai-nos no escuro,
Um raio de luz!	o íntimo de nós!	O frio aquecei.
Pai dos miseráveis,	Sem a luz que acode,	Dai à vossa Igreja,
Vossos dons afáveis	Nada o homem pode,	Que espera e deseja,
dai aos corações.	Nenhum bem há nele.	Vossos sete dons.
Consolo que acalma,	Ao sujo lavai,	Dai em prêmio ao forte
Hóspede da alma,	Ao seco regai,	Uma santa morte,
Doce alívio, vinde!	Curai o doente.	Alegria eterna.

• Pai-nosso.

• Abraço da paz.

• Canto final: sobre o Espírito Santo, como por exemplo: *Estaremos aqui reunidos* ou *Cantar a beleza da vida*.

Preparando o material

• Filme sobre Pentecostes (fato histórico e/ou testemunhos da ação do Espírito Santo na vida das pessoas).

• Cartazes com os dons (nomes e frases alusivas), os símbolos do Espírito Santo (nuvem, água, fogo, vento, nuvem...).

• Sete velas representando os sete dons e doze velas que representarão os frutos do Espírito Santo.

Preparação da sala

Se a dinâmica **LABOR-COMPARTILHAMENTO** for realizada, preparar as salas conforme a orientação da dinâmica. Caso contrário, vamos deixar a sala preparada com o material que dispomos, facilitando assim o nosso encontro.

Dinâmica labor-compartilhamento

Orientações gerais

1) Cada catequista permanece, o tempo todo, numa sala e as turmas se revezam.

Importante: A última turma a entrar na sala é a turma do catequista que está expondo o tema. No esquema, corresponde à última rodada.

2) Preparar o roteiro que cada turma vai seguir (conforme o gráfico). Colocar as indicações nas portas das salas, onde cada uma das catequeses irá acontecer. Fazer um roteiro escrito para que cada turma saiba onde deverá ir.

3) Cada catequista irá preparar um tema. O Catecismo da Igreja Católica poderá servir como base para a preparação dos temas da catequese. Previamente cada catequista deverá preparar a sua parte e deixar a sala preparada com o material que vai ser usado.

4) Cada catequista deverá fazer as atividades no livro do catequizando, correspondentes ao seu tema, com cada turma que está em sua sala.

5) O encerramento da catequese poderá ser feito na sala do catequista com a sua turma. Se houver tempo, fazer uma troca de experiências e as orações finais. Se for conveniente a oração final poderá ser feita com todos os catequizandos juntos.

6) Poderá ser preparado um lanche festivo com os catequizandos.

Temas que poderão ser preparados:

• **Os dons do Espírito Santo** – CaIC 1824-1831; 1310; 1845; 2217 (o catequista que prepara é o da turma A).

Material: 7 velas, 7 cartazes, cada um com o nome e a explicação de um dos sete dons do Espírito Santo.

O catequista deverá explicar quais são os sete dons do Espírito Santo, e o que cada um realiza.

Durante a catequese acender uma vela de cada vez, simbolizando um dom, mostrando o cartaz com o nome e a explicação de cada dom (cf. explicação, no livro do catequizando – 3ª catequese).

- **Os símbolos do Espírito Santo** (cf. CaIC): **Água** (694, 1137; 2652); **Dedo de Deus** (700); **Fogo** (696); **Luz** (697); **Mão** (699); **Nuvens** (555; 697); **Pomba** (535; 701; **Selo** (698, 1295s.); **Unção** (695) (o catequista que prepara é o da turma B).

Material: Levar os símbolos ou fazer cartazes, para melhor visualização dos mesmos pelos catequizandos. Lembrar que os símbolos, por si mesmos, nos fazem entender o que representam.

Quando nos depararmos com um símbolo do Espírito Santo, vamos pedir que Ele permaneça em nosso coração. Ensinar os catequizandos a fazer a "oração do coração": "Senhor Jesus, Filho de Davi, envia teu Santo Espírito". Essa oração pode ser rezada em todo momento e em qualquer lugar. Em silêncio, porque ela brota do coração; não é preciso falar alto, mas como um suspiro, como o ar que entra e sai de nosso coração silenciosamente, a oração vem e preenche a alma que suspira e deseja estar unida a Deus (cf. explicação no livro do catequizando – 3ª catequese).

- **Os frutos de Pentecostes – Debate:** 1Cor 12,4-11; Gl 5,22-23; CaIC 736; 1832 (o catequista que prepara é o da turma C).

Material: doze velas correspondentes aos frutos do Espírito Santo. Cartaz com o nome de cada fruto. Figuras de pessoas agindo concretamente impulsionadas pelos frutos do Espírito Santo.

Após a leitura dos textos de São Paulo, fazer com os catequizandos um debate para que descubram quais são os frutos do Espírito Santo. Os frutos são gestos e atitudes que devem surgir nos batizados depois que receberam os dons do Espírito Santo. São gestos concretos que leva a transformação operada pelo Espírito Santo a outras pessoas, transformando-as também.

Como exemplo concreto da obra do Espírito Santo nas pessoas, temos os apóstolos e os santos. Procurar descobrir a ação do Espírito Santo nas pessoas que vivem em nossa comunidade, hoje.

Acender as velas e mostrar os cartazes, conforme os catequizandos forem descobrindo os frutos do Espírito Santo (cf. explicação no livro do catequizando – 3ª catequese).

Esquema para a execução do labor-compartilhamento
1º momento: Todos os catequizandos juntos

I. Oração inicial (Indique o tempo_____)

- Fazer o sinal da cruz e uma oração espontânea (todos em pé).
- Invocação do Espírito Santo (cantada ou rezada).

II. Proclamação da Palavra de Deus (Indique o tempo_____)

Comentário: Jesus muitas vezes prometeu aos discípulos que enviaria a eles o Espírito Santo. Ele lhes ensinaria toda a verdade, eles compreenderiam tudo o que Jesus lhes havia ensinado. Depois que Jesus ressuscitou, apareceu para os seus discípulos, desejou-lhes a Paz e soprando sobre eles lhes deu o Espírito Santo.

Aclamação à Palavra de Deus (todos em pé)
- *Canto*: (Aleluia ou outro, conforme escolha do catequista, de acordo com o tempo litúrgico).
- *Antífona*: "Vinde, Espírito Santo, enchei os corações dos vossos fiéis; acendei neles o fogo do vosso amor".

Proclamação do Evangelho: Jo 20,19-23
Breve explicação sobre o Evangelho e a Festa de Pentecostes.
1) O que é a Festa.
2) Os acontecimentos de Pentecostes com os apóstolos.
3) Hoje pode acontecer Pentecostes?
4) Preparar os catequizandos para o labor-compartilhamento.

2º momento: labor-compartilhamento (execução)
(10 minutos em cada sala – mais ou menos, conforme o tempo disponível para o encontro.)

Rodadas	SALA 1 Os dons do Espírito Santo	SALA 2 Os símbolos do Espírito Santo	SALA 3 Os frutos do Espírito Santo 1Cor 12,4-11
1ª	B	C	A
2ª	C	A	B
3ª	A	B	C

3º momento: encerramento na sala com o catequista da turma ou todos juntos
Oração
• Rezar a sequência de Pentecostes.
• Pai-nosso.
• Abraço da paz.
• Canto final: sobre o Espírito Santo: *Estaremos aqui reunidos* ou *Cantar a beleza da vida*.

Subsídios para catequese

Jesus infundiu o Espírito Santo nos seus discípulos

Em Pentecostes, o Espírito prometido por Jesus vem manifestar aos seus discípulos a riqueza e profundidade da vida nova do Ressuscitado. Neste acontecimento a Igreja é apresentada ao mundo; tem início a sua atividade missionária. Os apóstolos, impulsionados pela força do Espírito que falou pela boca dos profetas, tornam-se "testemunhas do que viram, ouviram e apalparam da Palavra da Vida" (1Jo 1,1-4), com muita coragem (cf. Rm 8,26).

Os discípulos deixaram-se conduzir pelo Espírito Santo, como MARIA, que pelo mesmo Espírito concebeu Jesus (cf. Lc 1,35). Ela foi a primeira discípula de Jesus que se deixou conduzir pelo Espírito Santo e ajudou com seu gesto salvar todos os homens. Maria estava com os discípulos, no Cenáculo, esperando por Pentecostes (cf. At 2,1-13).

Os discípulos, antes de Pentecostes, estavam com medo e, depois, saíram com muita coragem e sabedoria para anunciar o que Jesus havia ensinado a eles. O povo que os ouvia entendia a pregação em sua própria língua e se converteu, e muitos foram batizados.

A ação do Espírito Santo na Igreja

Os primeiros cristãos tinham fé em Jesus, e eram perseguidos. Muitos morreram testemunhando a sua fé em Jesus. A coragem, para dar a vida por Jesus, vem do Espírito Santo.

Os santos se santificaram pela ação do Espírito Santo. A Igreja, o papa, os catequistas recebem hoje a orientação do Espírito Santo para anunciarem Jesus Cristo. Em nossa época, muitas outras pessoas agem no mundo, pelo Espírito Santo. Francisco e Jacinta, pastorinhos portugueses, que durante os poucos anos de existência dedicaram-se a rezar pelos pecadores. Santa Maria Goretti, jovem que morreu para não pecar. Madre Teresa de Calcutá trabalhou com os pobres (1910-1997). Santa Gianna Beretta Molla era uma mãe de família, na Itália (1922-1962). Beato Antônio de Sant'Anna Galvão, que dedicou a sua vida aos pobres, nascido no Brasil. Madre Paulina do Coração Agonizante de Jesus (1865-1942). Esta última é a primeira santa do Brasil e foi beatificada pelo Papa João Paulo II aos 18 de outubro de 1991, em Florianópolis, Estado de Santa Catarina. Beato Frederico Ozanan, fundador das Conferências Vicentinas. Na Pastoral da criança, do menor, carcerária, quantas as pessoas que se dedicam a dar condições de vida melhor aos mais necessitados, ensinando-lhes uma forma de ganhar o seu pão de cada dia.

Em nossa comunidade? Quem tem testemunhado Jesus pela ação do Espírito Santo. Qual a experiência que temos da ação do Espírito Santo em nossa vida? O Espírito Santo não é mágico, mas nos momentos necessários está presente. Basta estarmos atentos e nos deixarmos conduzir por Ele. Nós o recebemos no nosso Batismo. Ele está conosco.

Os dons do Espírito Santo são: Sabedoria, Inteligência, Conselho, Fortaleza, Ciência, Piedade, Temor do Senhor. É missão do Espírito Santo promover a unidade dos cristãos. Ele é o AMOR na Igreja e no mundo. "Os frutos são perfeições que o Espírito Santo forma em nós como primícias da glória eterna. A Tradição da Igreja enumera doze: 'caridade, alegria, paz, paciência, longanimidade, bondade, benignidade, mansidão, fidelidade, modéstia, continência e castidade'" (Gl 5,22s.) (CaIC 1832).

• A Igreja reza pela Unidade dos Cristãos. Convidar os catequizandos a rezar pedindo ao Espírito Santo para "que sejamos um com Jesus, no Espírito Santo, para a glória de Deus Pai". E, também, a participar das celebrações ecumênicas, se houver, na diocese.

Para o aprofundamento do catequista

• *Catecismo da Igreja Católica*: 79; 76; 81; 91; 94; 105; 109-119; 131; 152; 158; 175; 683s.; 720; 734; 737s.; 741; 749; 1650; 1697; 1695; 1698s.; 1708; 1715; 1533; 1742; 1769; 1989; 2003; 2014; 2623; 2625; 2630; 2634; 2644; 2670; 2681; 2687; 2697; 2711; 2726; 2766; 2803; 2848.

• *O Espírito Santo na vida da Igreja e do mundo* – Carta encíclica *Dominum et vivificantem*. João Paulo II. Lorena: Cléofas.

• *Diálogo e anúncio*. Santa Sé: Pontifício Conselho para o Diálogo Inter-religioso.

• *Ut unum sint* (Sobre o empenho ecumênico). Carta encíclica de João Paulo II. São Paulo: Paulinas.

4ª Catequese Litúrgica

Maria prefigurada no AT nos ensina a viver

OBJETIVOS	CONTEÚDO
1) Investigar o Antigo Testamento buscando figuras de mulheres que prefiguraram Maria e descobrir suas semelhanças e diferenças. 2) Suscitar o desejo de ter Maria como Mãe e modelo de vida cristã. 3) Incutir o amor a Maria, manifestado pela veneração filial e pelo testemunho de vida, sendo discípulo/discípula de Jesus, como Maria.	1) As mulheres do Antigo Testamento • procuraram viver conforme a Palavra de Deus; • retratam aspectos importantes na História da Salvação: Eva, Rute, Ana (mãe de Samuel), a viúva de Sarepta, Judite e Ester. 2) Maria • possui em si todas as virtudes; • foi a escolhida e amada por Deus desde toda a eternidade para ser a Mãe do Filho de Deus. 3) Maria é modelo: • para se ouvir e praticar a Palavra de Deus; • de uma vida de fé, acolhimento, esperança, amor, perdão, partilha, serviço.

Preparando o encontro

Vamos preparar esse encontro sobre Maria reconhecendo nela um modelo. Podemos preparar um encontro normal, com cada turma, ou poderemos realizar uma atividade em grupo, reunindo os catequizandos de todas as turmas da comunidade. Para cada grupo será proposta uma figura feminina, do Antigo Testamento (escolhemos algumas, existem outras figuras femininas na Bíblia, que podem ser usadas). Durante o mês, antes dos encontros semanais, poderá ser feito um momento mariano, onde pode ser apresentada uma ou duas das "figuras" de Maria do AT que serão celebradas nessa catequese. O mês de maio poderá ser encerrado com a apresentação desses grupos, para a comunidade. Poderá ainda ser feito um painel, com as conclusões desse encontro. O Antigo Testamento contém muitas "figuras" de Maria: pessoas, acontecimentos, sinais ou objetos (ver as invocações da ladainha de Nossa Senhora), que poderão ser usados, como sinais, nas celebrações marianas.

I. Oração inicial (Indique o tempo_____)

- Fazer o sinal da cruz e uma oração espontânea (todos em pé).
- Invocação do Espírito Santo (cantada ou rezada).

II. Proclamação da Palavra de Deus (Indique o tempo_____)

Contexto: Mt 12,46-50 (cf. Mc 3,31-35; Mt 13,55; Lc 2,49-50; 7,21; 8,19-21; Jo 7,3s.; 15,14; 19; 26s.; 20,17; At 1,14)

Texto: Mt 12,46-50 (Maria vai encontrar-se com Jesus)

Comentário: Vamos celebrar Maria, mãe de Jesus, exemplo de bondade, de ternura, de obediência, de serviço. Maria foi a primeira discípula de Jesus. O mês de maio é dedicado a Maria, que é a nova Eva por sua obediência. Maria que, na figura de Sara, é a mãe fecunda. Maria que acreditou, prefigurada em Rute. Maria, aquela que confia em Deus, em Ana. Maria que acolhe com ternura, na viúva de Sarepta. Maria que traz Jesus para a Salvação da humanidade, prefigurada em Judite; Maria que na figura de Ester se coloca a serviço do povo.

Aclamação à Palavra de Deus (todos em pé)

- *Canto*: (Aleluia ou outro, conforme escolha do catequista, de acordo com o tempo litúrgico).
- *Antífona*: "Mulher, eis aí o teu filho!... Filho, eis aí a tua mãe"! (Jo 19,25ss.).

Proclamação da Palavra de Deus: Mt 12,46-50

III. Catequese (Indique o tempo_____)

Vamos preparar essa catequese sobre Maria perpassando nosso olhar nas mulheres que existiram no Antigo Testamento. Cada uma delas foi figura de Maria. "Jesus é o rosto humano de Deus" (João Paulo II – *Angelus* de 11 de janeiro de 2004; Carta apostólica sobre o Rosário, 29). Maria é o retrato do amor, da ternura, da misericórdia de Deus. Maria "é esta nossa irmã, esta filha eleita da descendência de Davi, que revela o plano original de Deus sobre o gênero humano, quando nos criou à sua imagem e semelhança. Ela é pois o retrato de Deus. Que nós o possamos admirar em Maria, finalmente reconstituído, finalmente reproduzido na sua autêntica beleza e na sua perfeição genuína" (Papa Paulo VI – Homilia de 08/12/1963). Selecionamos algumas figuras de Maria. Vamos meditar na missão que cada uma realizou prefigurando a missão de Maria. A coragem, a força e a virtude que fizeram delas, mulheres especiais, possam nos ajudar a viver a nossa missão.

Símbolo litúrgico: mulher

Depois de ter criado a terra, as plantas e os animais, Deus criou o homem. Adão fez passar diante de si todos os animais e, depois de examiná-los, dava-lhes um nome adequado. Quando terminou essa tarefa percebeu que não havia uma auxiliar que lhe correspondesse. Deus fez Adão dormir um profundo sono e da sua costela modelou a mulher. A mulher tentada pela serpente levou o homem ao pecado e os dois (Adão e Eva) foram expulsos do Paraíso. Deus, em sua misericórdia, prometeu que viria um Salvador, nascido de uma mulher (cf. Gn 1–3).

Analisando a história percebemos que a situação da mulher na Antiguidade era muito difícil. As páginas da Sagrada Escritura podem nos dar uma pequena ideia dessa situação (cf. Gn 16,1-14; 24,16-30; 30,1-4; Lv 27,3s.; Nm 27,1-10; Jz 14,15ss.; Eclo 25,13-26), embora os Livros Sapienciais apontem algumas qualidades na mulher (cf. 1Sm 2,1-10; 2Mc 7,1-29; Pr 31,10-31; Sb 8; Eclo 26,1-3; 36,26-31; Ct 4,1-5; 7,2-10).

Durante a sua vida Jesus sempre procurou resgatar a dignidade da mulher, conversava com todas elas, escutava as suas necessidades, ensinava e compreendia as suas ansiedades (cf. Mt 15,28; 25,1-13; Lc 7,36-50; Jo 4,1-29; 11,5; 20,11-17). Os discípulos de Jesus, seguindo os seus ensinamentos, continuaram a resgatar a mulher (cf. At 5,14; 16,13-15; Rm 16,1-6.12; 1Cor 7,3-5; 11,11s.; Fl 4,2s.). A igualdade do homem e da mulher é definida nos primeiros tempos do cristianismo (Gl 3,28 – cf. Gn 1,27), embora persista em alguns aspectos o ponto de vista judaico (cf. 1Cor 11,2-12; 14,34s.; 1Tm 2,11s.).

Maria é exemplo da mulher porque ela viveu plenamente a sua vida. Ela reconhece a sua realidade, compreende o seu potencial e vive a sua humanidade na dependência de Deus. Chamada por Ele para uma missão, ela se entrega e assume a sua vida com fé e tenacidade, enfrentando os problemas. "Faça-se em mim segundo a sua Palavra" (Lc 1,26-56). Maria – a Mãe, a Mulher – acompanha Jesus, sofre com Jesus e está atenta e presente para agir quando chegar a "HORA" de Jesus (Gl 4,4; Jo 2,4; 19,26-27).

"A igualdade evangélica, a 'paridade' da mulher e do homem no que se refere às grandes obras de Deus, tal como se manifestou de modo tão límpido nas obras e nas palavras de Jesus de Nazaré, constitui a base mais evidente da dignidade e da vocação da mulher na Igreja e no mundo. Toda vocação tem um sentido profundamente pessoal e profético. Na vocação assim entendida, a personalidade da mulher atinge uma nova medida: a medida das 'grandes obras de Deus', das quais a mulher se torna sujeito vivo e testemunha insubstituível" (*A Dignidade e Vocação da Mulher* 16).

Gesto litúrgico: maternidade

O que é ser mãe? Quem pode ser mãe? Ser mãe é colocar-se diante de Deus sem reservas, como Maria fez. Na maternidade a mulher como que se torna parceira de Deus na criação, pois uma vida nova só é gerada no seio de uma mãe, se for da vontade de Deus. Os mais modernos meios científicos e as descobertas de novas formas de fertilização, para que uma mulher possa gestar um filho em seu seio, só tem sucesso se Deus intervir. A vida é um dom de Deus. A vida vem de Deus. Deus gera a vida. Uma mãe e um pai, no dom recíproco de amor, geram um filho ou filha com a participação direta de Deus. A maternidade e a paternidade pertencem a Deus. A maternidade é dom especial da mulher, ela traz o filho em si. Como Maria, ela é a "serva". A maternidade pede à mulher o dom de si. A mulher-mãe procura dizer "SIM" a Deus em todos os acontecimentos do seu dia a dia, quer sejam bons ou ruins. Em Deus ela encontrará forças para realizar a sua missão maternal.

Todos, homens, mulheres e crianças, são chamados à "maternidade espiritual": dar a vida ao irmão. Na Eucaristia, após a consagração, o presidente da celebração faz a conclusão da Oração Eucarística dizendo: "Por Cristo, com Cristo e em Cristo a Vós, Deus Pai todo-poderoso, na unidade do Espírito Santo, toda a honra e toda a glória, agora e para sempre". Nós devemos responder: Amém. Enquanto rezamos ou cantamos o Amém, é importante procurar dizer no coração: – eu aceito – eu acredito – eu quero ser cristão. Quero seguir o exemplo de Maria, minha Mãe e dizer sim a Deus. Quero viver o dom do amor.

Vivenciando a liturgia: "Maria, Mãe do Corpo Místico de Cristo que se torna sacramento de salvação"

Na cruz, Jesus dá Maria como Mãe para João e dá João como filho para sua Mãe – a Mulher (cf. Jo 19,25-27). Um vínculo novo se estabelece entre a Mãe e o filho: "E o discípulo a levou para a sua casa". É uma dimensão nova da maternidade de Maria. Maria é chamada de "Mãe de Cristo e Mãe dos homens", pela Tradição e Magistério da Igreja. Porque Maria cooperou com o seu amor, na obra Redentora de seu Filho, que gerou filhos para a Igreja, ela é verdadeiramente a Mãe dos membros do Corpo de Cristo – a Igreja. O Papa Paulo VI declarou solenemente Maria Mãe da Igreja. Maria é nossa Mãe. Inspirados em Maria, podemos descobrir como seguir Jesus. Maria é o modelo de fé, de esperança e de amor aos irmãos. Com Maria podemos "ser santos, como Deus é Santo".

Gesto concreto: ser discípulo, ser discípula de Jesus, como Maria

Maria continuamente, mediante a fé, meditava a Palavra que ouvia de seu Filho, mesmo quando Jesus era pequeno, em Nazaré; por isso, o Papa João Paulo II lhe dá o título de "Primeira discípula de Jesus" (*A Mãe do Redentor*, 20).

• Em João, Jesus nos deu Maria por Mãe. Vamos procurar receber Maria como nossa Mãe. Procurar ter Maria na nossa vida. Pedir que Maria, como nas Bodas de Caná, interceda a Jesus por nós: "Eles não têm mais vinho". Certamente, Jesus vai ouvi-la, como a ouviu em Caná.

• Vamos procurar invocar Maria diariamente, seguir o seu exemplo, pedir a sua proteção.

• Rezar a Ave-Maria, a Salve-Rainha, o terço.

• Neste mês de maio, vamos convidar nossa família para rezar o terço, juntos.

IV. Oração

• Ladainha de Nossa Senhora

As ladainhas são orações muito antigas, surgiram no século XII. O povo simples recitava as invocações nas procissões, na Vigília Pascal, nas ordenações, nas festividades. Nas ladainhas são colocados, como invocação, os diversos títulos de Maria. Esses títulos tiveram origem em figuras bíblicas, na devoção popular ou foram dados a Maria pelo Magistério da Igreja. A composição dos títulos usada na Ladainha varia de um lugar para outro.

P/: Senhor, tende piedade de nós. – **R/:** Senhor, tende piedade de nós.
P/: Cristo, tende piedade de nós. – **R/:** Cristo, tende piedade de nós.
P/: Senhor, tende piedade de nós. – **R/:** Senhor, tende piedade de nós.
P/: Jesus Cristo, ouvi-nos. – **R/:** Jesus Cristo, ouvi-nos.
P/: Jesus Cristo, atendei-nos. – **R/:** Jesus Cristo, atendei-nos.
P/: Deus Pai do céu. – **R/:** Tende piedade de nós.
P/: Deus Filho redentor do mundo. – **R/:** Tende piedade de nós.
P/: Deus Espírito Santo. – **R/:** Tende piedade de nós.
P/: Santa Maria. – **R/:** Rogai por nós.

Santa Mãe de Deus,
Santa Virgem das Virgens,
Mãe de Jesus Cristo,
Mãe da Divina Graça,
Mãe puríssima,
Mãe castíssima,
Mãe imaculada,
Mãe intata,
Mãe amável,
Mãe admirável,
Mãe do bom conselho,
Mãe do Criador
Mãe do Salvador,
Virgem prudentíssima,
Virgem venerável,
Virgem louvável,
Virgem poderosa,
Virgem clemente,
Virgem fiel,
Espelho de justiça,
Sede da sabedoria,
Causa da nossa alegria
Vaso honorífico,
Vaso espiritual,
Casa de ouro,
Arca da Aliança,
Porta do céu,
Estrela da manhã,
Saúde dos enfermos,
Refúgio dos pecadores,
Consoladora dos aflitos,
Auxílio dos cristãos,
Rainha dos anjos,
Rainha dos patriarcas,
Rainha dos profetas,
Rainha dos apóstolos,
Rainha dos mártires
Rainha dos confessores,
Rainha das virgens,
Rainha de todos os santos,
Rainha concebida sem pecado original,
Rainha elevada ao céu,
Rainha do Sacratíssimo Rosário,
Rainha da Paz,

P/: Cordeiro de Deus que tirais os pecados do mundo, **R/:** perdoai-nos, Senhor.

P/: Cordeiro de Deus que tirais os pecados do mundo, **R/:** ouvi-nos, Senhor.

P/: Cordeiro de Deus que tirais os pecados do mundo, **R/:** tende piedade de nós.

P/: Rogai por nós, Santa Mãe de Deus.

Todos: Para que sejamos dignos das promessas de Cristo.

P/: Oremos. – Concedei a nós, vossos servos, Senhor Deus, como vos pedimos, obter perene saúde do corpo e da alma, e pela gloriosa intercessão da Bem-aventurada sempre Virgem Maria, sermos livres da presente tribulação, para alcançar as alegrias eternas. Por Jesus Cristo Nosso Senhor. Amém.

- Pai-nosso.
- Abraço da paz.
- Canto final: sobre Maria: *Quando teu Pai* ou *Maria de Nazaré!*

V. Conversa com os catequizandos

Fatos concretos: Como viver hoje, como Maria.

Preparando o material

• Filme e/ou figuras sobre Maria, Eva, Sara, Rute, Ana, Viúva de Sarepta, Judite, Ester, ícone de Maria.

• Cartazes com as frases, comparando Maria com cada figura do Antigo Testamento (AT).

Preparação da sala

Pode-se preparar um altar para colocar um ícone ou imagem de Maria. E antes de cada encontro fazer a oferta de flores, rezar uma oração mariana e/ou cantar um hino, saudando Maria.

Dinâmica adesão

Vamos refletir em grupo

1º momento: dividir os catequizandos misturando todas as turmas em 7 (sete) grupos.

Ou dividir a turma em 7 (sete) grupos. Podemos escolher apenas algumas figuras propostas no material ou procurar outras mais, na Bíblia, e então formar o número de grupos necessários.

Cada grupo ficará com uma figura.

As figuras do Antigo Testamento
Grupo 1 – Eva
• Maria é a nova Eva por sua **obediência** (Gn 2,21-25; 3,1-24).

Grupo 2 – Sara
• Na figura de Sara, Maria é **a mãe** fecunda (Gn 18,1-15; 21,1-7).

Grupo 3 – Rute
• Maria é aquela que tem **fé inabalável**, em Rute (1,1-22; 4,9-21).

Grupo 4 – Ana
• Maria é a humilde que **confia no Senhor**, em Ana (1Sm 1,1-28; 2,1-10).

Grupo 5 – Viúva de Sarepta
- Maria é aquela que **acolhe e partilha**, na viúva de Sarepta (1Rs 17,7-26).

Grupo 6 – Judite
- Maria é aquela que **traz a salvação** em Judite (Jt 8,1-9; 9,1; 13,1-17).

Grupo 7 – Ester
- Em Ester, Maria **se coloca a serviço** do povo (Est 5,1-10; 7,1-10).

2º momento: estudo de cada figura pelo grupo, respondendo as perguntas do livro de atividades do catequizando.

3º momento: preparar a apresentação
Observação: este momento pode ser em outro horário, fora do encontro semanal.

Cada grupo deverá preparar uma apresentação contando quem é a figura do Antigo Testamento e como essa personagem é uma "prefiguração de Maria". Poderá fazer cartazes, preparar uma dramatização e outras atividades conforme a criatividade dos catequizandos que compõem o grupo.

4º momento: a hora da apresentação
(Planejar o momento mais apropriado)
- Durante o mês de maio, um ou dois grupos por semana, antes das catequeses. Se for oportuno passar o filme da figura escolhida, ou, se houver tempo, as apresentações podem ser feitas no dia dessa catequese, ou, ainda, para a comunidade reunida.

Subsídios para catequese

As mulheres do Antigo Testamento

As primeiras páginas relatam a criação. Elas são poemas narrativos, repletos de figuras que enaltecem a Majestade Divina que tudo cria e plasma com dedos de artista (cf. Sl 8; 19[18],2-7; 104[103]). Deus criou o homem e a mulher à sua "imagem e semelhança". Deus os criou juntos, para que juntos através da doação mútua, da comunhão no amor, pudessem usufruir os dons de Deus, no mundo criado (cf. Gn 1,26; 2,23). O pecado corrompeu o relacionamento do homem e da mulher entre si e o relacionamento deles com toda a criação (cf. Gn 3).

Para os povos antigos e para Israel, a mulher era colocada em uma situação de inferioridade. No Decálogo, na lista das coisas que o homem pode desejar, a mulher é colocada junto com os animais e os escravos. Ela é considerada como um perigo para o homem (cf. Ex 20,17).

Mulheres do Antigo Testamento, figuras de Maria

No Antigo Testamento houve mulheres que, superando suas próprias limitações e a limitação imposta pelo contexto social desfavorável à mulher, procuraram viver conforme a Palavra de Deus. Elas retratam aspectos importantes na História da Salvação.

Eva é a mãe dos viventes. Eva recebeu a bênção da vida (*hawah* = viver), ela é fecunda. De uma "mulher", Jesus nasceu (cf. Gl 4,4). Em várias ocasiões, referindo-se a sua Mãe, Jesus usa o termo "mulher" (cf. Jo 2,4; 19,26s.). Maria é a nova Eva, a "mãe de todos os viventes"; de sua descendência virá aquele que esmagará a cabeça da serpente (cf. Ap 12,1).

Rute, mulher gentia (moabita), forte e decidida, ideal da mulher israelita. Tendo-se tornado viúva faz a sua adesão livre ao Deus de Israel e ao povo israelita: "pois onde fores, irei também, onde for a tua moradia, será também a minha; teu povo será o meu povo, e teu Deus será o meu Deus" (Rt 1,16). Com Noemi, sua sogra, também viúva, Rute é protótipo da mulher que acredita e confia em Deus. Rute casa-se novamente com Booz e gera uma descendência: Obed. Noemi agora é Mãe em Israel. Obed será o avô de Davi, rei de Israel. Na genealogia de Jesus, "Filho de Davi", apresentada por Mateus, os nomes de Booz e Rute aparecem (cf. Mt 1,5).

Ana pertencia a uma família israelita muito piedosa. Ela era estéril e sofria muita humilhação; seu marido Samuel a amava muito. Durante uma peregrinação a Silo, estando ela no Santuário, chorando muito, orou ao Senhor, pedindo-lhe que não visse a aflição de sua serva e dela se lembrasse; fez o voto de entregar ao serviço do Senhor o filho que nascesse de seu ventre, já envelhecido. Samuel nasceu e depois de desmamado foi consagrado ao Senhor. Ele desempenhou funções importantes na vida do povo de Israel, foi fiel e sábio. Ana entoou um cântico de louvor: "Exulta meu coração no Senhor [...], porque me alegro em tua salvação. Não há santo como o Senhor [...] e rocha alguma existe como nosso Deus. [...] A estéril dá à luz sete vezes e a mãe de muitos filhos fenece. [...] É o Senhor que empobrece e enriquece, quem humilha e quem exalta. Levanta do pó o fraco e do monturo o indigente [...]" (1Sm 2,1-2.5.7s.). O cântico de Ana possivelmente inspirou o Cântico de Maria: o *Magnificat* (Lc 1,46-55). Ana é figura de Maria por sua confiança que, com humildade, colocou-se diante do Senhor, suplicou e permaneceu disponível.

A viúva de Sarepta, não temos o seu nome, porém ela é figura de Maria por seu acolhimento e partilha. Ela era uma viúva. Ser viúva era uma situação muito difícil naquele tempo. Elas necessitavam da proteção dos profetas e da lei (cf. Is 1,17; Jr 7,6; Mq 2,9; Ex 22,21ss.; Dt 16,11.14; 24,19-21; 26,12). Era somente em Deus que as viúvas podiam se refugiar (cf. Ex 22,22s.; Dt 10,18; Sl 68[67],6; 146[145],9; Ml

3,5). Essa viúva recebeu de Deus a ordem de sustentar o profeta em um tempo de escassez e penúria. Com o último punhado de farinha e com a última porção de óleo, ela faz um pão para o profeta. Elias pede que ela o alimente antes mesmo de alimentar o seu filho e a si mesma. A viúva dá, de sua indigência, tudo o que tem. Jesus, na porta do Templo, louva a esmola de uma viúva (cf. Lc 4,26; 12,41-44). Maria acolhe seu filho Jesus. Entrega-o, na cruz, como sacrifício em favor de toda a humanidade. Ela recebe, de Jesus na cruz, a missão de ser Mãe da Igreja. Igreja que nasce do lado aberto de Jesus. Ser Mãe dos que arrastaram para a cruz, pelo pecado, seu Filho Jesus.

Judite era uma mulher, judia, que vivia no temor do Senhor. Era viúva, vivia recolhida em oração e no jejum. Naquele tempo Holofernes, general do exército assírio, cercara a sua cidade. Judite, conhecendo a situação de seu povo, sente-se chamada a uma missão. Prepara-se para ela através da oração e do jejum. Exorta e anima o seu povo a confiar em Deus, a entender os acontecimentos segundo a Palavra de Deus. "Lembrai-vos do que Ele fez a Abraão, de como provou Isaac, do que aconteceu a Jacó na Mesopotâmia da Síria quando pastoreava as ovelhas de Labão, irmão de sua mãe. Como Ele os provou para sondar os seus corações, assim também não está se vingando de nós, mas para advertência, o Senhor açoita os que dele se aproximam" (Jt 8,25-27). Judite enfrenta o perigo com coragem. Sabe que Deus está lutando por ela e liberta o seu povo do inimigo. Ela traz a salvação. Maria trouxe a salvação a todo o gênero humano. Ela nos ensina a acolher, a ouvir e a ser discípulo do Verbo de Deus, do Filho de Deus que dá a sua vida para a salvação de todas as pessoas: amigos e inimigos.

Ester, mulher do povo, uma judia que se torna rainha. Inimigos dos judeus liderados por Amã, conselheiro de Assuero, pretendem exterminar os judeus. A Rainha Ester é avisada por Mardoqueu dos acontecimentos. Ester inicia um período de orações e jejuns. Colocando-se a serviço do seu povo, para salvá-lo da morte, apresenta-se diante do rei, revestida com todos os seus adornos. Ela sabe que poderá morrer, mas confia em Deus e suplica pela vida de todos, por isso Ester é figura de Maria. Maria é uma mulher simples, do povo. Maria é chamada por Deus para uma missão. Maria, confiando na Divina Providência, assume a missão de ser Mãe de Jesus, ela não entende muitas coisas, porém com solicitude ela guardava em seu coração todos os acontecimentos, meditando-os e confrontando-os uns com os outros (cf. Lc 2,19.51). Ela se coloca a serviço dos irmãos, dos que estão próximos, enfrentando os perigos e os problemas (cf. Lc 1,39-45).

Maria é modelo

Maria foi amada por Deus desde toda a eternidade; é escolhida para uma missão: ser a mãe de Jesus. Maria diz "SIM".

Maria é Virgem e para aquela época não era esse o costume. Todas as moças de Israel queriam ser mãe, mãe do Salvador que era anunciado pelos profetas e que deveria chegar. Maria confia em Deus e diz: "SIM". E se torna Mãe. Maria acolhe o anúncio do Anjo e traz a salvação: "JESUS".

Maria não guarda para si o seu Filho, parte e se coloca a "SERVIÇO" de sua prima Isabel. Do Filho que morre na cruz, Maria recebe João por filho. Em João todos nós estávamos presentes junto à cruz de Jesus. Quando Jesus diz "Mulher, eis aí o teu Filho", Ele olhava, nesse momento, para todos os homens, mulheres, crianças, para os jovens e para os adultos, de todos os tempos e de todas as épocas. Quando Maria recebeu João como seu filho, recebeu na pessoa de João todos os homens e mulheres: crianças, jovens e adultos de todos os tempos e de todas as épocas, como filhos e filhas.

Maria é exemplo para nós. Podemos viver a fé, a esperança, o amor, acolhimento, perdão, a partilha, o amor, enfim, todas as virtudes como Maria o fez. Assim seremos "devotos" de Maria. Assim honramos Maria. Assim veneramos Maria.

 Para o aprofundamento do catequista

• *Catecismo da Igreja Católica*: 26; 64; 75; 144; 148s.; 165; 273; 411; 466; 487; 491-495; 499ss.; 509ss.; 721s.; 773; 829; 963-972; 1172; 1370; 2617; 2619; 2030; 2146; 2679.
• Manual da Campanha da Fraternidade, 1990: *Mulher e homem: imagem de Deus*. Brasília: CNBB.
• *A dignidade e vocação da mulher*. Carta apostólica de João Paulo II. São Paulo: Paulinas.

5ª Catequese Litúrgica

"Solenidade do Santíssimo Corpo e Sangue de Cristo": dom de amor

OBJETIVOS	CONTEÚDO
1) Inserir o catequizando no tempo litúrgico que celebra a Solenidade do Corpo e Sangue de Cristo. 2) Enfatizar a grandiosidade da Eucaristia como dom do amor de Deus, que providencia alimento para seu povo. 3) Despertar atitudes de solicitude para com os que estão próximos.	Solenidade do Santíssimo Corpo e Sangue de Cristo, na liturgia 1) Sua história e objetivo • A Eucaristia no AT: Melquisedec – pão e vinho, o maná e o cordeiro Pascal. • A Eucaristia no NT – pão e vinho, as Bodas de Caná, a multiplicação dos pães.

Preparando o encontro

Vamos preparar esse encontro sobre a Solenidade do Santíssimo Corpo e Sangue de Cristo. Haverá seis encontros sobre o Sacramento da Eucaristia. Por isso vamos abordar este tema apenas na dimensão litúrgica, própria desta solenidade.

I. Oração inicial (Indique o tempo_____)

- Fazer o sinal da cruz e uma oração espontânea (todos em pé).
- Invocação do Espírito Santo (cantada ou rezada).

II. Proclamação da Palavra de Deus (Indique o tempo_____)

Contexto: Lc 9,10-17 (cf. Mt 14,13-21; Mc 6,30-44; Jo 6,1-13; Gn 14,18-20; Sl 80[79]; 109[100]; 1Cor 11,23-26)

Texto: Lc 9,13-17 (todos comeram e ficaram saciados)

Comentário: Deus alimentou o povo no deserto com o maná. Jesus multiplicou o pão para saciar a fome dos que queriam ouvi-lo. Hoje Jesus nos sacia com a sua Palavra e com a Eucaristia.

Aclamação à Palavra de Deus

• *Canto*: (Aleluia ou outro, conforme escolha do catequista, de acordo com o tempo litúrgico).

• *Antífona*: "O Senhor alimentou seu povo com a flor do trigo e com o mel do rochedo o saciou" (Sl 80,17).

Proclamação do Evangelho: Lc 9,13-17

III. Catequese (Indique o tempo_____)

Essa catequese é apenas uma iniciação litúrgica sobre a Eucaristia. Tem por objetivo principal inserir o catequizando no contexto litúrgico da Igreja. Não vamos aprofundar o tema, que será celebrado no tempo oportuno. Vamos explicar o sentido dessa solenidade na Igreja.

Símbolo litúrgico: a Providência

Deus cuida de todas as suas criaturas com um imenso amor e carinho. Deus é um Pai que vela por seus filhos. Em toda a Sagrada Escritura esta é a imagem de Deus. Este cuidado de Deus é o que podemos chamar de Providência divina. Os salmos e os profetas descrevem a Providência divina "que conhece os corações", que alimenta o seu povo, que cuida dos animais dos campos (cf. 11[10]; 33[32]; Sl 91[90]; 107[106]; 131[130]; 144[143]; 146[145]; 147[146]; 1Sm 2,6s.; Tb 13,1-18; Jó 2,10; Eclo 11,14; 17,19; Ecl 11,1-6; Is 43,1s.; 45,7). Deus é providência. Ele governa a história do ser humano e de todo o universo criado. É Deus que permite os acontecimentos (cf. Ex 15,1-18; Jz 5,2-31; 6,11-24; 1Sm 9,1-10; 1Rs 17,14; Jt 9; Jó 5,8-17; 42,1-6; Sl 23[22],1; Pr 5,21; 16,9; 19,21; Lm 3,37; Am 3,6; Mt 6,25-34; 10,28-31; Lc 12,6-32; At 17,28; Rm 8,28; 2Cor 4,17s.; Cl 1,15-17; Hb 12,9-13; 1Pd 5,6s.; 2Pd 3,9).

Jesus fala sobre a Providência de Deus: "Olhai os lírios dos campos, as aves do céu. Nem um fio cai de sua cabeça sem que meu Pai queira. Não vos preocupeis com o dia de amanhã. O dia de amanhã terá suas próprias dificuldades. A cada dia basta seu fardo (cf. Mt 6,26.34; 10,30; Lc 12,7; 21,18). A Eucaristia é a manifestação maior da Providência divina. É Deus que alimenta o seu povo com o Pão vivo que desceu do céu: Jesus.

Gesto litúrgico: peregrinação

O peregrino é aquele que se põe a caminho rumo a um determinado lugar. O peregrino não pode levar muita coisa consigo, ele está a pé, na estrada ele vai contar com a proteção de Deus e consigo mesmo. Deus providenciará quem lhe dará alimento e água para prosseguir sua "santa viagem" (1Rs 19,4-8). O povo judeu fazia anualmente uma peregrinação até o Templo. Jesus fez essa peregrinação (cf. Sl 48[47]; 84[83]; 121–122; Dt 16,16s.; Lc 2,41).

A procissão, que realizamos, é a manifestação da Igreja peregrina que caminha com Jesus, superando as dificuldades, as tentações e os perigos. É a Igreja que caminha na esperança, desejando "a vida em abundância" que Jesus, o Bom Pastor, prometeu. É a Igreja que caminha até Jesus Ressuscitado que "está sentado a direita do Pai" e que prometeu estar "preparando muitas moradas junto do Pai para os que nele acreditassem" (Jo 14,2). É a Igreja que caminha, sustentada pelo "Pão Vivo descido do céu" e que se preocupa com os que não podem comer deste "pão do céu" – a Eucaristia, e com aqueles que muitas vezes não têm nem mesmo o "pão de cada dia" e que estão morrendo "à míngua" nas ruas, perto da nossa casa ou nos degraus de nossas igrejas.

Vivenciando a liturgia: a adoração e a bênção do Santíssimo Sacramento

A Eucaristia é chamada de *Santíssimo Sacramento*. Ela é a "fonte e ápice da vida eclesial"; é realmente o "sacramento dos sacramentos". Normalmente, em nossas Igrejas, temos a Capela do Santíssimo. Um local especial, uma capela, onde está o "sacrário" ou o "tabernáculo". Nesta capela são guardadas as hóstias consagradas, destinadas aos enfermos, ou para as celebrações da Palavra, com distribuição da Eucaristia, nos lugares onde a presença do sacerdote não é constante. Antes de subir ao céu, Jesus afirmou: "Eu estarei convosco todos os dias, até a consumação dos tempos" (Mt 28,20). Jesus quis estar conosco, na Eucaristia; por isso a Igreja incentiva o culto ao Santíssimo Sacramento. É uma "presença silenciosa sob as espécies eucarísticas". É uma presença real. É Jesus que permanece no meio de nós, comunicando o seu amor. Somos convidados a adorar Jesus na Eucaristia. A adoração é devida somente a Deus (cf. Ex 20,3-5; 2Rs 17,36; Mt 4,10; At 10,25s.; Ap 4,11) e a Jesus Cristo que é Deus com o Pai e o Espírito Santo (Mt 28,17; Fl 2,9-11; Hb 1,6).

Os profetas foram chamados para dar a vida, se preciso fosse, anunciando a Palavra de Deus. Eles eram "devorados" pelo zelo de Deus (cf. Nm 25,11; 1Rs 19,14; Sl 69,10; Eclo 48,1s.). Eles anunciavam: "Deus é um Deus ciumento". "Deus é único". "Deus é um fogo devorador" (Ex 3,14; 20,3-6; 34,14; Dt 4,24; 32,16s.; Js 24,19-24; Is 33,14; Sf 1,18). Jesus tem esse "ardor" pelas coisas de Deus. Entrando no Templo, vendo a Casa do Pai profanada, expulsa os cambistas; os discípulos lembraram-se do que estava escrito: "o zelo por tua casa me devorará" (Jo 2,13-17 – cf. Mt 21,12s.; Lc 19,45s.). Os discípulos de Emaús sentem o "coração abrasado" enquanto caminhavam ao lado de Jesus (Lc 24,32). Paulo tinha esse mesmo "ardor" de Jesus pela evangelização (cf. Rm 9,3; 10,19; 11,11-14; 1Cor 9,22s.; 2Cor 11,21-29).

Diante de Jesus sacramentado somos convidados a "ter o nosso coração **abrasado** de amor". Jesus nos convida a "adorar a Deus em espírito e em verdade". No Batismo recebemos o Espírito Santo que age em nós. Ele nos santifica pela Palavra e por Ele podemos prestar a Deus o verdadeiro culto. Os atos que fazemos externamente devem ser expressão desta adoração "em espírito e verdade" (Jo 3,3-8; 4,21-24; 5,23; 17,17-19)." A Igreja e o mundo precisam muito do culto eucarístico. Jesus nos espera neste sacramento do amor. Não regateemos o tempo para ir encontrá-lo na adoração, na contemplação cheia de fé e aberta a reparar as faltas graves e os delitos do mundo. Que a nossa adoração nunca cesse" (CaIC 1380).

Gesto concreto: solicitude

Quando alguém faz a experiência da peregrinação, sabe o quanto é importante a ajuda mútua entre os peregrinos. A solicitude é o cuidado, o desvelo, a atenção, a preocupação de uma pessoa para com outra. Ser solícito é ter a mesma atitude de Jesus para com a multidão faminta que o procurava. O povo tinha fome: fome da Palavra de Deus, fome de amor, fome de paz, fome de pão. Os que nos rodeiam, hoje, também têm fome. É preciso estar atento e descobrir, como Jesus e com Ele, a "fome" do irmão que está ao nosso lado. E "agir" com solicitude. Não podemos ficar parados. Durante nossa peregrinação aqui na terra não podemos ficar "parados". Não podemos peregrinar com "autossuficiência", na soberba e egoísmo, porque agindo desta forma não vamos a lugar nenhum. Vamos "agir" com Jesus e como Ele. Vamos repartir o nosso pão e o nosso peixe. Juntos, na comunhão e na partilha, com o povo peregrino – a Igreja – teremos a certeza de chegar ao Reino de Deus (cf. Tg 3,13-18 – cf. Mt 5,7.9; Rm 12,9-21; 13,8-10; 1Cor 13,4-7; Fl 1,9-11; 1Ts 5,12-15).

IV. Oração: "Adoro-te devoto"

Tomás de Aquino, a pedido do Papa Urbano IV, compôs em 1264 o Ofício da Festa de *Corpus Christi*. Entre as orações compostas encontra-se este belíssimo hino, que é rezado ainda hoje.

• Vamos rezar, prestando atenção nas palavras.

1) Eu vos adoro devotamente, ó Divindade escondida,
Que verdadeiramente oculta-se sob estas aparências,
A Vós, meu coração submete-se todo por inteiro,
Porque, vos contemplando, tudo desfalece.

2) A vista, o tato, o gosto falham com relação a Vós
Mas, somente em vos ouvir em tudo creio.
Creio em tudo aquilo que disse o Filho de Deus,
Nada mais verdadeiro que esta Palavra de Verdade.

3) Na cruz, estava oculta somente a vossa Divindade,
Mas aqui, oculta-se também a vossa humanidade.
Eu, contudo, crendo e professando ambas,
Peço aquilo que pediu o ladrão arrependido.

4) Não vejo, como Tomé, as vossas chagas
Entretanto, vos confesso meu Senhor e meu Deus

Faça que eu sempre creia mais em Vós,
Em vós esperar e vos amar.

5) Ó memorial da morte do Senhor,
Pão vivo que dá vida aos homens,
Faça que minha alma viva de Vós,
E que a ela seja sempre doce este saber.

6) Senhor Jesus, bondoso pelicano,
Lava-me, eu que sou imundo, em teu sangue
Pois que uma única gota faz salvar
Todo o mundo e apagar todo pecado.

7) Ó Jesus, que velado agora vejo
Peço que se realize aquilo que tanto desejo
Que eu veja claramente vossa face revelada
Que eu seja feliz contemplando a vossa glória. Amém

- Pai-nosso.
- Abraço da paz.
- Canto final: sobre a Eucaristia: *Eu vim para que tenham a vida; Sabes, Senhor; O Pão da Vida.*

V. Conversa com os catequizandos

A procissão de *Corpus Christi*.

Preparando o material

• Filme sobre a instituição da Eucaristia, multiplicação dos pães, Bodas de Caná. Figuras sobre a Eucaristia, pão e vinho.

• Cartazes mostrando os três tempos que celebramos na Eucaristia: *Passado*: A paixão e ressurreição de Jesus. *Presente*: A Eucaristia. *Futuro*: a visão de Deus, face a face.

• Roteiro preparando a procissão de *Corpus Christi*, se houver.

Preparação da sala

Preparar a mesa para a celebração com uma toalha branca, flor, velas, uma cruz, pão e vinho.

Atividades
- **Vamos conferir na Bíblia**
- **Resposta da cruzadinha**

1					P	A	S	T	O	R	
2			F	O	R	Ç	A	S			
3	C	A	J	A	D	O					
4					V	A	L	E			
5			C	A	M	I	N	H	O	S	
6			V	E	R	D	E	S			
7				O	L	E	O				
8			T	R	A	N	Q	U	I	L	O
9		F	E	L	I	C	I	D	A	D	E
10					V	I	D	A			
11			M	O	R	A	D	A			

Subsídios para catequese

Solenidade do Santíssimo Corpo e Sangue de Cristo, na liturgia

Iniciamos o Ano Litúrgico com o Advento, celebramos o Natal e a Epifania. Na Quarta-feira de Cinzas iniciamos o Tempo da Quaresma. Neste tempo de jejum e oração nos preparamos para celebrar a Páscoa. Antes da Páscoa, temos as celebrações da Semana Santa. Celebramos a Instituição da Eucaristia, na Quinta-feira Santa; neste dia celebramos o "dom do amor" de Jesus. Ele é o "servo" e nos dá o exemplo: "como eu vos fiz, fazei vós também". A Sexta-feira Santa é dedicada à celebração da paixão e morte de Jesus. No Sábado Santo a Igreja toda silencia com o universo para adorar Jesus que vai à "mansão dos mortos" anunciar aos Santos Patriarcas que a salvação chegou. O Domingo da Páscoa ressurge glorioso porque "aquele que estava morto vive". A Igreja vigilante saúda a "estrela da manhã" com a chama brilhante, ainda acesa, do Círio Pascal – sinal do Cristo Ressuscitado (Pregão Pascal). Jesus permanece com seus discípulos por um tempo e, depois da sua ascensão ao céu, envia o Espírito Santo que "abre os olhos e o coração" dos apóstolos que, cheios de coragem, iniciam a missão da Igreja: "Ide e anunciai o Evangelho a toda criatura e batizai-as em nome do Pai, e do Filho e do Espírito Santo" (Mt 28,17-20).

Sua história e objetivo

No ano de 1264 o Papa Urbano IV promulgou a Bula *Transiturus*, instituindo para toda a cristandade a Festa do Corpo de Deus. Durante o Concílio de Viena, o Papa Clemente V a consolidou.

A celebração da "Solenidade do Santíssimo Corpo e Sangue de Cristo" faz exaltar: *um fato passado*: o memorial da Paixão de Cristo que se entregou como sacrifício de expiação pelos pecados de todos os homens; *um fato presente:* celebramos o sacramento da unidade, sacramento do Corpo Místico de Cristo "que nos faz um só, com Cristo e um só, Cristo e os homens, entre si"; *um fato futuro:* porque a "Eucaristia é penhor da glória futura" porque celebramos a Eucaristia "enquanto esperamos a sua vinda gloriosa". As orações e leituras da Celebração Litúrgica, dessa solenidade, vão nos lembrar esses três tempos e deverão nos levar a um gesto concreto de amor e de caridade para com os irmãos.

A Celebração do Corpo e do Sangue de Cristo, para nós, é motivo de grande alegria. É a nossa festa. Estamos nos preparando para receber Jesus na Eucaristia. Essa é a Festa de Jesus na Eucaristia.

Jesus escolheu oferecer seu Corpo e seu Sangue para alimento. Muitos o escutaram, alguns não acreditaram e foram embora (cf. Jo 6,51-59). Para realizar esta promessa Jesus escolheu o pão e o vinho para a Eucaristia. Pão e vinho são alimentos comuns.

Um sacerdote, Melquisedec, do tempo de Abraão, ofereceu o primeiro sacrifício ofertando o vinho e o pão (cf. Gn 14,21-24; Hb 5,5s.; 7,1-18). O maná prefigurava a Eucaristia, que é o verdadeiro Pão descido do céu (cf. Dt 8,2-3; Jo 6,30-33).

O cordeiro pascal dos judeus, na noite em que foram libertados do Egito, é figura de Jesus, o verdadeiro Cordeiro, que dá sua vida por todos os seres humanos (cf. Jo 1,29 – cf. Ex 12,1-28; Is 52,13-53,12; At 8,32; 1Cor 5,7s.; Ap 5,6.12).

Jesus realiza o seu primeiro milagre em Caná da Galileia: transforma a água em vinho. Agora o vinho é transformado em seu Sangue (cf. Jo 2,1-12).

Jesus multiplica cinco pães e dois peixes, alimentando cinco mil homens, sem contar as mulheres e as crianças (cf. Jo 6,1-13; Mt 14,13-21; Mc 6,32-44; Lc 9,10-17; Jo 6,26-66). Agora o pão é transformado em seu Corpo.

Antes de morrer Jesus transforma o pão em seu Corpo e o vinho em seu Sangue e alimenta o cristão que o acolhe e acredita no seu dom; Jesus está presente, todo inteiro, em cada pedaço de pão consagrado na Eucaristia. Este é o grande Mistério do AMOR (cf. Mt 26,22-29; Mc 14,22-25; Lc 22,19s.; 1Cor 10,16).

Solenidade do Corpo e do Sangue de Cristo

Hoje, Deus nos alimenta com o Pão do céu – o Corpo e Sangue de Jesus. Na Quinta-feira Santa celebramos Jesus instituindo a Eucaristia. A festa que agora preparamos celebra a presença de Jesus, no meio de nós. Com efeito, antes de subir ao céu, Jesus disse: "eu estarei convosco até o fim dos tempos". E Ele cumpre a sua promessa. Não só está conosco, mas se tornou nosso alimento.

A Igreja manifesta a sua fé na Eucaristia, celebrando a Eucaristia todos os dias. O cristão é convidado a participar pelo menos uma vez por semana, aos domingos, da Eucaristia. Nesta festa somos convidados a acompanhar Jesus Eucarístico pelas ruas da cidade, testemunhando que cremos nele, que queremos viver a nossa vida. Alimentados com a Eucaristia e participando dela "com o coração **abrasado**" pela presença de Jesus poderemos fazer o que Ele fez: "Amar o irmão", "Dar a vida pelo irmão".

Para o aprofundamento do catequista

• *Catecismo da Igreja Católica*: 26; 30; 103; 141; 153-156; 773; 176; 179s.; 285; 399; 584; 782; 784; 852; 873s.; 910; 942; 947; 995; 1000; 1064; 1110; 1164; 1167; 1174; 1183; 1266; 1330; 1359ss.; 1373-1381; 1392; 1408; 1438; 1616; 1674; 1694; 1816; 1825; 1939ss.; 1942s.; 1989; 2096ss.; 2101; 2502; 2513; 2559; 2564; 2567; 2626; 2628; 2632; 2646; 2660; 2691; 2835ss.; 2850; 2861.

• *Eucaristia: vida que se celebra* – Para viver melhor o mistério da Eucaristia na vida. São Paulo: Paulinas.

• *A Eucaristia na vida da Igreja*. São Paulo: Paulus, 2005.

• *Eucaristia, transformação e união*. Anselm Grün. São Paulo: Loyola, 2006.

6ª Catequese Litúrgica

Vocação, escolha e chamado de Deus

OBJETIVOS	CONTEÚDO
1) Conhecer as diversas possibilidades que existem na família, na comunidade e na sociedade de viver em plenitude a vida que Deus deu ao ser humano. 2) Identificar por meio do conhecimento das próprias aptidões e anseios, os sinais da vocação para a qual possa estar sendo chamado.	1) Vocação: é chamado, é eleição, é missão. 2) Vocação no Antigo e no Novo Testamento. 3) Vocação na Igreja, hoje. 4) Vocações específicas.

Preparando o encontro

A criança é ainda pequena e os adultos perguntam: O que você vai ser quando crescer? Dizem também: Você tem jeito. Você vai ser "isto" ou "aquilo"...! Ou ainda já determinam: Você vai ser como o seu tio. Você vai ser como...

Vamos preparar esse encontro para que nossos catequizandos possam descobrir, que a finalidade primeira, de nossa vida, é Deus. Acreditando que realmente somos filhos de Deus a caminhada para a descoberta da vocação pessoal certamente será diligente, dinâmica e eficaz (cf. CaIC 2232s.; 1907; 2461). Lembramos que vamos preparar esse encontro a partir dos objetivos e conteúdos propostos, tendo em vista que nossa catequese deve levar o catequizando a vivenciar o símbolo e o gesto litúrgicos, através de gestos concretos, iluminados pela Palavra de Deus e sustentados pela oração (rever a 8ª catequese da 2ª etapa – livro do catequista).

I. Oração inicial (Indique o tempo_____)

• Fazer o sinal da cruz e uma oração espontânea (todos em pé).
• Invocação do Espírito Santo (cantada ou rezada).

II. Proclamação da Palavra de Deus (Indique o tempo _____)

Contexto: Mt 9,35–10,8 (cf. Mc 3,13; 6,34; 10,21; 16,24; Lc 10,2; 9,59-62; Jo 4,35-38; 1Cor 12,4-13)

Texto: Mt 9,35-38 (Necessidade de operários)

Comentário: Jesus estava em constante movimento: estava no meio do povo, via, ouvia e se comunicava. Diante do sofrimento, da necessidade e da angústia do ser humano Ele sentiu compaixão. Ter compaixão é sofrer junto, da mesma forma, com a mesma intensidade. Jesus foi além, experimentou a dor do ser humano e, ainda, sabe que precisa haver mais operários para a "messe", como Ele. Jesus pede ao Pai que haja mais pessoas que estejam dispostas a "dar a vida" por outro ser humano.

Aclamação à Palavra de Deus (todos em pé)

• *Canto*: (Aleluia ou outro, conforme escolha do catequista, de acordo com o tempo litúrgico).

• *Antífona*: "Não fostes vós que me escolhestes, mas fui eu que vos escolhi a vós" (Jo 15,16).

Proclamação do Evangelho: Mt 9,35-38

III. Catequese (Indique o tempo _____)

Propõe-se explicar o que é vocação a partir de uma dinâmica. Conforme a disponibilidade, podemos adaptar a dinâmica, para a nossa realidade.

DINÂMICA: PIPOCA – semente e fruto

Objetivo: Demonstrar o que é vocação e suas implicações.

Material: Milho de pipoca sem estourar e pipoca para comer; se houver possibilidade estourar o milho na sala do encontro de catequese. Para isso levar panela, óleo, sal, fogareiro (álcool e fósforo). Saquinhos para distribuir as pipocas. Frutos, verduras e legumes de diversos tipos. Sementes de diversos tipos.

Execução da dinâmica

1) Motivação: Quando vivenciamos grandes momentos, muitas vezes deixamos de observar pequenos acontecimentos, pequenas coisas. Estas pequenas coisas podem adquirir um grande significado para a nossa vida. Como, por exemplo, um "pequenino grão de pipoca".

2) Distribuir os grãos de pipoca: Cada um recebe um grão. Pedir que coloquem o grão na palma de sua mão. Que olhem bem para o pequenino grão e pensem: – O que ele pode representar em minha vida? O que é um grão de pipoca? Que sentido ele pode ter para a minha vida?

(momento de silêncio)

3) *Partilhando a experiência*: Convidar que falem com uma breve frase o que sentiram e meditaram, vendo o grão de pipoca, em sua mão.

4) *Recolher os grãos de pipoca*: Vamos recolher todos os grãos.

5) *Estourando a pipoca:*

1º momento: Se deixarmos que cada um ficasse com o seu grão, o que aconteceria? Dá para fazer pipoca com um só grão de milho? Para se tornar pipoca o que precisa acontecer? (breve partilha).

2º momento: enquanto estoura a pipoca, refletir através de uma conversa dialogada, cujo conteúdo resumido pode ser:

Aqui temos a panela, o óleo, os grãos e o sal. Temos o fogareiro. E os grãos de milho.

Começamos a estourar *os grãos que serão transformados em pipoca.*

Ele deve passar por uma transformação.

Os **grãos** somos nós.

A **panela** é como a "mãe terra" que guarda, protege e alimenta a semente para que ela se transforme em planta. Na panela o grão, envolto no óleo e aquecido pelo fogo, transforma-se em pipoca. Para nós a panela pode ser figura do quê? Da **Igreja** que nos guarda, protege e alimenta para nos transformar em Filhos de Deus.

O que representa **o fogo** que aquece a panela com os grãos? **O fogo do Espírito Santo**.

O que representa **o óleo** que colocamos na panela? **A unção que recebemos no Batismo e na Crisma**.

O sal que sentido pode ter? **O sabor de Cristo, "se o sal perder o sabor..." A perseverança na fé**.

Observação: se não for possível estourar a pipoca na sala, fazer a reflexão, acima proposta, contando como é que se faz a pipoca e quais são os ingredientes e os utensílios usados, para se fazer a pipoca.

3º momento:

Distribuição da pipoca (pedir que não comam ainda)

Pedir que observem, também, como ficou a pipoca estourada: uns grãos estouraram logo, rapidamente, outros ficaram mais para o fim, são mais lentos e, ainda, têm os piruás. Observem como cresceu o conteúdo do grão. As pipocas se transformaram, mudaram, cada uma adquiriu uma forma, umas ficaram maiores que as outras, encheram a panela, pularam, saíram. Pedir que "**saboreiem**" a pipoca. Saborear é sentir o sabor e a textura do alimento. É preciso mastigar bem e bem devagar. Muitas vezes engolimos os alimentos inteiros, não mastigamos, não sentimos o sabor (partilhar a experiência).

4º momento: Na natureza encontramos uma diversidade enorme de frutos, verduras e legumes. Conversar sobre o que conhecem de cada fruto, de cada legume ou verdura (mostrar para os catequizandos os frutos, verduras e legumes que foram trazidos, cortar os frutos e mostrar como são por dentro). Explorar a utilidade, a forma e o sabor de cada um. Conversar sobre como esses vegetais chegaram até nós. Uma semente foi plantada, foi cuidada, depois de dar o fruto, cada vegetal produz sementes. Explorar o momento, partilhando experiências.

Conclusão: Observando a natureza podemos entender o que é vocação. Cada pessoa tem a sua vocação específica, própria e pessoal. No Evangelho lemos que "Jesus crescia em idade, sabedoria e graça, diante de Deus e dos homens" (Lc 2,40.52). Este deve ser o projeto para cada um de nós. Somos diferentes. Cada um recebeu dos pais uma característica física diferente. Temos gostos diferentes. Fazemos as coisas de modo distinto um do outro. Temos aptidões diversas. Convivemos com pessoas de diferentes lugares. Todas estas circunstâncias ajudarão cada um a descobrir a sua vocação e a realizá-la plenamente conforme o empenho de cada um.

(cf. Subsídio para a catequese)

Símbolo litúrgico: o bastão, o cajado

O bastão e o cajado não são mais usados nos dias de hoje. Na Igreja, o Bispo usa o cajado de pastor. Podemos ver algumas pessoas idosas, que usam bengalas.

Entre nós, ainda existem as romarias e as peregrinações. Grupos de pessoas que saem a pé, a cavalo ou com outro meio de transporte e se dirigem para um determinado santuário. Os peregrinos, que percorrem as estradas a pé, usam os cajados.

Na Antiguidade, o cajado era usado pelos viajantes (cf. Ex 12,11). Os pobres não têm nada para levar consigo (cf. Gn 32,10). O cajado era usado pelos guerreiros (cf. 1Sm 14,27). Era usado, também, para guiar os burros (cf. Nm 22,27), para a colheita (cf. Is 28,27), para cavar uma fonte, em caso de emergência (cf. Nm 21,18). O pastor usa o cajado no pastoreio de suas ovelhas, com ele se defende e às suas ovelhas. Enviando seus discípulos para a missão, Jesus disse-lhes que levassem apenas um cajado (cf. Mt 10,10; Mc 6,8; Lc 9,3).

O cajado, na peregrinação, é usado para dar equilíbrio no andar; para sustentar o passo do peregrino. A peregrinação é feita passo a passo. Não se podem "pular" etapas. É preciso vencer cada obstáculo, um a um. Desde o momento em que fomos concebidos no seio de nossa mãe, iniciamos a nossa peregrinação rumo à Pátria definitiva, junto de Deus. No início da carta aos efésios está descrito o projeto de Deus para cada uma das pessoas: "Bendito seja o Deus e Pai de Nosso Senhor Jesus Cristo que dos céus nos abençoou com toda a bênção espiritual em Cristo. Assim, antes da constituição do mundo, nos escolheu em Cristo, para sermos em amor santos e imaculados a seus olhos, predestinando-nos à adoção de filhos por Jesus Cristo, conforme o beneplácito de sua vontade, para louvor da glória de sua graça com que nos agraciou em seu Bem-amado. [...] Nele, em quem fomos escolhidos herdeiros, predestinados que éramos segundo o desígnio daquele que faz todas as coisas de acordo com a decisão de sua vontade, para sermos nós o louvor de sua glória, todos quantos já antes esperávamos em Cristo" (1,3-6.11s.). Jesus é o Bom Pastor que nos conduz. Ele tem o cajado, o único cajado, símbolo da nossa peregrinação na fé e pela fé (cf. Sl 23[22]; Mc 6,8; Jo 10,1-18; Ap 12,5; 19,15).

Gesto litúrgico: Receber a graça – o dom da vocação

Na carta aos efésios lemos que, antes de sermos concebidos no seio de nossa mãe, Deus já nos amava. Deus conhece cada um de nós e para cada um tem um projeto de amor. Somos livres para acolher ou não este projeto amoroso de Deus. **Não existe destino. Somos livres para escolher o caminho que queremos seguir**. A cada dia fazemos escolhas: a hora em que nos levantamos, a roupa que vamos colocar, o que vamos comer, prestar atenção no professor ou não, estudar ou não. Estas pequenas escolhas, do dia a dia, irão influenciar o dia de amanhã.

Pelo Batismo somos chamados a ser filhos de Deus. Esta é a vocação primeira do cristão (cf. Mt 16,24; Mc 1,17-20; Jo 1,38-50; 6,39; 7,17; 10,29; 17,6.12; Rm 8,19-39). É um chamado pessoal de Jesus, nem todos correspondem a este apelo (cf. Mt 22,1-14). É uma graça, é um dom de Deus, é uma vocação que nasce do Espírito Santo, que nos faz ouvir a Palavra de Deus e dar uma resposta (cf. 1Cor 7,24; Rm 8,16).

Vivenciando a liturgia: Participação no múnus sacerdotal, profético e real de Cristo

Pelo Batismo somos inseridos no Corpo de Cristo. Como membros de um só Corpo, os dons e ministérios são diversos, animados pelo mesmo Espírito (cf. 1Cor 12,4-13). A Igreja é o Corpo de Cristo (cf. Ef 1,23; Cl 1,24). Ela é a assembleia dos amados, escolhidos e chamados que desejam corresponder ao convite de Jesus, vivendo a sua vocação de filhos de Deus, no mundo e no meio em que vivem.

Participamos do **múnus sacerdotal de Cristo**, enquanto exercemos as nossas atividades diárias: estudando, ajudando os pais nos afazeres da casa, exercendo um trabalho remunerado ou voluntário, ajudando os necessitados, nos momentos de oração, de lazer, de descanso, que se tornam sacrifícios espirituais agradáveis a Deus, por Jesus Cristo, quando oferecidos ao Pai, na celebração da Eucaristia (cf. 1Pd 2,4s.9).

Participamos do **múnus profético de Cristo**, quando, pela força da Palavra e impulsionados pelo Espírito Santo, damos testemunho de nossa fé, através de nossa vivência cristã, exercendo as nossas funções cotidianas, familiar ou social e manifestando com paciência e coragem, mesmo na tribulação, o amor de Deus que habita em nós (cf. Rm 8).

Participamos do **múnus real de Cristo**, quando, combatendo o pecado que existe no nosso coração, nos colocamos na caridade e na justiça, a serviço dos irmãos, na Igreja, principalmente dos mais pobres, pequeninos e necessitados (cf. Rm 6,12; Mt 25,40).

Gesto concreto: Somos chamados a ser discípulo, ser discípula

Chamando Pedro, Tiago, João, Jesus chamava a cada um de nós para ser discípulo, para ser discípula (cf. Mt 1,16-20). Jesus exorta: "Quem põe a mão no arado e olha para trás não serve para o Reino de Deus" (Lc 9,62). Paulo aconselha: "Assim, pois, eu, preso por causa do Senhor, vos exorto a andardes de uma maneira digna da vocação a que fostes chamados" (Ef 4,1). Fomos chamados a ser discípulos, a ser discípulas. Fomos batizados, recebemos a graça de Cristo, e de Cristo recebemos a vocação para a santidade. Pelo Batismo formamos o novo Povo de Deus, do qual Cristo é a pedra angular e cada membro é uma pedra viva do novo Templo Espiritual (cf. Jo 2,19-22; At 9,32; 1Cor 3,16s.; 6,19; 1Pd 1,13-2,3). Como discípulos e discípulas, devemos partilhar o mesmo destino de Jesus: carregar a própria cruz, beber do mesmo cálice e receber, como recompensa, o Reino de Deus (cf. Mc 8,34; 10,38; Mt 19,28s.; Lc 22,28ss.; Jo 14,3).

IV. Oração

Espontânea, pedindo que Deus através de seu Santo Espírito nos ilumine e nos conduza na escolha da própria vocação.

• Pai-nosso.

• Abraço da paz.

• Canto final: sobre chamado e vocação: *Eu vim para que tenham a vida; Em águas mais profundas (Assembleia dos chamados); Eis-me aqui, Senhor.*

V. Conversa com os catequizandos

Sobre vocação. Já descobri a minha vocação?

(Cf. a 8ª catequese da 2ª etapa – livro do catequizando)

Preparando o material

• Filme sobre Jesus chamando os discípulos.

• Figuras de pessoas exercendo diversas atividades cotidianas.

• Material para a dinâmica: milho de pipoca sem estourar. Se houver possibilidade de estourar o milho na sala, levar panela, óleo, sal, fogareiro (álcool e fósforo). Saquinhos para distribuir as pipocas. Se não for possível fazer pipoca na hora, levar a pipoca já pronta.

- Frutos, verduras e legumes de diversos tipos. Sementes de diversos tipos. Faca para cortar os frutos e mostrar as sementes.
- Cartaz com alguma frase do evangelho que mais chamou a atenção.

Preparação da sala

Planejar um local seguro, se for estourar a pipoca; preparar a sala de forma que essa atividade possa ser executada com segurança, que não haja perigo. Pode-se sair, nesse momento, e ir a um local mais seguro, um refeitório, ou outra sala.

Subsídios para catequese

A palavra vocação vem do verbo latino *vocare* – quer dizer "chamar", ou seja, toda vocação compreende um chamado. Vocação é diferente de inclinação e de aptidão. Os pais, parentes e amigos, observando as ações infantis das crianças, costumam dizer: ela vai ser "isso" ou "aquilo", quando crescer. Na escola, os professores descobrem as "inclinações", as "aptidões", os "talentos" ou "qualidades" de seus alunos: um tem mais facilidade para a matemática, outro, para o desenho, ainda outro, para a música. Muitas vezes há coincidência na escolha da futura profissão. Santos Dumont, desde criança, mostrou-se inclinado e apto para voar. Fascinava-o os balões de papel que subiam nas noites de junho, as bolhas de sabão, as pipas, o voo dos pássaros e insetos, as histórias de Júlio Verne, seus estudos estiveram direcionados para esta área de atividade.

A aptidão e o talento, de certa forma, já nascem com a gente. Eles vão sendo desenvolvidos na medida de nosso crescimento, conforme vão se apresentando as oportunidades. Eles podem ser adquiridos ao longo dos anos e de treinamento específico.

Vocação é: chamado, é eleição, é missão

Vocação é sempre um chamado. Para nós cristãos quem nos chama, constantemente, é Deus. No primeiro momento de nossa vida Deus nos concede a nossa primeira vocação: o chamado à vida. Deus tem um projeto de amor para o ser humano: Ele nos chama para sermos seus Filhos, para sermos "santos como Ele é santo" (Rm 1,7) e para uma vocação específica, no mundo. Dessa forma poderemos servir a Deus e ao próximo no amor, mais intensamente e de forma mais efetiva. Deus, mais uma vez, estará nos chamando para habitar eternamente na Casa do Pai, quando chegar a hora de nossa morte (cf. Ef 1,2-11). A eleição é uma escolha especial de Deus. Ele separa a pessoa e lhe dá uma missão específica. Deus concede graças especiais para que o escolhido possa desempenhar a sua missão. A missão pode ser temporária ou permanente, Deus o coloca à parte e o consagra (cf. Ex 3; Sl 106[105],23; 89[88],4; Am 7,15; Is 8,11; Jr 15,16; 20,7). Deus ama, escolhe o seu eleito. Deus escolhe para si locais e objetos específicos para ser, neles, honrado (cf. Dt 7,6ss.; 12,5; 16,7-16; 14,1s.; Sl 68[67],17; 78[79],68; 132[131],13; 1Jo 4,19). Deus manifesta a sua escolha com sinais externos, como a mudança do nome ou a comunicação de seu Espírito (cf. Gn 17,4-8.19; 1Sm 10,6; 16,13; Is 11,2; 42,1; Lc 1,13.31s.59-63; Jo 1,42; 15,26; 16,7; 20,22; At 2,1s.).

Vocação no Antigo e no Novo Testamento

No Antigo Testamento Deus escolheu os Patriarcas, os levitas, os reis (cf. Gn 12,1-7; 2Sm 7,14-16; Jr 11,5; 33,26). Em virtude da Aliança Deus escolheu para si um povo, resgatando-o do Egito (cf. Ex 19,1-9; Dt 7,6-8; 14,2; Is 62,12; Jr 2,3; Ez 20,5s.; Os 13,4).

No Novo Testamento, Deus chama, primeiro, os que são o seu povo, os judeus; chama particularmente pessoas que se converteram ao cristianismo: os apóstolos Pedro e Paulo (cf. Lc 6,13; Jo 6,70; At 9,15; 15,7; Rm 9,27; 11,5-7) e os cristãos em geral (1Pd 2,9).

Jesus é o grande sinal de Deus para chamar todas as pessoas, nele e por Ele todas as coisas existem (cf. Gn 1,1-2; Jo 1,1-31; Rm 8,28ss.; Ef 1,4-6.11-14; Cl 1,15-23; Pd 1,20s.).

Vocação na Igreja, hoje

Na Igreja todos somos iguais, todos fomos chamados para a mesma vocação, em Cristo Jesus (cf. Ef 1,3-23; 4,11-16; Mt 23,8-12; 1Cor 10,16s.; 12,13; Cl 1,15-18; 3,1-4). A Igreja é o povo de Deus, chamado à santidade (cf. Lc 6,12-19.37.67s.; Jo 15,7.16ss.; 17,1-26; 1Cor 1,26ss.; 1Ts 1,4s.; 1Jo 1,9). O povo de Deus é um reino de sacerdotes (cf. 1Pd 1,1; 2,9; Ex 19,5s.; Ap 1,5s.; 5,9s.; 17,4; 20,6; 2Tm 2,10), chamado a oferecer sacrifícios espirituais (Rm 12,1; Hb 13,15s.; Fl 2,17; 4,18), anunciando a Morte e Ressurreição de Cristo, celebrando a Eucaristia – a "Ceia do Senhor" (1Cor 11,23-27). É um povo de profetas (cf. At 2,17; 11,27; 13,1ss.; 15,32; 21,9; Rm 7,5; 12,6; 1Cor 11,23-26; 12; 14,26-32; Ef 4,11; 1Ts 5,19s.; 1Tm 1,18; 4,14; 1Pd 1,10; Ap 1,3; 2,7). É um povo chamado a participar com Cristo de seu múnus real, colocando-se a serviços dos irmãos (cf. Mt 9,37s.; 25,31-46; Mc 9,33-37; Lc 6,36ss.; Jo 2,1-11; 4,35ss.; 13,12-17; At 1,6-10; Ef 1,1-14; 4,11s.).

Todos fomos chamados por Deus para participar das Bodas de seu Filho (cf. Mt 22,3-9; Lc 14,15-24; Ap 19,9). Recebemos a nossa vocação de Cristo (cf. Ef 1,10; Gl 1,20; 2Pd 3,10-13). A Igreja é a assembleia dos amados, escolhidos e chamados a viver a unidade, na comunhão e no amor, como Corpo de Cristo. Cada um é convocado, segundo os seus carismas e dons, a exercer no próprio meio em que vive a sua vocação no ministério próprio da Igreja a ele confiado (cf. Mt 5,38-48; 20,25-27; 23,1-12; Jo 13,12-17.31-35; At 2,42-47; 4,32-37; 6,1-6; Rm 12,3-8; 1Cor 12–14; 2Cor 8–9; Ef 4,1-13; 1Tm 5,17-19; Tg 2,1-9; 1Pd 5,1-4; 1Jo 3,1s.; 3,16-18; 4,7-21).

Maria, Mãe da Igreja, é o modelo do cristão, é nosso auxílio e intercessora junto de Jesus. Maria é membro da Igreja e participa de forma especial ao lado de Cristo; cooperando na obra salvífica de seu Filho. Ela nos aponta e nos conduz a Ele: "fazei tudo o que Ele vos disser" (Jo 2,1-12).

Vocações específicas

Os seres humanos foram criados por amor e têm a missão de manifestar este amor na sociedade em que vivem. Nas primeiras páginas da Sagrada Escritura lemos: "E Deus disse: Façamos o homem à nossa imagem e semelhança" (Gn 1,26). Deus é Comunidade de Amor: o Pai, o Filho e o Espírito Santo (cf. Mt 28,19; 2Cor 1,21s.; 13,12s.; 2Ts 2,13; 1Pd 1,2). Está, portanto, no coração do ser humano a necessidade de se estar em comunhão com o outro.

"O Batismo, a Confirmação e a Eucaristia são os sacramentos da iniciação cristã. São a base da vocação comum de todos os discípulos de Cristo: vocação à santidade e à missão de evangelizar o mundo. Conferem as graças necessárias à vida segundo o Espírito nesta vida de peregrinos a caminho da Pátria" (CaIC 1533).

As pessoas, no decorrer de sua vida social, são chamadas a assumir vocações específicas. Elas são chamadas a exercer uma profissão escolhida geralmente conforme sua aptidão e para a qual elas se preparam. São também chamadas a escolher um estado de vida, isto é, a vida de casados (constituindo uma família) ou a vida celibatária, na qual podem consagrar-se para o ministério sacerdotal ou atuar num ministério leigo (cf. CaIC 1534s.).

Para o aprofundamento do catequista

• *Catecismo da Igreja Católica:* 1; 3; 16; 27; 29s.; 44; 160; 311; 490; 521; 542; 545s.; 688; 798-801; 809; 863; 898-900; 910; 941; 951; 998; 1121; 1289; 1308; 1396; 1470; 1508; 1604; 1695; 1699; 1701; 1723; 1777; 1799; 1813; 1878-1885s.; 1907; 1962; 1972; 1974; 2000; 2003; 2024; 2031; 2392; 2047; 2085; 2181; 2331; 2442; 2461; 2472; 2566s.; 2684; 2752; 2820.

• Constituição dogmática *Lumen Gentium* (Sobre o mistério da Igreja). *Compêndio do Vaticano II.* 29. ed. Petrópolis: Vozes, 2003.

• Constituição pastoral *Gaudium et Spes* (Sobre a vocação e a missão da Igreja no mundo de hoje). *Compêndio do Vaticano II.* 29. ed. Petrópolis: Vozes, 2003.

• Exortação apostólica *Christifideles Laici* (Sobre a vocação e a missão dos leigos na Igreja e no mundo). São Paulo: Paulinas.

• *Missão e ministério dos cristãos leigos e leigas.* São Paulo: Paulinas, 1999.

• *O hoje de Deus no nosso chão.* São Paulo: Paulus, 1998.

7ª Catequese Litúrgica

Missão: projeto de ação permanente de Jesus e da Igreja

OBJETIVOS	CONTEÚDO
1) Despertar para a necessidade de anunciar o Reino de Deus aos que não o conhecem.	1) Jesus, enviado pelo Pai, envia os apóstolos em missão.
2) Conhecer as ações missionárias da Igreja.	2) A ação missionária da Igreja.
3) Despertar ações missionárias na família, na comunidade e na escola.	3) A ação missionária de cada cristão, missão recebida no Batismo e impulsionada pelo Espírito Santo.

Preparando o encontro

Convivemos com pessoas que vão de um lugar para outro, que passam por nós e sequer podemos cumprimentá-las. Não as conhecemos? Estão apressadas demais? Não têm tempo? Estão alegres? Estão sofrendo? Precisam de nós? Não podemos responder a estas perguntas. Estamos fechados em nós mesmos? Apenas enxergamos os nossos problemas e o que precisamos fazer? Vamos preparar esse encontro para abrir horizontes. Jesus nos chama e nos convoca: "Ide, e anunciai"! Olhando mais para frente, poderemos "lançar as redes para as águas mais profundas", como dizia João Paulo II, confirmando a ordem de Jesus: "Ide, e anunciai"!

I. Oração inicial (Indique o tempo_____)

- Fazer o sinal da cruz e uma oração espontânea (todos em pé).
- Invocação do Espírito Santo (cantada ou rezada).

II. Proclamação da Palavra de Deus (Indique o tempo_____)

Contexto: Mc 16,14-20 (cf. Mt 10,1; 28,18-20; Lc 10,19; 24,26-53; Jo 20,19-23; At 1,3-14; 2,33; 28,3-6; 1Cor 15,5; 1Tm 4,14; Mc 12,2-8)

Texto: Mc 16,14-18 (Missão dada aos apóstolos)

Comentário: Depois da ressurreição, Jesus estava à mesa com os onze apóstolos. Era um momento especial, de intimidade, na partilha do alimento, com certeza partilhavam também seus pensamentos, seus anseios, suas expectativas. Os escritos evangélicos, que têm finalidade catequética, descrevem o essencial e apenas apresentam a ordem enfática do Mestre: "Ide por todo o mundo, proclamai o Evangelho a toda criatura". Jesus apresenta os sinais que vão acompanhar o apóstolo, são os mesmos que o acompanharam enquanto pregava a Boa-Nova. "O discípulo não é maior que o Mestre", **o discípulo-apóstolo** tem a mesma missão, os mesmos sinais, as mesmas dificuldades e terá a mesma recompensa (cf. Mt 10,1-42; 28,18s.; Lc 10,16.20.45; Mc 3,13; 16,15ss.; Jo 13,16.20s.; At 4,19.20; 2Tm 2,1-13; 4,6).

Aclamação à Palavra de Deus (todos em pé)

• *Canto*: (Aleluia ou outro, conforme escolha do catequista, de acordo com o tempo litúrgico).

• *Antífona*: "Ide por todo o mundo. Sereis minhas testemunhas em Jerusalém, em toda a Judeia, na Samaria, e até os confins do mundo" (Mc 16,15; At 1,8).

Proclamação do Evangelho: Mc 16,14-18

III. Catequese (Indique o tempo_____)

O cristão é chamado para ser "**discípulo-apóstolo**", testemunha de Jesus. São João afirma em sua primeira carta: "o que ouvimos, o que vimos com os nossos olhos, o que contemplamos, e o que nossas mãos apalparam da Palavra da Vida [...] nós a vimos e dela vos damos testemunho e vos anunciamos a vida eterna" (1,1s.). São João fez a experiência de Jesus. São João anunciou e testemunhou Jesus, a partir desta experiência. Nos evangelhos encontramos poucas "falas" de Maria. Maria tomava atitudes concretas. Ela foi aclamada pela Igreja como: "Maria, a Primeira discípula", a "Estrela da Evangelização". Aos romanos, Paulo escreve: "Portanto, se com tua boca confessares o Senhor Jesus e com teu coração creres que Deus o ressuscitou dos mortos, serás salvo. É crendo de coração que se obtém a justiça e é confessando com palavras que se chega à salvação. A Escritura diz: Todo aquele que nele crer, não será confundido. Não há distinção entre judeu e grego. Um mesmo é o Senhor de todos, rico para todos os que o invocam. Porque todo aquele que invocar o nome do Senhor será salvo. Mas como invocarão aquele em quem não creram? E como crerão sem terem ouvido falar? E como ouvirão falar, se não houver quem pregue? E como pregarão, se ninguém for enviado? Como está escrito: Quão belos são os pés dos que anunciam o bem. Mas nem todos obedecem ao Evangelho. Porque Isaías diz: Senhor, quem creu em nossa pregação? Por conseguinte, a fé procede da audição, e a audição da palavra de Cristo. Mas digo eu: será que eles não ouviram? Claro que sim. Por toda a terra se espalhou sua voz e até aos confins do mundo as suas palavras" (10,9-18).

Vamos preparar essa catequese refletindo sobre nossa missão de catequistas. Catequista é aquele que ouviu a Palavra de Deus e faz "eco" a esta Palavra, anunciando. Iluminados pela Palavra de Deus, tendo em vista os objetivos e o conteúdo propostos, procuremos despertar em nossos catequizandos o entusiasmo pela missão concretizada na vivência litúrgica, não só no ambiente em que vivem, mas indo além, para a "missão *ad gentes*" (missão a todas as nações).

Símbolo litúrgico: os ombros

Nossos ombros suportam a nossa cabeça e os nossos braços. Quando precisamos carregar um pacote pesado, nós o colocamos em nossos ombros. Nas ruas, parques e praças de nossas cidades é comum ver os pais carregando seus filhos nos ombros. Quando estamos cansados curvamos os ombros. Os soldados, quando estão de prontidão, mantêm os ombros erguidos. Nos ombros se carregam as "cargas sagradas". "Os sacerdotes e os levitas transportaram a Arca da Aliança, tendo os varais sobre os ombros, como o havia prescrito Moisés, segundo a palavra de *Iahweh*" (1Cr 15,15; Nm 7,9).

Como sinal de trabalho escravo e serviço obediente, a pessoa deve baixar os ombros (cf. Gn 49,14s.; Jr 26,2; 28,10). O ombro pesado e rebelde é sinal da desobediência e indisciplina (cf. Zc 7,11; Ex 32,9; Dt 9,13; Is 48,4).

O Senhor tem o poder de libertar o jugo que pesa sobre os ombros do seu povo (cf. Sl 81[80],7; Is 9,3; 10,27; 14,25). Deus coloca sobre os ombros de seus servos escolhidos a missão para a qual foram designados (cf. Ex 28,12; Is 9,5; 22,22; Dt 33,12). Jesus como o Bom Pastor coloca a ovelha sobre os seus ombros (cf. Lc 15,5). Jesus disse: "Dei-vos o exemplo, para que façais o mesmo que eu vos fiz" (Jo 13,15). No serviço de lavar os pés, Jesus constitui para seus discípulos uma nova forma de "executar um serviço". Jesus preparou os seus discípulos para a missão de evangelizar todos os povos, com exemplos concretos, definindo como deveriam agir, quais as atitudes que deveriam tomar e com que sentimentos deveriam anunciar a Boa-Nova: com disponibilidade, humildade, dom total de si, caridade, solicitude. Os discípulos, seguindo as suas pegadas, deveriam ter os mesmos sentimentos do Mestre (cf. Fl 2,1-11).

Gesto litúrgico: a pregação

A ordem de Jesus, para os seus discípulos, foi clara: "Ide e anunciai". As primeiras comunidades, descritas nos Atos dos Apóstolos, foram fiéis a essa ordem de Jesus: "mostravam-se assíduos aos ensinamentos dos apóstolos" (2,42). Dois pontos importantes podem ser percebidos nesse trecho:

1) A motivação dos primeiros cristãos. Os cristãos desejavam conhecer a fé, por isso participavam assiduamente, ouvindo os ensinamentos dos apóstolos. São Justino, filósofo e mártir († ano 165), nasceu no princípio do século II. Convertido à fé cristã, escreveu diversas obras em defesa do cristianismo. No Ofício das Leituras, da Liturgia das Horas do 3º domingo do Tempo Pascal, lemos um trecho da Primeira Apologia, que diz:

"E no dia chamado do Sol, reúnem-se em um mesmo lugar todos os que moram nas cidades ou nos campos. Leem-se as memórias dos apóstolos, ou os escritos dos profetas, *enquanto o tempo permite*. Em seguida, ao terminar a leitura, aquele que preside toma a palavra para exortar e estimular à imitação de coisas tão belas".

2) Os apóstolos pregavam a Palavra. Em Corinto, durante as pregações, havia a possibilidade da participação dos fiéis (cf. 1Cor 14,34-36). No livro dos Atos dos Apóstolos lemos que Felipe perguntou ao camareiro etíope que lia o livro do Profeta Isaías: "Porventura entendes o que lês?" Ele respondeu: "Como é que vou entender se ninguém me explicar?" E pediu a Felipe que subisse e se sentasse a seu lado" (8,30s.). Aos romanos, Paulo escreveu: "Como poderiam crer naquele que não ouviram? Pois a fé vem da pregação e a pregação é pela Palavra de Cristo" (Rm 10,4.17).

Na celebração eucarística há o momento da pregação, que é realizada após as leituras do dia. Esta pregação tem também o nome de homilia. "Ela deve explicar um aspecto das escrituras ou então um outro texto comum ou próprio da missa do dia, levando em conta seja o mistério que celebramos, sejam necessidades particulares dos ouvintes" (Introdução Geral sobre o Missal Romano, 41).

Vivenciando a liturgia: A Bênção Final – "Ide!"

Terminada a Comunhão, fazemos o momento de silêncio – "o silêncio sagrado", quando interiorizamos a celebração. Neste momento podemos adorar Jesus presente em nosso coração, agradecer-lhe as graças e pedir-lhe a sua ajuda. Logo a seguir são dados os avisos para a comunidade. "Recebemos a bênção e vamos embora!!!" Nós nos esquecemos da Palavra de Jesus. Fomos convidados e reabilitados para participar do "Festim", juntamente com os cegos, os coxos, os surdos e principalmente os pecadores (cf. Is 25,6s.; Mt 9,9-13; Lc 7,36-50; 13,29; 19,1-10). A Eucaristia é memorial do sacrifício de Jesus. Ele disse: "Quando eu for elevado atrairei todos a mim" (Jo 12,32). Jesus veio para reunir os filhos de Deus que estavam dispersos (cf. Jo 11,52). O Batismo nos insere no Corpo de Cristo. O Batismo nos possibilita participar do Banquete Eucarístico. Alimentados pelo Pão da Palavra e pelo Corpo e Sangue de Cristo, somos impulsionados para a missão: "Ide e anunciai a todos os povos". Não só para os que estão perto de nós. Somos chamados para ir além, ir a todas as nações, para "os confins do mundo". "A celebração eucarística, para ser plena e sincera, deve estimular o cristão a dedicar-se às diversas obras de caridade e à disponibilidade para o auxílio recíproco, bem como incentivar a ação missionária e as várias formas de testemunho cristão" (PO 6 – O ministério e a vida dos presbíteros – Vaticano II).

Somos convocados a estar presente pelo testemunho de acolhimento, de caridade, de santidade, na sociedade em que vivemos (AG 7; 11; 21). "Cada discípulo de Cristo tem sua parte na tarefa de propagar a fé. Mas Cristo, o Senhor, apesar disso sempre chama dentre os discípulos aqueles que Ele mesmo quer, para que estejam com Ele e os envia a pregar aos povos. [...] Quando Deus chama, deve o homem responder-lhe [...] deve estar preparado a dedicar a sua vida à sua vocação, a renunciar a si mesmo e a tudo o que até então considerou seu, e a fazer-se tudo para todos" (AG 23s.).

Gesto concreto: Testemunho e diálogo com os que não ouviram a Boa-Nova de Jesus

Para ser missionário é preciso vencer um grande desafio: "ir ao encontro". Vencer os obstáculos que nos separam do "outro". Vencer a timidez, a preguiça, o comodismo. Vencer a falta de tempo e de espaço. Com a força do Espírito Santo é possível, com criatividade, promover o encontro da pessoa que está afastada da comunidade e daquele que nunca ouviu falar de Jesus. É possível reunir todos os cristãos numa celebração ecumênica e em atividades que promovam a pessoa humana (cf. Campanhas da Fraternidade Ecumênicas). Todos os batizados precisam se conscientizar da sua vocação missionária. As crianças, os jovens e adultos podem e devem ser "missionários" no meio em que vivem. Podemos agir pelo testemunho e pela ação concreta, colaborando financeiramente para as obras missionárias da Igreja, principalmente no mês de outubro, dedicado às missões.

IV. Oração

• Espontânea – pelas missões

Vamos pedir que o Senhor da messe "envie operários para a messe" (Mt 9,37-38). Nossa Igreja precisa de sacerdotes e de pessoas que queiram trabalhar nas obras missionárias da Igreja. Pedir que o Senhor suscite em nosso coração "o ardor missionário", a "vocação missionária" – leiga ou sacerdotal.

• Pai-nosso.

• Abraço da paz.

• Canto final: sobre missão: *Em águas mais profundas; Quero ouvir teu apelo; Buscai primeiro.*

V. Conversa com os catequizandos

Ser missionário.

Preparando o material

• Filme sobre as missões.

• Figuras de missionários, de obras missionárias, de Jesus enviando os discípulos, de grandes plantações = "messe", de pessoas carregando coisas nos ombros, de Jesus na cruz.

• Cartaz com a frase: *"Ide e anunciai a todas as nações"* – O mapa do mundo, o globo com todas as nações.

Preparação da sala

Podemos preparar um painel com as figuras de missionários e das obras missionárias da Igreja. Colocar a cruz no centro da mesa arrumada com figuras de pessoas de todas as nacionalidades e/ou fotografias dos catequizandos aos pés da cruz, com o cartaz: "Quando for elevado atrairei todas a mim".

Resposta do caça-palavras

3) Com que gestos concretos podemos dar testemunho do nosso Batismo.

W	A	C	O	L	H	I	D	A	Q	C	R	A	D	I	V
A	Z	U	S	D	F	G	H	K	J	O	L	V	Ç	C	Ç
S	E	R	V	I	Ç	O	V	X	Z	M	C	I	V	O	B
Q	X	S	A	N	Ú	N	C	I	O	U	X	S	V	L	B
A	R	O	M	A	J	G	J	C	O	N	V	I	T	E	S
T	E	S	T	E	M	U	N	H	O	H	K	T	V	T	U
Z	O	R	A	Ç	Ã	O	N	P	G	Ã	H	A	L	A	J
B	A	T	E	-	P	A	P	O	X	O	H	S	P	S	M

Subsídios para catequese

Jesus, enviado pelo Pai, envia os apóstolos em missão

Jesus foi enviado pelo Pai para inaugurar a Nova Aliança, prefigurada na Aliança do Sinai. Doze tribos formavam o povo de Israel. Doze foram os chamados por Jesus para iniciar o Novo Israel. Antes de morrer, Jesus, ceando com seus discípulos, instituiu a Eucaristia: o pão agora é o seu Corpo que será entregue por todos, e o vinho é o seu Sangue que será derramado para a remissão dos pecados (cf. Mt 26,26ss.; Mc 14,22ss.; Lc 22,19s.). Jesus é o novo Cordeiro Pascal. Com Jesus surge o novo povo de Deus que faz a experiência pascal e recebe em Pentecostes a efusão do Espírito Santo, sendo enviado a todas as nações, para fazer discípulos.

A Igreja nascente é uma comunidade transfigurada, ela foi convocada e escolhida por Deus. É uma assembleia reunida, onde o Ressuscitado permanece vivo e presente na Palavra proclamada, nos sacramentos e na caridade, santificando cada um dos seus membros. A Igreja recebeu de Jesus a missão de evangelizar, de fazer discípulos. Para Maria Madalena Jesus disse: "Vai anunciar a Pedro e aos seus irmãos" (Mt 28,8). Depois de Pentecostes, Pedro anuncia a pessoas de todos os lugares da terra: inicia-se a "missão *ad gentes*" (missão para todas as nações).

A ação missionária da Igreja

A Igreja para exercer a sua missão precisa ser santa, profética e participante. Durante esses dois mil anos podemos descobrir que os grandes santos foram também grandes missionários. Ser santo é ter os mesmos sentimentos de Jesus, é fazer como Jesus fazia, é pensar os mesmos pensamentos de Jesus. Ser santo é estar em íntima comunhão com Jesus, como o ramo à videira. É ser iluminado por sua Palavra e alimentado com o seu Corpo e Sangue. É assumir o projeto de Jesus, dando a vida, se for necessário, sendo profeta, sendo missionário. Ser profeta é confrontar a realidade da comunidade com a verdade anunciada no Evangelho. É denunciar o pecado que destrói o ser humano e a comunidade para que possa haver a conversão e a salvação que traz "a vida em abundância" para todos (Jo 10,10). Na medida em que a Igreja fomente ações concretas de caridade, que promovam a justiça, principalmente aos mais pobres, o Reino de Deus acontece, então podemos dizer que a Igreja é missionária.

A ação missionária de cada cristão recebida no Batismo e impulsionada pelo Espírito Santo

Depois de terem se encontrado com Jesus ressuscitado, Pedro, Paulo, João, Maria Madalena, os discípulos de Emaús, "saíram correndo" para anunciar: "eu vi o Senhor, Ele está vivo no meio de nós" (cf. Mt 28,8ss.; Mc 16,9s.12s.15; Lc 24,9.12.32s. 49; Jo 20,18; 21,4.24; At 1,21s.; 2,32; 3,15; Rm 1,4s.; 6,4; 1Cor 15,1-7).

É esta a missão de cada cristão: anunciar que Jesus está vivo e presente no meio de nós. "Nele tudo foi criado e nele tudo subsiste" (Cl 1,15-20). O Espírito Santo, presente na Igreja e em cada cristão, é a força que impulsiona a ação missionária. É Ele quem prepara o terreno. É Ele quem semeia a Palavra. É Ele quem conduz todas as pessoas para Cristo, fazendo-as discípulos e missionários. É Ele quem dá a coragem e a audácia para o apóstolo; para que o missionário possa enfrentar as perseguições, as dificuldades e até a morte se preciso for. O missionário deve ser livre, deixar o pai e a mãe, deixar todos os bens, para seguir Jesus com presteza e liberdade (cf. 10,1-16).

"O chamamento à missão deriva por sua natureza da vocação à santidade". [...] "A universal vocação à santidade está estritamente ligada à universal vocação à missão: todo fiel é chamado à santidade e à missão" (*Redemptoris Missio* 90).

O Concílio Vaticano II exorta com radicalidade: "Todos os fiéis como membros do Corpo de Cristo vivo, a quem foram incorporados e configurados no Batismo e também pela confirmação e pela Eucaristia, acham-se rigorosamente obrigados a cooperar na expansão e dilatação do seu corpo, para o levarem quanto antes à sua plenitude" (Decreto *Ad Gentes* 36).

O Conselho Episcopal Regional Sul 1 da Conferência Nacional dos Bispos do Brasil preparou o Projeto de Ação Missionária Permanente – Pamp. Na carta de apresentação lemos: "quem encontrou Cristo, não pode retê-lo para si; tem de anunciá-lo" (NMI, 40). Por outro lado, "o desejo ardente de convidar os outros para se encontrarem com aquele que nós encontramos está na raiz da missão evangelizadora a quem é chamada toda a Igreja" (EA, 68).

Ninguém se exclua da missão permanente de levar e espalhar as sementes do Verbo por todos os ambientes e culturas.

Que a Virgem Maria, Mãe de Jesus e da Igreja, primeira discípula e primeira evangelizadora, "Estrela da nova evangelização" e "Aurora luminosa" do Novo Milênio, nos acompanhe na insubstituível missão de fazer a Encarnação da Palavra acontecer no coração do mundo, a fim de que todos cheguem ao conhecimento de Jesus Cristo.

Para o aprofundamento do catequista

• *Catecismo da Igreja Católica*: 2; 6; 76s.; 94; 132; 55; 651; 689s.; 702; 727; 730; 737; 738; 743; 768; 782; 811; 828; 831; 849-1122; 1151; 1716 1122; 1533; 1565; 1570; 2044; 2068; 2367; 2419; 2655.

• Decreto *Ad Gentes*. Compêndio do Vaticano II. 29. ed. Petrópolis: Vozes, 2003.

• Decreto *Apostolicam Actuositatem* (Sobre o apostolado dos leigos). *Compêndio do Vaticano II*. 29. ed. Petrópolis: Vozes, 2003.

• *Projeto de Ação Missionária Permanente – Pamp*. Conselho Episcopal Regional Sul 1. São Paulo: CNBB.

• *Projeto Nacional de Evangelização (2004-2007)* – Queremos ver Jesus: Caminho, Verdade e Vida. São Paulo: Paulinas, 2004.

• *Redemptoris Missio* (Sobre a validade permanente do mandato missionário). João Paulo II. São Paulo: Loyola.

• *Evangelii Nuntiandi*. Exortação apostólica sobre a evangelização no mundo contemporâneo, do Papa Paulo VI. São Paulo: Paulinas.

8ª Catequese Litúrgica

Família, Igreja doméstica

OBJETIVOS	CONTEÚDO
1) Reconhecer a importância do vínculo familiar, na sociedade egoísta e alienante de hoje. 2) Estimular a vivência familiar, buscando a unidade e a ajuda mútua, na diversidade de dons e carismas. 3) Impelir ao comprometimento da família, para com os mais pobres.	1) A família. 2) O relacionamento familiar. 3) A missão de cada um na família. 4) A missão da família na comunidade.

Preparando o encontro

Vamos preparar esse encontro sobre a família, lembrando que já celebramos o matrimônio como sacramento do serviço na 10ª catequese da 2ª etapa e na 6ª catequese litúrgica.

Vamos celebrar a família como Igreja doméstica, comunidade de amor, comprometida com os pobres. A situação familiar de alguns catequizandos pode ser diferente, vamos estar atentos a essas situações. Nem sempre os responsáveis correspondem às expectativas das crianças. Para umas falar em gratidão pelo carinho e atenção faz sentido, para outras será preciso propor o perdão. Nossos catequizandos, porém, podem entender que também eles são chamados a uma missão junto de seus responsáveis (pais biológicos ou não). O tempo de preparação para a Primeira Comunhão, início da vivência eucarística dos catequizandos, é excelente oportunidade para "re-introduzir" os adultos, na Mãe Igreja.

I. Oração inicial (Indique o tempo_____)

- Fazer o sinal da cruz e uma oração espontânea (todos em pé).
- Invocação do Espírito Santo (cantada ou rezada).

II. Proclamação da Palavra de Deus (Indique o tempo_____)

Contexto: Lc 2 (cf. Mt 21,17; 26,6.13; Mc 3,35; 14,3-9; Lc 8,21; 10,38-42; 11,28; 24,50; Jo 11,1-44; 12,1-8; At 1,13s.; 2,1.46s.; 5,42; 12,12; Ef 5,21-33.47)

Texto: Lc 2,46-53 (Jesus no Templo)

Comentário: Todos os seres humanos têm uma família. Para cada época houve uma forma diferente de ver e constituir uma família. Maria, José e Jesus formaram uma família. Jesus participava da vida social de sua época. Visitava as famílias, participava de suas atividades, das suas festas. Dormia na casa de seus amigos e participava de seus sofrimentos.

Aclamação à Palavra de Deus (todos em pé)

• *Canto*: (Aleluia ou outro, conforme escolha do catequista, de acordo com o tempo litúrgico).

• *Antífona*: "Jesus crescia em sabedoria, idade e graça diante de Deus e dos homens" (Lc 2,52).

Proclamação do Evangelho: Lc 2,46-53

III. Catequese (Indique o tempo_____)

Para essa catequese estão sendo propostas diversas dinâmicas que poderão ser utilizadas ou não. Como catequistas, atentos à realidade de nossos catequizandos, vamos preparar a nossa catequese, lembrando-nos da nossa missão de conduzir estas crianças para Jesus eucarístico. Os subsídios aqui propostos servem para que possamos com mais facilidade elaborar o nosso encontro. Portanto, vamos restringir e dosar a linguagem e o conteúdo, para que os catequizandos possam manifestar através de gestos concretos que eles entenderam a nossa proposta. Realizar as dinâmicas é uma forma alegre e prazerosa de aprendizado, porém é preciso que elas sejam bem planejadas.

Símbolo litúrgico: casa-Igreja doméstica

Em muitos documentos civis e da Igreja lemos que a família é a célula da sociedade. Um ditado antigo diz: "Quem casa quer casa". A casa é um refúgio onde a família come e dorme. É o lugar onde o ser humano se sente seguro, não importa a sua condição. Casa pode ser uma gruta ou pode ser um palácio. A casa, para ser casa de alguém, precisa ter dentro dela as coisas mais importantes desse alguém – os "seus pertences". A casa do cristão é a "Igreja doméstica". Deus está realmente presente nesta "comunidade de amor". Para a família se tornar "comunidade de amor" é muito simples: é importante que **cada membro da família esteja aberto ao outro**, não se fechando em seus próprios problemas, opiniões e realizações. Ouvir o que o outro tem a falar, porque **eu conheço o meu pensamento** e **não conheço o pensamento do outro**; para saber o que o outro pensa, o que outro deseja, **preciso ouvi-lo**.

Dinâmica da audição: "Berlinda"

Através de uma antiga brincadeira, que foi adaptada, poderemos despertar a nossa atenção para o que os outros "falam" de nós, e conhecê-los também.

1º momento: Formar uma roda com os catequizandos. Separar dois catequizandos, um será o "pesquisador" que "vai indagar os demais sobre o colega que foi para a berlinda", e o outro vai para a berlinda. A berlinda será um lugar mais distante ou fora da sala.

2º momento: O "pesquisador" irá diante de cada catequizando e perguntará: *Por que .... está na berlinda?* Cada catequizando dará um motivo. O motivo deve ser encontrado nas características físicas e sociais do catequizando que está na berlinda (fora da sala). Por exemplo: "............ está na berlinda porque sabe desenhar". "............ está na berlinda porque é alto". "............ está na berlinda porque gosta de matemática". "............ está na berlinda porque é alegre". O "pesquisador" deve anotar tudo o que for falado.

3º momento: O catequizando que está na berlinda é chamado e o "pesquisador" diz o que cada um falou, sem revelar os nomes e em outra ordem.

4º momento: O catequizando deve destacar a resposta que mais o marcou e dizer o porquê. Aquele que deu a resposta escolhida pelo catequizando que estava na berlinda será o próximo a ir para a berlinda e o que ficou na berlinda será o novo "pesquisador".

• É necessário que cada membro da família veja o outro com os olhos misericordiosos de Jesus que não julga as pessoas, mas as acolhe.

Dinâmica da visualização

Dinâmica 1

Material: Retângulos de papel celofane de cores variadas, com o tamanho suficiente para colocar na frente dos olhos (+ ou – de 20cm por 7cm) em número suficiente para os catequizandos. Lentes de aumento e de diminuição, ou binóculo (lentes usadas de óculos).

1º momento: Distribuir os pedaços de papel para os catequizandos. Determinar dois ou três lugares específicos do ambiente ou alguns objetos. Pedir que os catequizandos olhem esses lugares ou objetos, sem o papel e com o papel.

2º momento: Pedir que alguns catequizandos descrevam o que viram e como viram.

3º momento: Distribuir as lentes de aumento ou de diminuição, pedir que os catequizandos olhem os mesmos lugares ou objetos, as lentes de aumento ou de diminuição.

4º momento: Tirar as conclusões – "cada um viu de forma diferente" o mesmo objeto e o mesmo local.

Dinâmica 2

Material: Uma caixa, ou uma lata, ou uma garrafa que tenha em seus lados ilustrações diferentes. Lápis e papel. Deixar o objeto coberto na mesa.

1º momento: fazer um círculo, descobrir o objeto e pedir que os catequizandos, descrevam em poucas linhas o objeto que estão vendo, olhando somente para o lado que está na frente de cada um.

2º momento: Pedir que cada um leia o que escreveu.

3º momento: Mostrar o objeto virando-o para que todos vejam todos os lados.

4º momento: Tirar as conclusões – cada um viu um "lado diferente" do mesmo objeto. Cada um vê e sente de forma diferente os mesmos acontecimentos.

Dinâmica do sentimento

Material: dois copos transparentes com suco até a metade. Papel e lápis.

1º momento: Contar a história: Uma mãe tinha dois filhos. Como eles não puderam estar na refeição familiar, ela guardou para eles um pouco do suco diferente que havia feito. Quando os filhos chegaram, foram tomar o suco. Cada um sentiu de forma diferente o gesto da mãe.

2º momento: Pedir que escrevam, em uma frase, o que diriam para sua mãe, expressando o seu sentimento, caso esse fato ocorresse com eles.

3º momento: Pedir que alguns catequizandos leiam suas respostas.

4º momento: Tirar as conclusões – Possivelmente haverá respostas como: "Mamãe, obrigado **por ter-se lembrado** de mim!" – "Oh, Mãe! Essa não! **Só sobrou isto** para mim?" São sentimentos opostos: aquele que usa de misericórdia, que é aberto e acolhedor agradece; aquele que é egoísta, fechado e individualista cobra a atenção dos outros e nunca está satisfeito com o que lhe oferecem.

Os documentos da Igreja são unânimes em afirmar que a família, como Igreja doméstica, é o lugar privilegiado onde os filhos recebem dos pais a primeira evangelização. É no colo dos pais que balbuciam suas primeiras orações. É vendo, ouvindo e experimentando o amor e a partilha na família, que aprenderão a exercer a solidariedade e o amor para com o próximo (cf. *Lumen Gentium* – Luz dos povos (LG) 11,41; Catequese Renovada (CR) 118, 121-125, 131-138; Diretório Geral para a Catequese (DGC) 126s.; *Catechesi Tradendae* – A catequese hoje – (CT) 68; *Evangelii Nuntiandi* – sobre a evangelização no mundo contemporâneo (EN) 14, 71.

Gesto litúrgico: convivência entre irmãos

Jesus, Maria e José conviveram como família, em Nazaré. Para nós existe a tentação de dizer: "Eles eram a Sagrada Família". Olhando o mundo hoje, dizemos, é impossível viver como a Família de Nazaré, esse exemplo é muito difícil de ser seguido. Jesus amou a sua família. Jesus amou todos os seres humanos. Jesus ensinou e realizou concretamente o que ensinou. Na carta aos romanos lemos: "Ele nos amou ainda quando éramos seus inimigos e pecadores" (Rm 5,8). Por isso a Palavra de Jesus é verdadeira quando diz: "Ninguém tem maior amor do que quem dá sua vida pelos amigos" (Jo 15,13). "Mas eu vos digo, a vós que me escutais: Amai os inimigos, fazei bem aos que vos odeiam" (Lc 6,27). A proposta de Jesus é "amar os inimigos". É muito difícil a convivência entre as pessoas. Os objetivos, a forma de ação e de ver os acontecimentos, os desejos, os gostos, a disposição de viver, de agir e de fazer, são diferentes para cada pessoa. Como planejar uma vida comum para pessoas diferentes? Como ajustar os horários diferentes? Como fazer coincidir os horários para um momento de lazer ou uma simples refeição em comum? Como harmonizar temperamentos tão diferentes numa mesma casa? Como fazer concordar ideias tão opostas para se tomar uma decisão familiar?

O Salmo 88(87) é exemplo de uma vida solitária afastada dos irmãos e amigos. Quanto sofrimento, quanta dor onde não há o amor, onde não se busca tornar compatíveis as "vidas" dos que moram numa mesma casa.

Conta-se que um santo monge deu um vidro contendo água abençoada para um casal que constantemente o procurava pedindo conselhos para melhorar a situação familiar repleta de desavenças e brigas. Quando um deles começava a discutir o outro deveria tomar uma colherada daquela água, porém não deveria engolir a água, deixando-a permanecer na boca até que o outro parasse de brigar. Depois de algum tempo, como a água benta havia terminado, o casal procurou o monge, pedindo mais daquela água especial. O monge explicou que quando um estava com a água na boca não podia replicar ao outro, fazendo com que o nervosismo do momento fosse passando. Mais calmos, o casal podia resolver a situação sem desavenças. Na família é preciso descobrir formas práticas de agir para evitar as desavenças, um gesto, um sinal, uma palavra que mantenha os membros da família atentos e vigilantes.

O convite de Jesus é claro: "amai-vos como eu vos amei" e Ele fala para todas as pessoas. A família é composta por pessoas: um homem e uma mulher que um dia descobriram que se amavam, que havia a possibilidade de viverem uma vida juntos e que diante do altar prometeram amor e fidelidade. Os filhos são frutos deste amor. No dia a dia nos esquecemos do amor que nos uniu como família. É preciso fazer um pequeno esforço de memória e colocar sempre diante de nossa família este amor que nos uniu. "O amor de Cristo nos uniu", respondemos na Missa; o "amor de Cristo" nos une como família e torna possível a convivência familiar, através da renúncia aos nossos pequenos projetos, gostos e vontades colocando o bem comum em primeiro lugar. É preciso aprender a olhar com os olhos de Jesus, amar com o coração de Jesus que se entregou à morte na cruz, por nós.

Vivenciando a liturgia: Eucaristia, dom da caridade mútua

"A Família recebeu de Deus a missão de ser a célula primária e a mais vital da sociedade. Cumprirá tal missão, se ela se apresentar como santuário íntimo da Igreja pelo amor mútuo de seus membros e pela oração feita a Deus, em comum" (Vaticano II – Apostolado dos leigos, 11). Na exortação apostólica *Marialis Cultus*, para a reta ordenação e desenvolvimento do culto à Bem-Aventurada Virgem Maria, do Papa Paulo VI, lemos: "É conveniente que também a família, qual santuário doméstico da Igreja, não se limite apenas a elevar a Deus preces em comum, mas recite, conforme as circunstâncias lho facultarem, algumas partes da Liturgia das Horas, para se inserir mais intimamente na mesma Igreja. Mas, depois da celebração da Liturgia das Horas, ponto culminante a que pode chegar a oração doméstica, não há dúvida de que o Rosário da Bem-Aventurada Virgem Maria deve ser considerado uma das mais excelentes e eficazes orações em comum, que a família cristã é convidada a recitar. Somos conhecedores de que as mudadas condições da vida dos homens, nos nossos dias, não são favoráveis à possibilidade de momentos de reunião familiar; e de que, mesmo quando isso acontece, não poucas circunstâncias se conjugam para tornar difícil transformar o encontro da família em ocasião de oração. É uma coisa difícil, sem dúvida. No entanto, é também característico do agir cristão não se render aos condicionamentos do ambiente, mas superá-los; não sucumbir, mas sim elevar-se. Portanto, aquelas famílias que queiram viver em plenitude a vocação e a espiritualidade própria da família cristã, devem envidar todos os esforços para eliminar tudo o que seja obstáculo para os encontros familiares e para a oração em comum" (53s.). "Com um só coração e uma só alma", como as famílias dos Atos dos Apóstolos, nossas famílias são convidadas a participar da Eucaristia dominical (At 2,42-44). Na vida eucarística a família encontrará forças para viver a partilha dos dons pessoais, para viver uma vida em comum "sujeitando-se um ao outro" como lemos na carta aos efésios (5,21), falando "um ao outro com salmos e hinos e cânticos espirituais, cantando e louvando ao Senhor" (Ef 5,19).

Outra forma de promover a vivência familiar é celebrar as festas do Ano Litúrgico. Por ocasião do Advento, planejar e preparar juntos as festas natalinas e as do início do ano. Para a Quaresma programar para a família um dia de jejum semanal. Planejar juntos como fazer e quando fazer o jejum, a ajuda aos mais necessitados da comunidade e outras obras caritativas. Celebrar a Páscoa em família, participando das celebrações na comunidade. Nas comemorações de aniversários de nascimento e casamento ou outras festas familiares, vamos primeiro celebrar a Eucaristia, que é a Ação de Graças por excelência (cf. *Familiaris Consortio* 61; *Sacrosanctum Concilium* 13).

Fazer as orações antes das refeições, dando graças a Deus pelo alimento recebido e pedindo que Deus ajude a partilhar com os que não o têm.

Os pais devem abençoar os seus filhos sempre que puderem conforme a Sagrada Escritura ensina:

"O Senhor falou a Moisés, dizendo: 'Fala a Aarão e a seus filhos, dizendo: Assim devereis abençoar os israelitas; dizei-lhes: O Senhor te abençoe e te guarde. O Senhor faça brilhar sobre ti sua face, e se compadeça de ti. O Senhor volte para ti o rosto e te dê a paz'. Assim invocarão o meu nome sobre os israelitas, e eu os abençoarei" (Nm 6,23-27).

Gesto concreto: Como família se ajudar mutuamente e ajudar os mais pobres e necessitados da comunidade

No matrimônio cristão os pais recebem a missão de testemunhar a fé a seus filhos. A fé que nos faz crer nas verdades reveladas por Deus, nos faz celebrar os divinos mistérios na liturgia, na esperança do Senhor que vai voltar. A fé nos ajuda a vivenciar o Amor de Deus na comunhão com os irmãos, através do acolhimento e da partilha dos bens com os mais pobres e necessitados.

Como família somos convidados a seguir o exemplo da família de Nazaré. "Eis minha mãe e meus irmãos. Aquele que fizer a vontade de Deus, este é meu irmão, minha irmã e minha mãe" (Mc 3,34-35). Jesus ensina: "Quando deres um jantar, chama os pobres, os entrevados, os coxos e cegos e serás lembrado, pois estes não têm com que pagar. Receberás a recompensa na ressurreição dos justos" (Lc 14,13-14). "Tudo o que desejais que os homens vos façam, fazei vós a eles. Pois esta é a Lei e os Profetas" (Mt 7,12). "Pois aquele que vos der um copo de água por serdes discípulos de Cristo, em verdade vos digo, não perderá sua recompensa" (Mc 9,41).

As riquezas devem ser usadas para "fazer amigos" para o céu, através da esmola: "Segundo está escrito: Repartiu largamente, deu aos pobres; a sua justiça permanecerá para sempre" (2Cor 9,9 – cf. Mt 25,21; Mc 10,21; Lc 6,24; 11,41; 12,33; 16,19-31; 19,8). Na família podemos aprender a amar a Deus e ao irmão. Amar ao próximo na mesma medida que Jesus nos ama: "amai-vos como eu vos amei". Amor que dá a vida (cf. Mt 22,26; 25,31-46; Jo 15,9s.; 17,21-23; 1Jo 3,16-19; 4,7-16; 1Pd 1,22-23). Amar que é sinal de contradição para o mundo e é sinal de nosso amor a Deus (cf. Jo 15,18-21; 1Jo 2,3-11; 3,11-15; 4,19-21; Tg 2,1-3.14-26). Como família somos chamados a ajudar os mais pobres e necessitados. Somos convidados a sentir a mesma compaixão que Jesus sentia quando andava pelas aldeias e cidades.

IV. Oração

- Espontânea pela família.
- Fazer um momento de silêncio e reflexão. Depois cada catequizando faz os seus pedidos.
- Pai-nosso.
- Abraço da paz.
- Canto final: sobre a família: *Que nenhuma família (oração pela família); Quando teu Pai; Maria de Nazaré!*

V. Conversa com os catequizandos

"E a minha família, como vai?"

Preparando o material
- Figuras da família de Nazaré e de famílias em diversas situações.

Dinâmica da visualização

Dinâmica 1

Material: Retângulos de papel celofane de cores variadas, com o tamanho suficiente para colocar na frente dos olhos (+ ou - de 20cm por 7cm) em número suficiente para os catequizandos. Lentes de aumento e de diminuição, ou binóculo (lentes usadas de óculos).

Dinâmica 2

Material: Uma caixa ou uma lata ou uma garrafa que tenha em seus lados ilustrações diferentes. Lápis e papel. Pano ou papel para cobrir o objeto.

Dinâmica do sentimento

Material: dois copos transparentes com suco até a metade. Papel e lápis. Cartaz com os dizeres: "O amor de Cristo nos uniu". Cartaz com a bênção de Nm 6,23-27.

Preparação da sala

Montar um painel com as figuras de famílias tendo a figura da família de Nazaré no centro.

Deixar a sala preparada para as dinâmicas que forem ser realizadas.

Resposta da atividade: Procurar na Bíblia

(3) Amar o próximo	(2) Fazer contas
(2) Aprender a ler e a escrever	(2) Usar computador
(1) Andar e correr	(3) Obedecer aos pais e professores
(3) Perdoar	(3) Partilhar os bens com o próximo
(3) Acreditar em Deus	(2) Praticar esportes
(3) Acolher as pessoas	(1) Ficar jovem
(1) Crescer em tamanho	

Subsídios para catequese

A família

O ser humano para se desenvolver, depois de seu nascimento, necessita de tempo, de espaço e de proteção. Ele precisa de um lar onde possa "crescer em idade, sabedoria e graça". A família, no Brasil, foi estruturada a partir do modelo europeu, dos nossos colonizadores portugueses e dos imigrantes italianos e alemães; houve influência também dos escravos que aqui foram trazidos. Mais recentemente dos japoneses, chineses e outros povos que aqui buscam melhores oportunidades para viver.

Nossa sociedade passa por profundas modificações decorrentes do grande desenvolvimento industrial e tecnológico. A comunicação imediata para qualquer ponto do mundo torna as pessoas e os acontecimentos mais próximos, provocando a globalização de todos os povos. Não existem mais os dialetos, os trajes típicos, nem os usos e costumes de um grupo social específico. Existe o mundo globalizado. A mesma refeição rápida daqui está à disposição em outra lanchonete do outro lado do mundo. Posso comprar "via internet" objetos de qualquer parte do mundo.

O relacionamento familiar

A família sofreu com essas mudanças e está desestruturada. A televisão e o computador isolam as pessoas. O indivíduo fica fechado em seu quarto. O trabalho e a necessidade de estudos constantes para a atualização profissional ocupam todo o tempo disponível. Não sobra mais tempo para a convivência social da família. Não se fazem mais visitas aos parentes e amigos. O "tempo" disponível é usado para o "descanso individual". Atualmente muitos apartamentos e casas mais sofisticados são construídos com dois banheiros, e colocam-se, nos mais simples, duas pias no banheiro. As pessoas não querem "perder tempo" esperando o outro que está usando a pia. Perde-se a possibilidade de ceder ao outro, de esperar pelo outro, de fazer pequenas gentilezas para o outro.

João Paulo II escreve em sua carta às famílias: "É importante que a 'comunhão das pessoas' na família se torne preparação para a 'comunhão dos santos'. Eis por que a Igreja confessa e anuncia o amor que 'tudo suporta' (1Cor 13,7), vendo nele, com São Paulo, a virtude 'maior' (1Cor 13,13). O Apóstolo não coloca limites a ninguém. Amar é vocação de todos, também dos esposos e das famílias. Na Igreja, de fato, todos são igualmente chamados à perfeição da santidade" (cf. Mt 5,48).

A missão de cada um na família

A família é uma comunidade de amor. Aos pais compete a educação dos filhos. É necessário educá-los bem para deles fazer dignos herdeiros; muitas vezes a severidade é necessária para se obter bom resultado. Ser severo é ser firme, é ser justo nas ordens dadas. Assim os pais se livrarão de remorsos e humilhações, terão alegria na vida, prestígio entre os amigos, e quem defenda e perpetue o seu nome (cf. Eclo 30,1-13).

O Papa João Paulo II aos Bispos do Brasil, falando sobre a Família e a Vida na Visita *Ad Limina* do Regional Leste 2, escreve: "Tudo se resolve, cultivando um clima de vida cristã coerente".

5) Não podemos esquecer que a família deve testemunhar seus próprios valores diante de si e da sociedade. As tarefas que Deus chama a desenvolver na história brotam do próprio desígnio original e representam seu desenvolvimento dinâmico e existencial. Os casados devem ser os primeiros a testemunhar a grandeza da vida conjugal e familiar, fundada na fidelidade ao compromisso assumido diante de Deus. Graças ao Sacramento do Matrimônio, o amor humano adquire um valor sobrenatural, capacitando os cônjuges a participarem do próprio amor redentor de Cristo e a viverem como parcela viva da santidade da Igreja. Este amor, de per si, assume a responsabilidade de contribuir para a geração de novos filhos de Deus.

Mas como aprender a amar e a dar-se generosamente? Nada impele tanto a amar, dizia Santo Tomás, como saber que se é amado. E é precisamente a família – comunhão de pessoas onde reina o amor gratuito, desinteressado e generoso – o lugar em que se aprende a amar. O amor mútuo dos esposos prolonga-se no amor aos filhos. A família é, com efeito – mais do que qualquer outra realidade humana –, o ambiente em que o homem é amado por si mesmo e aprende a viver "o dom sincero de si". A família é, portanto, uma escola do amor, na medida em que persevera *na própria identidade*: a comunhão estável de amor entre um homem e uma mulher, fundada no matrimônio e aberta à vida.

Quis recordar estes princípios, venerados Irmãos no Episcopado, pois quando desaparecerem o amor, a fidelidade ou a generosidade perante os filhos, a família se desfigura. E as consequências não se fazem esperar: *para os adultos, solidão; para os filhos, desamparo; para todos, a vida se torna território inóspito.*

A missão da família na comunidade

A família de Nazaré, formada por Jesus, Maria e José, enfrentou todas as situações que as famílias de todas as épocas e gerações enfrentam.

A família de Nazaré é uma família religiosa. Ela vive a fé (cf. Mt 6,9-13; 18,19-20; Mc 3,31-35; 11,22-25).

A família de Nazaré é uma família ligada à comunidade, compartilhando a fé (cf. Mt 10,37; 22,34-40; Jo 14,20; 15,4-7; 17,20-23; Ef 2,19).

A família de Nazaré é uma família equilibrada e em processo de transformação – vive na esperança (cf. Lc 11,27-28; Mc 2,21-22; 6,1-7; Lc 4,16-30).

A família de Nazaré é uma família que vive na caridade – vive o amor (cf. Mt 11,28ss.; 22,37; Mc 10,45; Lc 7,36-50; 9,58; Jo 3,16; 14,15-24; 15,12; 17,11-21; 1Jo 3,11-18).

A família, do terceiro milênio, tem a mesma missão da família de Nazaré: Exercer a partilha solidária e fraterna para com os mais pobres e pequeninos. A educação dos filhos para o amor, para a comunhão, para a partilha é o maior desafio da família, hoje.

Para o aprofundamento do catequista

- *Catecismo da Igreja Católica*: 1; 153; 165; 360; 533; 564; 759; 764; 910; 959; 1078; 1416; 1435; 1534; 1570; 1613; 1637; 1652-1656; 1657; 1666; 1694; 1740; 1784; 1829; 1889; 1912; 2013s.; 2201-2236; 2304; 2334; 2366; 2373; 2401-2405; 2439; 2445; 2452; 2459; 2545; 2688; 2834.
- Manual da Campanha da Fraternidade, 1994: *A família, como vai?* Brasília: CNBB.
- *Familiaris Consortio* (Exortação apostólica sobre a missão da família cristã no mundo de hoje). João Paulo II. São Paulo: Paulinas.
- *Carta às famílias*. João Paulo II. São Paulo: Paulinas.
- *Carta do papa às crianças no Ano da Família*. João Paulo II. São Paulo: Paulinas.

Retiro: Iniciando a Vida Eucarística
Dinâmica labor-compartilhamento

Orientações gerais

1) Cada catequista permanece, O TEMPO TODO, numa sala e as turmas se revezam. IMPORTANTE: A última turma a entrar na SALA é a TURMA DO CATEQUISTA que está expondo o tema. No esquema, corresponde à última rodada.

2) Preparar o roteiro que cada turma vai seguir (conforme o gráfico). Colocar as indicações nas portas das salas, onde cada uma das catequeses irá acontecer. Fazer um roteiro escrito para que cada turma saiba onde deverá ir.

3) Cada catequista irá preparar um tema. Previamente cada catequista deverá preparar a sua parte e deixar a sala preparada com o material que vai ser usado.

Labor-compartilhamento (duração trinta minutos – 20' dar o 1º sinal, 25' dar o 2º sinal e mudança de sala)

Modelo para a distribuição das turmas e das atividades

Observações importantes

1) O catequista permanece na sala e dá a catequese para todas as turmas.

2) A turma do catequista irá para a sala do mesmo, somente na última rodada.

3) O material pedido em cada atividade deve ser suficiente para cada turma, que o catequista irá receber em sua sala.

4) Cada catequista deve planejar quanto tempo vai levar para executar a sua atividade, dentro do limite de tempo imposto, de forma que no momento da troca de salas pelos catequizandos não haja espera. Todos devem mudar de sala ao mesmo tempo, para isto pode-se tocar uma campainha ou sino.

5) Esta é uma ocasião para solicitar a ajuda, envolvendo os pais e familiares dos catequizandos, que ficarão encarregados de preparar o ambiente, o lanche, colocar os cartazes etc.

6) Preparar roteiros para cada turma, conforme quadro adiante. Cada catequista deve ter também um roteiro geral.

Sala 1: Igreja, Povo de Deus

Material

Bíblia com a citação já marcada. Figura de Jesus, dos santos conhecidos e venerados na comunidade, na paróquia e região. Painel com o nome das pastorais que atuam na comunidade paroquial. Figuras de pessoas ajudando o próximo e de santos conhecidos e venerados na região.

Cartaz com a pergunta: *qual é a minha missão na Igreja?*
Cartaz com a oração de São Francisco.

Execução

1) Acolhida dos catequizandos (perguntar quem é o catequista da turma, e como estão se sentindo neste encontro).

2) Ler 1Cor 12,12-31 – Somos o Corpo de Cristo.

3) Partilhar a leitura.

4) Dividir as turmas em grupos. Cada grupo deve preparar uma dramatização. Dar dez minutos para que preparem a dramatização de dois minutos.

5) Após a dramatização trocar ideias sobre o que cada grupo fez, enfatizando que **nós somos** a Igreja, Corpo de Cristo. Precisamos descobrir a própria missão na Igreja, na sua comunidade paroquial. Participar de uma comunidade, por opção. Participar da Eucaristia dominical e das atividades paroquiais. Participar do grupo de jovens ou da perseverança é um incentivo para viver na sociedade de hoje, como cristão. Cada membro da Igreja tem uma missão que só será realizada por aquele que recebeu aquela missão.

6) Oração: O catequista falará sobre Santa Teresinha ou sobre outros santos e sobre as pessoas da comunidade que receberam uma missão e a desempenharam ou desempenham por amor a Deus e à Igreja (cf. a 8ª catequese celebrativa, 2ª etapa).

7) Meditação: Os catequizandos refletem sobre: **qual é a minha missão na Igreja?**

8) De mãos dadas rezar o Pai-nosso e a Oração de São Francisco.

Canto final: *Em águas mais profundas* (Assembleia dos chamados).

Rodadas	Sala 1 Dramatização	Sala 2 Debate	Sala 3 Livro da vida	Sala 4 Perguntas	Sala 5 Cartazes
1ª	A	E	D	C	B
2ª	B	A	E	D	C
3ª	C	B	A	E	D
4ª	D	C	B	A	E
5ª	E	D	C	B	A

Sala 2 – Debate: Ser cristão hoje. Vale a pena seguir a Jesus.

Material: Papel pardo ou lousa com giz próprio, cartolina

Execução

1) Acolhida dos catequizandos (perguntar quem é o catequista da turma, e como estão se sentindo neste encontro).

2) Ler Jo 6,35-71.

3) Partilhar com os catequizandos sobre a leitura que ouviram.

a) Sobre o que Jesus falou?

b) Sobre qual alimento Jesus se referia?

c) O que é a Eucaristia?

d) Estamos dispostos a seguir Jesus?

e) O que vamos fazer para seguir Jesus?

Colocar numa folha de papel pardo, ou na lousa, O QUE FAZER PARA SEGUIR A JESUS e, em outra, DIFICULDADES PARA SEGUIR A JESUS (escrever na medida em que falam). Escrever numa cartolina bem bonita e emoldurada a conclusão da turma.

4) Rezar juntos, dando-se as mãos, o Pai-nosso.

5) Canto final: UM CORAÇÃO PARA TE AMAR.

Sala 3: O livro da vida

Material

Uma Bíblia da Catequese, encapada de forma diferente. Esta Bíblia deve ser usada nas celebrações especiais com os catequizandos. Anotar o ano em que a turma inicia a sua participação na Eucaristia, isto é, quando os catequizandos fazem a sua primeira comunhão eucarística. Em seguida, nesse retiro, cada catequizando escreve o seu nome, nos espaços em branco das páginas da Bíblia, começando da página inicial. Caneta bonita, para ser usada no momento da inscrição do nome, uma mesa ou estante com toalha e flores, para a Bíblia.

Execução

1) Acolhida dos catequizandos (perguntar quem é o catequista da turma, e como estão se sentindo neste encontro).

2) Partilhar com os catequizandos a experiência que fizeram do uso da Bíblia na catequese:

Qual o livro que tem sido mais importante para eles durante este tempo de preparação para a Primeira Comunhão?

O que contém a Bíblia?

Qual a leitura que mais marcou a vida deles durante este tempo de catequese?

Quem fala conosco, através da Bíblia?

3) Leitura da Palavra de Deus

A Bíblia é o Livro da Vida. Nele encontramos toda a sabedoria para viver a vida que Jesus quer nos dar. Pelo Batismo recebemos a Vida de Deus, nos tornamos Filhos de Deus. Quando nascemos nossos pais foram ao cartório e lá nosso nome foi escrito num livro e recebemos a certidão de nascimento que é a origem de todos os nossos documentos. Precisamos da certidão para o RG, para casar, para o serviço militar, para a carteira de trabalho. No Batismo somos revestidos com a veste Branca. Vamos ouvir o que está escrito no livro do Apocalipse.

Ler Mt 10,32 e Ap 3,5

Breve comentário: Quando fomos batizados Deus escreveu nosso nome no Livro da Vida. Hoje, vamos tornar presente esse momento do nosso Batismo. Vamos dizer para Deus que estamos felizes por nosso nome estar no Livro da Vida de Deus. Esta Bíblia será um sinal visível para nós do que Deus realizou no dia do nosso Batismo.

Um dia mais tarde quando vocês estiverem atuando como profissionais, forem ricos ou pobres, vocês irão se lembrar do seu tempo de catequese e poderão vir na comunidade, e procurar um catequista e pedir esta Bíblia e poderão procurar o seu nome aqui. Nós não vamos apagar o seu nome. Deus não vai apagar o seu nome do Livro da Vida, nunca. Você pode até se afastar de Deus, porém Deus vai estar sempre esperando por você.

Na Igreja vocês sempre terão um lugar, mesmo que você seja o pior dos seres humanos, ou o mais importante de todos os homens. Na Igreja você sempre encontrará alguém que escute você. E se você for o ser humano menos realizado, ou o mais realizado, o mais rico ou o mais pobre, lembre-se de Deus e da Igreja porque se você não estiver com Deus na Igreja você estará sozinho.

4) Escrever o nome do catequizando no Livro da Vida: Cada catequizando escreve na Bíblia da Catequese, que no momento é sinal do "Livro da Vida", o seu nome. Durante a inscrição, cantar.

Canto: *Eis-me aqui, Senhor.*

Sala 4: Como está meu coração? Lc 8,5-15 – Parábola do semeador (se houver, passar o filme sobre a parábola)

Material

Filme sobre a parábola do semeador.

Figuras de plantações, estradas, pedras, espinhos e terra boa ou, se houver possibilidade, "montar" os diversos tipos de terrenos nomeados por Jesus: a estrada com areia, as pedras, os espinhos e a terra boa. Trazer sementes, que no final podem ser distribuídas entre os catequizandos, para que eles plantem num vaso e tomem conta dele.

Folha de papel e canetas ou lápis, para que os catequizandos possam responder as perguntas.

Cartaz com as perguntas:

1) Como está o meu coração?
2) Ele se parece com qual terreno da parábola? Por quê?
3) Como posso me preparar melhor para a minha Primeira Comunhão Eucarística?

Execução

1) Acolhida dos catequizandos (perguntar quem é o catequista da turma, e como estão se sentindo neste encontro)

2) Exortar que prestem bastante atenção na leitura que vai ser feita, ou no filme que vão assistir. Ele transmite a Palavra de Deus de forma diferente. Mas foi Jesus quem contou esta parábola

3) Passar o filme (se houver) ou ler Lc 8,5-8

4) Conversar com os catequizandos sobre o filme (5 minutos)

Explicar como se plantava, na época de Jesus.

Na época de Jesus a forma de cultivar a terra era diferente. Não tinha cercas. Depois do plantio era realizada uma colheita. Era costume deixar alguns frutos que ainda não estavam totalmente maduros para trás. As viúvas, os órfãos e os peregrinos colhiam estes frutos. No meio do terreno apareciam pequenos caminhos por onde estas pessoas passavam e colhiam o necessário para o seu sustento. Não é como hoje que tudo é cercado e que ninguém dá nada para os outros. O semeador semeava primeiro e depois passava o arado. Por isso tinha pedras, caminho e espinhos.

5) Partilha
• Sobre a parábola
Quais são os personagens da parábola?
O que faz o semeador?
O que acontece com as sementes
• Sobre o sentido da parábola para a nossa vida na catequese:
O terreno é o nosso coração.
A semente é a Palavra de Deus que ouvimos neste tempo de catequese.
Os frutos são as virtudes que já estamos praticando.

6) Dividir em grupo de três ou quatro catequizandos (7 minutos)
Conversar sobre o que entenderam da parábola e da partilha.
Conversar entre eles como está o próprio coração.

7) Cada um, em separado (7 minutos)
Preencher a folha com o seu nome.
Responder as perguntas apresentadas no cartaz.

8) Encerrar com uma oração, pedindo que o Espírito Santo que nos conduz, hoje, na Igreja, ajude a cada um a preparar o seu coração para receber Jesus na Eucaristia

9) Canto final: Salmo 138: *Tu me conheces*

Sala 5: Cartazes: os primeiros cristãos e nós cristãos do ano de _____ _____ At 2,42-47

Material

Cartolinas, tesouras, réguas, lápis de cor e preto, borracha, cola, pincéis, tintas, revistas para recortar, enfim, material para se fazer cartazes (calcular o número de turmas e de catequizandos e quanto material será necessário).

Execução

1) Acolhida dos catequizandos (perguntar quem é o catequista da turma, e como estão se sentindo neste encontro)

2) Leitura da Palavra de Deus: At 2,42-47

Partilha

Fazer breve partilha sobre a vida dos Primeiros cristãos e sobre como vivemos, hoje, a nossa fé.

3) Confecção de cartazes: Os primeiros cristãos, nós cristãos de _____

• Orientar os catequizandos sobre como fazer um cartaz:

Escolher um tema.

Escolher as figuras que serão usadas. Usar apenas algumas figuras que ilustrem o tema.

Escolher uma frase significativa. O cartaz não pode ficar "poluído", com muitas coisas, ao mesmo tempo (lembrar as propagandas que vemos na rua).

• Temas que serão propostos (os catequizandos poderão descobrir outros temas):

Como viviam os primeiros cristãos.

Como vivem os cristãos hoje.

Como deveriam viver os cristãos, hoje.

Diante da caminhada que fizeram, como devem agir, hoje, a exemplo dos primeiros cristãos.

4) Expor os cartazes num local onde os pais e familiares possam ver o trabalho dos catequizandos.

Encerramento do retiro: celebração com a leitura orante

Convidar para o encerramento do retiro os pais, padrinhos e familiares dos catequizandos. Escolher um dos temas, ou a partir do modelo elaborar outro que seja mais oportuno.

Celebração – Leitura orante: os Discípulos de Emaús

I. Comentário inicial
II. Canto de entrada
III. Saudação e acolhida
IV. *Lectio* **divina – Leitura orante**

a) 1º degrau: a leitura

• Proclamação do Evangelho – Lc 24,13-35

O Senhor esteja conosco!

T. Ele está no meio de nós.

Proclamação do Evangelho de Nosso Senhor Jesus Cristo, escrito por Lucas.

T. Glória a vós, Senhor.

[13] Nesse mesmo dia, dois dos discípulos estavam a caminho de um povoado, chamado Emaús, distante uns doze quilômetros de Jerusalém.

[14] Eles conversavam sobre todos estes acontecimentos.

[15] Enquanto conversavam e discutiam, o próprio Jesus se aproximou e pôs-se a acompanhá-los.

[16] Seus olhos, porém, estavam como que vendados e não o reconheceram.

[17] Perguntou-lhes, então: "Que conversa é essa que tendes entre vós pelo caminho?" Tristes, eles pararam.

[18] Tomando a palavra um deles, de nome Cléofas, respondeu: "Tu és o único peregrino em Jerusalém que ainda não sabe o que aconteceu lá nestes dias?"

[19] Ele perguntou: "O que foi?" Eles disseram: "A respeito de Jesus de Nazaré que tornou-se um profeta poderoso em obras e palavras diante de Deus e de todo o povo.

[20] Nossos sumos sacerdotes e nossos chefes o entregaram para ser condenado à morte e crucificado.

[21] Nós esperávamos que fosse Ele quem iria libertar Israel. Agora, porém, além de tudo, já passaram três dias desde que essas coisas aconteceram.

[22] É verdade que algumas de nossas mulheres nos assustaram. Elas tinham ido de madrugada ao túmulo

[23] e não encontraram o corpo. Voltaram dizendo que tinham tido uma aparição de anjos e que estes afirmaram estar Ele vivo.

[24] Alguns dos nossos foram ao túmulo, acharam tudo como as mulheres tinham dito; mas não o viram".

[25] E Jesus lhes disse: "Ó homens sem inteligência e de coração lento para crer o que os Profetas falaram.

[26] Não era necessário que o Cristo sofresse tudo isso para entrar na sua glória?"

²⁷E, começando por Moisés e por todos os Profetas, foi explicando tudo que a Ele se referia em todas as Escrituras.

²⁸Quando se aproximaram do povoado para onde iam, Jesus fez menção de seguir adiante.

²⁹Mas eles o obrigaram a parar: "Fica conosco, pois é tarde e o dia já está terminando". Ele entrou para ficar com eles.

³⁰E aconteceu que, enquanto estava com eles à mesa, tomou o pão, rezou a bênção, partiu-o e lhes deu.

³¹Então, abriram-se os olhos deles e o reconheceram, mas Ele desapareceu.

³²Disseram então um para o outro: "Não nos ardia o coração quando pelo caminho nos falava e explicava as Escrituras?"

³³Na mesma hora se levantaram e voltaram para Jerusalém. Lá encontraram reunidos os Onze e seus companheiros,

³⁴que lhes disseram: "O Senhor ressuscitou de verdade e apareceu a Simão".

³⁵Eles também começaram a contar o que tinha acontecido no caminho e como o reconheceram ao partir o pão.

Palavra da Salvação.

T. Glória a vós, Senhor.

GLÓRIA A VÓS, SENHOR!

b) 2º degrau: a meditação

1) Todos leem silenciosamente o Evangelho proclamado.
2) Leitura do texto alternando grupo dos homens e grupo das mulheres.
3) Em voz alta, algumas das pessoas presentes leem a frase mais apreciada.
4) Leitura do texto em voz alta colocando-o na primeira pessoa.

c) 3º e 4º degraus: oração e contemplação

1) Diante do texto: pedidos de perdão

No silêncio de nosso coração vamos pedir perdão a Deus porque temos recusado muitas vezes de participar do Banquete Eucarístico que Ele nos tem preparado.

Pedir perdão porque não sabemos agradecer os dons recebidos. Pedir perdão porque não sabemos partilhar, não sabemos amar.

2) Canto de misericórdia pedindo perdão

3) Diante do texto: oração de louvor

Neste momento vamos louvar a Deus por tudo o que Ele nos tem dado. Deus é Amor. Criou o mundo e tudo o que nele existe para nós. Vivemos dia após dia, sem perceber que dependemos de Deus: o ar que respiramos, a água que bebemos, o nosso alimento, a nossa roupa, tudo vem de Deus. Deus permite os momentos felizes e os de sofrimento para que possamos ser educados na fé; para que possamos "crescer em idade, em sabedoria e em graça diante de Deus e dos homens". Cantando com muita alegria tornar presente em nosso coração todas as graças e dons que Deus nos deu.

4) Canto de louvor

5) Oração espontânea por nós e pelos outros

V. Pai-nosso
VI. Abraço da paz
VII. Invocação da bênção e despedida
VIII. Canto final

Leitura do Evangelho na primeira pessoa

[13]Nesse mesmo dia, eu e outro dos discípulos nos colocamos a caminho de um povoado, chamado Emaús, distante uns doze quilômetros de Jerusalém.

[14]Eu e o outro discípulo conversávamos sobre todos estes acontecimentos.

[15]Enquanto eu e o outro discípulo conversávamos e discutíamos, o próprio Jesus se aproximou e pôs-se a nos acompanhar.

[16]Os meus olhos e os olhos do outro discípulo, porém, estavam como que vendados e eu e o outro discípulo não o reconhecemos.

[17]O homem que nos acompanhava perguntou a mim e ao outro discípulo, então: "Que conversa é essa que tendes entre vós pelo caminho?" Tristes, eu e o outro discípulo paramos.

[18]Tomando a palavra, o outro discípulo, de nome Cléofas, respondeu: "Tu és o único peregrino em Jerusalém que ainda não sabe o que aconteceu lá nestes dias?"

[19]Ele perguntou: "O que foi?" Eu e o outro discípulo dissemos: "A respeito de Jesus de Nazaré que tornou-se um profeta poderoso em obras e palavras diante de Deus e de todo o povo.

[20]Nossos sumos sacerdotes e nossos chefes o entregaram para ser condenado à morte e crucificado.

[21]Nós esperávamos que fosse Ele quem iria libertar Israel. Agora, porém, além de tudo, já passaram três dias desde que essas coisas aconteceram.

²²É verdade que algumas de nossas mulheres nos assustaram. Elas tinham ido de madrugada ao túmulo

²³e não encontraram o corpo. Voltaram dizendo que tinham tido uma aparição de anjos e que estes afirmaram

estar Ele vivo.

²⁴Alguns dos nossos foram ao túmulo, acharam tudo como as mulheres tinham dito; mas não o viram".

²⁵E Jesus disse a mim e ao outro discípulo: "Ó homens sem inteligência e de coração lento para crer o que os Profetas falaram.

²⁶Não era necessário que o Cristo sofresse tudo isso para entrar na sua glória?"

²⁷E, começando por Moisés e por todos os Profetas, foi explicando tudo que a Ele se referia em todas as Escrituras.

²⁸Quando nós nos aproximamos do povoado para onde eu e o outro discípulo íamos, Jesus fez menção de seguir adiante.

²⁹Mas eu e o outro discípulo o obrigamos a parar: "Fica conosco, pois é tarde e o dia já está terminando". Ele entrou para ficar comigo e com o outro discípulo.

³⁰E aconteceu que, enquanto estava comigo e com o outro discípulo à mesa, tomou o pão, rezou a bênção, partiu-o e o deu a mim e ao outro discípulo.

³¹Então, abriram-se os meus olhos e os olhos do outro discípulo e eu e o outro discípulo o reconhecemos, mas Ele desapareceu.

³²Eu e o outro discípulo dissemos, então, um para o outro: "Não nos ardia o coração quando pelo caminho nos falava e explicava as Escrituras?"

³³Na mesma hora eu e o outro discípulo nos levantamos e voltamos para Jerusalém. Lá eu e o outro discípulo encontramos reunidos os Onze e seus companheiros,

³⁴que disseram a mim e ao outro discípulo: "O Senhor ressuscitou de verdade e apareceu a Simão".

³⁵Eu e o outro discípulo também começamos a contar o que tinha acontecido no caminho e como eu e o outro discípulo o reconhecemos ao partir o pão.

CELEBRAÇÃO – LEITURA ORANTE: O CEGO DE JERICÓ

I. Comentário inicial
II. Canto de entrada
III. Saudação e acolhida
IV. *Lectio* **divina – Leitura orante**

a) 1º degrau: a leitura
• Proclamação do Evangelho – Mc 10,46-52
O Senhor esteja conosco!
T. Ele está no meio de nós.
Proclamação do Evangelho de Nosso Senhor Jesus Cristo, escrito por Marcos.
T. Glória a vós, Senhor.

• Chegaram a Jericó. Ao sair de Jericó com os seus discípulos e grande multidão, estava sentado à beira do caminho, mendigando, o cego Bartimeu, filho de Timeu.

• Quando percebeu que era Jesus, o Nazareno, que passava, começou a gritar: "Filho de Davi, Jesus, tem compaixão de mim!"

• E muitos o repreendiam para que se calasse.

• Ele, porém, gritava mais ainda: "Filho de Davi, tem compaixão de mim!"

• Detendo-se, Jesus disse: "Chamai-o!"

• Chamaram o cego, dizendo-lhe: "Coragem! Ele te chama. Levanta-te".

• Deixando a sua capa, levantou-se e foi até Jesus.

• Então Jesus lhe disse: "Que queres que eu te faça?"

• O cego respondeu: "Mestre! Que eu possa ver novamente!"

• Jesus lhe disse: "Vai, a tua fé te salvou".

• No mesmo instante ele recuperou a vista e seguia-o no caminho.
Palavra da Salvação.
T. Glória a vós, Senhor!

b) 2º degrau: a meditação
V. Todos leem silenciosamente o Evangelho proclamado.
VI. Leitua do texto alternando grupo dos homens e grupo das mulheres.
VII. Em voz alta, algumas das pessoas presentes leem a frase mais apreciada.
VIII. Leitura do texto em voz alta, colocando-o na primeira pessoa.

c) 3º e 4º degraus: oração e contemplação

1) Diante do texto: pedidos de perdão

É preciso ter consciência de nossa cegueira. Estar cego é muito mais do que não ver o que se passa perto de nós, com os olhos de nosso corpo. Muitas vezes não vemos e não queremos ver o que temos dentro de nosso coração. Rejeitamos a Luz da Palavra de Deus que pode iluminar a nossa vida. Rejeitamos a possibilidade de sermos iluminados pela palavra do irmão que está perto de nós. Rejeitamos a cura que Jesus nos quer dar. Diante desta Palavra vamos pedir perdão.

2) Canto de misericórdia pedindo perdão

3) Diante do texto: oração de louvor

O Senhor passa perto de nós e ouve os nossos gritos, Ele está sempre atento. Este é o momento de louvar a Deus por seu amor por nós. É o momento de agradecer a cura que Jesus nos traz através de sua Palavra de libertação. É o momento de bendizer a Deus que nos destinou em Jesus Cristo a sermos desde antes da criação seus filhos.

4) Canto de louvor

5) Oração espontânea por nós e pelos outros

"Onde dois ou mais estiverem reunidos, eu estarei no meio deles." Muitos não têm a graça de estar aqui e esperam que rezemos por eles. Vamos fazer os nossos pedidos.

IX. Pai-nosso
X. Abraço da paz
XI. Invocação da bênção e despedida
XII. Canto final

Leitura do Evangelho na primeira pessoa

Chegaram a Jericó. Ao sair de Jericó com os seus discípulos e grande multidão, estava **eu** sentado à beira do caminho, mendigando. **Sou** cego e **meu** nome é Bartimeu, filho de Timeu. Quando **percebi** que era Jesus, o Nazareno, que passava, **comecei** a gritar: "Filho de Davi, Jesus, tem compaixão de **mim**!" E muitos **me** repreendiam para que **me** calasse. **Eu**, porém, gritava mais ainda: "Filho de Davi, tem compaixão de **mim**!" Detendo-se, Jesus disse: "Chamai-o!" **Chamaram-me, dizendo-me**: "Coragem! Ele te chama! Levanta-te". Deixando a **minha** capa, **levantei-me** e **fui** até Jesus. Então Jesus **me** disse: "Que queres que eu te faça? **E eu respondi:** Mestre, que **eu possa** ver novamente!" Jesus **me** disse: "Vai, a tua fé te salvou". No mesmo instante **eu recuperei** a vista e **seguia-o** no caminho.

Referências

Bíblia do Peregrino. São Paulo: Paulus, 2000.
Bíblia de Jerusalém. São Paulo: Paulus.
Bíblia Sagrada – Edição da Família. Petrópolis: Vozes, 2001.
Bíblia Sagrada – Edição Pastoral Catequética. São Paulo: Ave Maria.
Bíblia Sagrada – Edição Pastoral. São Paulo: Paulus.
Bíblia – Mensagem de Deus. Aparecida/São Paulo: Santuário/Loyola.
Catecismo da Igreja Católica. Petrópolis: Vozes, 1993.
Liturgia das Horas – Segundo o Rito Romano. Vol. I; II; III; IV. Petrópolis/São Paulo: Vozes/Paulinas/Paulus/Ave Maria.
Missal dominical – Missal da assembleia cristã. São Paulo: Paulinas, 1980.
Nossa Páscoa – Subsídios para a celebração da esperança. 2. ed. São Paulo: Paulus, 2004.
Ofício divino das comunidades. 13. ed. São Paulo: Paulus, 1995.
Ritual Romano – Ritual da Iniciação Cristã de adultos. 3. ed. São Paulo: Paulus, 2004 [Tradução portuguesa para o Brasil da edição típica].

Documentos da Igreja
A fome no mundo. Pontifício Conselho Cor Unum. São Paulo: Paulinas [A voz do Papa, 152].
Carta às famílias. João Paulo II. São Paulo: Paulinas [A voz do Papa, 131].
Carta do papa às crianças no Ano da Família. João Paulo II. São Paulo: Paulinas [A voz do Papa, 138].
Catechesi Tradendae. Exortação apostólica de João Paulo II. São Paulo: Paulinas [A voz do Papa, 93].
Christifideles Laici. Exortação apostólica de João Paulo II. São Paulo: Paulinas [A voz do Papa, 119].
Compêndio do Vaticano II – Constituições, decretos, declarações. 29. ed. Petrópolis: Vozes, 2003.
Congresso Teológico sobre a Família e II Encontro Mundial das Famílias no Rio de Janeiro, 03-05/10/1997. São Paulo: Loyola.
Deus Caritas est. Carta encíclica sobre o amor cristão, de Bento XVI. São Paulo: Paulinas [A voz do Papa, 189].
Dies Domini. Carta apostólica dobre a santificação do Domingo, de João Paulo II. São Paulo: Paulinas [A voz do Papa, 158].
Diretório geral para a catequese. Congregação para o Clero. São Paulo: Loyola/Paulinas, 1998.

Dives in Misericórdia. Carta encíclica sobre a misericórdia divina, de João Paulo II. São Paulo: Paulinas [A voz do Papa, 96].
Dominum et vivificantem. Carta encíclica sobre o Espírito Santo na vida da Igreja e do mundo, de João Paulo II. São Paulo: Paulinas [A voz do Papa, 112].
Ecclesia de Eucharistia. Carta encíclica de João Paulo II. São Paulo: Paulinas [A voz do Papa, 185].
Evangelii Nuntiandi. Exortação apostólica sobre a evangelização no mundo contemporâneo, do Papa Paulo VI. São Paulo: Paulinas [A voz do Papa, 85].
Evangelium Vitae. Carta encíclica sobre o valor e a inviolabilidade da vida humana, de João Paulo II. São Paulo: Loyola.
Família, matrimônio e "uniões de fato". Conselho Pontifício para a Família. São Paulo: Paulinas, 2004 [Documentos da Igreja, 4].
Familiaris Consortio. Exortação apostólica sobre a missão da família cristã no mundo de Hoje, de João Paulo II. São Paulo: Paulinas [A voz do Papa, 100].
Incarnationis Mysterium. Bula pontifícia sobre o mistério da Encarnação, de João Paulo II. São Paulo: Loyola, 1998.
Mane Nobiscum Domine. Carta apostólica para o Ano da Eucaristia, de João Paulo II. São Paulo: Paulinas [A voz do Papa, 187].
Mullieris Dignitatem. Carta apostólica sobre a dignidade da mulher, de João Paulo II. Petrópolis: Vozes [Documentos Pontifícios, 223].
Mysterium Fidei. Carta encíclica sobre o culto da Sagrada Eucaristia, do Papa Paulo VI. São Paulo: Paulinas [A voz do Papa, 32].
O povo judeu e as suas Sagradas Escrituras na Bíblia Cristã. Pontifícia Comissão Bíblica. São Paulo: Paulinas, 2004 [Documentos da Igreja, 8]
Redemptionis Sacramentum – Sobre alguns aspectos que se deve observar e evitar acerca da Santíssima Eucaristia. Congregação do Culto Divino e Disciplina dos Sacramentos. São Paulo: Paulinas, 2004 [Documentos da Igreja, 16].
Redemptor Hominis. Carta encíclica de João Paulo II. São Paulo: Paulinas [A voz do Papa, 90].
Redemptoris Mater. Carta encíclica sobre a Mãe do Redentor, de João Paulo II. São Paulo: Paulinas [A voz do Papa, 116].
Redemptoris Missio. Sobre a validade permanente do mandato missionário, de João Paulo II. São Paulo: Loyola.
Rosarium Virginis Mariae. Carta apostólica sobre o rosário da Virgem, de João Paulo II.
Salvifici Doloris. Carta apostólica sobre o sentido cristão do sofrimento, de João Paulo II. São Paulo: Paulinas [A voz do Papa, 104].
Sobre a colaboração do homem e da mulher na Igreja e no mundo. Congregação para a Doutrina da Fé. São Paulo: Paulinas, 2004 [Documentos da Igreja, 17].
Sollicitudo Rei Socialis. Carta encíclica sobre a solicitude social, de João Paulo II. São Paulo: Paulinas [A voz do Papa, 117].
Tertio Millennio Adveniente. Carta apostólica de João Paulo II. São Paulo: Paulinas [A voz do Papa, 137].

João Paulo II
A Igreja – Catequese do papa sobre a Igreja. João Paulo II. Lorena: Cléofas, 2001.
Ele os criou homem e mulher – Reflexões de João Paulo II sobre a corporalidade e a sexualidade humana à luz da Sagrada Escritura. Vargem Grande Paulista: Cidade Nova, 1987.
Homem e mulher os criou – Catequeses sobre o amor humano. Bauru: Edusc, 2005 [Orgs. da edição brasileira: João Carlos Petrini e Josafá da Silva].
Memória e identidade. João Paulo II. São Paulo: Objetiva, 2005.
Moral sexual e vida interpessoal. Karol Wojtyla. Braga: Secretariado Nacional do Apostolado da Oração, 1979.

CNBB
A Eucaristia na vida da Igreja. São Paulo: Paulus, 2005 [Estudos da CNBB, 89].
A fraternidade e a família – CF 1994. Brasília; CNBB, 1994 [manual].
Animação da vida litúrgica no Brasil. São Paulo: Paulinas, 1997 [Documentos da CNBB, 43].
As introduções gerais dos livros litúrgicos. São Paulo: Paulus, 2003.
Catequese para um mundo em mudança. São Paulo: Paulus, 1995 [Estudos da CNBB, 73].
Catequese Renovada. São Paulo: Paulinas, 1993 [Documentos da CNBB, 26].
Com adultos, catequese adulta. São Paulo: Paulus, 2001 [Estudos da CNBB, 80].
III Conferência Geral do Episcopado Latino-Americano – A evangelização no presente e no futuro da América Latina – Puebla. Apresentação didática do Pe. J.B. Libânio, SJ. São Paulo: Loyola, 1979.
Conhecer as nossas raízes – Jesus judeu. Brasília: CNBB.
Crescer na leitura da Bíblia. São Paulo: Paulus, 2003 [Estudos da CNBB, 86].
Dignidade humana e paz – CF 2000. Brasília: CNBB, 2000 [manual].
Diretrizes gerais da ação evangelizadora da Igreja no Brasil – 2003/2006. São Paulo: Paulinas, 2003 [Documentos da CNBB, 71].
Eucaristia: vida que se celebra – Para viver melhor o mistério da Eucaristia na Vida. São Paulo: Paulinas [Documentos da CNBB, 51].
Evangelização da juventude: desafios e perspectivas pastorais. São Paulo: Paulus, 2006 [Estudos da CNBB, 93].
Formação de catequista. São Paulo: Paulus, 1990 [Estudos da CNBB, 59].
Missão e ministérios dos cristãos leigos e leigas. São Paulo: Paulinas, 1999 [Documentos da CNBB, 62].
O hoje de Deus em nosso chão. São Paulo: Paulus, 1998 [Estudos da CNBB, 78].
O itinerário da fé na "iniciação cristã de adultos". São Paulo: Paulus, 2001 [Estudos da CNBB, 82].
Orientações para a catequese da Crisma. São Paulo: Paulus, 1991 [Estudos da CNBB, 61].
Orientações para a celebração da Palavra de Deus. São Paulo: Paulinas, 1994 [Documentos da CNBB, 26].
Ouvir e proclamar a Palavra – Seguir Jesus no caminho. São Paulo: Paulus, 2006 [Estudos da CNBB, 91].
Pastoral dos Sacramentos da Iniciação Cristã. São Paulo: Paulus [Documentos da CNBB, 2a].

Projeto de Ação Missionária Permanente – Pamp. Conselho Episcopal Regional Sul 1. São Paulo: CNBB.

Projeto Nacional de Evangelização (2004-2007) – Queremos ver Jesus: Caminho, Verdade e Vida. São Paulo: Paulinas [Documentos da CNBB, 72].

Puebla 78, encruzilhada para a evangelização na América Latina – Teologia em Diálogo. Benedito Beni dos Santos e Geraldo Majella Agnelo (coords.). São Paulo: Paulinas, 1978.

Ritual da iniciação cristã de adultos. São Paulo: Paulus, 2004.

Segunda Semana Brasileira de catequese. São Paulo: Paulus, 2002 [Estudos da CNBB, 84].

Textos e manuais de catequese. São Paulo: Paulus, 1987 [Estudos da CNBB, 53].

Uma Igreja que acredita – Evangelho segundo João. São Paulo: Paulinas, 1999.

Dicionários

Dicionário Bíblico. John L. Makenzie. São Paulo: Paulus, 1983 [Tradução de Álvaro Cunha *et al.* – Revisão geral de Honório Dalbosco].

Dicionário de Catequética. Dirigido por V.M. Pedrosa, M. Navarro *et al*. São Paulo: Paulus, 2004 [Tradução de Honório Dalbosco].

Dicionário de Figuras e Símbolos Bíblicos. Manfred Lurke. São Paulo: Paulus, 1993 [Tradução de João Rezende Costa].

Dicionário de Liturgia. Organizado por Domenico Sartore e Achille M. Triacca. São Paulo: Paulus, 1992 [Tradução de Isabel Fontes L. Ferreira].

Dicionário de Mariologia. Dirigido por Stefano de Flores e Salvatore Meo. São Paulo: Paulus, 1995 [Tradução de Álvaro A. Cunha, Honório Dalbosco e Isabel Fontes L. Ferreira].

Dicionário dos Símbolos – Imagens e sinais da arte cristã. Gerd Heinz Mohr. São Paulo: Paulus, 1994 [Tradução de João Rezende Costa].

Dicionário Enciclopédico da Bíblia. Organizado por Dr. A. Van Den Born e colab. Petrópolis: Vozes, 1977.

Vocabulário de Teologia Bíblica. Direção de Xavier Léon-Dufour *et al*. Petrópolis: Vozes, 1977 [Tradução de Frei Simão Voigt, OFM].

Patrística

A carta a Diogneto. Petrópolis: Vozes, 2003 [Tradução pela Abadia de Santa Maria – Introdução e notas por Dom Fernando A. Figueiredo].

A Eucaristia nos Padres e Madres da Igreja – Textos e estudos. Pe. Ednei da Rosa Cândido (org.). Florianópolis: [s.e], [s.d.].

A instrução dos catecúmenos. Santo Agostinho. Petrópolis: Vozes, 2005 [Tradução do original latino e notas por Maria da Glória Novak].

Antologia dos Santos Padres: páginas seletas dos antigos escritores eclesiásticos. São Paulo: Paulinas, 1978.

Cartas de Santo Inácio de Antioquia. Petrópolis: Vozes, 1978 [Introdução, tradução do original grego e notas por Dom Paulo Evaristo Arns, OFM – [Fontes da Catequese, 2].

Catequeses mistagógicas. São Cirilo de Jerusalém. Petrópolis: Vozes, 2004 [Tradução de Frei Frederico Vier, OFM].

Catequeses pré-batismais. São Cirilo de Jerusalém. Petrópolis: Vozes, 1974 [Tradução de Frei Frederico Vier, OFM, e Frei Fernando A. Figueiredo, OFM – Fontes da Catequese, 14].
Os Padres da Igreja – séculos I-IV. Jacques Liébaert. São Paulo: Loyola, 2000 [Revisão de Sandra Garcia Custódio].
Os sacramentos e os mistérios. Santo Ambrósio. Petrópolis: Vozes, 1972 [Introdução e notas por Dom Paulo Evaristo Arns, OFM – Fontes da Catequese, 5].
Peregrinação de Etéria – Liturgia e Catequese em Jerusalém no século IV. Petrópolis: Vozes, 2004 [Tradução do original latino por Maria da Glória Novak].
Sermões sobre o Natal e a Epifania. São Leão Magno. Petrópolis: Vozes, 1974 [Tradução e notas por Irmã Maria Teixeira de Lima, OSB – Fontes da Catequese, 9].
Sobre o sermão do Senhor na Montanha. Santo Agostinho [s.n.t.], 2003 [Comentário, tradução e notas de Carlos Ancêde Nougué].
Tradição apostólica de Hipólito de Roma – Liturgia e catequese em Roma no século III. Petrópolis: Vozes, 2004 [Tradução da versão latina e notas por Maria da Glória Novak].

Outros

A Bíblia: fonte da catequese e do ensino religioso. Ir. Maria da C. Kuisner e Ir. Thereza Baguinski. Petrópolis: Vozes, 1988 [Coleção Catequese Fundamental, 7].
A cidade antiga: Fustel de Coulanges. Numa Denis. São Paulo: Hemus.
A comunidade judaico-cristã de Mateus. Anthony J. Saldarini. São Paulo: Paulinas, 2000.
A Eucaristia na Bíblia. VV.AA. São Paulo: Paulinas [Cadernos Bíblicos, 35].
A experiência de Deus no pão e no vinho. Frei Bernardo Cansi, OFMCap. Aparecida: Santuário [Série Comunhão com Deus, 6].
A fé explicada aos jovens e adultos – Vol. I: A fé. Rey-Mermet. São Paulo: Paulinas.
A fé explicada aos jovens e adultos – Vol. II: Os sacramentos. Rey-Mermet. São Paulo: Paulinas.
A formação do povo de Deus. São Paulo: Loyola, 2000 [Coleção Tua Palavra é Vida, 2 – CRB].
A Hagadá de Pesssach. Comitê Litúrgico da Central Conference of American Rabbis [s.n.t.].
A Igreja celebra Jesus Cristo – Introdução à celebração litúrgica. Pablo Argárate. São Paulo: Paulinas, 1997 [Tradução de Luiz Fernando Gonçalves Pereira].
A Igreja, serva de Deus para uma eclesiologia do serviço. Santos Sabugal. São Paulo: Paulus.
A leitura profética da história. São Paulo: Loyola, 1994 [Coleção Tua Palavra é Vida, 3 – CRB].
A missa parte por parte. Pe. Luiz Cechinato. Petrópolis: Vozes, 2005.
A proteção do sagrado. Anselm Grün. 2. ed. Petrópolis: Vozes, 2004.
A quem iremos, Senhor? – Explicação do Credo para adultos. 15. ed. Pe. Luiz Cechinato. Petrópolis: Vozes, 2005.
As lendas do povo judeu. Bin Gorion. São Paulo: Perspectiva, 1980.
A vida em Cristo. Raniero Cantalamessa. São Paulo: Loyola.
Catequese com adultos e catecumenato: história e proposta. Irmão Nery, FSC. São Paulo: Paulus.
Celebração do Domingo – Ao redor da Palavra de Deus. Ione Buyst. Petrópolis: Vozes, 1987 [Equipe de Liturgia, 5].

Chave para a Bíblia: a revelação, a promessa, a realização. Wilfrid J. Harrington, OP. São Paulo: Paulus, 1985 [Tradução de Josué Xavier e Alexandre MacIntyre].
Crer para viver – Conferências sobre os principais pontos da fé cristã. François Varillon. São Paulo: Loyola.
Curso de liturgia. Pe Joãozinho, SCJ. São Paulo: Loyola, 1995.
Dimensões da fé. Anselm Grün. Petrópolis: Vozes, 2006.
Encontros marcados com Deus: expressão da unidade do povo de Deus – As festas judaicas e o cristianismo. Antonio Carlos Coelho. São Paulo: Paulinas [Colexão Midraxe].
Este é o Cristo que os Evangelhos anunciam. Pe. Francisco Janssen, MSC. Campinas: Raboni.
Eucaristia, transformação e união. Anselm Grün. São Paulo: Loyola.
Eu creio em Deus – O Credo comentado. Pierre Eyt. São Paulo: Loyola.
Evangelho segundo João: comentário espiritual – Vol. I. Jorge Zevini. São Paulo: Salesiana.
Evangelho segundo João: comentário espiritual – Vol. II. Jorge Zevini. São Paulo: Salesiana.
Evangelhos sinóticos e Atos dos Apóstolos. J. Auneau, F. Bovon, E. Charpentier, M. Gourgues e J. Radermakers. São Paulo: Paulinas.
Exercícios espirituais no Vaticano – Seguindo a ti, Luz da vida. Bruno Forte. Petrópolis: Vozes, 2005.
Exposição sobre o Credo. Santo Tomás de Aquino. São Paulo: Loyola.
Gestos e símbolos. José Aldazábal. São Paulo: Loyola, 2005 [Tradução de Alda da Anunciação Machado].
Iniciação cristã: catecumenato, dinâmica sacramental e testemunho. Antonio Francisco Lelo. São Paulo: Paulinas
Legenda áurea – Vida de santos. Jacopo de Verazze. São Paulo: Schwarcz, 2003 [Tradução de Hilário Franco Júnior].
Leitura do Evangelho segundo João. A. Jaubert. São Paulo: Paulinas [Cadernos Bíblicos, 18].
Leitura do Evangelho segundo Marcos. J. Delorme. São Paulo: Paulinas [Cadernos Bíblicos, 11].
Leitura do Evangelho segundo Mateus. VV.AA. São Paulo: Paulinas [Cadernos Bíblicos, 12].
Liturgia, história, celebração, teologia, espiritualidade. Matias Auge. São Paulo: Ave Maria, 1998.
Liturgia judaica: fontes, estrutura, orações e festas. Carmine di Sante. São Paulo: Paulus, 2004.
Marcos: texto e comentário. Juan Mateos e Fernando Camacho. São Paulo: Paulus.
Mateus, o teólogo. Jean Zumstein. São Paulo: Paulinas [Cadernos Bíblicos, 48].
Meditações bíblicas sobre a Eucaristia. Luis Alonso Schökel. São Paulo: Paulinas, 1988.
Novena à Bem-aventurada Madre Teresa de Calcutá. Aparecida: Santuário.
O ano litúrgico. Adolf Adam. São Paulo: Paulinas.
Obras completas: Teresa de Jesus. São Paulo: Loyola.
O céu começa em você – A sabedoria dos Padres do Deserto para hoje. 10. ed. Anselm Grün. Petrópolis: Vozes, 2003.
O Credo. Ronald Knox. São Paulo: Quadrante.
O Evangelho de Lucas – O êxodo do homem livre. Josep Rius-Camps. São Paulo: Paulus.

O homem e sua realização – O roteiro da felicidade. Dom Gabriel Paulino Bueno Couto, OC. São Paulo: Paulinas, 1968 [Coleção Caminho, Verdade e Vida, 6].

O midraxe. Elliane Ketterer e Michel Remaud. São Paulo: Paulus [Documentos do Mundo da Bíblia, 9].

O midraxe – Como os mestres judeus liam e viviam a Bíblia. Giacoma Limentani. São Paulo: Paulinas [Coleção Midraxe].

O mistério celebrado: Memória e compromisso 1. Ione Buyst e José Ariovaldo da Silva. São Paulo: Paulinas [Teologia Litúrgica, 9].

O Novo Testamento em seu ambiente social. John E. Stambaugh e David L. Balch. São Paulo: Paulus, 1996.

O segredo da Eucaristia. Prof. Felipe Aquino. Lorena: Cléofas.

Os sacramentos: fonte da vida da Igreja. 3. ed. Pe. Gilson Cezar de Camargo. Petrópolis: Vozes, 2004 [Cadernos Temáticos para a Evangelização, 5].

Os sacramentos: sinais do amor de Deus. Antonio Mesquita Galvão. Petrópolis: Vozes, 1997.

Os sacramentos trocados em miúdos. José Ribólla, CSSR. Aparecida: Santuário.

Para viver a liturgia. Jean Lebon. São Paulo: Loyola, 1993 [Tradução de Marcos J. Marcionilo].

Paulo: aventura entre os pagãos. Tomás Parra Sánchez. São Paulo: Paulinas [Conhecer a Bíblia, 6].

Sabedoria e poesia de um povo. São Paulo: Loyola, 1995 [Coleção Tua Palavra é Vida, 4 – CRB].

Santa Teresa de Ávila: a dama errante de Deus. Maecelle Auclair. Porto: Apostolado da Imprensa, 1959 [Tradução de Maria da Soledade].

São João da Cruz – Obras Completas. 7. ed. Petrópolis: Vozes, 2002.

Seguir Jesus: os Evangelhos. São Paulo: Loyola, 1997 [Coleção Tua Palavra é Vida, 5 – CRB].

Simbolismos encenados. Frei Bernardo Cansi, OFMCap. Petrópolis: Vozes, 1991 [Coleção Catequese Fundamental, 10].

Símbolos litúrgicos. Frei Alberto Beckhäuser, OFM. Petrópolis: Vozes, 1999.

Sinal do Reino – Temas fundamentais para uma Catequese Renovada. Inês Broshuis. Petrópolis: Vozes, 1992 [Coleção Catequese Fundamental, 5].

Vida pascal cristã e seus símbolos. Frei Alberto Beckhäuser, OFM. Petrópolis: Vozes, 2006.

Viver o ano litúrgico – Reflexões para os domingos e solenidades. Frei Alberto Beckhäuser, OFM. Petrópolis: Vozes, 2003.

Cantos

Cantos e Orações – Para a liturgia da missa, celebrações e encontros – Edição A. Irmã Míria T. Kolling, ICM, Frei José Luiz Prim, OFM, e Frei Alberto Beckhäuser, OFM. Petrópolis: Vozes, 2004.